edition suhrkamp

Redaktion: Günther Busch

Nach der Historiker-Schule der *Annales (Schrift und Materie der Geschichte. Vorschläge zur systematischen Aneignung historischer Prozesse; es* 814) stellen wir nun einen zweiten wesentlichen und folgenreichen Ansatz neuerer französischer Geschichtsforschung vor: die Historiographie der Revolution. Seit den vierziger Jahren unseres Jahrhunderts hat sich in Frankreich insbesondere um Georges Lefebvre und Ernest Labrousse eine Gruppe von Historikern versammelt, die in zahlreichen Untersuchungen der Entstehung dessen, was wir heute die bürgerliche Gesellschaft nennen, nachgegangen sind – also den sozialen, kulturellen und wirtschaftlichen Bedingungen und Auswirkungen eines der großen europäischen Umbrüche der Gesellschaftsformation. Die entscheidenden Einschnitte, denen ihr Interesse gilt, bilden das Jahr 1789 und die ihm folgenden strukturellen Veränderungsprozesse. – Unser Sammelband vereinigt einige der gewichtigen Studien zur Revolutionsgeschichte: Beiträge zu Einzelproblemen (zur Rolle der Bauern, zur Entwicklung der Eliten, zum Übergang vom Feudalismus zum Kapitalismus usw.) und unvermindert brisante Deutungen grundlegender Zusammenhänge (*Wie Revolutionen entstehen* u. a.). Es leidet keinen Zweifel, daß die Arbeit dieser Wissenschaftler ihr Fach, die historische Sozialforschung, nachhaltig beeinflußt hat und daß sie zur Begründung nicht nur weiterführender Erklärungskonzepte des geschichtlichen Wandels, sondern auch eines neuen Selbstverständnisses der Geschichtswissenschaft beigetragen hat.

Geburt der bürgerlichen Gesellschaft: 1789

Beiträge von Ernest Labrousse, Georges Lefebvre,
Albert Soboul, Maurice Dommanget, Michel Vovelle

Herausgegeben von Irmgard A. Hartig

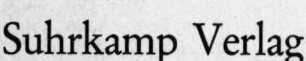

Suhrkamp Verlag

Aus dem Französischen übersetzt von Klaus Voigt.

edition suhrkamp 937
Erste Auflage 1979
© der deutschen Ausgabe: Suhrkamp Verlag, Frankfurt am Main 1979. Die Copy-right-Angaben zu den einzelnen Texten enthält die *Bibliographische Notiz* am Schluß des Bandes. Deutsche Erstausgabe. Printed in Germany. Alle Rechte vorbe-halten, insbesondere das des öffentlichen Vortrags und der Übertragung durch Rundfunk und Fernsehen, auch einzelner Teile. Satz, in Linotype Garamond, Druck und Bindung bei Georg Wagner, Nördlingen. Gesamtausstattung Willy Fleckhaus.

Inhalt

Irmgard A. Hartig
Einleitung. Zur sozialen Interpretation
der Französischen Revolution seit Jaurès

>Sobald Gewerbe und Handel sich bei einem Volk Ein-
gang verschafft haben und die arbeitende Klasse damit
über neue Möglichkeiten verfügt, Reichtum zu erlangen,
bereitet sich eine Revolution der politischen Gesetze
vor, denn eine neue Verteilung des Reichtums eröffnet
den Weg zu einer neuen Verteilung der Macht. Wie der
Grundbesitz den Adel nach oben getragen hat, so steigert jetzt gewerblicher Besitz die Macht des Volkes.
Es erringt seine Freiheit, vermehrt sich und beginnt, Einfluß auf die öffentlichen Angelegenheiten zu nehmen.«[1]
Antoine Barnave

Bereits im Jahre 1792 hat der kurz darauf guillotinierte Barnave in
seiner *Introduction à la Révolution française* einen ersten Versuch
unternommen, das revolutionäre Geschehen aus der Dynamik
der sozialen und ökonomischen Entwicklung zu erklären. Auf
diesen frühen Ansatz einer sozialen Interpretation hat sich Jean
Jaurès in seiner um die Jahrhundertwende geschriebenen *Histoire
socialiste de la Révolution française* berufen, und seitdem haben
mehrere Historikergenerationen in derselben Richtung weiterge-
arbeitet.

Der vorliegende Band soll einen Einblick in die Arbeiten der
auf Jaurès zurückgehenden Schule der Revolutionsgeschichtsschreibung vermitteln, deren Grundpositionen und Methoden
vorstellen sowie einige zentrale Forschungsergebnisse belegen.
Diese historische Schule zeichnet sich nicht nur durch ihren
besonderen Gegenstand aus, sondern auch durch die Bemühung
um kollektive Weiterentwicklung des Erkenntnisstandes und die
Bereitschaft, einmal errungene Positionen in Frage zu stellen. Bei
der Selbstdarstellung dieser Schule wird auch Licht auf ihr Verhältnis zu Theorien des sozialen Wandels, vor allem zum historischen Materialismus, und auf ihre Stellung im politischen Kräfte-
feld fallen.[2]

Grundpositionen

Das Gravitationszentrum der Schule ist heute der Lehrstuhl für die Geschichte der Französischen Revolution an der Sorbonne, der anläßlich des 100. Jahrestages der Revolution eingerichtet wurde und dessen Inhaber nacheinander Aulard, Sagnac, Mathiez, Lefebvre, Reinhard und Soboul waren. Weitere Kristallisationspunkte sind die *Société des Etudes Robespierristes* (1908 von Mathiez gegründet), deren Zeitschrift *Annales historiques de la Révolution française* sowie deren zahlreiche Einzelpublikationen und Kolloquien. Die Schule ist zudem maßgeblich an der Arbeit der *Commission d'histoire économique et sociale de la Révolution française* beteiligt, einer auf Jaurès' Initiative gegründeten Institution, deren ursprüngliche Aufgabe die Publikation von Quellen zur Wirtschaftsgeschichte der Revolution war und deren wichtigstes Projekt gegenwärtig die kritische Babeuf-Ausgabe ist. Ferner spielt sie international eine wichtige Rolle in der seit 1975 offiziell vom internationalen Historikerverband (CiSH) anerkannten *Commission internationale d'histoire de la Révolution française*, die bis dahin nur am Rande der großen Historikerkongresse Kolloquien veranstaltet hatte. Hier tritt denn auch die internationale Verzweigung der Schule zutage (Mitglieder dieser Kommission sind u. a. Godechot, Soboul, Markov, Takahashi, Rudé, Tønnesson, Ado, Saitta, aber auch Historiker, die der Schule kritisch gegenüberstehen wie Forster und Palmer).

Es wäre allerdings verfehlt anzunehmen, daß die sich auf Jaurès gründende Revolutionstheorie über eine geschlossene institutionelle Basis und über Macht im Universitätssektor verfügte. Auch sind die Positionen dieser Schule keine kanonisierten Lehrmeinungen oder allgemein anerkannte Auffassungen. Um die genannten Institutionen gruppieren sich vielmehr Wissenschaftler unterschiedlicher ideologischer Orientierung, deren Gemeinsamkeit in der wissenschaftlichen Methodologie und der Einbettung der Forschungspraxis in eine bestimmte historische Tradition besteht. Es treffen sich hier Marxisten mit Nicht-Marxisten, deren Methoden weitgehend die der gesamten modernen französischen Historiographie sind.[3] Der Rekurs auf den Marxismus unterscheidet allenfalls eine engere von einer weiteren Schule und zeichnet den »engeren« Kreis durch das Bedürfnis nach geschichtstheoretischer Reflexion aus. Das Interesse an theoretischer Diskussion bleibt jedoch selbst hier sekundär, und die Berufung auf den Marxismus wird in jedem Fall »positiver« Quellenforschung untergeordnet.

Wenn Albert Soboul, heute der offizielle Vertreter der Schule – als Lehrstuhlinhaber, Geschäftsführer der Robespierre-Gesellschaft und Herausgeber der Zeitschrift –, herausfordernd und nicht ganz treffend diesen Ansatz der »klassischen« Tradition zuordnet[4], der eine »revisionistische« gegenüberstehe, so kann das natürlich von Gegnern als unzulässiger Monopolanspruch gedeutet werden.[5] »Revisionistisch« meint hier die Ausblendung der ökonomischen und sozialen Struktur der Revolution, wie sie durch die Forschung bestätigt wurde. Die »klassische« Tradition beginnt nach Soboul mit Barnave, sie setzt sich fort in der liberalen Geschichtsschreibung des 19. Jahrhunderts (Mignet, Thiers, Michelet, Tocqueville), und selbst der Positivist und Revolutionshasser Taine hat dieser Tradition einige Impulse gegeben. In dieser Sicht erreicht die Revolutionsgeschichtsschreibung mit Jaurès lediglich eine neue Stufe der sozialen Interpretation.

In der »klassischen« Deutung, die von einer Historikergeneration zur anderen verfeinert und durch neues Quellenstudium erweitert wurde, und von der trotz anders lautender Behauptungen gesagt werden kann, daß sie von den »Klassikern« des Marxismus gestützt wird, erscheint die Bourgeoisie als die perspektivisch führende Klasse (Hegemon) der Revolution, deren einendes Element der anti-feudale Kampf aller nicht-privilegierten Volksschichten ist. Bei Anerkennung von autonomen Bewegungen innerhalb des revolutionären Geschehens wird dabei – unter häufiger Bemühung des Clémenceauschen Diktums: »Die Revolution ist ein Block« – von *einer* bürgerlichen Revolution gesprochen, die von den Volksmassen unterstützt wurde, wobei »Spitze« und »Hegemon« der Revolution keineswegs immer identisch erschienen. Diese bürgerliche Revolution wird in einem Phasenprozeß beschrieben, der von der bürgerlich-liberalen zur bürgerlich-demokratischen Revolution und dann in absteigender Linie weiterverläuft, wobei das Schicksal des Bündnisses mit den Volksmassen den Ausschlag gibt.

Die »klassische« Interpretation, soweit sie sich theoretisch geäußert hat, geht ferner davon aus, daß die bürgerliche Revolution eine entscheidende Rolle im Übergang vom Feudalismus zum

Kapitalismus gespielt hat, das heißt, in Übereinstimmung mit der marxistischen Auffassung, im Übergang zu einer höheren Gesellschaftsformation, als sie das Ancien Régime darstellte. Allerdings ist kein Vertreter dieses Konzepts so naiv zu behaupten, die kapitalistische Gesellschaft sei innerhalb weniger Jahre von der Revolution in allen Einzelheiten und vollständig herausgebildet worden.[6] Das Interesse ist vor allem auf die spezifische Form des Übergangs gerichtet. Wenn dabei eine nationale Spezifik betont wird, so ist das nicht ein nationalistischer Reflex der Historiographie – mag es auch manchmal so aussehen –, nicht die Zelebrierung eines Modells, sondern die Beschreibung eines der historisch möglichen Übergänge zur kapitalistischen Produktionsweise, und zwar eines relativ demokratischen Übergangs. Das läuft auf die Aufdeckung von Besonderheiten hinaus, aber auch von Gesetzmäßigkeiten oder Möglichkeiten, die auf das Studium von Revolutionen im allgemeinen verweisen. Dementsprechend tendiert diese Schule zu einer vergleichenden Historiographie, die freilich noch in ihren Anfängen steckt. Die stärksten Antriebe in diese Richtung sind von dem japanischen Historiker Takahashi und von Markov (DDR) ausgegangen[7] und wurden in Frankreich vor allem von Soboul aufgenommen.[8] Revolutionen vermögen sich gegenseitig zu erhellen unter der Bedingung, daß man Vergleichbares vergleicht, und zwar nach wissenschaftlichen Kriterien. Auf diese Einsicht gründet sich der komparative Ansatz der Schule.

Der Kern der Divergenz zwischen der in Sobouls Augen »revisionistischen« und der in Furets Augen »neo-jakobinischen« oder »lenino-populistischen« Revolutionsdeutung ist nicht in erster Linie methodologischer Natur; umstritten ist die Rolle der Volksmassen in der Revolution. Wenn Furet und Richet die Revolution im Jahre 1790 für abgeschlossen ansehen und die jakobinische Phase als eine »Entgleisung« *(dérapage)* deuten, so ist klar, daß sie die Französische Revolution – für sie ein Produkt der aufgeklärten Eliten des Ancien Régime – nur als bürgerlich-liberale, politische Revolution gelten lassen, in der die Volksmassen keine »schöpferische Rolle« gespielt haben.[9] Diese abwertende Einschätzung der Volksbewegung steht im Einklang mit neueren Bemühungen von Historikern, den statischen Charakter der bäuerlichen Gesellschaft, die als *société immobile* bestimmt wird, und das archaische Moment der Bauernrevolten des Ancien Régime zu betonen. Die Volksbewegung in der Revolution, sei sie bäuerlich oder städtisch, kann in dieser Optik nur regressiv erscheinen.[9a] Für die »klassische« Schule hingegen hat der Eingriff der Volksmassen weithin das Ergebnis der Revolution bestimmt, ihm ist in letzter Instanz die soziale Umwälzung zu danken.

Die auf Jaurès zurückgehende Revolutionshistoriographie versteht sich als *histoire totale*, als umfassende Geschichte, die die Struktur des revolutionären Ereignisses in der Interdependenz der ökonomischen, sozialen und politischen Faktoren zu erfassen sucht. Sie trägt auch dem Faktor des kollektiven revolutionären Bewußtseins oder, wenn man so will, den revolutionären Mentalitäten Rechnung. Sie verteidigt Chronologie und Ereignis gegen rein quantifizierende Verfahren und Synchronie und bezieht das Studium der Revolution auf eine Dialektik von Kontinuität und Bruch. Über ihren eigentlichen Gegenstand hinaus will sie dazu beitragen, Antworten auf folgende Fragen zu finden: Wie entstehen Revolutionen? Welche Formen können sie annehmen? Welche Wirkungen haben sie?

Stufen der historischen Erkenntnis

Die beiden Jaurès und Lefebvre gewidmeten Aufsätze von Labrousse, mit denen dieser Band beginnt, umreißen die Stellung der Schule zu Sozialismus und Arbeiterbewegung sowie zur Wissenschaft. Während Jaurès sein Opus magnum als Teil einer sozialistischen Massenpädagogik *Histoire socialiste* benannte, reklamiert – trotz der unveränderten Achtung vor Jaurès – heute kein Vertreter mehr das Beiwort »sozialistisch«. Bei fast allen wird eine Verpflichtung gegenüber der Arbeiterbewegung sowie der revolutionären Tradition Frankreichs anerkannt. Und auch die Oktoberrevolution hat bei der ersten Generation ein Bekenntnis zum Internationalismus hervorgerufen. Gelegentlich wird Treue gegenüber der »Mutterrevolution« – *notre mère à tous* – beschworen. Das hat einen kommemorativen Beiklang, an dem Anstoß genommen wurde, ist jedoch Ausdruck des Tatbestands, daß die Diskussion um die Französische Revolution immer noch Teil der lebendigen Geschichte, ein Politikum ist. Die nicht endenwollende Kontroverse bestätigt das.

Kurioserweise hat das Werk von Jaurès in der sozialistischen Bewegung, an die es in erster Linie adressiert war, sehr viel weniger Resonanz gefunden als im akademischen Milieu. Hier wurden die Vorbehalte, die zu Anfang gegen das Werk bestanden, rasch überwunden, während die Sozialisten, zersplittert und im Fraktionskampf begriffen, zumindest bis 1905 der *Histoire socialiste* feindselig gegenüberstanden.[10] Der ersten Ausgabe blieb denn auch ein wirklicher Publikumserfolg versagt. Um so nachhaltiger war die Wirkung des Buchs, das eine Fülle neuen Materials verarbeitete, bei den Historikern: zahlreiche Äußerungen von Aulard, Mathiez, Lefebvre und Labrousse belegen das. Wie immer man heute zu dem Werk stehen mag (eine kritische Aufarbeitung wäre wünschenswert und würde Licht auf das Jaurèssche Erbteil im französischen Sozialismus werfen), es duldet keinen Zweifel, daß Jaurès den Anstoß zur Wirtschafts- und Sozialgeschichtsschreibung der Revolution gegeben hat – wenn nicht durch seine Geschichtsauffassung und den Weg, den sie wies, so durch seine Initiative zur Gründung der *Kommission zur Erforschung und Veröffentlichung der Dokumente zur Wirtschaftsgeschichte der Revolution*.[11] Die von Jaurès inspirierte Geschichtsschreibung konnte somit eine *histoire vue par en bas*, eine Sozialgeschichte »von unten« werden, »die jede Aussage mit einem Dokument belegt«.

Zwischen den beiden Weltkriegen hat sich die Wirtschafts- und Sozialgeschichte der Revolution ihr modernes Instrumentarium geschaffen, indem sie quantitative, statistische und soziologische Methoden erprobte und die Sozialgeschichte auf die Grundlage der Wirtschaftsgeschichte stellte. Georges Lefebvres für die Agrargeschichte grundlegendes Buch, *Les paysans du Nord*, erschien 1924, die *Esquisse du mouvement des prix et des revenus en France au 18e siècle* von Labrousse 1933 – beides Meilensteine der neueren französischen Geschichtsschreibung.[12]

Ernest Labrousse (geboren 1895), in seiner Jugend als Journalist für die *Humanité* tätig, entstammt jener Sozialistengeneration, die gegen den Krieg gekämpft, die Oktoberrevolution begrüßt und für die III. Internationale geworben hatte.[13] Er gehörte zunächst der Kommunistischen, dann der Sozialistischen Partei an. Labrousse ist einer der treuesten Erben von Jaurès, dem er als Präsident der *Société des Etudes Jauressiennes* seine Achtung zollt. Was er über Jaurès sagt, gilt auch für ihn selbst: er verkörpert einen republikanischen, demokratischen Sozialismus spezifisch französischer Prägung. In Frankreich hat die Sozialdemokratie, zumindest die ältere, von Jaurès geformte, zwar dem Reformismus gehuldigt, aber die bürgerliche Demokratie entschieden als Ergebnis der Französischen Revolution verteidigt. Das hieß zugleich, sich zur Revolution in ihrer konkreten Gestalt zu bekennen. Diese Bejahung der Revolution und der revolutionären Kontinuität – so problematisch letztere auch war – unterscheidet Jaurès von Bernstein, so wie sie deren jeweilige Nachfolger unterscheidet.[14]

Im Anschluß an Simiand und unter dem Eindruck der Weltwirtschaftskrise publiziert Labrousse 1933 seine zweibändige *Esquisse,* der 1944 das monumentale Werk *La crise de l'économie française à la fin de l'Ancien Régime* folgt. Als Inhaber des Lehrstuhls für Wirtschafts- und Sozialgeschichte an der Sorbonne hat Labrousse einen immensen Einfluß auf jüngere Historiker ausgeübt. Die Revolutionsforschung hat er durch den Nachweis erneuert, daß die Revolution – wie Jaurès betont hatte – Ergebnis der ökonomischen Entfaltung der Bourgeoisie gewesen war und zugleich – wie Michelet ausgeführt hatte – Produkt der Armut, das heißt der durch eine Krise hervorgerufenen Verarmung der Volksmassen. Es ist gegen Labrousse der Vorwurf einer mechanistischen Ableitung des revolutionären Ereignisses aus den sozioökonomischen Bedingungen erhoben worden.[15] Georg Iggers weist zu Recht darauf hin, daß Lefebvre in der Erklärung von politischem Verhalten weiter gegangen ist als Labrousse.[16] Dennoch muß festgehalten werden, daß sein Erklärungskonzept – und der vorliegende Artikel *Wie Revolutionen entstehen* vermag das zu bestätigen – ein unerläßlicher Schritt auf dem Weg der systematischen Analyse der Revolution war. Dieser Text, die Abschlußrede auf dem Kongreß, der zum 100. Jahrestag der 48er Revolution in Paris stattfand, ist einer der markantesten Beiträge zur französischen Revolutionsgeschichte. Obwohl er für eine inzwischen teilweise überwundene Stufe der historischen Reflexion steht, behält er seinen Wert als Summe der Erkenntnisse über den Stellenwert der sozialen, ökonomischen und politischen Krisen für den Ausbruch der Revolution, als vergleichender Ansatz sowie als Programm einer ganzen Schule. In der damals einsetzenden Diskussion hat Lefebvre zu bedenken gegeben, daß der Erklärungsversuch von Labrousse nur auf den Typ der spontanen Massenerhebung, wie er durch die Julitage 1789 bezeichnet ist, anwendbar sei und nicht auf *Journées,* in denen aktive Minderheiten auf den Lauf der Ereignisse eingewirkt haben, wie am 10. August 1792 oder am 31. Mai 1793.[17] Damit ist in der Tat die Grenze der Labrousseschen Methode angedeutet. Übrigens hat Labrousse diesen Text, der hier erstmals in deutscher Sprache erscheint, nie wieder nachdrucken lassen. Zu seinem Verständnis sei noch hinzugefügt, daß der Kongreß in einer sehr bewegten politischen Situation stattfand, einem geradezu insurrektionellen Klima, das durch heftige spontane Streikbewegungen mit politischem Charakter, die seit dem Sommer 1947 andauerten, gekennzeichnet war, bei gleichzeitiger Inflation und Nahrungsmittelknappheit.[18] Die Situation wies einige der Merkmale auf, die den Ausbruch der Revolutionen von 1789, 1830 und 1848 begleitet hatten. Und ein Ton von revolutionärer Erwartung schwingt unüberhörbar in der Rede von Labrousse mit.

Ebensowenig wie Labrousse wollte Georges Lefebvre (1874–1959) ein marxistischer Historiker sein. Als einzigen Lehrmeister hat er Jaurès genannt. Lefebvre kam aus der Tradition der republikanischen, laizistischen Schule und war sein Leben lang entschiedener Sozialist.[19] Angesichts der Spaltung der sozialistischen Bewegung 1920 mochte er sich keiner der bestehenden Parteien anschließen und setzte seine Hoffnungen auf deren Wiedervereinigung. Die revolutionäre Einheit war für ihn die unabdingbare Voraussetzung einer siegreichen Bewegung – 1793 ebenso wie 1936.

Im selben Jahr wie Mathiez geboren, verlief seine Entwicklung gänzlich anders und unabhängig von Mathiez. Während dieser über den goldenen Weg der *Ecole Normale Supérieure* sehr früh seine Universitätskarriere begann (Schüler von Aulard, mit dem er sich überwarf, Sozialist auch er und Bewunderer von Jaurès), war Lefebvres Laufbahn eher die eines Außenseiters, der erst spät nach Paris und zu akademischen Ehren kam.[20] Er ist der bedeutendste Vertreter der neueren französischen Revolutionsforschung. Das umfassende Werk, das er hinterlassen hat, bleibt die unentbehrliche Grundlage jeder Beschäftigung mit der Revolution. In viele Sprachen übersetzt, ist es, von einigen Aufsätzen abgesehen, in Deutschland kaum bekannt. Eines seiner Bücher, *Quatre-vingt-neuf (1789),* das zur 150-Jahrfeier der Französischen Revolution 1939 erschien, wurde übrigens auf Veranlassung der deutschen Besatzungsbehörden von der Vichy-Regierung eingestampft.

Die Auszüge aus dem Buch *La Grande Peur de 1789* sind ein vorwiegend narrativer Beitrag mit ereignisgeschichtlichem Aspekt. Soboul hat hervorgehoben, wie stark in beiden das Ereignis die Strukturen erhellt, Strukturen im Prozeß ihrer Veränderung. Der Autor beschreibt anhand minutiöser archivalischer Rekonstruktion des Geschehens Mechanismen und Auswirkungen kollektiven Bewußtseins. Es wird dabei der Umschlag von »archaischer«, instinktiver Reaktion in bewußte kollektive Handlung deutlich, die schließlich in revolutionäre Aktion mündet. Einen Anstoß zu der Untersuchung gab auch im Fall der *Großen Furcht* die erlebte Geschichte, nämlich die Greuelmärchen, die im Ersten Weltkrieg in Frankreich über den deutschen Feind kursierten.

Lefebvres Aufsatz *Die Französische Revolution und die Bauern* ist die Synthese der Erkenntnisse, die der Autor im Laufe seiner Beschäftigung mit der Agrargeschichte gewonnen hat, und die durch die Arbeiten Marc Blochs bestätigt wurden. Es ist ein Versuch, die Stelle der Bauernbewegung innerhalb der Revolution zu bestimmen. Diese Synthese war lange Zeit die maßgebliche Antwort der neueren Geschichtsschreibung auf die Agrarfrage in der Revolution. Einige Thesen Lefebvres sind selbst von den Kritikern der Schule stillschweigend übernommen worden, vor allem seine Erläuterungen der antikapitalistischen Intention der bäuerlichen Forderungen und der Autonomie der bäuerlichen Revolution. Lefebvre hat allerdings gerade das zweischneidige, dialektische (anti-feudale und anti-kapitalistische) Moment der Bauernbewegung hervorgehoben, während bei seinen Gegnern nur noch die eine Perspektive übrigbleibt, was sie freilich nicht daran hindert, der Lefebvre-Schule manichäische Vereinfachung vorzuwerfen. Der immer noch wichtige Text zeigt, wie unvoreingenommen die Darstellung war, die Lefebvre von den Anfängen des Kapitalismus in der französischen Landwirtschaft unter dem Ancien Régime gab, und wie wenig er zu einer schematischen Gegenüberstellung von Kapitalismus und Feudalismus neigte.[20a]

Die Texte von Soboul sollen die Bemühung der Nachfolger dokumentieren, das Lefebvresche Erbe kritisch fortzuentwickeln. Unter Wahrung und Vervollständigung der wissenschaftlichen Detailforschung geht es darum, die Ergebnisse Lefebvres im

Lichte der vergleichenden Revolutionsgeschichte und der marxistischen Übergangskonzepte neu zu bewerten.

Albert Soboul (geboren 1914) gehört einer Historikergeneration an, die nicht mehr unmittelbar von Jaurès inspiriert, sondern von Mathiez und Lefebvre in die Geschichte der Französischen Revolution eingeführt wurde. Langjähriges Mitglied der Kommunistischen Partei Frankreichs, wenn auch nicht mehr aktiv, schließt sein Verhältnis zur Partei Kritik und Unabhängigkeit durchaus ein. Er ist kein Musterbeispiel eines Kommunisten, der die jeweilige »Parteilinie« in die historische Arbeit überträgt. Caute hat, wenn auch in verzerrter Form, darauf aufmerksam gemacht, daß Soboul Anfang der fünfziger Jahre in der Partei umstritten war.[21] 1952 von Jean Poperen (heute ein führendes Mitglied der Sozialistischen Partei) wegen mangelnder Bejahung der robespierristischen Politik angegriffen[22], habe Soboul in dem Artikel *Classes et luttes de classes sous la Révolution française*[23] (1954) eine Art Selbstkritik geübt. In diesem Text (wie auch in Teilen seiner Habilitationsschrift *Les sansculottes de l'An II*)[24] betont er durchaus im Sinne von Lefebvre den gegenüber der robespierristischen Politik ökonomisch rückschrittlichen Charakter der Volksbewegung. In dem vorliegenden Beitrag zur *Übergangs-Debatte* (1956) korrigiert Soboul jedoch diese These und bewertet (wohl unter dem Einfluß der Arbeiten Takahashis und der internationalen Diskussion um den Übergang vom Feudalismus zum Kapitalismus) die Rolle der Volksbewegung auch unter wirtschaftlichen Gesichtspunkten positiv. Aus dieser Bewertung der egalitaristischen Vorstellungen der Volksbewegungen als Ausdruck eines spezifischen Wegs zum Kapitalismus leitet sich auch die Folgerung her, die Soboul in einem Aufsatz über *Survivances féodales* im 19. Jahrhundert gezogen hat[25], daß die Französische Revolution nicht bis zur vollständigen und kompromißlosen Abschaffung der feudalen Strukturen, in erster Linie des feudalen Grundbesitzes gegangen sei.

In diesem Licht erscheint die Französische Revolution als nicht radikal genug, auch wenn sie die radikalste der bürgerlichen Revolutionen war. Diese Einsicht erlaubt es Soboul, in seinem Bericht *Über die Bauernbewegung* dem sowjetischen Historiker Ado bei dessen Revision der von Lefebvre vertretenen Einschätzung der Bauernbewegung zuzustimmen. Indem Soboul dem sowjetischen Forscher folgt, der sich auf Marx und die Leninschen Theorien über die »Bauernfrage« in der bürgerlichen Revolution stützt, erkennt er die Notwendigkeit einer Überprüfung der in seiner Habilitationsschrift getroffenen Einschätzung der ökonomischen Positionen der städtischen Volksbewegung an.

Die These vom ökonomisch rückschrittlichen, antikapitalistischen Charakter der Volksbewegung als einer Bewegung von Kleinproduzenten oder solchen, die es werden wollen, war freilich nicht nur die Leitidee Lefebvres, sondern die einer ganzen Generation von Historikern. Sie alle saßen einer ökonomistischen Deformierung des Marxismus auf, die sich in der These geltend machte, der Kapitalismus könne nur über die rasche Konzentration der Produktionsmittel bei ebenso rascher Beseitigung der Kleinproduktion, also über den Ruin der Mittelschichten, entstehen. Der »englische Weg«, den Marx vor allem nachgezeichnet hatte, fungierte dabei stillschweigend als Modell – und das nicht nur bei marxistisch orientierten Historikern. Dieses Modell hat leider immer noch Einfluß. Will man jedoch das Spezifische des »französischen Wegs« zum Kapitalismus und die Besonderheit der Französischen Revolution erfassen, muß man sich von diesem einseitigen Deutungsmuster lösen. Gerade Soboul hat die Diskussion über den Charakter der Revolution neu eröffnet und der Forschung damit neue Aufgaben gestellt. Es ist zu erwarten, daß der Egalitarismus als spezifische Ideologie eines »demokratischen Wegs zum Kapitalismus« eine neue Einschätzung erfahren wird.[26]

Maurice Dommanget (1888–1976) ist ein Außenseiter in der Revolutionsgeschichtsschreibung. Die Lektüre von Jaurès' *Histoire socialiste* hat den Volksschullehrer zur Geschichtsforschung angeregt, die er als Autodidakt betrieben hat, allerdings in engem Kontakt mit der *Société des Etudes Robespierristes* und den anderen Revolutionshistorikern. Er war aktiver Sozialist, vorübergehend zu Beginn der III. Internationale Kommunist (bis 1929), jedoch in erster Linie revolutionärer Syndikalist. Mit Dommanget setzt sich Jaurès' Bemühung fort, Geschichte für die Massen und nicht nur für die Gelehrten zu schreiben. Er hat sich denn auch nicht an die akademische Gliederung der Geschichte gehalten, sondern seine Aufmerksamkeit jener Periode zugewandt, die die sozialistische Bewegung interessiert, im wesentlichen von den Bauernrevolten vor der Revolution bis zu Blanqui und zur Kommune.[27]

Sein Beitrag zur Geschichte der Französischen Revolution besteht vorwiegend in biographischer Forschung. Er hat in Frankreich die Babeuf-Studien neu begründet, Sylvain Maréchal und einige »rote« Priester der Revolution wiederentdeckt.[28] Die biographische Arbeit Dommangets bewegt sich durchaus auf der Höhe der neueren Historiographie: sie richtet ihr Augenmerk auf die ökonomischen und sozialen Gegebenheiten und begreift sich als Teil einer umfassenden materialistischen Geschichtsschreibung. Der in diesem Band enthaltene Beitrag belegt Dommangets Fähigkeit, die theoretischen Erkenntnisse der sozialistischen Bewegung in die historische Arbeit einzubringen und zugleich die historischen Erkenntnisse der sozialistischen Bewegung nutzbar zu machen.

Michel Vovelle, Professor an der Universität Aix-en-Provence/Marseille, gehört einer neuen Generation von Forschern an. Die Berufung auf die »klassische« Tradition geht fortan mit Abgrenzung einher. Als kompetenter Vertreter einer Generation kommunistischer Historiker, die die ideologische Auseinandersetzung weitgehend zurückstellt, wird er auch von Gegnern der Schule geschätzt, die sonst gern Kommunismus mit Dogmatismus assoziieren.

Das Interesse von Vovelle gilt nicht ausschließlich der Revolution, sondern in einem weiteren Sinne den kollektiven Mentalitäten, denen er als Sozialhistoriker nachspürt. Seine wichtigsten Studien befassen sich mit den Einstellungen zu Tod und Jenseits, mit dem Problem der barocken Frömmigkeit und der Dechristianisierung im Zeitalter der Französischen Revolution.[29] Diese Spielart einer »Geschichte der kollektiven Mentalitäten« unterscheidet sich insofern von traditioneller Ideengeschichte, als die vorwiegend quantitative Bearbeitung der Quellen objektive und sozial differenzierte Einsichten ermöglichen soll – ein Anspruch, der freilich oft mit einem gewissen »positivistischen« Erkenntnisverzicht verknüpft ist.

In dem vorliegenden Beitrag versucht Vovelle, durch eine präzise Darstellung der sich im Laufe des 18. Jahrhunderts wandelnden religiösen Einstellungen die Gesellschaftsanalyse des Ancien Régime zu vertiefen und der sogenannten Elitetheorie den Boden zu entziehen.

Seit Jaurès hat die emphatische Aneignung der Französischen Revolution immer mehr einer rein wissenschaftlichen Interpretation Platz gemacht. Ohne Zweifel sind heute die Ursachen und Vorgänge der Revolution besser bekannt, dokumentiert, archiviert als zu Beginn des Jahrhunderts; doch der große massenpädagogische Anspruch von Jaurès ist in den Hintergrund getreten. Die soziale Interpretation der Französischen Revolution hat sich in enger Verbindung mit den gesellschaftlichen und politischen Kämpfen ihrer Zeit entwickelt. Es wird sich erweisen, ob sie der Verselbständigungstendenz des universitären Wissenschaftsbetriebs zu entrinnen versteht.

Anmerkungen

1 *Introduction à la Révolution française,* hrsg. v. F. Rudé, Paris 1960; dtsche Ausg. *Theorie der französischen Revolution,* hrsg. und übers. v. Schmitt, E., München 1972 (Zitat hier in eigener Übersetzung), S. 33.

2 Es liegen inzwischen schon einige Auswahlbände zur Französischen Revolution auf deutsch vor: Markov, W. (Hrsg.), *Maximilien Robespierre (1758–1794),* Berlin 1961; Schmitt, E. (Hrsg.), *Die Französische Revolution. Anlässe und langfristige Ursachen,* Darmstadt 1973; Grab, W. (Hrsg.), *Die Debatte über die Französische Revolution,* München 1975; Schmitt, E. (Hrsg.), *Die Französische Revolution,* Köln 1976. Dennoch ist die auf Jaurès sich gründende Schule der Revolutionsgeschichte in der Bundesrepublik bei weitem nicht so bekannt, wie man erwarten könnte. Grabs Auswahl vermittelt einen Überblick über die wichtigsten Themen und Kontroversen der neueren Revolutionsgeschichte; die beiden Bände von Schmitt, zumal der zweite, sollen der Widerlegung der »sozialistischen« Revolutionsdeutung dienen. Diese ist jedoch nicht mit ihren belangvollen Beiträgen vertreten, Lefebvre ist gänzlich unterrepräsentiert. Vgl. auch Schmitt, E., *Einführung in die Geschichte der Französischen Revolution,* München 1976. Der Autor gibt ein völlig verzerrtes Bild der Forschungssituation: zwei Grundtendenzen zeichneten sich heute ab, die eine sei »strukturanalytisch und vergleichend«, der *Annales*-Schule verpflichtet, frei von politischer oder ideologischer Präjudizierung, die andere sei »sozialistisch«, wobei es Nuancierungen gäbe vom humanistischen Sozialismus bis zum Linksradikalismus. Dieser Tendenz hat man emotionale Voreingenommenheit, sprich: Irrationalismus, und unredlichen Umgang mit Quellen vorgeworfen.

3 Eine Abgrenzung gegenüber der sogenannten *Annales*-Schule ist problematisch: Beide Gruppierungen zählen Labrousse zu ihren geistigen Vätern, und allgemein waren die Grenzen lange Zeit fließend. Erst in jüngster Zeit hat sich zwischen der Lefebvre-Schule und einigen Exponenten der *Annales* eine heftige Kontroverse entwickelt, die jedoch in der Hauptsache politischer Natur ist. Für eine entmystifizierende Darstellung der *Annales*-Tradition und deren Verhältnis zur Geschichte der Revolution siehe Honegger, C., *Geschichte im Entstehen. Notizen*

zum Werdegang der ›Annales‹, Einleitung zu: Bloch, M., Braudel, F., Febvre, L., u. a., *Schrift und Materie der Geschichte. Vorschläge zur systematischen Aneignung historischer Prozesse*, Frankfurt 1977, S. 7–44.

4 Vgl. Soboul, A., *Die klassische Geschichtsschreibung der Französischen Revolution: Aktuelle Kontroversen*, in: Kossok, M. (Hrsg.), *Rolle und Formen der Volksbewegungen im bürgerlichen Revolutionszyklus*, Berlin 1976, S. 48–67.

5 Vgl. Furet, F., *Der revolutionäre Katechismus*, in: Schmitt, E. (Hrsg.), *Die Französische Revolution*, Köln, 1976, S. 46–88.

6 Vgl. Labrousse, E., *Le bilan du monde an 1815. Eléments d'un bilan économique*, in: *Comité international des sciences historiques*, XIIᵉ Congrès, Wien 1965, Grands Thèmes, S. 473. Vgl. auch den Beitrag von Soboul in: *Histoire économique et sociale de la France*, hrsg. v. Labrousse und Braudel, Bd. 3/I, 1789–1880, Paris 1976, S. 5–133.

7 Vgl. die sämtlich von Kossok herausgegebenen Bände *Studien über die Revolution*, Berlin 1969; *Studien zur Vergleichenden Revolutionsgeschichte (1500–1917)*, Berlin 1974; *Rolle und Formen der Volksbewegung im bürgerlichen Revolutionszyklus*, Berlin 1976; Takahashi, H. K., *Shimin kakumei no kōzō (Struktur der bürgerlichen Revolution*, auf jap.), Tokio 1950. Siehe auch seine Beiträge zur Debatte Dobb-Sweezy in: *The Transition from Feudalism to Capitalism*, London 1954, 2. Aufl. 1976.

8 Vgl. Soboul, A., *Problèmes paysans de la Révolution française*, Paris 1976. Dieser Sammelband enthält mehrere Aufsätze zu komparativen Aspekten.

9 Zusammenfassung der wesentlichen These der Autoren in: Furet, F., und Richet, D., *Die Französische Revolution*, Frankfurt/M. 1968 (frz. Ausgabe zuerst 1965/66, 2. Aufl. 1973).

9a Vgl. dazu Gauthier, F., *Sur les problèmes paysans de la Révolution*, in: *AHRF* 50 (1978), 2, S. 305–314.

10 Dazu Dommanget, M., *Sur Jaurès, historien de la Révolution française*, in: *La Pensée socialiste devant la Révolution française*, hrsg. v. Société des Etudes Robespierristes, Paris 1966, S. 197–222.

11 Vgl. Hirsch, H., *Jean Jaurès als Historiker*, in: ders., *Denker und Kämpfer, Ges. Beiträge zur Geschichte der Arbeiterbewegung*, Frankfurt/M. 1955, S. 149–181.

12 Zur neueren Historiographie der Revolution vgl. Gérard, A., *La Révolution française, mythes et interprétations*, Paris 1970; auch Suratteau, J., *La Révolution française, certitudes et controverses*, Paris 1973; Godechot, J., *Un jury pour la Révolution*, Paris 1974.

13 Vgl. Vorwort von Labrousse in Marcellesi, *Le Congrès de Tours*, Paris 1971.

14 Zum Verhältnis Jaurès-Bernstein und ihrer Stellung zur Französischen Revolution vgl. Angel, P., *Eduard Bernstein et l'évolution du socialisme allemand*, Paris 1961, S. 269–273. Dazu auch Mehring, F., *Pour le roi de Prusse*, in: *Die Neue Zeit*, Januar 1903, abgedr. in: ders., *Gesammelte Schriften*, Bd. 9, Berlin 1963, S. 386–400. In der Kritik von Mehring an Jaurès, die dieser mit den schwachen Stellen seiner Darstellung der deutschen Zustände im 18. Jahrhundert herausgefordert hatte, wird dieser Unterschied von deutschem und französischem Revisionismus nicht deutlich.

15 Bei Kon, I. S., *Die Geschichtsphilosophie des 20. Jahrhunderts*, Berlin 1964.

16 Iggers, G., *New Directions in European Historiography*, Middletown (Ct.) 1975, S. 146.

17 Vgl. *Actes du Congrès historique du Centenaire de la Révolution de 1848*, Paris 1948, S. 28–29.

18 Vgl. Julliard, J., *La IVᵉ République*, Paris 1968, S. 111–134.

19 Vgl. Lefebvre, G., *Pro Domo*, in: ders., *Réflexions sur l'histoire*, Paris 1978, S. 277–280.

20 Über Lefebvre und Mathiez s. Godechot, J., *Un jury pour la Révolution*, Paris 1974, S. 285–322.

20a Die Tücken der Lefebvre-Rezeption werden deutlich bei Hunecke, V., *Antikapitalistische Strömungen in der Französischen Revolution*, in: *Geschichte und Gesellschaft* 4 (1978), 3, S. 291–323. Der Autor versucht – gegen Schmitt (s. Anm. 2) –, Lefebvre aus der Umklammerung der »sozialistischen« Schule zu lösen, indem er ihn in Gegensatz zu seinen Schülern stellt. Namentlich Soboul habe seinen Meister »arg mißdeutet« (mit der Behauptung *einer* Revolution) – ein merkwürdiger Vorwurf. Sollte ein Schüler denn nicht die Fehler seines Lehrers überwinden dürfen? Im übrigen steht Huneckes Versuch, Cobban und Lefebvre nachträglich zu versöhnen, auf schwachen Füßen. Man muß schon präzisere Vorstellungen mit der Entwicklung des Kapitalismus als die der »Vermarktung« verbinden und gegenüber gewissen phantastischen Zahlen (Chaussinand-Nogaret, G., *Aux origines de la Révolution: Noblesse et bourgeoisie*, in: *Annales ESC*, 30 (1975), S. 273 ff.) besser gewappnet sein, um sich in die Arena dieser Diskussion zu wagen. Angesichts der neuerlichen Versuche, Lefebvre für die von ihm abgelehnte Revolutionsdeutung zu annektieren, zeigt sich, wie notwendig es ist, Lefebvres Position im Originaltext vorzustellen.

21 Caute, D., *Le communisme et les intellectuels français*, Paris 1967.

22 In: *Cahiers du Communisme*, 29 (1952), 2, S. 203–210. Gegenstand der Kritik war eine Revolutionsgeschichte von Soboul für das breite Publikum: *La Révolution Française 1789–1799*, Paris 1948, 2. erweiterte Aufl. 1951. Man hatte in den KPF offensichtlich von Soboul eine schärfere Zurückweisung der Thesen Daniel Guérins (*La lutte des classes sous la première République. Bourgeois et bras nus*, 2 Bde., Paris 1946), die wissenschaftlich und politisch Anstoß erregt hatten, erwartet.

23 In: *La Pensée*, 53, 1954, deutsch in: *Jakobiner und Sansculotten – Beiträge zur Geschichte der französischen Revolutionsregierung*, hrsg. v. W. Markov, Berlin 1956, S. 47–76.

24 Paris 1958.

25 *Survivances féodales dans la société rurale du 19ᵉ siècle*, in: *Annales E.S.C.*, 1958, S. 965–986, abgedr. in: Soboul, A., *Problèmes paysans de la Révolution française*, Paris 1976, S. 147–180.

26 In dieser Richtung s. schon die Arbeit der Soboul-Schülerin Gauthier, F., *La voie paysanne dans la Révolution française – L'exemple picard*, Paris 1977. Vgl. die Rezension von Holzapfel, K., in: *Zeitschrift für Geschichtswissenschaft*, 16 (1978) 5, S. 458–460.

27 Vgl. Bianchi, S., *Maurice Dommanget (1888–1976)*, in: *Annales historiques de la Révolution française*, 49, 1977, S. 71–86.

28 *Sylvain Maréchal, l'égalitaire*, Paris 1950; *Jacques Roux, le curé rouge et le »manifeste des enragés«*, Paris 1948; *Babeuf et la conjuration des Egaux*, Paris 1924, um nur einige Titel zu nennen.

29 *Vision de la mort et de l'au-delà en Provence d'après les autels des âmes du Purgatoire*, Paris 1970; *Piété baroque et déchristianisation*, Paris 1973; sehr nützlich zur Einführung in die Revolutionsgeschichte ist sein *La chute de la monarchie (1787–1792)*, Paris 1972, das den Forschungsstand auf dem Hintergrund der Kontroverse umreißt.

I. Geschichte
der Geschichtsschreibung

Ernest Labrousse
Der Sozialismus und die Französische Revolution

Der französische Sozialismus ist ein republikanischer Sozialismus, republikanisch in seinen Ursprüngen, in seinen spontanen Reaktionen, in seinen historischen Positionen, in seiner territorialen Verankerung; republikanisch bis in seine fernsten Winkel und seine tiefsten Wurzeln, im Kern seiner Geschichte ebenso wie in seiner politischen Geographie.

Gewiß muß man hinter dem Erscheinungsbild nach dem Wesen der sozialen Realität suchen, die Zeiten und die Schulen voneinander unterscheiden. Gewiß hat auch der Sozialismus grundsätzlich den Willen bekundet, einen Trennungsstrich gegenüber allen »bürgerlichen« Parteien, einschließlich der republikanischen, zu ziehen. Darin waren sich die verschiedenen Schulen einig. Proudhon, der nicht einzuordnende, Proudhon, der einzigartige, der unabhängige, mehr aber noch die syndikalistischen Proudhonisten der Jahre nach 1860, die zumindest ebensosehr von ihrer Kampferfahrung wie von ihrem Lehrer beeinflußt waren, verkündeten die Autonomie des Proletariats im öffentlichen Leben. Die bedeutende historische Leistung des Proudhonismus für die französische Arbeiterbewegung bestand tatsächlich in dieser Betonung der Autonomie der Arbeiterklasse, in diesem Beitrag seiner Lehre zur bewußten Aufhellung einer entscheidenden historischen Realität. Die These von der Trennung sollte zwanzig Jahre später auf dem anderen Flügel des Sozialismus, bei den Guesdisten, ihre unnachgiebigsten Interpreten finden. Sie werden das Seil des Jakobinismus kappen. Und nie mehr wird davon die Rede sein, es wieder zu befestigen. Es bestand Übereinstimmung: alle Versionen des französischen Sozialismus, ob in rivalisierende Parteien gespalten oder im Kampf nationaler Formationen zusammengefaßt, vom Possibilismus[1] bis hin zum Blanquismus und zum Guesdismus beharrten auf der Notwendigkeit einer autonomen Partei, einer von allen anderen unterschiedenen Partei der Klasse der Arbeitswelt. Die sozialistische Partei, soeben aus der Vereinigung von 1905 hervorgegangen, die Partei der Jaurès,

Guesde und Vaillant, bot sich als eine »Klassenpartei« dar, deren »Vertreter im Parlament eine geschlossene Gruppe bilden, die allen politischen Gruppierungen der Bourgeoisie gegenübersteht«. Guesde, der bei der Vereinigung nicht von seinen Anhängern, sondern von anderen unterstützt wurde, sollte weiterhin von der radikalen Partei als von einer »feindlichen Partei« sprechen. Gustave Hervé und sein *Guerre Sociale*[2] stellten indessen *Radikale* und *Klerisei* auf (nahezu) die gleiche Stufe, wobei sich übrigens bei den einen wie den anderen, je nach der Episode des politischen Kampfes, die Tonart, ja sogar das Vokabular änderte. Jaurès und seine Freunde scheuten zweifellos vor einer solchen Sprache zurück. Sie wußten, daß Worte – selbst Schimpfworte – nicht Handlungen sind und die Handlungen hier nicht in jedem Punkt mit den Worten übereinstimmten. Denn in allen Phasen der gesamten Geschichte des Sozialismus und allen sozialistischen Richtungen ließ die Lehre der Trennung eine Praxis der Kooperation fortbestehen.

Die Arbeiterkandidaten von 1863 und 1864, die Unterzeichner des Manifests der Sechzig[3] – die, laut *Le Siècle*, die Einheit der Republikaner zerbrachen –, nannten sich Republikaner. Sie wollten »die Aktion der liberalen Opposition dadurch stärken, daß sie eine Ergänzung zu ihr bildeten«. Sie billigten sämtliche Punkte des demokratischen Programms: »Und es sei ein für allemal gesagt: wir verwenden das Wort *Demokratie* im radikalsten und unmißverständlichen Sinn.« Eine siegreiche Kommune, bemerkt Jaurès, hätte unmittelbar danach eine radikale Republik hervorgebracht. Die ersten Arbeiterkongresse, die damals – bei aller anfänglichen Vorsicht – das neueste Ereignis des öffentlichen Lebens waren, fanden seit 1876 in einer republikanischen Atmosphäre statt. Selbst Guesde kam vom Radikalismus her, bevor er die marxistischen Weihen erhielt. Seine Zeitschrift *Egalité* – der Titel ist vielsagend – gab sich in ihrer ersten Nummer vom 18. November 1877 als »in der Politik republikanisch, im Religiösen atheistisch, in erster Linie aber sozialistisch«. Der Gegensatz der sozialistischen Gruppierungen zum Radikalismus sollte sich, je nach den Umständen und dem Milieu, in der Intensität und im Stil unterscheiden. Die kollektive Aktion der Arbeiter, die Streiks, der Arbeiterinternationalismus, mehr noch der politische Internationalismus sollten die Positionen festigen und die Bindungen an die radikale Partei und ihre Gefolgschaft lockern. Die

Grundsatzentscheidungen erhielten diese Bindungen jedoch weiterhin aufrecht, an erster Stelle der Antiklerikalismus – der übrigens mit der im Konservativismus verwurzelten Aggressivität eines großen Teils des damaligen Klerus annähernd gleichzusetzen ist; aber auch ein gewisser republikanischer Nominalismus, der in einem Land wie Frankreich überaus lebendig ist. Die Verteidigung der Republik behielt ihre emotionale und mobilisierende Kraft. Das historische Bündnis der Linken bei den Stichwahlen blieb die Regel. Es war eine Art von natürlicher Allianz, die einer spontanen Reaktion entsprach: Edouard Herriot bezeichnete sehr viel später diesen geschichtlichen zweiten Wahlgang als »Wahlgang der Republik«. Der Bruch mit der Regel erregte Aufsehen. Der republikanische Kandidat, der mit Hilfe der Stimmen der »Rechten« den Sieg davontrug, war »unreell gewählt«. Dies galt für Radikale – und bereits für Sozialisten! Als Hervé am Tage nach den Kammerwahlen von 1910 den Sieg der Sozialisten kommentierte, prangerte er die paar Mandate der »unreell« Gewählten an, die »bis zum Himmel nach Weihrauch aus den Sakristeien stinken«.

Abgesehen von der bei den Wahlen stattfindenden Begegnung, sahen Jaurès und die von ihm beherrschte vereinigte Partei in der Republik den gemeinsamen Besitzstand aller Demokraten: Schutz und Entwicklung der Republik würden den Weg zum Sozialismus ebnen. Der Sozialismus sei Ausdruck der Logik der republikanischen Entwicklung. Die Erfahrung bestätigte diese Logik. Mit anderen Worten: Während des Dritteljahrhunderts von 1881 bis 1914, das Jaurès' gesamtes politisches Leben umspannt, bestätigte die Erfahrung die wachsende Bereitschaft des radikalen Wählers aus dem Volk, sich in einen sozialistischen Wähler zu verwandeln. Die Veränderung vollzog sich nicht nur in Paris und in einigen Großstädten, sondern auch in der von altersher roten Provinz, im Frankreich der »Bergpartei« der Wahlen von 1849.[4]

Nicht daß es sich hier um einen abstrakten ideologischen Wandel gehandelt hätte. Unter dem Druck ähnlicher ökonomischer und gesellschaftlicher Zwänge finden wir im damaligen Frankreich dieselben »internationalen« Etappen der politischen Bewußtwerdung der breiten Volksschichten wieder, wie sie uns aus anderen Ländern auf dem Wege zur Industrialisierung vertraut sind. Am Anfang steht die Stimmabgabe für eine progressive bürgerliche Partei, dann folgt die für die Sozialisten: Partei, Gewerkschaften und Wählerschaft entfalten sich gleichzeitig. Aber wie unterschiedlich fassen die Sozialisten von Land zu Land und von Landschaft zu Landschaft Fuß! Es ist eine Tatsache, daß bei uns in Frankreich Notabeln aus dem Kleinbürgertum das Beispiel für soziale Zivilcourage – für Zivilcourage gegenüber den großen Notabeln – lieferten; daß sie, unterstützt von den Volksmassen, die geheiligten Grundwerte der traditionellen Gesellschaft umstießen. Sie predigten das Gesetz des Fortschritts, des allgemeinen Interesses, des Willens der Mehrheit. Der Radikalismus der Blütezeit bildete einen guten ideologischen Nährboden. Er bahnte den Weg für eine andere Form von Demokratie – und verstellte ihn zugleich. Vor der allgemeinen politischen Bewußtwerdung, die sich im Erfolg der Sozialisten ausdrückte, pflügte er das Terrain gründlich um. Sieht man von verschiedenen politischen Erschütterungen als Folge der Veränderung der Wirtschaft und des Lebensmilieus ab, so entwickelte sich der Sozialismus der Dritten Republik in der Mehrheit der französischen Bevölkerung auf dem von den Radikalen gejäteten Boden.

Dieser republikanische Sozialismus trug und behielt den Stempel der Französischen Revolution, einer Revolution, im Verhältnis zu der man weiterhin den eigenen Standort bestimmte und von der das öffentliche Leben erfüllt war. Die erwachende sozialistische Bewegung knüpfte an sie an. Zweifellos muß man hier Sektensozialismus und von der Masse getragenen Sozialismus unterscheiden. Manche Begründer sozialistischer Schulen des 19. Jahrhunderts haben sich – gelinde gesagt – unfreundlich über die Französische Revolution geäußert, so Fourier, so Proudhon. Ihre Replik war abstrakt und beeinflußte nur einen kleinen Kreis von Adepten. Der politische Sozialismus als Massenbewegung jedoch, im Begriff, sich in seinem natürlichen Milieu zu verankern, intensivierte die emotionale und ideologische Bindung an die Große Revolution. Nicht daß es darum gegangen wäre, das alte Drama noch einmal aufzuführen. Das 19. Jahrhundert hatte seine eigenen Probleme. So verkündete Raspail, der Vorsitzende der *Gesellschaft der Volksfreunde*, im Januar 1832 vor dem Pariser Schwurgericht – neben ihm auf der Anklagebank saß übrigens der junge Louis Auguste Blanqui, der gerade sein sechsundzwanzigstes Lebensjahr vollendete –, daß die Republikaner, »nachdem sie sich mit ganzer Seele in die Meditation über unsere unsterbliche Revolution von 93 versenkt haben«, keineswegs beabsichtigten, »auf der Bühne der Gegenwart, die mit anderen Hoffnungen und einer anderen Zukunft schwanger geht, eine uns nicht mehr betreffende Vergangenheit neu zu inszenieren«.

Und doch waren diese vergangenen Zeiten noch ganz nah und beherrschten die Geschichte der Völker in der Perspektive der Epoche. Die Erinnerung an sie, ihr Wortschatz, ihr Vorbild wirkten in Frankreich und außerhalb in der Agitation der Sozialisten und in den Volksmassen nach. Nichts zeigt deutlicher den Willen, die erste Revolution wiederaufleben zu lassen, als die drei französischen Revolutionen des 19. Jahrhunderts, so daß die letzte davon, die Kommune, die bereits in das Industriezeitalter fällt, viel mehr die Revolution der Sansculotten als die Revolutionen der Zukunft evoziert.

Die Erste Republik war also noch gegenwärtig in den Anfängen der Dritten, während des schwierigen politischen und sozialen Kampfs dieser Periode. Die radikale Presse der Jahre nach der Kommune, in der der »freie Kommentar« und die »Arbeiterinformationen« dominierten, hat damals ebenso wie die ersten sozialistischen Blätter, die nach der großen politischen Wende von 1876 gegründet worden waren⁵, den republikanischen und den gregorianischen Kalender nebeneinander aufgeführt. Im Geschichtsbild der wiedererstehenden Demokratie nahmen zweifellos alle Revolutionen eine übermächtige Stellung ein, die Große Revolution jedoch mehr als jede andere, einschließlich der Kommune.

Die ersten nationalen Arbeiterkongresse waren von dieser Einstellung geprägt. Hie und da trat sie auf dem Lyoner Kongreß von 1878 hervor, ziemlich eindeutig im Jahr darauf in Marseille, wo der »unsterbliche Kongreß« im Laufe der Debatten zur Eigentumsfrage an die »unsterbliche« Revolution gemahnte, von der soeben bei der *Gesellschaft der Volksfreunde* im Jahre 1832 die Rede gewesen war. Die denkwürdige Resolution zum Gemeineigentum bezeichnet das Privateigentum an Produktionsmitteln als »Gegensatz zu den Gleichheitsrechten«. In der Diskussion begründeten und erklärten dies die Redner wie folgt: »Die Französische Revolution hat die Befreiung des Menschen eingeleitet [. . .], sie hat die Feudalprivilegien abgeschafft. Die kommende Revolution wird die kapitalistischen Privilegien abschaffen [. . .], unser Jahrhundert ist der Sproß der Freiheit und der

Gleichheit«. Die Resolution schloß nach dem Vorschlag der allgemeinen Vergesellschaftung mit den Worten: »So wie es die Aufgabe des Nationalkonvents war, feierlich die Menschenrechte zu beschließen, so kommt es dem dritten Arbeiterkongreß Frankreichs zu, feierlich die Rechte der Arbeiter zu beschließen.« Die Berufung auf die Französische Revolution war hier freilich eher beiläufig. In den Debatten wie bei dem Schlußdokument handelte es sich nur um Anspielungen. Der berühmte »dritte Kongreß« legte in anderer Hinsicht vor der Geschichte Zeugnis ab. Als Kongreß der Deklaration des Gemeineigentums – 1878 auf dem zweiten Kongreß war dieser Programmpunkt verworfen und 1876 auf dem ersten nicht einmal erwähnt worden – bestätigte er das unwiderrufliche Vordringen des Marxismus in Frankreich, eines Marxismus jedoch, der sich der geistigen Rezeptionsfähigkeit der Franzosen anpaßte: ihrem politischen und affektiven Gedächtnis, ihren Sympathien, ihren Vorlieben.

In den kommenden Jahren sprachen die Blanquisten, später Jaurès dieselbe Sprache wie die Marseiller Resolution zur Eigentumsfrage. Auch sie gemahnten an die Revolution. Die vielen gespaltenen oder wiedervereinigten Parteien empfanden grundsätzlich genauso; noch mehr davon berührt war die soziale Schicht, auf die die Parteien ihr Interesse richteten. Die aus der Vereinigung 1905 hervorgegangene bedeutende politische Formation[6], die im Namen des gesamten französischen Sozialismus sprach, erklärte sich unter dem Beifall breiter Volksschichten zur Erbin und Fortsetzerin der Französischen Revolution.

So wirkt die Französische Revolution noch im progressiven Frankreich und in dem uns von Jaurès vermittelten Geschichtsbild nach. Jaurès erfaßte dieses Frankreich, hatte er sich doch gemeinsam mit ihm – wie viele andere, wie selbst Guesde – vom Republikaner zum Sozialisten entwickelt, in einer politischen Kampfatmosphäre, gewiß, aber auch in einer Stimmung der Zuversicht und der Hoffnung.

Jaurès war bei den Kammerwahlen von 1881 noch nicht zweiundzwanzig Jahre alt, so daß er, wie ich mir vorstellen kann, in diesem Jahr zum ersten Mal wählte. Er befand sich damals in Albi und nahm womöglich am Wahlkampf teil. Nie zuvor hatten die Republikaner einen ähnlichen Erfolg erzielt. Die Flut überspülte die Großstädte, drang in jeden Winkel ein und hinterließ Spuren im ganzen Land. Die Gemeinderatswahlen vom Januar hatten über 3000 neue Ratssitze zugunsten der Republik eingebracht. Die sich seit zehn Jahren vor aller Ohren abspielende große Diskussion für oder gegen eine ambivalente Bewahrung der Strukturen – was der Substanz und dem Sinn nach hieß: für oder gegen die Republik – schien nunmehr durch eine lange Kette von Siegen abgeschlossen. Das Land bestätigte mit wachsenden und bisweilen triumphalen Mehrheiten »diese Republik mit ihrer Demokratie, ihrem allgemeinen Stimmrecht und der allen zugesprochenen Menschenwürde, die Republik, für die es kein Muster gab und der keine Zukunft beschieden zu sein schien«.

Das Ausmaß des Triumphs war von geringerem Gewicht als die Kontinuität der Siege, als der Meinungswandel, den sie seit einem Jahrzehnt offenbarte. Die Menge wandte sich der Republik zu. Sie schien sich in ihr anzusiedeln. Sie wurde schließlich in ihr heimisch, trotz des Boulangismus, trotz des Nationalismus. Das »historische Bündnis« sorgte dafür, daß im Parlament eine sichere, der republikanischen Staatsform treue Mehrheit erhalten blieb, ja, daß sie sogar erweitert werden konnte. Der Rückhalt im Volk trotzte den Staatsstreichversuchen. Diese Republik ohne eine denkbare Zukunft, wie Jaurès sie nennt, besaß innere Festigkeit, bewies ein wachsames Auge.

Die bereits 1881 wahrnehmbare »Verschiebung« sollte in der Folgezeit lange anhalten. Jetzt entstand eine starke sozialistische Tendenz. Der Sozialismus erlangte damals in Frankreich gegenüber den bürgerlichen Parteien die höchste Brisanz in seiner ganzen Geschichte, wenn vielleicht auch nicht seine größte Macht.

Dieser allgemeine Aufbruch der Demokratie, die – in mancher Hinsicht sich gegenseitig stützenden – Entfaltungen von Demokratie und Sozialismus, schien eine andere Entwicklung fortzusetzen, die, ausgehend von der Französischen Revolution, das 19. Jahrhundert hindurch die gesamte moderne Welt erfaßt hatte. In der Verbindung beider Komponenten erkannte Jaurès das Bewegungsgesetz der Geschichte. Aufgrund der ihr innewohnenden Logik führte die Revolution zum Sozialismus, obschon die Revolution selbst nicht sozialistisch gewesen war: Die sozialistische Bewegung entstand erst aus dem Zusammenstoß der Französischen Revolution und der industriellen Revolution. Die Große Revolution markiert deshalb nicht weniger das Jahr I der Neuzeit, Atemholen und Beginn. Daher rührt die starke, strahlende Faszination, die sie stets auf Jaurès ausgeübt hat und von der noch in einem Vortrag Léon Blums aus dem Jahre 1933[7] die Rede ist – eine Faszination, die von dem ausging, was sie darstellte, Faszination des »monumentalen Augenblicks«, mehr noch ihrer Verheißung, denn sie war eine Verheißung. »Am geringsten ist ihr Einfluß in der Gegenwart«, schreibt Jaurès, »[...] unbegrenzt sind ihre Auswirkungen in die Zukunft.« Seine *Geschichte* zeigt die Merkmale dieser prophetischen Revolution, den Ernst, die Intensität, den ausgreifenden Impuls einer Zeit, in der der höchste Einsatz gewagt wird. Kann man in den letzten, kaum nachvollziehbaren Mitteilungen der pantheistischen Philosophie von Jaurès noch zwischen dem Königreich Gottes und der Zukunft des Menschen unterscheiden?

Die *Sozialistische Geschichte* ist das Dokument des Glaubens an die Bewegung, eines durch die Vernunft gezügelten Glaubens, eines auf die Geschichte gegründeten Optimismus. Die *Sozialistische Geschichte* setzt mit den Anfängen, das heißt mit der Revolution ein, und beginnt die lange Reihe der von Jaurès geschriebenen Bücher, die die Periode von 1789 bis 1794 behandeln.[8]

Während fast eines halben Jahrhunderts ist dieses grundlegende Werk, sind diese über dreitausend Seiten der Geschichte der Französischen Revolution – die ersten erschienen 1900 – immer wieder neu beurteilt worden, von allen Lehrern der Geschichte der Revolution, von allen, die sie seit der Schaffung eines Lehrstuhls bis zum Ende des Zweiten Weltkriegs an der Sorbonne unterrichtet haben: von Aulard zu Georges Lefebvre über Sagnac und Mathiez[9]; aber auch von anderen, wie Gabriel Monod und vor allem Paul Lacombe, Philosoph, Historiker, Soziologe, der in zwei Aufsätzen eine überaus reichhaltige und scharfsinnige Deutung der Arbeit von Jaurès gegeben hat; von Marc Bloch schließlich. Alle konstatieren übereinstimmend die Objektivität des Werks; seine »bewundernswerte [...] Überparteilichkeit« – so heißt es bei Aulard – steht außer Frage.

Angefochten wurde der Titel: Warum *Sozialistische Geschichte?* Geschichte bleibt Geschichte. Mag dem auch so sein, meinte Aulard, damals der große Lehrer, diese »sozialistische« Geschichte ist schlechterdings »Geschichte ohne Epitheton«. Und das ist das Wesentliche. Jaurès freilich hat das Epitheton verteidigt, zuerst am Eingang des Buches, dann noch einmal am Ende in einer Anmerkung: Sein Werk sei sozialistisch in seiner Bestimmung und in seiner Konzeption, in seiner Bestimmung, weil es sich an das Volk, die Arbeiter, die Bauern wende – das Argument ist schwach; in seiner Konzeption, weil es dem Volk in die historische Forschung Eingang verschaffe und in eine sozialistische Geschichtsphilosophie münde. Eine sozialistische Philosophie ist die Angelegenheit ihres Autors; eine philosophische Geschichte, die von der Beobachtung zur Interpretation fortschreitet, geht uns alle an. Wir werden darauf zurückkommen.

Es besteht also ohne weiteres Übereinstimmung: Jaurès hat als Parteimann trotz des provozierenden Titels die Tatsachen nicht verdreht. Und nach einiger Überlegung haben die Kritiker sogar gemeint: Ist es im Grunde nicht gut, wenn ein Politiker Geschichte schreibt? Jemand, der sich im öffentlichen Leben auskennt, hat auch Erfahrung mit dem Milieu, mit Versammlungen, mit Klubs, mit großen Menschenmengen. Ein seltener Glücksfall, denken manche, daß ein Politiker zugleich ein objektiver Historiker ist.

Allgemeine Übereinstimmung herrscht auch hinsichtlich der formalen, der literarischen Qualitäten des Werks. Eloquenz, gewiß: manchmal zu viel des Guten, nach unserem heutigen Geschmack. Zugleich ist es brillant geschrieben und reich an neuen Tatsachen, an neuen Hypothesen. Mit Marc Bloch denke ich hier an die im Glanze »historischer Divination« verfaßten Seiten der Einleitung – und an viele andere mehr.

Und der Inhalt? Das Werk ist nicht ohne Fehler, manchmal schwere Fehler. In der Neuausgabe werden sie kenntlich gemacht. Die Zeitgenossen selbst haben eine Reihe von Vorbehalten zum Ausdruck gebracht und das Fehlen von Fußnoten und Literaturverweisen bedauert. Die Klage ist berechtigt. Was aber würden sie über unsere Abhandlungen von heute sagen? Manche Texte sind nicht kritisch genug betrachtet worden; richtig. Manche Quellen sind ungenügend: erneut wird den Parlamentsakten der Prozeß gemacht. Manche Dokumente – und welchen Umfangs! – sind im Rohzustand in den Text eingebaut und ungekürzt zitiert worden – als Beweisstücke? Nicht überall lassen sie sich erfolgreich verteidigen. Aber insgesamt ist das Werk von bewundernswerter Frische, Gediegenheit und Fülle. Den meisten Zeitgenossen war klar, daß es eine große Geschichte der Revolution war, ein neues, bedeutsames Werk, das angemessen auf die Fragen der Zeit antwortete. Ich möchte hinzufügen: das erste und einzige Werk, in dem Marxismus und Literatur verschwistert sind. Lacombe hat es mit Michelets Werk auf eine Stufe gestellt. Und sehr viel später hat Georges Lefebvre von dem unauslöschlichen Eindruck gesprochen, den es seit der ersten Lektüre bei ihm hinterlassen hat – der letzte große Lehrer der Revolutionsgeschichte erkannte für sich kein anderes Vorbild als Jaurès.[10]

Wie unermeßlich der Beitrag von Jaurès zur Erforschung der Revolution ist, springt schon auf den ersten Seiten des Werkes in die Augen. Es handelt sich um das Problem der wirtschaftlichen Ursachen der Französischen Revolution. Sehen wir zu, wie es im Bruch mit der Tradition gelöst worden ist.

Die klassische These erklärte in ihrer Naivität die Französische Revolution aus dem Elend und ließ das Elend als eine Folge der Besteuerung erscheinen. So stellte Michelet es dar. Ein »tiefgreifendes, fest verwurzeltes, allgemeines Übel« zerfraß die Gesellschaft des Ancien Régime: der Widerstreit zwischen der steigenden Steuer und der abnehmenden Agrarproduktion; die Steuerrazzien brachten die Bauern um ihren Viehbestand und ihr Betriebskapital. »Kommt und seht, ich bitte euch, dieses Volk, wie es auf der Erde schläft, arm wie Hiob. [...] Der Hunger gehört zur Rechtsordnung: man hungert von Königs Gnaden.« Die auf den ersten Blick kohärentere Soziologie Taines bleibt im Grunde in ihren wesentlichen Teilen dekorativ und leer. Lassen wir hier die lange Reihe anklagender Bände seines Werks *Die Revolution* beiseite, in dem sich diese Soziologie entfaltet, und halten wir nur den Anklageakt gegen das Ancien Régime fest. Hier ist die Bereicherung des »Bourgeois«, der »Mittelklasse«, die »gearbeitet, fabriziert, verdient und gespart hat«, offen zu erkennen. Taine weist auf den Aufschwung der »Betriebe, des Handels, der Spekulation und der Vermögen« hin. Vor Jaurès berücksichtigt er einige der Hauptsymptome der Wirtschaftsexpansion: den Kolonial- und Außenhandel etwa, der den Aufstieg von Nantes und Bordeaux beförderte, die rasende Ausweitung dieses Handels, die den Anstieg des Nationalprodukts weit übertraf und sich später als ziemlich trügerisch erweisen sollte. Demgegenüber vermerkt er wie Michelet den Rückgang und Zerfall der Landwirtschaft. Er hält den das ganze 18. Jahrhundert hindurch zunehmenden Steuerdruck für den Hauptgrund des Elends, eines allgemeinen und chronischen Elends. Taine gelangt also annähernd zu dem gleichen Schluß wie Michelet: Das Übel ist institutionellen, rechtlichen, politischen Ursprungs. Schuld daran trägt hauptsächlich das Ancien Régime, das Budget des Ancien Régime: seine exzessiven Einnahmen und seine verschwenderischen Ausgaben. Dies ist übrigens die damals vorherrschende Deutung, die der bedeutenden Gesamtdarstellungen, der bedeutenden Handbücher wie etwa des bei seinem Erscheinen bereits überholten Werks von Malet. Trotz Tocqueville wird dies alles immer wieder gelesen, immer wieder aufgelegt. Malet[11] wiederholt Taine: der König, der Pfarrer, der Seigneur nehmen dem zinspflichtigen Bauern drei Viertel seiner Einkünfte weg. Das Ancien Régime ist die »Maschine«, die den Bauern schröpft.

Dies war ein republikanischer Gemeinplatz; er diente den Interessen der Republik. Er schmeichelte dem Vorurteil des Volks, indem er die Not und das Elend von einst mit einer Art von anthropomorpher Kausalität erklärte und die Machthaber wie die politischen Institutionen als Hauptschuldige verdächtigte. Jaurès verwirft die alten Bilder ebenso wie die flüchtigen Schemata der Guesdisten. Bestimmten anmaßenden Fehlurteilen der Vereinfacher des Marxismus – Gegenstück einer bewundernswerten Massenpädagogik – und der simplifizierenden Tradition der republikanischen Geschichtsschreibung setzt er eine neue Auffassung von den Ursachen der Revolution entgegen.

Als kritischer und mißtrauischer Marxist folgt Jaurès hier mehr Barnave[12] als Marx. Gewiß wirft er Taine und seiner schönrednerischen Soziologie, deren Seichtigkeit er aufdeckt, vor, in den *Ursprüngen* nur das Wort »Bourgeois« gebraucht, nicht aber von Bourgeoisie und bürgerlicher Klasse gesprochen zu haben: »Herr Taine hat es versäumt, Marx zu lesen oder auch nur ein wenig über Augustin Thierry nachzudenken.« Die Klasse, deren Umrisse vage bleiben – man erkundige sich bei den Naturalisten unter unseren Kollegen –, tritt in der *Revolution* von Jaurès mit Macht und differenziert hervor. Er wirft Kampf der Partei, der Fraktionen, der verstreuten Gruppen und den Klassenkampf nicht in einen Topf. Jaurès' Geschichtsdarstellung ist gesättigt mit politischem Leben, mit politischer Erfahrung. Wenn er den Ursachen nachspürt, wenn er die Frage stellt, welche Kräfte im Frankreich des 18. Jahrhunderts wirkten, weist er dem Bürgertum die Hauptrolle zu. Das Jahrhundert der Revolution war alles andere als ein Jahrhundert des Elends. Es war ein Jahrhundert der Prosperität. Und sie bildete eines der zentralen gesellschaftlichen

Kraftfelder. Für die Sozialphysik hatte sie entscheidende Folgen. Jaurès stellt ihre Symptome zusammen und ermittelt ihre spezifischen Gründe, weit mehr als Tocqueville, der die Prosperität ebensosehr der Gesetzesordnung und den Wirtschaftsmaßnahmen der Monarchie zuschreibt wie der bedeutenden spontanen Entwicklung der Geschäfte – deren Natur übrigens beide verkennen. In seiner hinreißenden Untersuchung des langfristigen »ökonomischen Wachstums der Bourgeoisie« nimmt Jaurès geradezu das Vokabular unserer Zeit vorweg.

Die Französische Revolution war auf dem Land wie in den Städten, so belehrt er uns, eine Revolution der Prosperität, eine Revolution des Wachstums. Dies ist eine fundamental neue Einsicht, die damals freilich von wenigen geteilt wurde. Andere hatten sie – so ergeht es jeder neuen Einsicht – bereits vorweggenommen; aber jetzt wird sie erstmals systematisch zur Geltung gebracht und durch eine Vielfalt von Annahmen und Beweisen gestützt.

Nicht anders als für den Barnave der *Einführung in die Französische Revolution* bereitet für Jaurès »eine neue Verteilung des Reichtums eine neue Verteilung der Macht« vor. In dieser wirtschaftlichen Perspektive befindet sich indes der Adel im Niedergang und das Bürgertum im Aufstieg. Sofern von der alten, auf dem Grundbesitz beruhenden Gesellschaft die Rede ist, wird uns ein niederer und mittlerer Adel vorgestellt, der »am Rande des Ruins« lebt – was nicht ohne Übertreibung zu behaupten ist. Die moderne Geschichtsschreibung hat dagegen Einspruch erhoben. Innerhalb eines Standes wie einer Klasse war das Vermögen nach wie vor höchst ungleichmäßig verteilt. Im damaligen Adel gab es zwar verarmte Nachgeborene und von der Spielleidenschaft Ruinierte – ganz zu schweigen von dem berühmten Bettleradel in der Bretagne, der dort übrigens eine eher pittoreske als typische Minderheit bildete. Aber insgesamt war der Adel in der Kategorie der größten Vermögen reichlich vertreten. Der zumeist adlige Seigneur nahm in der Masse der Kirchensprengel-Mitglieder den obersten Rang ein, obwohl im 18. Jahrhundert der Pachtzins um mehr als das Doppelte gestiegen war. Noch im 19. Jahrhundert stand der Adel trotz der ihm von der Revolution zugefügten Schürfwunden in den Zensuslisten obenan.

Fundiert sind die neuen Einsichten des Buches in anderer Hinsicht. Jaurès stellt ohne die Hilfe von Statistiken, jedoch mit

bewundernswerter Treffsicherheit die wahrscheinlichen Propor-
tionen des Anteils der Stände und der Klassen am Grundbesitz
wieder her und legt sie umsichtig dar. Es ist dies ein Hauptproblem innerhalb der vorindustriellen Wirtschaftsformen, nach Ansicht Marc Blochs eines der zentralen der Geschichtsforschung
überhaupt.

Grund und Boden der privilegierten Stände bildete den größten
Block. Das wirtschaftliche Privileg überlagerte das rechtliche.
Dies kann kaum mit der Hypothese eines im Spiel ruinierten
Adels übereinstimmen. Aber insgesamt ist der Anteil des Adels
und des Klerus am Grundbesitz in Jaurès' Darstellung geringer,
als man vor der *Sozialistischen Geschichte* angenommen hat.
Deutlich größer ist demgegenüber der Anteil der Bauern. Jaurès
revidiert hier sowohl zum Vorteil der grundbesitzenden Bauern
als auch des angeblich für die Misere verantwortlichen Stände-
staats die vom neuen Regime gegenüber der Wirtschaft des alten
ausgesprochene Verurteilung, nicht minder die Verurteilung des
Steuerwesens. Jaurès unterschätzt allerdings die Last des Zehnten
– nicht nur die proportional gewachsene Last dieser Steuer auf
den Bruttoertrag in schlechten Jahren, sondern auch die durchschnittliche Last in einem normalen Jahr. Schließlich berichtigt
das Werk doch den alten pessimistischen Irrtum. Die heutigen
Historiker bestätigen die Annahme. Der Bauer war üblicherweise
tatsächlich Eigentümer – und eben dadurch den seigneurialen
Abgaben und dem Zehnten unterworfen. Aber man darf in ihm
nicht nur den Steuerzahler sehen. Er verfügte auch über das zur
Steuer veranlagte Gut. Zum ersten Mal erleben wir, wie in der
französischen Geschichtsschreibung der Wert der »Feudalabga-
be« und der Jahresertrag der französischen Landwirtschaft
– »Bruttoprodukt« oder »Nettoprodukt« – in eine an sich selbst-
verständliche Beziehung zueinander gesetzt werden. Trotz aller
Zurückhaltung, die uns die benutzten Zahlen auferlegen, kann
man die Methode nur billigen, muß man den Schlußfolgerungen
zustimmen: die an den Seigneur zu entrichtenden Abgaben wo-
gen relativ und formal nicht schwer. Sicherlich trat mit dem
Zehnten eine Kumulierung der negativen Effekte ein; die Ge-
samtbelastung blieb jedoch unter den maßlosen Schätzungen
Taines. Jaurès hätte noch hinzufügen können, daß die allgemeine
Teuerung im 18. Jahrhundert, zumal bei den Agrarprodukten,
auch *dazu* beigetragen hat, die Bauern von ihren Hypotheken zu

befreien. Kurzum, ein Teil der Bauern bildete Vermögen, lauerte auf eine Gelegenheit, zu wirtschaftlicher Unabhängigkeit zu gelangen. Inwieweit glückte dies? Das ist ein Problem, das für die Deutung der Französischen Revolution von hohem Belang ist und das zu lösen Jaurès politisch aktiv mitgeholfen hat. Die Erfahrung der Agrarpropaganda belehrte Jaurèsisten wie Guesdisten über die wichtige Rolle dieser »Elite« bei der politischen Eroberung der Landgebiete. Das Proletariat der Gedungenen, das Proletariat der großen Umschlagplätze für Arbeitskräfte war nicht notwendig und nicht immer die erste Anhängerschaft der neuen Politik. Die Chancen schienen häufig bei den kleinen unabhängigen Bauern, die freier, wacher waren, besser zu sein: Der Grundbesitzer Jaurès wußte dies in- und auswendig. Nicht anders lagen die Dinge 1789 hinsichtlich der Revolutionschancen. Die Wirtschaftsexpansion hatte bestimmten Gebieten und für Teile der Bauernschaft eine winzige Verbesserung gebracht und gleichzeitig, wie die *Sozialistische Geschichte* lehrt, einen Ansatz zu Unabhängigkeit und Hoffnung. Die Revolution war also nicht lediglich eine Gegenreaktion – ein »schreckliches Ungemach« oder eine »mächtige Bedrückung« hätten nicht ausgereicht, um sie herbeizuführen; sie erforderte auch bei den Bedrückten eine offensive Einstellung – nach Lenin unabdingbar für den bewaffneten Aufstand in den Städten –, »ein erstes Zeichen der Stärke und damit auch der Hoffnung«.

Aber die Bauern konnten damals nicht mehr als einst – oder als später – die Klasse sein, in der sich die Triebkräfte der Geschichte versammelten. Sie konnten zwar wieder und wieder Jacquerien vom Zaun brechen und, wie man hinzufügen möchte, den Gegner durch ihre Überzahl bezwingen wie im Juli/August 1789: die Einziehung der Ernteabgaben erfolgte genau zur Erntezeit, an ein- und demselben Tag, auf ein- und derselben Scholle, was die relative Gleichzeitigkeit der kollektiven Verweigerung der Bauern erklärt. Aber mit welchem Ziel? »Die instinktive Bauernrevolte mit ihren abrupten und kurzen Entspannungsphasen reicht nicht aus, die Welt aus den Angeln zu heben.« Überdies warf sie eine buntgemischte und plumpe Infanterie in die Schlacht; zur sozialen Revolution bedurfte es jedoch der ideologischen Artillerie der Städte und manchmal auch der höchst gegenständlichen ihrer Nationalgarden – selbst wenn diese hauptsächlich nur die Moral des Gegners gebrochen hat. Die strategischen Schachzüge waren ebenfalls Sache der Städte, der Marktflecken, der Bourgeoisie: der großen revolutionären Klasse, die ihre soziale Revolution – mit vielen Improvisationen und Eskalationen – gegen die Aristokratie durchsetzte, zu deren Ablösung sie das Zeug hatte. Über sie sind bei Jaurès mehr noch als über die Bauern Gewißheiten und Einsichten zu finden, wie sie nie zuvor in gleicher Weise gebündelt worden sind. In der Tat gibt es zu diesem Punkt Zeugnisse zuhauf. Die Welt der Reichen ist besser bekannt als die der Armen. Und die Stadt mit ihren Stadtplänen – mit ihren Übersichtsplänen, die sie wieder zum Leben erwecken –, mit ihren Zöllen, ihren Akzisen, ihren Zünften, ihrem kulturellen Leben, ihren Gerüchten, ihren Chronisten, ihren »Berühmtheiten«, ihren »Wallungen«, ihren Skandalen ist genauer erschlossen als das Land. Die herrschenden Klassen sind in der Stadt ansässig. Sie geben sich leichter und deutlicher zu erkennen als das Handwerk, in dem sich das Volk drängt. Gewiß treten alle Stände, alle Klassen in Jaurès' Geschichtsschreibung auf; aber sie werden mit den ihm zur Verfügung stehenden Mitteln dargestellt, anhand der damals zugänglichen Information, soweit sie bereits aufgearbeitet war, oder anhand von Originaldokumenten, soweit sie für ein weitgestecktes Unternehmen wie die *Sozialistische Geschichte* ohne großen Aufwand konsultiert werden konnten. Folglich werden die Grundkomponenten der Klasse allzu häufig einer lediglich summarischen Analyse unterzogen. Andererseits versteht es sich von selbst, daß eine allgemeine Revolutionsgeschichte zu Recht der Klasse, die die wirkliche Triebkraft ist, den ihr zukommenden Platz einräumt: der Bourgeoisie – einer weiten Klasse übrigens, die von der Aristokratie bis zu den Volksschichten reicht; die Grenzen können wie alle Grenzen nur solche konventioneller Festlegung sein. Die höheren Gruppen des Handwerks und der Ladenbesitzer z. B. – die im wesentlichen kaufen, um zu verkaufen, und somit als Händler, als Unternehmer anzusehen sind – lassen sich mit guten Gründen dem Kleinbürgertum zurechnen. Es bedurfte jedoch der Arbeit Albert Sobouls, um die Handwerkermasse zu differenzieren. Die Lohnarbeiter in den Städten und auf dem Lande haben noch nicht ihren Historiker gefunden.

Jaurès dringt notwendigerweise in die im hellen Licht, im Glanze stehenden Zonen der Gesellschaftsorganisation vor. Dort begegnet er vorab den Großen der Finanz- und Geschäftsbourgeoisie, den Generalsteuerpächtern. Aber unendlich vielfältiger sind die Welt des internationalen Handels, ihre Symptome des Reichtums, die Männer, die in ihr agieren. Es besteht kein Zweifel, daß die Profite des Großhandels mit der Entfaltung des internationalen Handels mächtig wuchsen. Und über allem stand der Kolonialgroßhandel. Die wichtigste Wachstumsquelle waren die Wirtschaft der Hafenstädte, der Sklaven- und der Zuckerhandel, die direkte oder indirekte Ausbeutung der Sklaven. Nirgendwo war der Aufstieg des Bürgertums offenkundiger. In Bordeaux, in Marseille, in Nantes hatte die »Handels- und Industriebourgeoisie im 18. Jahrhundert einen solch hohen Stand wirtschaftlicher Macht erreicht, daß sie zur politischen Leitung bereit war«. Ihre unermeßliche Erfahrung im öffentlichen Leben bestätigt das Urteil Barnaves. Mit ihrem Reichtum, ihrer Kultur stellte diese Thalassokratie an den Flußmündungen oder an der offenen Meeresküste ein lokales Gleichgewicht zum Adel her oder übertraf ihn sogar. Bordeaux war die Wunderstadt des 18. Jahrhunderts, ein extremes Beispiel für das Wachstum des Handels. Die »Gironde« symbolisierte das, was eine überaus erfolgreiche Geschäftsbourgeoisie – oder die aus ihr hervorgegangenen Gruppen – zur Revolution beitragen konnten, in der Dialektik der Kämpfe, in den tumultuösen Ereignissen und improvisierten Aktionen.

Neben den Häfen gab es rasch wachsende Industriebereiche, zumal den Bergbau und das Hüttenwesen, in denen sich – zaghaft – die Konzentration des Großunternehmens des 19. Jahrhunderts ankündigte; ferner die industriellen Schwerpunkte der Epoche: Textilgewerbe und Bauhandwerk. Im allgemeinen Taumel der städtischen Prosperität wurden die Städte umgebaut, erweitert, allen voran Paris. Die grundbesitzende Aristokratie verkleinerte und parzellierte die an ihre Paläste angrenzenden Grundstücke (an äußerst günstiger Stelle beteiligte sich der Herzog von Orléans an diesen Operationen mit den Gärten des Palais Royal), und zwar keinesfalls aus einer Zwangslage heraus, wie Jaurès annimmt; ganz im Gegenteil, man wird hierin später eine Gelegenheit zu ertragreichen Spekulationen erblicken. Abgesehen von den Verkäufern und den Benutzern der Grundstücke betraf die Expansion einer deutlich handwerklich orientierten Industrie wie des Bauwesens jedoch vorwiegend die Bourgeoisie in allen ihren Schichten.

Übersetzen wir dies in die Sprache der heutigen Wirtschaftsge-schichtsschreibung: Ein Dritteljahrhundert vor ihrer Entstehung hat Jaurès die langanhaltende günstige Konjunktur des 18. Jahr-hunderts beschrieben. Sicher zu Unrecht sieht er den Adel gene-rell und absolut im Rückzug begriffen. Die Konjunktur kam allen zugute, jedoch ungleich und der Form nach höchst unterschied-lich. Obwohl absolut stark im Anstieg, war die Grundrente – die zentrale Einkommensquelle der traditionell herrschenden Klas-sen – im Verhältnis zu den Kategorien des Handelsprofits ohne Zweifel im Nachteil. Der Adel verlor dadurch bisweilen etwas von seinem Vorsprung. Er gebot jedoch weiterhin über einen enormen Bestand an Reichtümern. Die zur Investition verfügbare Grundrente – oder auch der Wucherzins – häufte sich in seinen Händen, in seinem Sozialbereich an, zumal im Umkreis seines üblichen Wohnsitzes: in der Stadt, wo er das Bauhandwerk beleben half. Der revolutionäre Kampf sollte deshalb nur um so heftiger ausfallen und noch lange nach der Revolution in anderen Formen weitergehen.

Und die Löhne? Für den Zeitraum von 1789 bis zur Kommune geht die *Sozialistische Geschichte* ausführlicher auf die Welt der Arbeit ein als alle anderen Darstellungen. Nie zuvor hatte eine Geschichte der Französischen Revolution dem Arbeiter einen derart wichtigen Platz eingeräumt. Und doch werden die Löhne bei der Untersuchung der vorrevolutionären Gesellschaft nur flüchtig erörtert; noch weniger sagt Jaurès zu ihrer Entwicklung im gesamten 18. Jahrhundert, während er doch scharfsichtig den schwindelerregenden Anstieg der bürgerlichen Einkommen her-vorhebt. In Wahrheit wußte man damals kaum etwas über die Lohnentwicklung (daran hat sich selbst heute nicht sonderlich viel geändert); doch bestenfalls folgte sie mit weitem Abstand dem Aufschwung der Rente und des Profits, und zwar aufgrund eines größeren Anteils an Familienarbeit. Die Revolution der »Prosperität« nahm hier ganz andere Züge an.

Eine weitere Lücke: Die Wirtschaftskrisen fehlen in Jaurès' Darstellung nahezu vollständig, die mehr oder weniger peri-odisch auftretenden Elendswellen. Er, der aufmerksame Beob-achter der langfristigen Dominanten, hat den kurzfristigen Kon-junkturverlauf vernachlässigt, einen Konjunkturverlauf, bei dem der wirtschaftliche Aufschwung plötzlich abbricht und eine Zeit-lang Stagnation oder Rezession Platz macht. Zweifellos waren bei uns – um sich an das Beispiel Frankreichs zu halten – die Krisen des herkömmlichen Typs, die Krisen der vorindustriellen Wirtschaft von anderer Beschaffenheit als die der zweiten Hälfte des 19. Jahrhunderts, als die Industrie endgültig das Kommando über die nationale Wirtschaft übernahm. Jeder Strukturtyp hat seinen eigenen Konjunkturtyp. Die Revolution der Struktur wird zunehmend die Revolution der Konjunktur einleiten. Aber stets wechselten »magere Jahre« mit »fetten Jahren«. In der damaligen Wirtschaft stellte sich zudem periodisch das Problem der Brotversorgung für die Masse der Nation. Die herkömmlichen Krisen verschärften und mehrten die sozialen Katastrophen. Von der Landwirtschaft hing noch alles ab: Versorgungskrise und Beschäftigungskrise, Krise der Landwirtschaft und Krise der Industrie waren eng miteinander verwoben. Zur gleichen Zeit, da der Brotpreis hochschnellte, sank der größte Teil der Einkommen in der Landwirtschaft, in der Industrie und im Handel.

Die Revolution brach anläßlich einer jener Störungen im Triebwerk der Prosperität aus, die sich stets lebhaft auf die Stimmung der Öffentlichkeit ausgewirkt haben. Der Brotpreis war die entscheidende, die aktive Variable, die die Katastrophe auslöste. Seine ungeheuren Schwankungen brachten die Bevölkerung auf. Auf allen sozialen Stufen wandte sie sich gegen die öffentlichen Gewalten. Sie stellte die Stadtverwaltungen, die Intendanzen, die Regierung und mittelbar die seigneurialen, die »feudalen«, ja, sogar die privatrechtlichen Pfeiler der auf dem Grundbesitz beruhenden Gesellschaft in Frage. Denn das Eigentum an dem überteuerten Getreide, das Eigentum an den hohen kommerzialisierbaren Produktionsüberschüssen gehörte weitgehend – unmittelbar oder mittelbar – dem Adel und der Kirche. Nichts vermag so sehr wie eine Versorgungskrise – samt dem Unheil, das sie für die Industrie nach sich zieht – die Kritik an der Gesellschaft anzustacheln und den Aufstand hervorzurufen. Diese Krisen wiederholen sich nun: sie sind auf ihre Art »institutionelle« Krisen im Sinne von Paul Lacombe. Sie fachen die Kritik an der Gesellschaft immer wieder an und tragen zu ihrer Verbreitung bei. In einer Massenrevolution, die aus einer gesellschaftlichen Konstellation hervorbricht und von keiner großen, im Volk verwurzelten Partei gesteuert wird, gibt es in jeder Phase keinen mächtigeren Mobilisierungseffekt als das kollektiv wahrgenommene Phänomen der Brotversorgung und der Wirtschaftsmechanismen. Das zyklische

Elend als Ursache der Revolution ist somit ebenfalls ein Aspekt der historischen Realität, ein in den – dominierenden – Aspekt der Prosperität eingebetteter und mit ihm weitgehend zu vereinbarender Aspekt.

Die Wirtschaft und die sozialen Klassen stehen in Jaurès' Geschichtswerk also an erster Stelle. Das ganze 18. Jahrhundert hindurch befand sich die Bourgeoisie, die treibende Kraft der Revolution, im Aufstieg. Aber dieser Aufstieg setzte bereits im Laufe des 17. und sogar schon des 16. Jahrhunderts mit der langanhaltenden Entwicklung des Reichtums an mobilem Gut ein, der die alte, im Grundbesitz verankerte »feudale« und Agrar-Gesellschaft ins Wanken zu bringen drohte. Weshalb dann also die verspätete Explosion von 1789? Weil, so antwortet Jaurès, gegen Ende des 18. Jahrhunderts zwei weitere erhebliche Kräfte aufgetreten sind und die erste potenziert haben. Die Bourgeoisie war zu ihrer wirtschaftlichen Reife gelangt. Mit der »französischen Nation« erreichte sie jetzt ihre geistige Reife, aber auch ihre gesellschaftliche Reife: ihr Klassenbewußtsein: »Zwei revolutionäre Kräfte haben die Geister und die Dinge leidenschaftlich bewegt und die Intensität der Ereignisse in phantastisch anmutender Weise um ein Vielfaches gesteigert. Dies sind die zwei Kräfte: auf der einen Seite war die französische Nation zur geistigen Reife gelangt, auf der anderen hatte die französische Bourgeoisie ihre gesellschaftliche Reife erreicht. Das Denken war sich seiner Größe bewußt geworden und wollte seine Methoden der Analyse und der Deduktion auf die gesamte Realität, auf die Gesellschaft ebenso wie auf die Natur anwenden. Die französische Bourgeoisie war sich ihrer Stärke, ihres Reichtums, ihres Rechts, ihrer nahezu unbegrenzten Entwicklungschancen bewußt geworden: mit einem Wort, die Bourgeoisie kam zu Klassenbewußtsein, während das Denken zu Bewußtsein des Universums kam. Dort liegen die beiden Glutströme, die beiden Funken, die das Feuer der Revolution entfachten. Deshalb war sie möglich und von so betörender Kraft.«

Diese Realität, die das Denken ergriff, ist eine von der »Tat« geprägte Realität, um mit Michelet zu sprechen. Das Jahrhundert sammelt Belege, sagt Jaurès, Belege für die Tat. Und die *Sozialistische Geschichte* zeigt nachdrücklich, daß in dieser »unermeßlichen Anstrengung [. . .], Belege zu sammeln«, das Historische und das Soziale einen breiten Raum einnehmen. »Nie zuvor betrachtete ein Jahrhundert die Einzelheiten des Lebens, das exakte Zusammenspiel aller sozialen Mechanismen aufmerksamer als das 18., denn nie zuvor wurde eine Revolution durch ernsthafteres Studium, mit reichhaltigeren Belegen vorbereitet. Mirabeau rief eines Tages in der Konstituante aus: ›Jetzt bleibt uns keine Zeit mehr zum Arbeiten, zum Studieren: zum Glück haben wir einen Vorsprung an Ideen!‹ Ja, einen Vorsprung an Ideen und Taten.«

Sollte man bei der Spekulation, bei der »Vorbereitung« stehen bleiben wie in anderen Ländern? Denn letzten Endes war dieser historische und soziale Aufschwung nicht auf Frankreich beschränkt. Das Licht war international, auch wenn es von uns ausging. Aber mit Ausnahme Englands, von dem ich behaupten möchte, daß hier die erste Revolution den Funken der anderen gelöscht hat, gab es bei uns, klarer als anderswo, eine Bourgeoisie. »All die weitreichende Information und all die großmütige Philosophie des 18. Jahrhunderts«, heißt es wieder bei Jaurès, »wären nutzlos gewesen, hätte es nicht eine neue soziale Klasse gegeben, die eine große Veränderung herbeizuführen wünschte und dazu imstande war. Diese soziale Klasse ist die Bourgeoisie«, eine Bourgeoisie, die »zu ihrer Verteidigung der Kraft des Volkes bedarf [. . .] und ohne es zugrunde gehen würde«; eine Bourgeoisie, der das Volk in der Tat mächtig zur Seite stand. Die »Arbeiter« und die Masse der Bauern hatten zwar gewiß eigene Interessen, aber noch kein Klassenbewußtsein, das wie das Bewußtsein des Bürgertums ausgebildet gewesen wäre. Der Historiker Jaurès vermeidet in diesem Punkt die Fehleinschätzungen, die man bei dem Sozialisten Jaurès hätte befürchten können. Offensichtlich zu Recht widmet er dem Erwachen der Arbeiterbewegung und der sozialen Ideen breiten Raum. Mehr als ein Gewitter zog sich am Horizont der Revolution zusammen. Jaurès sieht das Gewitter nahe vor sich. Er isoliert die Tatsachen und Ideen niemals vom unmittelbaren Kontext, d. h. vom ökonomischen und politischen Faktorenzusammenhang. Obwohl er leidenschaftlich auf die ersten Anzeichen, die ersten Symptome achtet, hütet er sich vor ihrer Überschätzung, wobei er mit guten Gründen Babeuf seine Reverenz erweist. Aber »das Bewußtsein des Proletariats ist noch zweideutig und unentschieden wie das Proletariat selbst«. Das Proletariat des 18. Jahrhunderts konnte noch viel deutlicher als das von 1830 und von 1848 nur die Revolution der anderen machen, die freilich zum Teil jedenfalls auch seine eigene war.

Die Bauernmassen vermochten durch ihr enormes Gewicht mehr Nutzen aus den Ereignissen zu ziehen. Ihr Kollektivbewußtsein, das in ihren ungestümen Rebellionen zutage trat, war vielleicht emotionaler, wirkungsvoller – eine Frage der Zahl, der Wut und insgesamt wohl auch einer bestimmten – wenn auch brüchigen – Geschlossenheit. Auch hier ebnet Jaurès die Wege. Seine Untersuchung des Widerstands der Bauern gegen die Verletzungen der Gemeinschaftsrechte kündigt von fern Georges Lefebvres Arbeiten an. Und wie er den Angriff der Bauern auf die Rechte der Seigneurs, die hartnäckigen Verweigerungen dieser Rechte und den bewaffneten Widerstand auf dem Lande darstellt, deutet unmittelbar auf die Studien des späten Aulard zur »Abschaffung der Feudalrechte« voraus, in denen die Stück für Stück erfolgende Zerstörung dieser Rechte erläutert wird.[13]

Jaurès war also im Sinne unserer Epoche der erste »Sozialhistoriker« der Französischen Revolution. Vorveröffentlichungen des Textes erschienen zu Beginn des Jahres 1900; der erste Band kam 1901 heraus, im selben Jahr wie die bedeutende *Politische Geschichte* Aulards: ein wesentliches, neuartiges, abgeklärtes Buch, das viele Studenten der Generation vor 1914 mit Leidenschaft gelesen haben. Der Inhalt stimmt genau mit dem Titel überein. Das Werk ist der Politik gewidmet. Die wirtschaftlichen und sozialen Grundlagen oder, zieht man eine andere Formulierung vor, der wirtschaftliche und soziale Rahmen kommen indes nicht vor, auch nicht die Klassen. Welch ein Reichtum dagegen bei Jaurès! Um so mehr, als es Jaurès ebenfalls – und in erheblichem Maße – um die Politik geht. Er will, so läßt er uns wissen, »in einem Zusammenhang das gesamte politische und wirtschaftliche Leben« der Revolution darstellen. Die umfassende Geschichtsschreibung, nach der dann unsere Historikergeneration streben sollte, empfängt von ihm ihren Namen, kommt durch ihn zu ihren ersten Forschungszielen und ihrem ersten mustergültigen Versuch. Umfassende Geschichtsschreibung, das heißt, die nationalen und chronologischen Grenzen überschreiten, die Interpretation und Analyse in die allgemeine Perspektive der zwei Jahrhunderte einordnen, die ihren Gegenstand hervorgebracht oder weitergeführt haben, so daß sie – mehr oder weniger – in eine Soziologie der Revolution und der Konterrevolution einmündet.

Kann man von umfassender Geschichtsschreibung ohne die

Ereignisse, ohne die Kämpfe, ohne die Kämpfenden, ohne die Individuen sprechen? Jaurès geht ihnen liebevoll nach. Gleichwohl muß gesagt werden, daß sein Interesse hier ein wenig verblaßt und in diesem Bereich nicht die ausschlaggebenden neuen Einsichten zu finden sind. Was er zu sagen hat, bleibt jedoch von hohem philosophischen und moralischen Wert.

Geschichte, wie Jaurès sie schreibt, ist selbstverständlich von dem Zusammenspiel der kollektiven Kräfte beherrscht. Sie sind sowohl für langfristige als auch für kurzfristige Prozesse von Bedeutung, freilich mehr für die ersteren als für die letzteren. Betrachten wir dies genauer und urteilen wir aufgrund unserer gesamten derzeitigen historiographischen Erfahrung. Das Einverständnis mit dem Historiker Jaurès ist leicht hergestellt. Nichts ist von vornherein entschieden. Das Schicksal hat nur Wahrscheinlichkeitscharakter. Der Grad der Wahrscheinlichkeit ist jedoch auf kurze Frist geringer als auf lange Sicht. Im zweiten Fall erhält das Individuelle – das heißt das Ereignis, das Individuum – seine Chancen zurück.

Nehmen wir zum Beispiel den 31. Mai 1793 – einen Tag, an dem die Konventsrevolution in den Robespierrismus überging. Wir verfolgen aufmerksam die schwankende Schlacht. Nichts ist entschieden. Das Pendel schwingt hin und her. Die Girondisten konnten einen Augenblick glauben, Sieger zu sein; in der Tat konnten sie es sein (für einen Tag? eine Woche? auf Dauer?). Die Waagschale senkt sich auf der Seite des Wahrscheinlichen. Auch der 10. August 1792 war »wahrscheinlich« gegenüber dem 20. Juni 1792.[14] Wenn sich das Schicksal in seiner Enttäuschung als hartnäckig erweist, wenn es wieder an die Pforte klopft und gegen das Ereignis, das es verurteilt, Berufung einlegt, so findet es in einem neuen Ereignis seine Chancen wieder, dem Realen zu begegnen.

Wie steht es nun mit den Individuen? Jaurès' *Geschichte* ist übersät mit ihren Spuren: er hatte sie im Zeichen von Marx, Michelet – und Plutarch – verfaßt. Als man Jaurès eines Tages aufforderte, seine Stimme aufnehmen zu lassen, lehnte er ab und erklärte dies mit den Worten: »Ich brauche das Gesicht.« Der Revolution, die er uns darstellt, fehlt es nicht an menschlichen Gesichtern. Er braucht die Menschen, er hat Sympathie für sie, aber auch ein theoretisches Interesse an ihnen: »Nicht nur durch die Macht der Dinge wird die soziale Revolution zur Vollendung gelangen, sondern auch durch die Macht der Menschen, durch die Energie des Bewußtseins und des Willens. Die Geschichte wird den Menschen niemals von der Tapferkeit und dem Adel des Einzelnen lossprechen. [. . .] Wir belächeln die Männer der Revolution nicht, die Plutarchs ›Kaiserviten‹ lasen.«

Menschen, Ereignisse – die *Sozialistische Geschichte* beschränkt sich nicht darauf, sie vorzuführen. Sie beurteilt sie, selbstverständlich im Kontext ihrer Epoche, als Gefangene ihrer Epoche und nicht als abstrakte Muster. Doch die umfassende Geschichtsschreibung von Jaurès ist auch moralische Geschichtsschreibung. Sie urteilt in zweifacher Weise: im Hinblick auf die Person und im Hinblick auf die Politik.

Wir kennen die nahezu einmütige Hochachtung vor der »Unparteilichkeit« eines Mannes, der gleichwohl »vom Feuereifer für seine Lehre und von Tatendrang« erfüllt war, zumal die Hochachtung aller großen Geschichtsschreiber der Französischen Revolution. Hier trifft man sie vereint wieder. Aulard spricht davon, daß »dieser Sozialist sogar über die Gemäßigten mit einem Gerechtigkeitssinn, mit einer Geistesschärfe zu urteilen vermag, an die selbst ein Michelet, so scharfsinnig und großmütig er auch war, nicht immer herangereicht hat«. Er dringt in das Wesen der Personen ein, »neugierig wohlwollend [. . .], im tiefsten Sinne bereit, die dominierende Eigenschaft zu entdecken, wobei sich ihm der Mensch eher im Guten als im Bösen darstellt«: Wohlwollen gegenüber den Girondisten, die er gegen die polemischen Anklagen verteidigt; hartnäckiges Wohlwollen gegenüber Mirabeau – Gesinnungsbrüderschaft unter Tribunen? Und mangelt es ihm an gerechtem Urteil gegenüber Roland, dieser »alten finsteren und geschwätzigen Krähe auf dem Baum der Freiheit«?

Wenn er die Ereignisse, die kollektiven Verhaltensweisen, die politische Verantwortung prüft, bezieht er Stellung, zieht er Schlüsse als Politiker. Das das ist Rechtens. Die Information bleibt gewissenhaft. Die Stellungnahme erfolgt frei. Die Gironde? Die Gruppe der Girondisten? Das waren ohne Zweifel, so sagt er uns, Männer der Revolution, nicht Werkzeuge der Revolution. Vor den entsetzlichen Mitteln in den Dimensionen einer »entsetzlichen« Revolution scheint Jaurès manchmal zu resignieren. Die Gewalttätigkeiten lassen ihn erschaudern, zum Beispiel die Septembermorde, ohne daß er sich auf die Soziologie des politischen Kollektivmords einlassen würde. Er urteilt wohlgemerkt als Moralist, obwohl er dabei die Politik kaum aus den Augen verliert. Das Prairialgesetz ist für ihn »furchtbar« und zudem wirkungslos.[15] Vor allem sucht er keine Ausflüchte. Michelet bezeichnete sich als Anhänger der Bergpartei, nicht aber als Jakobiner. Nein, nein, entgegnet Jaurès, das heißt der Antwort ausweichen. Man muß zwischen den Menschen, unter ihrer Politik eine Entscheidung treffen. Diese Toten, die ihr geweckt habt, sie schauen euch an, sie fragen euch: »Bist du für uns? Bist du gegen uns? [. . .] Sie erlegen euch das Gesetz des Lebens auf, das zwingende Gesetz der Entscheidung, der Wahl, des Kampfes, der Stellungnahme, der rauhen und notwendigen Ausschließlichkeit.« Doch nun? Darf man sich wie Michelet für Cambon und Carnot entscheiden statt für Robespierre? »Trotz ihrer Größe waren Cambon und Carnot Männer der Verwaltung, nicht der Regierung. Sie waren Wirkungen, Robespierre war eine Ursache. Ich möchte nicht all den Revolutionären, die mich so fragen, eine ausweichende, scheinheilige und feige Antwort geben. Ich sage ihnen: Hier, unter der Sonne des Juni 93, die eure erbitterte Schlacht erhitzt, bin ich mit Robespierre, und an seiner Seite werde ich bei den Jakobinern Platz nehmen.«

Aber wir müssen noch weitergehen. Wie beurteilte Jaurès schließlich den 31. Mai und den 2. Juni 1793, jene Gewaltstreiche der Pariser Sektionen gegen den Nationalkonvent, gegen die erste mit allgemeinem und gleichem Stimmrecht gewählte Versammlung? Juristisch gesehen lag hier ein Verbrechen gegen die Souveränität der Nation vor. Michelet hatte es gegeißelt. Zumindest läßt sich sagen, daß Jaurès die vollendete Tatsache hinnimmt. Das Verbrechen hätte für ihn darin bestanden, Widerstand zu leisten. Denn damals »wurde der Konvent wider Willen ein Zentrum der konterrevolutionär handelnden Gemäßigten«. Ein Teilwiderstand also? Zu wessen Nutzen? »Man hätte nicht nur gegen die Kanonen Hanriots, sondern auch gegen die Revolution selbst kämpfen müssen, wenn man der Gironde ihr Schicksal noch streitig machen wollte«, dieser Gironde, die »eine prekäre, lähmende und für die nationale wie für die revolutionäre Aktion tödliche Kraft geworden war«, eine »tödliche Gefahr für das revolutionäre Frankreich. Sie mußte verschwinden«.

Jaurès hat dennoch von einer Minderheit getragene Revolutionen abgelehnt. In seiner *Geschichte* sagt er es. Ich bin mir übrigens nicht sicher, ob hier der Politiker – der Mann der

»Französischen Sozialistischen Partei« im Streit mit der »Sozialistischen Partei Frankreichs«[16] – nicht etwa den Historiker beeinflußt hat. Die Revolution vom 31. Mai war in der Tat eine Minderheitsrevolution. Sie hatte den aus dem allgemeinen Stimmrecht hervorgegangenen Konvent unter ihr Gesetz gebeugt. Nun? Hat Jaurès alle Revolutionen dieses Typs verurteilt? Eine Frage brennt uns auf den Lippen: Wie hätte er wohl über die Oktoberrevolution gedacht?

Der Historiker, Soziologe und Philosoph Paul Lacombe hat den Historiker, Soziologen und Philosophen, vor allem aber den Geschichtsphilosophen Jaurès begrüßt. »Hier haben wir«, gibt er uns angesichts der *Konstituante* und der *Einführung* in die *Sozialistische Geschichte* zu verstehen – er hält aber die vier Bände der Revolutionsgeschichte in den Händen – »profunde Geschichtsschreibung vor uns, eine Geschichtsschreibung, die ich gern im strengsten und geradezu im etymologischen Sinne des Worts fundamental nennen möchte.« Das Werk habe »feste Grundlagen, einen festen Unterbau«. Die Anlage dieses Unterbaus hänge ihrerseits »von einer Geschichtsauffassung ab, welche die Universalgeschichte in ihrer ganzen Breite umfaßt«, einer Geschichtsauffassung, der zufolge der Beruf und die ökonomische Struktur das individuelle und soziale Leben aufschlußreich prägen. Man muß hier den von Lacombe angeführten Text ungekürzt wiedergeben: »Wie für die meisten Menschen der Beruf den wesentlichen Teil des Lebens bestimmt, wie die wirtschaftliche Form der individuellen Tätigkeit meistens die Gewohnheiten, die Gedanken, die Schmerzen, die Freuden und sogar die Träume der Menschen determiniert, so determiniert in jeder Geschichtsperiode die ökonomische Struktur der Gesellschaft die politischen Formen, die sozialen Gebräuche und sogar die allgemeine Richtung des Denkens. Wir werden uns deshalb bemühen, in jeder hier behandelten Epoche die ökonomischen Grundlagen des menschlichen Lebens aufzudecken.« Fünf Jahre zuvor, im Dezember 1894, hatte Jaurès in seinem Vortrag *Idealismus und Materialismus in der Geschichtsauffassung*[17] vor der kollektivistischen Studentengruppe im Saal Arras – demselben Saal, wo 1876 der erste nationale Arbeiterkongreß stattgefunden hatte – an die Grundlagen des historischen Materialismus von Marx erinnert. Sowohl in dem Vortrag als auch in der *Einleitung* akzeptiert er ihn. Der Marxismus setze den Akzent auf die ökonomischen

Beziehungen zwischen den Menschen, insbesondere auf die Produktionsverhältnisse. Alles in allem, so faßt es Jaurès in seinem Vortrag von 1894 zusammen, bringe nach Marx »das menschliche Gehirn nicht von sich aus eine Idee des Rechts hervor, die unnütz und hohl wäre. Das ganze Leben wird von einer Widerspiegelung der ökonomischen Phänomene im menschlichen Gehirn beherrscht«. Jaurès akzeptiert – im Prinzip –, was bei Marx übrigens nur eine prinzipielle Behauptung war. Um sich davon zu überzeugen, braucht man nur den Geschichtstheoretiker Marx mit dem Geschichtspraktiker Marx zu vergleichen.

In welcher Form nimmt Jaurès die marxistische Interpretation, den Marxismus auf? »Jawohl, ich akzeptiere ihn. Ja, in der gesamten Entwicklung des intellektuellen, moralischen, religiösen Lebens der Menschheit gibt es nur die Widerspiegelung der ökonomischen Phänomene im menschlichen Gehirn. Aber zur gleichen Zeit gibt es das menschliche Gehirn und folglich auch die Präformierung der Menschheit durch das Gehirn.« Zählt hier nicht wie in vielen Fällen, wo es »Ja, aber« heißt, vor allem das »aber«? Hier sicher nicht. Das »ja« steht mit dem »aber« auf gleicher Stufe. Um das zu verifizieren, braucht man nur an den Praktiker Jaurès zu erinnern, an seine Bände der *Sozialistischen Geschichte*, an ihren Gehalt, an ihre Hauptthemen, ja, an die Ankündigung dieser Themen in der *Einleitung* im Anschluß an seine prinzipielle Zustimmung zu Marx. Das Programm der *Sozialistischen Geschichte* schließt in der Tat das Studium der »ökonomischen Grundlagen« und ihres Einflusses »auf die Regierungen, auf die jeweilige Literatur, auf die Systeme« ein. Die große historische Forschungsstätte, die zu der Zeit, als die Veröffentlichung der *Sozialistischen Geschichte* zum Abschluß kam[18], auf den Vorschlag von Jaurès hin gegründet und mit Haushaltsmitteln ausgestattet wurde, hat die Aufgabe, die Quellen für dieses Studium zusammenzutragen, d. h. die Dokumente zum wirtschaftlichen Leben der Französischen Revolution aufzuspüren und zu veröffentlichen: jener Revolution, in deren Mittelpunkt Jaurès, es sei nicht vergessen, die Klassen angesiedelt hat. Denn für Jaurès wie für Marx ist die soziale Klasse die Vermittlerin zwischen Wirtschaft und Ideologie. Der soziale Bereich entwickelt sich aus dem ökonomischen. Von der Ökonomie geformt, formt er seinerseits das Individuum, »determiniert in den meisten Fällen« seine Lebensweise, sein Verhalten und Denken.

Man erinnere sich an den soeben zitierten Einfluß des Berufs und mit noch weit mehr Berechtigung an die Stellung des Individuums im Beruf, im modernen Betrieb: als Unternehmer oder als Arbeiter, als Eigentümer oder Verwalter der Produktionsgüter, als Nicht-Besitzer oder Nicht-Verwalter dieser Güter. »Nicht das Bewußtsein der Menschen bestimmt ihr Sein, sondern das Sein ihr Bewußtsein.« Marx und Jaurès nähern sich bis zur Identität einander an; für den einen wie für den anderen bedeutet die ökonomische Interpretation der Geschichte jedoch keinen Automatismus, keinen Universalismus: die von der Wirtschaft ausgehenden Anstöße wirken sich nicht direkt und einförmig auf das Individuum aus; sie werden erst mittels der Klasse greifbar, kommen erst durch eine Klassenmentalität hindurch zum Vorschein.

Es gibt also eine Sequenz Wirtschaft-Klasse-Mentalität, zumindest in der langfristigen Perspektive. Denn der Marxismus bestreitet nicht, daß die Sequenz vorübergehend reversibel ist. Die Mentalität kann auf den sozialen und ökonomischen Prozeß reagieren. Studiert man die Dialektik Ökonomie–Mentalität und Mentalität–Ökonomie über lange Zeiträume, das heißt in der historischen Perspektive – stets unter der Voraussetzung, daß sich die Wirtschaft durchsetzt –, so zeigen sich erhebliche Bremskräfte. Der Widerstand oder die Reaktion der ›mentalen Komponente‹ sorgt dafür, daß die Auswirkungen der ökonomischen Offensive langsamer eintreten, und zwar um so mehr, als der soziale Bereich – der konstante Vermittler – notwendigerweise mit von der Partie ist und selbst eine erste Widerstandslinie bildet. Man gelangt so zu einer Marx und Jaurès mehr als Praktiker denn als Theoretiker der Geschichte vereinenden Schlußfolgerung, die – als Arbeitshypothese – gewiß von vielen Historikern unserer Zeit nicht geleugnet würde: In der allgemeinen wirtschaftlichen Entwicklungsperspektive der jeweiligen Gesellschaft und ausgehend von der Hypothese, daß die Ökonomie der Motor der Geschichte ist, steht der soziale Bereich hinter dem ökonomischen und der mentale hinter dem sozialen zurück. Die industrielle Revolution stürzt die Gesellschaft erst auf die Dauer um. So werden zum Beispiel Struktur und Bestand der sozialen Klassen, der sozio-professionellen Gruppen nur allmählich verändert und umverteilt. Die zum Untergang verurteilten Gruppen überleben sich selbst: eine schwerfällige Bauernschaft bleibt bestehen, das Handwerk sucht Anschluß an die Entwicklung zu gewinnen. Bringt der ökonomische Prozeß, wenn er in die Tiefe des sozialen Bereichs vorgedrungen ist, die Gesellschaftsstrukturen ins Wanken? Ist die Bevölkerung am Ende auf die neuen sozio-professionellen Sektoren umverteilt, ist der Grad der Arbeitsproduktivität für alle mehr oder weniger gleich geworden? Mit anderen Worten: Hat die sozio-professionelle Revolution die Beziehungen zwischen den Klassen einschneidend verändert? Hat diese »soziale« Revolution stattgefunden? Die Revolution der Mentalität im Innern der umgemodelten Klasse steht noch aus. Jedermann weiß, wie langsam Bewußtwerdung vor sich geht und welche Bedeutung der Marxismus – im Denken wie im Handeln – dieser Tatsache stets zuerkannt hat.

Rennen wir also nicht offene Türen ein. Für Jaurès und für Marx, für Jaurès und für den Marxismus steht fest, daß die Ökonomie nicht ein und alles ist; daß die Klasse nicht ein und alles ist, daß die Beziehungen zwischen den Klassen »nicht die Wirklichkeit der Geschichte ausschöpfen«; daß es die Mentalität oder, um mit Jaurès zu sprechen, »das menschliche Gehirn« gibt. Aber gerade in diesem Punkt werden sich Zweifel einstellen. Ist es ein abstraktes Gehirn? Ist es ein soziales Gehirn? Ein menschliches Gehirn, antwortet Jaurès, unteilbar, abstrakt und sozial zugleich. Theoretisch besteht dieses Gehirn mit seinem ursprünglichen Fundus: seinen Neigungen, seinen Anlagen, seiner Präformation, bereits für sich selbst, bevor der ökonomische Prozeß es affiziert, bevor der Beruf, bevor die Klasse, von der soeben die Rede war, ihm ein Interesse aufprägen. »In diesem Gehirn sind aufgrund seiner ästhetischen Urteilsfähigkeit, seiner imaginativen Sympathie und seines Bedürfnisses nach Unteilbarkeit fundamentale Kräfte vorhanden, die in das Wirtschaftsleben eingreifen.«

Von Anfang an stellen sich Aktion und Reaktion ein, wird der Dialog zwischen dem ökonomischen und dem mentalen Bereich geknüpft. Kann man sagen, die ursprüngliche Mentalität sei bereits eine soziale Mentalität, die an die sozialen Strukturen der Epoche gebunden ist? Nein, denn dieser mentale Fundus ist zeitlos. Er besteht vor allem anderen – ausgenommen das menschlichen Leben selbst.

Die *Einleitung* in die *Sozialistische Geschichte* nimmt diese Themen von 1894 wieder auf. Die Berührung mit dem »Universum setzt in der menschlichen Seele [. . .] tiefe und geheimnisvolle

Kräfte in Bewegung, Kräfte des ewig weitertreibenden Lebens, das den menschlichen Gesellschaften vorausging und auch noch nach ihnen bestehen wird«. Die politische Entscheidung des Individuums, die freie Entscheidung der »erlauchten Geister«, die ihrer Epoche voraus sind, bleibt unbeeindruckt von jedem kollektiven Zwang: »durch sie bereitet sich die Menschheit vor und kündigt sich an. Es liegt an uns, diese ersten Äußerungen des lebenden Geistes zu empfangen.« Aus diesem geistigen Schatz an Sympathie, an Streben, über deren Kräfte die erwachende Menschheit verfügt, tritt aber zugleich eine Hauptkraft der Geschichte hervor: die Idee der Gerechtigkeit. »Es reicht nicht aus, wenn man sagt, daß eine Produktionsweise auf die andere folgt. [. . .] Nein, man muß noch weitergehen. Hat es Evolution oder Fortschritt gegeben? Und [. . .] will man die Idee des Fortschritts als ›zu metaphysisch‹ ausschließen? Warum ist die Bewegung der Geschichte so verlaufen [. . .], von einer ökonomischen Stufe zur anderen [. . .] und nicht anders?«

Folgte daraus nicht, daß von der Sklaverei zur Hörigkeit und von der Hörigkeit zur Lohnarbeit eine Bewegung, eine Linie führte? »Es gibt in der menschlichen Geschichte nicht nur eine notwendige Evolution, sondern auch eine verstehbare Zielrichtung und einen ideellen Sinn. Im Laufe der Jahrhunderte hat der Mensch nur nach Gerechtigkeit streben können, indem er nach einer Sozialordnung strebte, die für ihn weniger widersprüchlich als die jeweils gegenwärtige war, in der diese vorbereitet wurde.« Nicht, daß die Idee der Gerechtigkeit zur Erklärung der Geschichte ausreichen würde; sie ist jedoch zu deren Erfassung und Analyse ebenso unerläßlich wie die Entwicklung der Klassenbeziehungen. Materialistische und idealistische Geschichtsauffassung bilden also keinen Gegensatz. Es genügt dennoch nicht zu sagen, daß sie einander ergänzen. Sie verschmelzen miteinander: »Sie verschmelzen in einer einzigen und unauflöslichen Entwicklung, denn so wie der Mensch nicht von den ökonomischen Verhältnissen zu abstrahieren ist, so sind die ökonomischen Verhältnisse nicht vom Menschen zu abstrahieren. Die Geschichte ist somit ein nach einem mechanischen Gesetz ablaufendes Phänomen und zugleich ein sich nach einem ideellen Gesetz verwirklichendes Streben.« Der reale Mensch, der Mensch in seiner Totalität vereint in sich die doppelte Eigenschaft als Produzent im Rahmen eines ökonomischen Systems, das sich von selbst zerstört, und als Wesen, das sich gegen dieses ungerechte System und alle sich aus ihm ergebenden Konsequenzen auflehnt. Bald ist der Produzent entfremdet und gleichzeitig in Rebellion gegen seine Entfremdung begriffen; bald leugnet der Produzent, ohne selbst entfremdet zu sein, die Entfremdung der anderen – oder lehnt aus unterschiedlichen Gründen den Zustand ab, den diese Entfremdung angenommen hat. Wie dem auch sei, »jede Bewegung der Geschichte entsteht aus dem Grundwiderspruch zwischen dem Menschen und dem Gebrauch des Menschen«.

Geraume Zeit nach dem Vortrag von 1894 präzisiert Jaurès in der *Sozialistischen Geschichte* bzw. in verschiedenen Aufsätzen bestimmte Momente seines Denkens. Er vertraut nun der Anziehungskraft einer »höheren Gerechtigkeit« auf die Geschichte, der historischen Rolle des »Bewußtseins einer Elite, die nach und nach ihr Ideal weiterträgt«. Auf diese Weise hat der lange Marsch der Menschheit zur Umwälzung der menschlichen Lebensbedingungen Richtung und Halt gefunden. Andernfalls »wäre die Triebfeder der menschlichen Spannkraft zerbrochen [. . .], wäre der Fortschritt zum Stillstand gekommen«. Jaurès verkündet die Idee einer in Bewegung befindlichen Gerechtigkeit mit wechselndem sozialen Inhalt. Es bedeutete die Niederlage der Menschheit, wenn »die Gerechtigkeit zum Stillstand käme«. So sieht der Geschichtstheoretiker Jaurès die Dinge.

Jaurès geht vom Prinzip der Totalität des Menschen aus – das ich selber für ein Ergebnis historischer Erfahrung halte. Der Mensch ist unteilbar ein ökonomisches, soziales und geistiges Wesen. Eine »ursprüngliche Gabe«, meint Jaurès, leite ihn zu uneigennützigem Streben an: Das Streben nach Gerechtigkeit sei eine der beiden großen Kräfte der Geschichte. Auch Marx betont die Unteilbarkeit des Menschen. Aber das menschliche Gehirn ist für ihn im wesentlichen ein soziales Gehirn. In seinen Augen ist der Klassenkampf der Motor der Geschichte. Jaurès und Marx gehen hauptsächlich in diesem Punkt auseinander. Er hat sein theoretisches Gewicht. Welche Rolle spielt er in der Praxis?

Vergleichen wir kurz Marx und Jaurès als Praktiker der Geschichte und nicht mehr nur als deren Theoretiker. Befragen wir die *Sozialistische Geschichte* und die eigentliche Geschichte der Revolution, deren bedeutende Leistung wir kennen. Jaurès hat sie zugleich materialistisch wie Marx, mystisch wie Michelet und heroisch wie Plutarch schreiben wollen. Der Anteil von Marx ist bekannt. Wir werden auf ihn sogleich zurückkommen.

Kann man die Geschichtsschreibung Michelets und Jaurès', ihre Revolutionsgeschichte, mystisch nennen? Unbedingt. In dem Sinne, daß die Revolution das »Höhere Gesetz« erfüllt, daß sie mit den Worten Michelets »das Reich des Rechts« darstellt, das heißt den Triumph der universalen Werte, der untrennbar miteinander verbundenen göttlichen und menschlichen Werte; ferner in dem Sinne, daß sie den göttlichen und menschlichen Plan universaler Gerechtigkeit verwirklicht. Menschliche Werte, göttliche Werte verschmelzen auch für Jaurès und seinen verborgenen Gott. Versteht man darunter die Heraufkunft einer neuen Welt, eines weltlichen Reiches der Gerechtigkeit, einer bisher unbekannten und höheren Form der Gerechtigkeit, wo ein jeder in der Internationale der Menschen zu seinem Recht kommt, so sind Marx und der Marxismus einverstanden. Der Philosoph Adolphe Landry hat diese unausgesprochenen – irdischen – Gerechtigkeitspostulate hervorgehoben, die dem Werk von Marx zugrunde liegen.

Heroische Geschichte, Mitwirkung der Individuen: weder Marx noch der Marxismus verbannen den Helden aus der Geschichte. Sie verkennen auch nicht den Anteil der heroischen Tradition an der Bildung des Klassenbewußtseins.

Aber welches sind für Jaurès die Konturen dieser Revolution, wenn man sie in Nahaufnahme zeigt? Wie wir gesehen haben: die Klassen, die Arbeiter, die Bauern und – als Triebkraft – die materiell reicher gewordene und aufgrund einer umfassenden Philosophie der Aktion, die zugleich die Philosophie ihrer Macht ist, auch kulturell reicher gewordene Bourgeoisie. Doch nicht minder der sich in vielen Formen abspielende Widerstand der Privilegierten, jener Privilegierten, von denen einige an der Seite der Revolution gekämpft haben. »Erlauchte Geister«, vom Gerechtigkeitssinn beflügelt, haben sich auf diese Weise der Revolution verschworen, ja, sind an ihrer Spitze marschiert. Aber in der Vielzahl der übrigen Fälle? Jaurès hat als erster die Legende eines 4. August zerstört[19], der großzügig von den beiden oberen Ständen »zugestanden« worden sei; er hat ihn ganz im Gegenteil in die Geschichte der Klassenkämpfe eingeordnet. Das Beispiel der Revolution bezeugt ohne Zweifel die historische Kraft der »gerechten« Idee. Sie verfehlte nicht ihre Wirkung auf eine Elite und auf die Schwankenden. Haben sich ihrer aber nicht meist – als

»gerechter« Idee oder nicht – »soziale Gehirne« bemächtigt, in denen weniger die Präformierung der menschlichen Sympathie als das Klassen- oder Standesvorurteil wirksam waren? Adel und Dritter Stand glaubten an eine unterschiedliche Gerechtigkeit.

Also wäre am Ende die Idee der Gerechtigkeit mehr eine soziale als eine vorgeprägte moralische Idee? Sie ist sicher beides zugleich – jedoch in ungleichem Verhältnis. Die Faszination, die von der Idee ausgeht, läßt die Revolution reifen. Und in der unermeßlichen Bewegung, die diese Revolution vollbringt, wird die Moral gesellschaftliche Moral. Die Revolution schreitet nicht deshalb auf dem Weg der Gerechtigkeit voran, weil die Menschheit abstrakt moralischer würde; die Menschheit wird moralischer, weil sie sozialer wird.

Selbstverständlich wird niemand es wagen, der von Jaurès verantworteten philosophischen Deutung der Geschichte eine andere philosophische Deutung überzustülpen. In Wahrheit findet dort eine tiefgreifende Versöhnung zwischen seiner grandiosen Geschichtsschreibung und dem grandiosen Schema des Marxismus statt, in das sie sich mit einigen Nuancen und Neuerungen einfügt, wandlungsfähig wie die Geschichte, das Leben selbst.

Anmerkungen

1 Von den Guesdisten geprägte Bezeichnung für die Anhänger von Paul Brousse und seiner »Fédéderation des travailleurs socialistes« (F.T.S.), einer reformistischen Strömung der französischen Arbeiterbewegung. *(A. d. Hrsg.)*

2 Gustave Hervé stand dem Anarcho-Syndikalismus nahe, Anti-Militarist, der den »Antipatriotismus« auf seine Fahnen geschrieben hatte. Seine Zeitschrift *Guerre sociale* (1906 gegründet) hatte eine Auflage von 50 000 Stück. *(A. d. Hrsg.)*

3 Bei den Wahlen 1863 und 1864 hatten in Paris zum ersten Mal während des Zweiten Kaiserreichs Arbeiter kandidiert. 60 Arbeiter hatten am 17. 2. 1864 ein Manifest zur Unterstützung der Kandidaten unterzeichnet. *(A. d. Hrsg.)*

4 Bei den Wahlen zur Legislative am 13. 5. 1849 hatten die »démocrates-socialistes« (die sich als neue »Bergpartei« verstanden) Siege errungen, vor allem in den großen Städten, im Zentrum und östlichen Zentrum, im Südosten und Südwesten, wo sie die Mehrheit der Stimmen auf sich vereinigten. (Vgl. Agulhon, M., *1848 ou l'apprentissage de la République, 1848–1852*, Paris 1973, S. 126–28.) *(A. d. Hrsg.)*

5 Der erste öffentliche Arbeiterkongress im Okt. 1876 in Paris, im selben Jahr Bewegung für die Amnestie der verurteilten Kommunarden. *(A. d. Hrsg.)*

6 Parti socialiste (Section française de l'Internationale socialiste SFIO). *(A. d. Hrsg.)*

7 Vortrag vom 16. 2. 1933: *Jean Jaurès*, mehrfach gedruckt, zuerst Paris 1933. (*A. d. Hrsg.*)

8 Die *Sozialistische Geschichte* sollte den Zeitraum 1789–1900 behandeln, die führenden Sozialisten der Zeit wurden von Jaurès zur Mitarbeit aufgefordert, einige wie Guesde lehnten das als Zumutung ab, das Werk wurde nicht vollendet. (*A. d. Hrsg.*)

9 Wichtigste Rezensionen: Monod, G., *Revue historique*, 1902; Aulard, A., *La Révolution française*, 1902; Sagnac, Ph., *Revue d'Histoire moderne*, 1903; Mathiez, A., *Revue critique*, 1904; Lacombe, P., *Revue de synthèse*, 1908.

10 Lefebvre, G., *Pro domo*, in: ders., *Réflexions sur l'histoire*, Paris 1978, S. 277–280 (zuerst *AHRF* 1947). (*A. d. Hrsg.*)

11 Das vor dem Ersten Weltkrieg wichtigste Schulbuch für den Geschichtsunterricht, später in überarbeiteter Fassung Malet/Isaac. (*A. d. Hrsg.*)

12 Vgl. Einleitung, Anm. 1.

13 Aulard, A., *La législation civile de la Révolution française, 1789–1804*, Paris 1898; ders., *La Révolution française et le régime féodal*, Paris 1919. (*A. d. Hrsg.*)

14 31. Mai 93/2. 6. 93 Volksaufstand und Sturz der Gironde, 10. Aug. 92 Bildung der revolutionären Commune von Paris, Volkserhebung und Sturz der Monarchie. 20. Juni 92 Massendemonstration gegen Obstruktionspolitik des Königs. (*A. d. Hrsg.*)

15 Das Gesetz vom 22. Prairial leitete den »Großen Schrecken« am 10. Juni 94 ein: das Verfahren gegen Volksfeinde wurde beschleunigt, es gab nur noch Todesurteil oder Freispruch, keine Voruntersuchung und keine Verteidigung. (*A. d. Hrsg.*)

16 Parti socialiste français, Parti socialiste de France. Die erste vereinigte die reformistischen Sozialisten, die zweite die revolutionären, beide etwa gleich stark. (*A. d. Hrsg.*)

17 *Idéalisme et matérialisme dans la conception de l'histoire*. Conférence avec réponse de Paul Lafargue, Lille 1904.

18 Vgl. Einleitung.

19 In der Nacht zum 4. Aug. 1789 beschloß die Nationalversammlung die Abschaffung der Adelsprivilegien und den Rückkauf der Feudalrechte. (*A. d. Hrsg.*)

Ernest Labrousse
Georges Lefebvre und die Entwicklung der französischen Geschichtsschreibung

Wie war es vor Lefebvre um die Geschichtsschreibung der Französischen Revolution bestellt? Was hat er aus ihr gemacht?

Ich habe alle drei gekannt: Alphonse Aulard, Albert Mathiez und Georges Lefebvre. In der nachvollziehbaren und wahrscheinlichen Linie, die von dem einen zum anderen führt, verkörpern alle drei nicht nur die Entwicklung unserer Revolutionsgeschichtsstudien, sondern auch den von der französischen historischen Schule seit über einem dreiviertel Jahrhundert zurückgelegten Weg.

Ich war seinerzeit Student bei Aulard. Bei ihm bereitete ich meine Examensarbeit vor, die ich ihm im Mai 1914 übergab. Er repräsentierte für uns nicht nur die Geschichtsschreibung der damals größten Revolution der Neuzeit, sondern gewissermaßen auch den fortschrittlichen Flügel der Sorbonne. Ich sah ihn während des Krieges von Zeit zu Zeit wieder, vor allem aber nach dem Kriege, als ich meinen alten Lehrer für *L'Humanité* und *L'Internationale* interviewte. Ich erinnere mich, wie er mir 1919 nach seiner Wahlkampagne sagte, die Stimmung in den Versammlungen, die dort herrschende Sensibilität, die Aufmerksamkeit und eifrige Anteilnahme hätten ihn die Volksversammlungen der großen Epoche besser verstehen gelehrt.

Sein erster Kursus an der Sorbonne fand 1886 statt. Im Jahr zuvor hatte er »die akademische Unwissenheit und Mißgunst gegenüber der Revolution« angeprangert. Mit ihm beginnt das wissenschaftliche Zeitalter unserer Revolutionsstudien. Er führt uns zu einer politischen Geschichte der Denkstile, der Parteien, der Versammlungen, der Institutionen. Sein Blick bleibt nicht an den Hauptakteuren haften, die weiterhin eine vorrangige Rolle spielen – ihnen sind übrigens auch bestimmte Einzelveröffentlichungen gewidmet –, sondern er richtet sich auf das kollektive Leben. Seine durchaus neue Betrachtung der Geschichte bleibt jedoch an der Oberfläche: sie verharrt – in der Tradition – allzu häufig bei den politischen Erscheinungsformen, ohne die wirtschaftlichen und sozialen Grundlagen aufzuschließen, der sie entstammen.

Georges Lefebvre bemerkte 1932, das Individuum könne nicht logelöst von seiner Zeit, nicht unabhängig von seiner Epoche verstanden werden. »Aulard gehörte der Generation an, die von 1875 bis 1880 für die Schaffung einer laizistischen parlamentarischen Demokratie gekämpft hatte.« Doch ebensowenig darf man, so möchte ich hinzufügen, den Menschen, will man ihn erkennen, von den Denkgewohnheiten seiner Zeit, von seinem unmittelbaren beruflichen Milieu trennen. Damals war die öffentliche Meinung Frankreichs für den antiklerikalen Kampf mit seinen – übrigens eher unausgesprochenen als unbewußten – sozialen Beweggründen empfänglicher als für den sozialen Kampf. Wirtschaftswissenschaft und Soziologie waren noch nicht Bestandteile der intellektuellen Kultur; auch im 20. Jahrhundert sollte sich dies nur sehr allmählich ändern. Zumal im gesamten Bereich der Neueren Geschichte und der Zeitgeschichte – ob sie sich nun mit »inneren« oder mit »diplomatischen« Vorfällen befaßte – herrschte die »Ereignisgeschichte« vor. Georges Lefebvre lehnte übrigens diesen Begriff ab, obwohl er einst von Paul Lacombe, dessen zukunftweisendes Werk heute noch verkannt wird, geprägt worden war. Ereignisgeschichtlich ist auch die Problemstellung, was hier sehr viel bezeichnender ist. Aulard war ein willfähriger Gefangener dieser Art von Geschichte; zugleich war er einer ihrer großen Meister.

Wie in der Geschichtsschreibung Aulards bleibt bei Mathiez, unabhängig von der mit ihm verbundenen Horizontverschiebung, das Politische dominierend – seit seiner Habilitation von 1904 zur Theophilanthropie, in der die Aktualität des großen, die Zeit beherrschenden Konflikts zwischen Kirche und Staat mitschwingt, aber auch in dem leidenschaftlich verfochtenen Schisma in bezug auf Robespierre und Danton, das ihn von Aulard trennt; »politischen« Symbolgehalt hatte nicht zuletzt die Gründung unserer *Société des Etudes Robespierristes* im Jahre 1908. Der Robespierrismus hat jedoch für Mathiez zugleich politische und soziale Ursachen. Seine Vision der Französischen Revolution ist eine andere. Mit ihr klärt sich der Kampf zwischen Gironde und Bergpartei; es ist dies ganz gewiß ein politischer Kampf, im Grunde jedoch ein sozialer. Soziale Ursachen hat, so belehrt er uns, der Sturz Robespierres im Anschluß an die Ventosedekrete.

Die Erfahrung der Teuerung während des Ersten Weltkriegs samt ihren politischen Auswirkungen regte ihn zu seinen bedeutenden Studien an, die in dem Band *La vie chère* vereint sind. Die Revolution stellt sich ihm mehr und mehr als Klassenkampf dar. »Die Bourgeoisie hatte den Anschein zu erwecken versucht, die Französische Revolution sei einzig und allein eine politische Revolution gewesen. Jetzt wird das Proletariat erkennen, daß sie eine Revolution des Eigentums, eine soziale Revolution war.« In einer seiner Vorlesungen sagte er: »Die Geschichte ist nichts als das Aufeinanderprallen der Interessengegensätze, also der Klassen.« Schließlich »verknüpft« Mathiez soziale und politische Geschichte. Dennoch ist er nicht Soziologe. Er mißtraut den Soziologen – mögen sie auch Historiker sein wie Henri Berr.

Mit Georges Lefebvre tritt unmittelbar die Klasse auf den Plan: die Klasse als materielles und geistiges Phänomen, eingebettet in den Zusammenhang der historischen Ereignisse und Besonderheiten. Ihr Erscheinen geht mit neuen Forschungsrichtungen und neuen Methoden einher. Anders als Marc Bloch, der mit der Tradition freier umgegangen wäre, befürwortete er die Notwendigkeit der Erzählung – der fortlaufenden Erzählung ohne Auslassungen und Brüche, die zur Verzerrung der Wirklichkeit durch die Geschichtsschreibung führen könnten. Das Ereignis wird von ihm mit jener gelehrten Sorgfalt nachgebildet, ohne die es, wie er zu wiederholen beliebte, keine Geschichte gibt. Er geht der Mechanik des Ereignisses, seiner Verknüpfung nach: jedes Glied in der Kette erlangt so seinen spezifischen Wert, je nach der Häufigkeit, mit der es in der Geschichte auftritt. So verhält es sich zum Beispiel mit dem Phänomen des *Komplotts* bei bestimmten wichtigen Ereignissen, die grundsätzlich durch das Zusammenspiel der kollektiven Kräfte, aber auch durch den variablen Handlungsspielraum der Individuen bestimmt sind: Zwischen dem Zusammenspiel der kollektiven Kräfte und dem eigentlichen Ereignis steht die Aktion von Individuen, die ihrerseits in ihrer Wiederholung soziologisch untersucht werden kann. Unter diesem Gesichtspunkt hat Lefebvre z. B. die Hintergründe der parlamentarischen Taktik in der Nacht des 4. August erforscht. Nicht weniger als die taktischen Komponenten beschäftigten ihn freilich die gesellschaftlichen Ursprünge des Ereignisses, und sei es im Rahmen eines scheinbar alltäglichen Vorfalls. Bevor er 1941 in der *Revue Historique* seinen Aufsatz über die Ermordung des

Grafen von Dampierre während der Heimkehr Ludwigs XVI. aus Varennes veröffentlichte, setzte er die *Kommission für Wirtschaftsgeschichte der Revolution* von seiner Studie in Kenntnis. Ich erinnere mich genau, mit welcher Beharrlichkeit er uns die Persönlichkeit des Grafen von Dampierre schilderte, des »berüchtigten Aristokraten«, der mit seinen Bauern im Konflikt lag, aber nicht minder, wie er die Stimmung beschrieb, die durch die *Große Furcht* nach der Flucht des Königs entstanden war. Das Ereignis verwandelte sich unter Lefebvres Blick zu einem sozialen Tatbestand von besonderer Bedeutung.

Lefebvre zeigt sich uns unter drei Aspekten. Zuallererst ist er Sozialhistoriker der Revolution oder, besser gesagt, sozio-politischer Historiker einer unteilbaren Realität der Revolution. Seine Geschichtsschreibung gilt jedoch einem sehr viel größeren Zeitraum, so daß seine Problemstellungen und Methoden auch die Geschichtsschreibung zum 18. und 19. Jahrhundert anregen. Schließlich zeichnen sich in seinem Werk gleichsam Wege zu einer allgemeinen Geschichtsreflexion ab.

Als Sozialhistoriker der Revolution »nahm ihn ganz selbstverständlich vor allem das Problem der Klassen in Anspruch«, schrieb Marc Bloch 1929 in einer Rezension zu Lefebvres Studie über den Verkauf der Nationalgüter, die 1928 zuvor in der *Revue d'Histoire moderne* veröffentlicht worden war. Die Bemerkung gilt für das gesamte Werk Georges Lefebvres, von den *Paysans du Nord pendant la Révolution française* mit ihrer Analyse der bäuerlichen Klassen bis hin zu den postum erschienenen *Etudes Orléanaises*, die den städtischen Sozialstrukturen und im wesentlichen den »Ständen und Klassen in den Städten« gewidmet sind.

Fünfzehn Jahre nach den *Paysans du Nord* – fünfzehn bedeutende Jahre, während derer die Mehrzahl seiner Hauptwerke erschien – traten anläßlich der Feiern zum hundertfünfzigsten Jahrestag von 1789 die *Zentralkommission für Wirtschaftsgeschichte der Revolution* und deren Departementskomitees zu einer Vollversammlung in Paris zusammen. Auf ihr stand das Studium der französischen Bourgeoisie vom Ausgang des Ancien Régime bis zur Restauration im Vordergrund. In dem Rundschreiben an die Forscher hatte Lefebvre an die Quellen erinnert, auf deren Auswertung es ankam; es waren dieselben, die wir heute benutzen, von den Steuerrollen bis zu den Notariatsakten. Zweifellos lag der Nachdruck der Forschung zunächst auf der

Erschließung der Steuerrollen, die rasch eine brauchbare Gesamt-
übersicht zu liefern versprach; niemand erahnte damals den unermeßlichen statistischen Reichtum der Notariatsakten. Der Verfasser des Rundschreibens hatte jedoch peinlich und aufmerksam
die Dokumententypen unterschieden, die am meisten zu unseren
Untersuchungen beitragen konnten: Eheverträge, Inventare und
Testamente. In seinem Schlußbericht bekannte Georges Lefebvre,
daß »die Wirtschafts- und Sozialgeschichte eine besondere Stellung in der Forschung einnehmen kann, wenn sie sich die Methoden der Statistik aneignet«, einer Statistik selbstverständlich, die
es durch vielfältige Quellen zu bereichern und durch die Erpro-
bung neuer Problemwahrnehmungen zu erhellen gilt. Dreißig
Jahre trennen uns heute von 1939. Und doch erscheint Georges
Lefebvre dreißig Jahre später als der Begründer unserer modernen sozialhistorischen Schule. Als Historiker der Klassen hat er
das Phänomen der »sozialen Mentalität« in die Geschichtsforschung einbezogen: »Die Sozialgeschichte kann sich nicht darauf
beschränken, die äußeren Aspekte der antagonistischen Klassen
zu beschreiben. Sie muß auch den mentalen Gehalt einer jeden
Klasse erfassen.« Sein Hauptwerk ist hier *La Grande Peur de
1789* aus dem Jahre 1932. Seitdem ist eine Generation herange-
wachsen. Georges Lefebvre hat mit diesem Werk und dem ihm
zugrunde liegenden Erklärungskonzept – im Verein mit den
Annales von Lucien Febvre und Marc Bloch und im Rahmen der
Revolutionsstudien – einen Anstoß gegeben und ein erstes Modell geliefert, Geschichte neu zu verstehen und zu analysieren.
Hinter allem, was er geschrieben und gedacht hat, steht eine
unverwechselbare Interessenorientierung, eine markante Verpflichtung. Lucien Febvre meinte einst, die französischen Historiker hätten keine sonderlich ausgeprägten philosophischen Bedürfnisse. Lefebvre war nicht von diesem Schlag. Die Geschichte
der Geschichtsschreibung reizte ihn zu Grenzüberschreitungen.
In einem 1951 zum fünfzigjährigen Bestehen der *Société d'Histoire moderne* gehaltenen Vortrag über die Rolle der Synthese in der
Geschichtsschreibung skizzierte er einen methodischen Ansatz
zu einer »höheren Form der Synthese«, der gewiß auf die gesamte
historische Evolution anwendbar ist, aber in besonderem Maße
auf die »gesellschaftliche und wirtschaftliche Entwicklung«, d. h.
auf den allgemeinen Bewegungsprozeß der Gesellschaften. In
diesem Forschungsprojekt trifft sich Georges Lefebvre mit der

ebenfalls wesentlich wirtschafts- und sozialgeschichtlich fundierten Geschichtsphilosophie Saint-Simons, der Saint-Simonisten und Marx'. Bei der Herausbildung dieser Konzeption von Geschichte und Geschichtswissenschaft haben in unserem Land besondere Umstände, der Einfluß einer Wissenschaftlergruppe eine bemerkenswerte Rolle gespielt. Die entscheidenden Impulse, die von den *Annales* unter Lucien Febvre und Marc Bloch ausgingen, sind hinlänglich bekannt. Einen selbständigen Forschungsansatz vertrat Georges Lefebvre, obwohl er mit Bloch und Febvre befreundet war und in engem Kontakt zur *Annales*-Schule stand. Die Verwandtschaft der drei Gelehrten liegt in ihrer ähnlichen Problemwahrnehmung begründet.

Am Anfang zumal unserer Revolutionsgeschichtsstudien steht der unübersehbare Einfluß eines Pioniers, seines Werks und dessen Nachwirkungen. Gemeint ist der unvergeßliche Jaurès, dessen *Histoire socialiste de la Révolution Française* in den ersten Jahren unseres Jahrhunderts erschienen ist. Jaurès, der Gründer und erste Präsident der *Kommission zur Erforschung und Veröffentlichung der Dokumente zum Wirtschaftsleben der Revolution*, eines breitangelegten kollektiven Arbeitsvorhabens, aus dem eine unserer bedeutendsten Quellensammlungen hervorgegangen ist, die heute noch fortgeführt wird und die für die Geschichte dieser Periode wesentlich bleibt. Aulard war einer der stellvertretenden Präsidenten der Kommission. Zweifellos stand er im Bann von Jaurès' Werk. Er hatte die *Sozialistische Geschichte* unter den Büchern aufgeführt, die seine Studenten zur Vorbereitung auf die mündliche Prüfung wählen konnten. Seine Vorlesung von 1912/13 zur Französischen Revolution und zur Feudalherrschaft, die er in ein 1919 veröffentlichtes Buch eingearbeitet hat, bezeugt eine gewisse Hinwendung zu gesellschaftlichen Fragestellungen, die noch viel klarer bei Mathiez, dem Herausgeber der zweiten Ausgabe der Werke von Jaurès, hervortritt. Bei Georges Lefebvre dann ist Jaurès' Einfluß eindeutig und wird auch einbekannt: »Wollte man für mich ein Vorbild suchen, so müßte ich antworten: ich erkenne kein anderes an als ihn.«

Unter dem Gewicht dieser eigentümlichen Zugriffe auf das historische »Material« hat sich unsere Revolutionsgeschichtsschreibung verwandelt. Von Aulard zu Mathiez, von Mathiez zu Lefebvre sind wirtschaftliche und soziale Sachverhalte immer stärker zur Geltung gekommen, hat das Handeln der Kollektive zunehmend mehr Aufmerksamkeit auf sich gezogen. Das Werk Aulards und Mathiez' ist jedoch im großen und ganzen Geschichtsschreibung der Französischen Revolution im engeren Sinne geblieben. Erst Georges Lefebvre hat hier eine entscheidende Veränderung vorgenommen, die über die Erforschung der Französischen Revolution hinausweist und in die der Geschichte insgesamt einmündet.

II. Revolutionsgeschichte als wissenschaftliche Disziplin

Ernest Labrousse
1848, 1830, 1789. Wie Revolutionen entstehen

I.

Revolutionen finden trotz der Revolutionäre statt. Wenn das Ereignis eingetreten ist, weigern sich die Regierungen, es zu glauben; und auch der »gewöhnliche Revolutionär« will das Ereignis nicht.

Man erinnere sich an 1848, 1830, 1789. Wer sah gelassener der Zukunft entgegen als Louis Philippe? Wer gab sich selbstsicherer als Charles X. am Vorabend der drei ruhmreichen Tage? Von der Haltung des Hofes zwischen Mai und Juli 1789 ganz zu schweigen . . . Andererseits zögert der »gewöhnliche Revolutionär«, den entscheidenden Schritt zu tun; vielmehr: er verweigert sich ihm, wie es 1848 geschah, ausgenommen die winzige Gruppe der materialistischen Kommunisten. Und Louis Blanc? Und die Mehrheit des Parlaments? Und zehn Jahre zuvor die Mehrheit der 221? Und später der »gewöhnliche Minister« Laffitte? Und der »gewöhnliche Abgeordnete« des Dritten Standes im Paris von 1789? So also kommt es, daß alle Revolutionen den Zeitgenossen wie Blitze aus heiterem Himmel erschienen sind.

Für mich ist in diesem Zusammenhang nichts aufschlußreicher als die Presseerzeugnisse vom 25. Februar. Darf ich hier, zum Beleg, die Spalten der Zeitungen öffnen, die man im damaligen Paris im Gedränge der Straßenverkäufer, am Palais Royal oder auf dem Boulevard des Italiens, auf einem Tisch im Café Foy oder im Café Tortoni hätte aufschlagen können? Hören wir den *Constitutionnel* vom 25. Februar 1848. Er gibt zu verstehen, daß der Sturz des Regimes eine Frage von Minuten war. »Die bisherige Regierung ist gestürzt worden wie ihre Vorgänger, weil sie ihr Interesse und ihre Pflicht einen Tag, eine Stunde zu spät begriffen hat.« Die *Union monarchique* schreibt: »In wenigen Stunden hat eine Revolution stattgefunden. Die vier Wagen, die mit Louis Philippe und den Trabanten seines gestürzten Hauses in Richtung Cours-la-Reine fuhren, sind kaum am Horizont verschwunden. Das war kein königliches Geleit mehr. [. . .] Das Urteil war gefällt.« Und die politische Linke? In der *Démocratie pacifique* der Fouriéristen und Victor Considérants, die sich nicht sonderlich für das allgemeine Stimmrecht »erwärmten«, liest man: »Jahre trennen uns von unserer letzten Ausgabe und nicht Stunden. Nie ist die Zeit so schnell vergangen! Paris hat soeben dem über sein Schweigen verwunderten Europa bewiesen, daß sein Erwachen einer Explosion gleichkam.« Weiter: »Die Folgen sind unberechenbar. Die Sympathiewellen werden sich bis zum anderen Ende des Kontinents fortsetzen.« Und weiter (als Widmung für unseren Kollegen Renouvin in Erinnerung an seinen Beitrag[1]): »Die föderale und liberale Einheit Europas wird sich leicht und unaufhaltsam vollziehen.« Ähnlich heißt es in *La Réforme*: »Die Ereignisse gehen zu schnell vonstatten und lassen uns keine Zeit zu einem Kommentar.« Und *Le National* schreibt: »Nie hat es eine so rasche, eine so unvorhersehbare Revolution gegeben. Das Volk möge über seinen Sieg stolz sein. Frankreich möge sich darüber freuen, daß die Pariser erneut eine Regierung zur Rechenschaft gezogen haben, die bei ihren Angriffen auf die Freiheit auf frischer Tat ertappt wurde. Italien, die Schweiz und alle Völker, unsere Brüder, mögen diesem Triumph Beifall zollen. Wir hoffen sehr, daß er fruchtbare Ergebnisse zeitigt.«

So steht es in der Presse vom 25. Februar.

Einer unserer Gäste, einer der Teilnehmer an unseren Mailänder Diskussionen, die dort das größte Interesse gefunden haben, sagte uns, die sozialen Probleme hätten in der Meinung der Männer von 1848, in den Sorgen des Durchschnittsitalieners, des »gewöhnlichen Revolutionärs« in der Lombardei und in Venetien nur eine geringe Rolle gespielt. Doch hüten wir uns davor, die Menschen nur danach zu beurteilen, was sie über sich selbst denken. Hüten wir uns davor, von den Zeitgenossen widerspruchslose Zeugnisse zu erwarten. Der Zuschauer in der ersten Reihe hat nicht immer das genaueste Bild. Ohne Zweifel haben die Zuschauer des 24. Februar schlecht beobachtet. Ist diese Revolution klassischen Typs, die von klassischen Symptomen angekündigt worden war, aus heiterem Himmel gekommen, diese Wiederholung von 1830 und 1789?

Man kann mehrere Typen der Revolution unterscheiden. Es gibt Revolutionen, die vorzüglich vom Volk getragen sind, und *pronunciamientos* – Massenrevolutionen und Palastrevolutionen. 1848 steht für eine Massenrevolution wie 1830, wie 1789. Doch es gibt zahlreiche Varianten einer Massenrevolution. Sie können, wenn ich so sagen darf, »spontan« oder »gelenkt« sein. Spontan (improvisiert) heißt, daß sie aus einer plötzlichen Erhebung des Volkes hervorgehen und sich der Steuerung durch Führungsgruppen entziehen; gelenkt bedeutet, daß sie, beispielsweise, unter dem Einfluß einer Massenpartei stehen – nichts dergleichen geschah 1848, 1830, 1789. In all diesen Fällen hat es keine Kaderarmee der Revolution gegeben. Vielmehr handelte es sich um eine *levée en masse*[2], freiwillig und improvisiert. Hier stoßen wir auf das zweite gemeinsame Merkmal dieser drei Revolutionen: Massenrevolutionen sind *spontane* Revolutionen.

Doch zugleich gilt es, genau zu unterscheiden, zum Beispiel zwischen »endogenen« und »exogenen« Revolutionen. »Endogen« nenne ich eine Umwälzung, die ausschließlich in inneren Konstellationen einer Gesellschaft ihren Ursprung hat und ohne Behinderung oder Beeinflussung von außen sich vollendet. Dies war der Fall 1789, 1830 und 1848. Weder äußere Gegner noch eine Besetzung spielten hier eine Rolle wie später bei der Bewegung des 4. September[2a] und der Befreiung von der deutschen Besatzung 1945. Endogene Revolutionen haben – jedenfalls vorwiegend – ihre Wurzel in den gesellschaftlichen Verhältnissen des Landes, während die exogenen eher dem Typ nationaler Bewegungen oder einem Mischtypus, in dem nationale und soziale Komponenten sich kombinieren, entsprechen.

Das dritte Merkmal, das die drei zu untersuchenden Revolutionen miteinander teilen, ist also: sie sind allesamt »endogene« Prozesse mit überwiegend gesellschaftlichen Determinanten. Und ihre treibende Kraft, die die Massen ohne die Losungen einer großen Volkspartei und ohne das Trauma der Niederlage oder der Besetzung in Bewegung zu setzen vermochte, war ihrerseits ein Massenfaktor: eine einschneidende ökonomische Erfahrung.

Muß ich den Gegenstand meiner Erörterungen noch deutlicher bestimmen und mein Vorhaben schärfer eingrenzen? Der Titel meines Beitrags spricht, denke ich, für sich selbst. Ich will hier nicht den fernen Ursprüngen der drei Revolutionen nachgehen, sondern den Ablauf der Tage nachzeichnen, an denen sich die wirkliche Umwälzung vollzogen hat. Ich werde mich daher auf die Bestimmungsgründe des *Ausbruchs* der Bewegung konzentrieren.

Ein erstes Erklärungselement ist die angespannte Wirtschaftslage. Das gilt für 1789 ebenso wie für 1830 und 1848. Trotz im einzelnen verschiedener und unterschiedlich wirkender Faktoren läßt sich ein gemeinsamer Verursachungszusammenhang erkennen: ein Grundmuster wirtschaftlicher Schwierigkeiten.

Die Unruhen von 1789 entzündeten sich an einem *accident naturel*, an zwei schlechten Getreideernten, also einem Naturereignis, das der menschlichen Handlungskompetenz entzogen und durchaus nicht auf jene »teuflische Verschwörung der Begierde« zurückzuführen ist, von der nachmals Louis Blanc gesprochen hat, als er über die Hausse der Kornpreise, den stürmischen Anstieg der Lebenshaltungskosten in den Jahren 1788 und 1789 berichtete. Die Explosivkraft dieser Entwicklung der Kornpreise wird greifbar, wenn man sich vergegenwärtigt, daß die Ausgaben für Brot im durchschnittlichen Haushaltsbudget des Arbeiters oder des Tagelöhners sich damals auf etwa 50% seiner Gesamtausgaben beliefen.

Die Mißernten von 1788 und 1789 bewirkten einen beträchtlichen Preisanstieg der Grundnahrungsmittel, gewiß von einer Region zur anderen höchst unterschiedlich, jedoch insgesamt um etwa 50% in allen Landesteilen, wenn man die Differenz der Jahresdurchschnittspreise zugrunde legt. Betrachtet man indes die Kurve genauer, ihren Verlauf von Woche zu Woche oder von Monat zu Monat, um eine den Durchschnittswerten besser angemessene Vorstellung zu gewinnen, so ergibt sich in den Perioden der größten Not ein Anstieg von 100% für das Königreich insgesamt und von 200% für einzelne Gegenden. Die Mehrzahl der Verbraucher war außerstande, ausreichend Grundnahrungsmittel zu erwerben. Mißernten und Preisanstieg zerstörten die Kaufkraft einer breiten sozialen Schicht, vor allem der der bäuerlichen Warenproduzenten, die in den schlechten Erntejahren nichts mehr zu verkaufen hatten. Gleichzeitig brach die Kaufkraft der Tagelöhner, der bäuerlichen Konsumenten zusammen (es sei daran erinnert, welche Bedeutung dieser Gruppe in der Studie von Saint-Jacob beigemessen worden ist[3]) – der Kornpreis stieg, während die Löhne konstant blieben. Die wirtschaftliche Spannung, die sich der Steuerung durch die Regierung entzog, wird hier in all ihren Konsequenzen deutlich: sie erfaßte das ganze industrielle Leben. Das Frankreich von 1789 war im wesentlichen ein Agrarland. Es bedarf keiner großen Phantasieanstrengung, um sich auszumalen, welche Auswirkungen die Schließung des ländlichen Marktes auf den industriellen Markt gehabt haben muß.

Ich verweise in diesem Zusammenhang auf die Arbeiten unserer Vorgänger, vor allem den vor vierzig Jahren in der *Revue Historique* erschienenen Aufsatz von Charles Schmidt, der die seit Anfang 1788 virulenten Ängste und Probleme in ihren einzelnen Phasen untersucht hat[3a]: die Arbeitslosigkeit, den Bankrott des Textilgewerbes ebenso wie anderer Industriezweige. Im Laufe des Jahres 1788 verschärften sich die Krisentendenzen, sie verzahnten sich: Katastrophe in der Landwirtschaft, Katastrophe in der Industrie, Arbeitslosigkeit, Verfall des Lohnniveaus. Die Steuerstatistik und die Buchführung über die Warenplomben – »Plomben« wurden von der Steuerbehörde an den Waren befestigt, welche die Kontrolle durchlaufen hatten – weisen aus, daß 1789 nur halb so viele Plomben in der Provinz gebraucht wurden wie 1787. Daraus läßt sich ein Rückgang der Industrieproduktion um 50% schließen. Andere Daten erhärten diesen Schluß. Die Arbeitslosigkeit in der Industrie, die Arbeitslosigkeit in den Städten lag bei 50%. Das Lohnniveau ging um 15 bis 20% zurück – in einem Augenblick, da die Lebenshaltungskosten um 100 bis 200% gestiegen waren. In diesem Klima der Wirtschaftskrise entstand die Revolution von 1789.

1830 lagen die Dinge nicht sehr viel anders. Die Erschütterung setzte freilich lange vor 1830 ein: mit dem Ende der schönen, leichten Jahre der Restaurationsperiode. Den wirtschaftlichen Einschnitt markierte das Jahr 1825, die von England ausgehende Infektion, die »englische Krankheit«, die sich auf die Märkte Frankreichs übertrug. Zunächst handelte es sich nur um eine eingeschleppte, abgeschwächte und leichte Störung. Doch 1827/1828 brach die Krise voll durch. Die entscheidenden Symptome von 1789 kehrten wieder. Es gab Mißernten, insbesondere schlechte Kartoffelernten, zu einer Zeit, da die Kartoffelernte drei Fünftel der Getreideernte ausmachte und zu einem wesentlichen Teil die Ernährung der Bevölkerung gewährleistete. – Auf die Kartoffelkrise folgte die Kornkrise, genauer: sie kam hinzu. Sie war, gemessen an der von 1789, relativ schwach – die Preise stiegen allenfalls um 50% –, dauerte aber sehr viel länger als 1789. Vergleichen wir die Kurven: 1789 zuerst zaghafter, dann erheblicher Preisanstieg, jäher Höhepunkt im Juni/Juli 1789; 1830 gewölbter Verlauf der Kurve nach gleichbleibend hohen Preisen, anhaltenden Schwierigkeiten und unverändertem Elend seit 1828. Die Folgen der landwirtschaftlichen Misere für die Industrie waren die gleichen wie 1789: die Schließung des ländlichen Marktes führte zu Fabrikstillegungen, zu einer erheblichen Verlangsamung der Industrieproduktion. Ein Bankrott folgte auf den anderen. Die Bank von Frankreich wies die im Elsaß von Baumwollindustriellen ausgestellten Wechsel zurück – der zweite Abschnitt der Krise war eine Textilkrise wie 1789. Der Profit der Bourgeoisie verfiel. Die Kaufkraft der Arbeiter verringerte sich (für diese Zeit verfügen wir über eine Informationsquelle zu den Löhnen, die uns für 1789 fehlt). Im Pariser Bauhandwerk gingen zwischen 1825 und 1830 die Löhne um 30% zurück, im Textilgewerbe der Provinz um 40%, in der Metallindustrie um ein Drittel. Gleichzeitig erhöhte sich die Arbeitslosen-Quote, vor allem seit dem Winter 1828, parallel mit dem Brotpreis.

Im Unterschied zu 1789 brach 1830 die Revolution nicht im Augenblick des größten Drucks, nicht auf dem Gipfelpunkt der wirtschaftlichen und sozialen Spannung aus. Gleichwohl waren die Preise vom Juli 1830 Krisenpreise, bewegte sich das Land in einem Teufelskreis von Elend und Schwierigkeiten. Den Zirkel bestimmten Arbeitslosigkeit, ein sinkendes Lohnniveau, steigende Lebenshaltungskosten, der Kaufkraftverfall breiter Volksschichten. Das folgende Zeitungszitat stammt vom 2. Januar 1830: »Der frühe Beginn des strengen Winters, die Brotteuerung, der Arbeitsmangel und die Not der unteren Gesellschaftsschichten haben in den höheren Schichten Anteilnahme und Mitleid erweckt. Man hat Wohltätigkeitslisten zur Zeichnung ausgelegt, man will Bälle veranstalten. Mag einem nun der Sinn danach stehen oder nicht, man wird aus Menschlichkeit tanzen müssen.« Die soziale Krise in diesem Klima der Wirtschaftsschwäche spitzte sich zu. Sie bereitete den Boden für die revolutionären Juliaktionen. Es kam zu Lebensmittelunruhen. Sie hatten im Westen, im Nordwesten und im Zentrum des Königreichs ihren Schwerpunkt. Fast täglich trafen Nachrichten von Aufruhr ein. Allein im Monat Mai 1829 wurde die Regierung in fünfundzwanzig Berichten über neue Unruhen informiert. Gewiß, gegen Ende des Jahres 1829 flaute der Protest ab – die politische Revolution fiel also nicht genau mit den Schüben der gesellschaftlichen Erschütterung zusammen. Der Unruheherd freilich schwelte weiter: der wirtschaftliche Spannungszustand, der dann durch die

Revolution verschärft wurde und bis 1832 anhielt.

Betrachten wir jetzt die Krise von 1847. Kennzeichnend für sie war, daß zu dem alten Konfliktpotential ein neues hinzutrat, daß die Störungen des Gleichgewichts sich häuften: naturbedingte Störungen der Getreidewirtschaft und des Textilgewerbes einerseits; künstlich verursachte Störungen der Metallindustrie andererseits. Zunächst handelte es sich um eine Krise des alten Typs, d. h. im wesentlichen um eine Krise der Landwirtschaft und des Textilgewerbes. (Ich sagte bereits, daß 1847 sich die Entwicklungen von 1830 wiederholten.) Am Ausgangspunkt standen abermals Versorgungsprobleme: eine Kartoffelknappheit 1845/1846; 1846 folgte dann eine schlechte Getreideernte. Beide Faktoren wirkten zusammen. Der Preisanstieg eines so wichtigen Volksnahrungsmittels wie der Kartoffel zieht stets eine Preissteigerung des Korns nach sich, erst recht, wie 1846, im Rahmen einer Mißernte. So wiederholten sich denn 1847 im großen und ganzen die ökonomischen Prozeßverläufe von 1830 und 1789. Die Landkarte der Wirtschaftskatastrophe von 1846/47 zeigt im Norden und Nordosten Frankreichs einen Anstieg der Kornpreise um ungefähr 100 oder 150%. Nach Osten hin lichtet sich der Schatten. An den Abhängen des Massif Central und im Südwesten mildern sich allmählich die Reflexe der Not, bis sie schließlich im Süden, an den geschützten Ufern des Mittelmeeres, nahezu verlöschen. Welch ein Unterschied, 1847 ebenso wie 1789 – und gerade dies bezeugt die Beständigkeit unserer Wirtschaftsstrukturen –, zwischen dem lothringischen Kornmarkt und dem der Provence, zwischen den harten kontinentalen Spannungen und der maritimen Ausgeglichenheit der Ökonomie der Provinzen am Atlantik oder am Binnenmeer! Am Mittelmeer, einem Weltmarkt en miniature, zu dem das Getreide aus dem Norden durch den Korridor der Saône transportiert wurde, auf dem die Getreideströme aus Italien und Afrika und der Levante zusammenflossen, hat es niemals ein gravierendes Erntedefizit gegeben. Eine Art Ausgleich der »meteorologischen Zufälle« spielte in dieser Miniaturwelt, in diesem Handelsuniversum en miniature des unvergänglichen Marseille mit.

1847, 1789: Die Ähnlichkeiten der Wirtschaftsstruktur und -konjunktur sind unverkennbar. Auch auf dem Textilmarkt zeichneten sich altbekannte Tendenzen ab. Während die Lebenshaltungskosten ungestüm stiegen, sank die Textilproduktion: der

Textilprofit schwand. Dies war durchaus eine Krise von traditionellem Typus. Die Revolution von 1848 indes brach aus, weil traditionelle Krisenelemente sich mit neuen kombinierten. Die Malaise des Getreidebaus und des Textilgewerbes traf mit einer der Metallindustrie zusammen. Zum ersten Mal, in der Tat, erlebte die französische Wirtschaft eine ernste Bedrohung der Metallindustrie. Es sei an einige Daten erinnert: 1847 lag nahe bei 1841, dem Zeitpunkt des großen Enteignungsgesetzes, des Statuts der für den Bau des französischen Eisenbahnnetzes unerläßlichen Enteignungen; nahe auch bei 1842, dem Jahr, in welchem das Statut, die Charta dieses Eisenbahnnetzes geschaffen worden ist. Man hatte einen Bauplan entworfen, man hatte ihn sogar in der Illusion der fortdauernden Prosperität formuliert, und zwar in dem Augenblick, da, 1846, die »gute Zeit« sich zu verdüstern begann. Doch wer dachte damals ernstlich an eine Krise? Die Zusammenfassung privater, kommunaler und staatlicher Kredite sollte den raschen Bau der Eisenbahn ermöglichen. Das Zeitalter des Eisens, die Ökonomie des Eisens und des Stahls nahmen ihren Anfang. Die Metallindustrie auf Kohlenbasis florierte – noch. Als dann die Krise ausbrach, gab es keine disponiblen Mittel, keine Kredite mehr, so daß man den Plan aussetzen mußte. Man stellte öffentliche Arbeiten in Höhe von fast einer Milliarde Francs zurück, d. h. man verzichtete auf ungefähr 500 Millionen Arbeitstage zu 2 Francs pro Tag. Die Folge war der Zusammenbruch der Metallindustrie und der Bergwerke. Von 1847 bis Anfang 1848 verringerte sich die Produktion der Metallindustrie um ein Drittel der Werteinheiten, schließlich gar auf die Hälfte; der Absatz der Bergwerke ging um 20% zurück. Aber mehr noch als die Produktion in Werteinheiten sank der Umsatz, also auch der Profit. Bestimmte Elemente der Produktionskosten blieben spürbar dieselben: Mieten, Steuern, Zinsen für die enormen Summen investierten Kapitals. Und aus eben diesen Gründen verstärkte sich der Druck auf die Löhne. In der Großindustrie, in der Textilindustrie zum Beispiel, betrug die Lohnminderung rund 30%. Dies alles geschah vor dem Hintergrund wachsender Arbeitslosen-Zahlen, des Zusammenbruchs der Produktion, des Ruins der Kaufkraft (die Steigerungsrate der Kornpreise betrug 100 bis 150%).

Gewiß hatte die soziale Krise 1847 ihren Höhepunkt erreicht, gewiß sank der Kornpreis beträchtlich in der zweiten Hälfte des

Jahres 1847 und Anfang 1848, als er ungefähr wieder auf dem Stand von 1844 anlangte (der freilich deutlich über dem der früheren Jahre lag). Doch die Druckwelle der Preisexplosion war über das ganze Land hinweggegangen und hatte eine durchweg geschädigte Bevölkerung zurückgelassen, deren Ersparnisse vernichtet waren. Viele Leute hatten sogar ihre Möbel verpfänden müssen, wie die Akten der Leihhäuser bezeugen. Allenthalben herrschte Arbeitslosigkeit. Kurz, die Revolution brach in einer gründlich zerrütteten Wirtschaftswelt aus – allerdings nicht, wie 1830, in der Phase der sozialen Konvulsionen, sondern kurz danach. Die soziale Spannung war im Januar 1848 nicht mehr gleich heftig wie im April oder im Mai 1847; der wirtschaftliche Druck jedoch hielt an. Es gab eine geschädigte Bourgeoisie ohne disponible Finanzmittel und ein heimgesuchtes Proletariat ohne Arbeit. Wie haben dieses Proletariat und diese Bourgeoisie auf die Krise reagiert? Mit anderen Worten: Wie groß war der Einfluß der Krisen auf die Revolutionen?

Für die Krisen machte das Volk die Regierungen verantwortlich. Die Argumentation lautete: Die Preise sind gestiegen, weil die Regierung in den vorangegangenen Jahren zuviel Korn zum Export freigegeben hat, oder weil sie in dem Mangeljahr nicht genügend Getreide eingeführt hat. Die Metallindustrie ist zum Erliegen gekommen, die Textilbranche zusammengebrochen, weil die Regierung die Rohstoffe mit einer zu hohen Importsteuer belegt hat. 1788/89, nach der Mißernte, nahm man am französisch-englischen Handelsabkommen Anstoß, von dem ich zwar nicht behaupte, daß es keine gravierenden Auswirkungen auf die Entwicklung gehabt habe, das aber sicherlich nicht der entscheidende Faktor der Misere gewesen ist. Mit einem Wort, diese sozusagen anthropomorphistische Deutung der Krise und Krisenursachen steht für mich am Anfang unserer drei Revolutionen. Ich könnte dafür im Hinblick auf 1789 und 1830 zahlreiche Belege geben, möchte mich jedoch sogleich 1848 zuwenden.

Was stand damals zum Beispiel in *La Réforme*? »Die Klasse der Arbeiter und die Klasse der Bürger sind von wirtschaftlichen Katastrophen heimgesucht worden, welche die Regierung weder vorauszusehen noch zu bekämpfen vermocht hat. Wer kann sich noch glücklich preisen, daß es Frankreich gut geht? – All diejenigen, die nicht gelitten haben, weil sie sich aus der Staatskasse bedient haben.« Es wurde freilich nicht nur die Regierung, sondern auch und in weitaus größerem Maße das Regime selbst für die Not angeklagt. Ich zitiere, um dies zu erhärten, einen bezeichnenden Text von Ledru-Rollin, eine Rede anläßlich der Adreßdebatte von 1847. Wem schrieb er die Verantwortung für das Elend zu?

»Wenn unsere Industrien, unser Handel, unsere Finanzen«, erklärte er vor der Kammer, »in einem erbärmlichen und alarmierenden Zustand sind, ja kurz vor dem Ruin stehen, woran liegt es? Wer trägt dafür die Verantwortung? Das System, das seit über sechzehn Jahren so schwer auf uns lastet! Es verweist zu seiner Verteidigung vergeblich darauf, diese Notlage sei durch einen widrigen Umstand verursacht worden: die zu geringe Kornmenge. Am Vorabend von 1789 berief man sich ebenfalls auf solche Daten, um andere Pläne zu verhüllen und andere Wirren zu verdecken. Doch es ist nur der letzte Tropfen, der das bis an den Rand gefüllte Gefäß zum Überlaufen bringt. Die Not der Arbeiterschichten, die mißliche Lage der Kaufleute, der Mangel an Hartgeld haben allgemeinere, gewichtigere und dauerhafte Ursachen. Man braucht sich nur die Zolltabelle [der letzten fünf Jahre] anzuschauen. [. . .] Sie zeigen, daß Frankreich für 551 Millionen weniger ausgeführt als eingeführt hat. Es hat also in nur fünf Jahren zum Ausgleich seiner Bilanz 551 Millionen in Hartgeld ausgegeben, an denen sich das Ausland bereichert hat, eine erschreckende Summe, zu der man in Wahrheit noch 200 Millionen hinzufügen müßte, denn es ist bekannt, welcher Toleranzspielraum den Export- und Importerklärungen gewährt wird. [. . .] Glauben die jungen Abgeordneten der Konservativen Partei, die uns von Reformen reden, tatsächlich, daß dieser Niedergang unseres Handels nicht mit der Außenpolitik der Regierung im Zusammenhang steht, einer sklavischen und glücklosen Politik, die sie dennoch mit ihren Stimmen unterstützen?

Hat denn die Regierung nicht auch die Voraussetzungen für den Ruin unserer Manufakturen geschaffen, den Zwischenhandel ruiniert, indem sie die Monopolisierung der meisten Zweige unserer Industrie durch die großen Kapitalherren zugelassen hat, indem sie mit eigenen Händen eine Geldaristokratie, einen Finanzadel herangebildet hat?

Hat sie nicht beim Eisenbahnbau den Steuerpächtern, den Spekulanten eine Milliarde Prämien in den Rachen geworfen, davon 600 Millionen einigen Geschäftshäusern Frankreichs, während sich die Kapitalisten Englands und Deutschlands mit 400 Millionen bereichert haben? [. . .]

Noch einmal: Anstatt von einem solchen Regime Reformen zu erwarten, sollte man besser aufhören, es zu verteidigen und es selbst reformieren. Die Schwierigkeiten des Handels und der Industrie sind langfristig durch die äußere Schwäche und die inneren Fehler der Regierung zu erklären.«

Dies also ist der zentrale Vorwurf. Eine Regierung, ein Regime werden unter den prekären Bedingungen einer tiefgreifenden Krise Gegenstand einer feierlichen und energischen Anklage, die übrigens weit über die parlamentarische Sphäre hinausweist – sie sucht das mittlere und das Klein-Bürgertum, die breiten Volksschichten zu mobilisieren. Die Krise weckt, steigert, verbindet die Äußerungen der Unzufriedenheit und synchronisiert sie. Jüngst ist angesichts von Unruhen von einem geheimnisvollen »Dirigenten« gesprochen worden.[4] Der »Dirigent« des Aufruhrs war 1848 ebenso wie bei den beiden vorangegangenen Revolutionen einzig der anonyme Rhythmus der kapitalistischen Produktion: ein zyklischer Rhythmus, ein zehnjähriger Produktionsrhythmus, der seit langem von der Wirtschaftswissenschaft erkannt worden ist, von Marx nicht minder als von Aftalion und Simiand.

Bedeutet dies, daß der Revolutionär, der Rebell auf die Barrikade steigt, um Brot zu erobern? Daß eine Revolution lediglich eine *Jacquerie* der Ausgehungerten ist? Keinesfalls. Doch die Krise bündelt die wirtschaftlichen und sozialen Klagen, treibt sie ans Licht, übersetzt sie in öffentliche Sprache. Die Krise verschärft die gesellschaftlichen Ungleichheiten und bringt diese zugleich zum Reden.

Die Psychologie des Aufständischen ist zweifellos ein großes Thema. Ich kann hier nur ein paar Grundlinien skizzieren. Es gilt, den Einfluß der Bewegungen und Rhythmen der kapitalistischen Produktion auf die politische Kultur, auf die öffentliche Meinung zu untersuchen. Hierbei kann das von Marc Bloch begründete Konzept der Geschichtsschreibung hilfreich sein. In der heutigen wie in der gestrigen Gesellschaft treten in der aufständischen Masse zwei große Gruppen hervor: die Überzeugten und die Schwankenden. Für die Überzeugten bedarf es sicherlich keiner Wirtschaftskrise, um eine Revolution zu wagen. Doch ohne den Hebel der Bevölkerung vermögen sie nichts. Die Überzeugten machen die Revolution, die Schwankenden gewinnen sie. Die Schwankenden verwandeln den Aufruhr durch ihr numerisches Gewicht in eine siegreiche Bewegung. Die Voraussetzung dafür ist eine Art »Konsens« des Volkes. Victor Hugo hat in *Les Misérables* das Problem durchaus richtig gestellt: Auf der einen Seite die Regierung, auf der anderen Seite der Unmut der Regierten; dort die Divisionen, hier die Schar der Protestierenden; dort Arsenale und Kanonen, hier ein paar Fässer Pulver und eine gänzlich unzulängliche Ausrüstung. Damit sich die Waage zuungunsten der Armee senkt, bedarf es einer begeisterten Menge und der aktiven oder passiven Unterstützung der unbewaffneten Aufständischen durch die öffentliche Meinung – es bedarf, mit einem Wort, des Gewichts eines Massenfaktors: der Leidens- und Elendserfahrung der Vielen. Die Krise, heißt das, synchronisiert die Gegenkräfte. Gleichzeitig bewirkt sie, daß die Regierung ihre Kräfte verzettelt. Sie verzettelt sie von Mal zu Mal materiell oder militärisch. Dies gilt für 1789, als sie im ganzen Land den Lebensmittelunruhen entgegentreten mußte. Dies gilt in geringerem Grade für 1830, jedoch unstreitig im Hinblick auf die Brandstiftergruppen in der Normandie. Dies gilt indirekt schließlich für 1848, als die bürgerliche Nationalgarde nicht zum Kampf antrat, diese Nationalgarde aus Ladenbesitzern, die selbst von der Krise betroffen waren und zu den Aufständischen überliefen – man denke an die Februarstunden, an die 12. Legion der Rue Mouffetard, die von ihrem Standplatz neben dem Pantheon aufbrach und eine erhebliche Anzahl ihrer Mitglieder halb hinter sich herzog, halb vor sich herschob, dieselben, die am Tag zuvor in den geheimen Zusammenkünften der Opposition eine wenig ruhmreiche Rolle gespielt hatten.

II.

Die *ökonomische* Krise vereint die oppositionellen Kräfte gegen die Regierung, während sie gleichzeitig die Kräfte der Regierung zersplittert. Aber sie trägt zur Entstehung der *politischen* Krise lediglich bei, so entscheidend sie für die Erklärung des revolutionären Ausbruchs auch erscheinen mag. Ökonomische Krisen kehren im großen und ganzen, wie ich oben angedeutet habe, in einem periodischen Intervall von zehn Jahren wieder. Alle zehn Jahre kommt es zu Wirtschaftskrisen, doch nicht alle zehn Jahre brechen Revolutionen aus. Damit der Zündstoff, aus dem die Revolution hervorgeht, sich bilde, müssen andere Momente hinzutreten, vor allem muß die wirtschaftliche mit der politischen Krise zusammenfallen, einer politischen Krise, die sich in der Auflösung der Regierungsmacht, dem Zerfall der militärischen Macht, aber auch in der Erosion der parlamentarischen und Verwaltungs-Struktur ausdrückt. Es beginnt in aller Regel mit

Budget- und Finanzproblemen; sie wirken wie Spaltkeile und bedrohen die Position der Regierung gegenüber der Öffentlichkeit und im Parlament. Dies hängt natürlich stets mit den ökonomischen Störungen zusammen. Wer Wirtschaftskrise sagt, meint Haushaltskrise (die latent oder offen sein kann). Das Steueraufkommen ist rückläufig, die Einnahmen vermindern sich, der öffentliche Kredit gerät in Gefahr. Gleichzeitig entstehen höhere Lasten für das Staatsbudget duch Unterstützungszahlungen. Die Regierungen werden instabil. Die Minister folgen rasch aufeinander. (Aus der Reihe der Generalkontrolleure von 1787 bis 1789 sind die Lambert, Laurent de Villedeuil und viele andere mehr längst vergessen.) Und innerhalb des Kabinetts verliert der Finanzminister, dessen Budget nicht ausgeglichen ist, an Prestige.

In diesem Sinne sind die drei Zäsuren von 1789, 1830 und 1848 – obschon nicht in gleichem Grade – durch schwere Finanzkrisen gekennzeichnet, die die Regierungen nicht ungeschoren ließen. Die Vorgänge von 1787 bis 1789 sind wohlbekannt. Bedenken wir ferner, daß vor 1830, nämlich seit 1827, ein kontinuierliches Defizit im Etat bestanden hat, daß das Budget von 1828 nur mittels der Zufuhr von fünfzig Millionen Francs aus außergewöhnlichen Fonds ausgeglichen werden konnte, daß im Laufe des ersten Drittels des Jahres 1830 erhebliche Budgetlücken aufgerissen sind, während zur gleichen Zeit die Kosten für das Unternehmen Morea und Algerien bezahlt werden mußten. Die Opposition hatte leichtes Spiel. Man erinnere sich des Skandals um das Speisezimmer Peyronnets[4a], der um so mehr Aufsehen erregte, als er in eine Periode der öffentlichen und privaten Einschränkung fiel. Es war damals leicht, die »Freigiebigkeit« des Regimes anzuprangern, zum Beispiel das Gehalt eines Schweizer Obersten von 15 000 Francs (es gab also Geld für die privilegierten Corps des Königshauses), dem 6000 Francs Gehalt für einen französischen Oberst gegenüberstanden. Die Hinweise zeigen, daß eine Finanzkrise das politische Klima im Staate zu verderben, zumindest zu stören vermag. Und es hat in der Tat auch vor 1848, nämlich 1847, ein Defizit im Staatshaushalt gegeben: es fehlten 258 Millionen Francs oder 20% der ordentlichen Einnahmen.

Wir haben oben auf eine zweite Komponente der politischen Krise aufmerksam gemacht: eine extreme Zersplitterung der Anhänger des Regimes, während die Opposition sich komplettiert. Die Lage vor 1789 ist bekannt. Die Kräfte des Regimes waren in

79

Auflösung begriffen. Der bürgerlichen Revolution ging eine »Aristokratenrevolution«, die Georges Lefebvre in seinem Buch *1789* untersucht hat, voraus. Und im Laufe der bürgerlichen Revolution spalteten sich Teile des Adels und der Geistlichkeit von ihren Ständen ab. Die Volksklassen bildeten einen Block mit der Bourgeoisie. Das Bild ist klar: einerseits Zerfall der Herrschaftsallianz, andererseits Wechsel eines Teils dieser Allianz zur Opposition.

Und wie war die Situation vor 1830? Es kam zur *Défection*.[5] 1830, unter Polignac, herrschte Zwist innerhalb des Ministeriums, in letzter Minute wurde das Kabinett umgebildet, während die liberale Koalition ihre Energien versammelte, während die 221[6], einig mit Cavaignac und den Republikanern, eine Front aufbauten, die schließlich 274 Mitglieder zählte.

Und 1848? Die Opposition gewann stetig an Einfluß und Stärke. 1846 war in der Zensuskammer der Eklat vorgebahnt. Ich zitiere einige Beispiele aus einer langen Liste von Abstimmungen. Anfangs verfügte Guizot über eine Dreiviertel-Mehrheit. Doch die Kräfteverhältnisse wandelten sich. Bei der Abstimmung über die Wahlreform zögerten die jungen Konservativen; die Regierung erhielt trotzdem noch eine deutliche, wenn auch wesentlich geringere Mehrheit: 252 gegen 154 Stimmen. Bei einer Abstimmung über einen Antrag Rémusats zur Parlamentsreform – und nicht mehr nur zur Wahlreform – schmolz dann die Regierungsmehrheit auf 219 Stimmen zusammen, während die Opposition ihren Anteil auf 170 Stimmen erhöhte. Anläßlich der Adreßdebatte im Februar 1848 schließlich schrumpfte die Mehrheit im Parlament auf 43 Stimmen: 228 zu 185. Und diese schmale Mehrheit sollte bei der Abstimmung über den Zusatzantrag Sallandrouzes infolge der Entscheidung einiger Konservativer noch einmal bröckeln: sie betrug nun nicht mehr 43, sondern nur noch 33 Stimmen.

Ich habe gesagt, daß in den drei französischen Revolutionen die politische Krise stets mit einer Wirtschaftskrise einhergegangen sei. Heißt das, daß ich einer dualistischen Deutung das Wort rede? Obschon am Anfang der Revolutionen, wie ich dargelegt habe, sowohl eine wirtschaftliche und gesellschaftliche als auch eine politische Krise steht, bleibt zu klären, inwieweit die politische Krise selbst Ausdruck einer sozialen Krise ist. Ganz zweifellos hat eine Revolution wie jeder andere historische Einschnitt vielfältige Voraussetzungen – z. B. moralische, emotionale usw. Auch zufällige Konstellationen spielen dabei eine Rolle. Da ist etwa die Unberechenbarkeit der *tiers partis*[7]; da kommt es zu aufsehenerregenden Skandalen wie beispielsweise denen, die gegen Ende der Julimonarchie die *Pairs* als Diebe und Mörder vor den höchsten Gerichtshof des Königreichs gebracht haben – die moralische Erschütterung war erheblich. Und schließlich ist da der »nationale Faktor«, der die Leidenschaften in der Bevölkerung zu entfesseln vermag: 1830 beim Anblick der Trikolore, die geballte Wut auf Guizot und das Juliregime, den Komplizen der Verträge von 1815. Doch der »Schauder angesichts der Trikolore« signalisiert durchaus eine *gesellschaftliche* Wende, die Fahne der Revolution ist nicht zuletzt ein soziales Emblem: das Kampfzeichen des fortschrittlichen Bürgertums. Nichts ist in diesem Zusammenhang beredter als die Debatten über Europa, als die Kommentare der Staatskanzleien im unmittelbaren Gefolge der Ereignisse von 1830 oder von 1848. Niemals zuvor ist Europa so streng in zwei Blöcke geteilt gewesen. Nie zuvor ist die Konfrontation des alten mit dem neuen Europa deutlicher hervorgetreten. Hier prallten nicht lediglich zwei Klassen aufeinander, sondern zwei Zivilisationen: die Zivilisation des Grundbesitzes und die Zivilisation der Industrie. Hier standen der statische und der mobile Reichtum – der Reichtum des Erbes, der Tradition, und der Reichtum des aktiven Kreislaufs der Eliten – einander gegenüber. Hier offenbarte sich der Antagonismus zwischen aristokratischem Konservativismus und bürgerlichem Aufbruchsverlangen, alter und neuer Welt. Metternich hat das Ergebnis von 1830 mit einem Deichbruch verglichen – ich kenne keinen treffenderen Vergleich – und erklärt, es bringe die Gesellschaft in Gefahr. Der Prozeß der Französischen Revolution mit ihren Klassenkollisionen begann in der Tat von neuem. So war denn die nationale Entscheidung, symbolisiert in der Trikolore, ebenso wie die Internationalisierung der Ideen der Französischen Revolution im Grunde eine soziale Entscheidung.

Die politischen Krisen, diese Spaltungen und politischen Kämpfe, waren und sind also, genau besehen, Ausdruck beständiger Sozialkonflikte. Ich erinnere in diesem Zusammenhang nur an die Zusammenstöße zwischen Aristokratie und Bürgertum im Jahre 1789. Das Bürgertum erzeugte und entfaltete Reichtum. Das will nicht heißen, daß es nur an Kapital zugenommen, lediglich Gewinne gehäuft hätte. Es war ja eine durchaus aktive Bourgeoisie, die über die Wirtschaftstätigkeit gebot, über den Arbeitsmarkt, die Beschäftigung und die Produktion. Ich wüßte nichts, was einen größeren Gegensatz zu dieser industriellen Aktivität der Bourgeoisie gebildet hätte als der Absentismus der grundbesitzenden Aristokratie. (Freilich gab es auch bei der Aristokratie die Anhäufung von Reichtümern, aber es handelte sich um passive Reichtümer.) Die Bourgeoisie, die ihren Besitzstand und ihre ökonomische Macht erweiterte, nahm auch an kultureller Bedeutung und an Zahl zu. Sie war die Klasse der wachsenden Städte, während der Adel allmählich zur Kaste erstarrte. Und nicht zuletzt verstärkte und festigte sich ihr Bewußtsein als Bourgeoisie, ihr Klassenbewußtsein, insbesondere im 18. Jahrhundert. Sie hatte ein gutes Gewissen, denn unter ihrer Leitung der Geschäfte gelangte das Land zu allgemeiner Prosperität. Sie verhielt sich wie eine Klasse, die ihre Mission erfüllte, wie die auserwählte Klasse, welche die Menschheit in den Fortschritt führte. Sie wußte es, und sie sprach es aus. Die gesamte Literatur dieser Periode wiederholte und variierte dieses Thema. Das siegreiche Bürgertum schlug die Gesellschaft in seinen Bann. Es band Teile der auseinandergebrochenen Gesellschaftsformation des Ancien Régime an sich. Seine Ambitionen und sein Prestige als aufsteigende und fortschrittliche Klasse erklären die heftigen politischen Konfrontationen von Mai bis Juli 1789.

1830 bildete sich eine ähnliche Konstellation, wenn auch mit qualitativen Nuancen, wie 1789 heraus. In dem Konflikt der 221 mit der alten Monarchie, wiewohl sie durch die Charta ein neues Gesicht bekommen hatte, wurde der Konflikt der Bourgeoisie mit der Aristokratie fortgesetzt, einer Bourgeoisie allerdings, die inzwischen die Angst kennengelernt hatte und die den scharfen Egalitarismus des Jahres II fürchtete.

1848 war die Situation sehr viel verworrener. Es handelte sich nicht mehr um den Kampf der Bourgeoisie gegen die Aristokratie und noch nicht um den Kampf des Proletariats gegen die Bourgeoisie. Es war gewissermaßen ein Klassenkampf im Dreieck, in dem sich zwei Bourgeoisien (Groß- und Kleinbürgertum) und das Volk gegenüberstanden. Jetzt aber war nicht mehr die Bourgeoisie die aufsteigende Klasse, sondern bereits das Proletariat – das an einem Ort konzentrierte Proletariat, das Proletariat der im Aufschwung befindlichen Städte, das »verschmolzene« Fabrikarbeiter- und Handwerkerproletariat der Vorstädte, nicht mehr das verstreute Proletariat der Manufaktur des 18. Jahrhunderts, der »Manufaktur« im abstrakten Sinne, welche die Arbeiter auf dem flachen Land zusammengefaßt hatte, der »Manufaktur« als Vorläufer der »Fabrik«. 1848 hatte sich bereits ein Fabrikproletariat formiert, das Klassenbewußtsein bekundete. Politische Positionen definierten sich fortan in ihrem Verhältnis zum Proletariat. So etwas wie ein Sozialprogramm gab es damals, sieht man von den sozialistischen Sekten einmal ab, einzig bei den Männern von *Le National* und von *La Réforme* sowie bei den Christlich-Sozialen. Dieses Sozialprogramm plädierte für die Beschränkung des Arbeitstages, für ein Mindestgehalt und enthielt Ansätze zu einer Arbeitsgesetzgebung sowie Vorschläge zur Gründung von Rentenkassen. Solche Vorhaben und Vorsätze wurden mehr und mehr zu einem Kriterium, die Parteien voneinander zu unterscheiden und ihre Politik zu charakterisieren. Dies gilt auch für die Kontroversen über das allgemeine Stimmrecht: es ging um das Stimmrecht der *Armen*.

Freilich war das Proletariat nach wie vor unmündig, politisch untergeordnet, eine Art Hilfstruppe. Dennoch war es die aufsteigende Klasse, während die Bourgeoisie sich zerrissener denn je zuvor darstellte.

Zu dieser Spaltung der Bourgeoisie, zu der ich viel zu sagen hätte, will ich hier bloß ein paar Anmerkungen machen. Sie zeigte sich in dem Mißtrauen des Kleinbürgertums, das sich als »Konkurrenzbourgeoisie« bezeichnen ließe, gegenüber dem Monopol- und Großbürgertum. Es ist sehr bezeichnend, daß die sozialistischen Autoren, zumal seit den wirtschaftlichen Schwierigkeiten 1837 bis 1840, die Gefahren hervorgehoben haben, welche von der Entwicklung des Großbetriebs und von der Industriekonzentration dem Kleinunternehmen, dem Handwerk, dem kleinen Spinnmeister drohten. Zweifellos hatte Sismondi diese düsteren Perspektiven vorweggenommen. Jetzt aber warnte eine ganze Denk-Schule vor den ruinösen Folgen der Entfaltung des Großbürgertums für das Kleinbürgertum. Die Regierung stellte sich ostentativ auf die Seite der Großbourgeoisie in der Frage der Eisenbahngesellschaften, der Banken, der Bergwerke und der Hochöfen. Sie lehnte die Anwendung des Vereinsgesetzes – juristisch erscheint ihre Politik unangreifbar – auf die großen Kapital-Allianzen ab. Sie verfolgte die Arbeitervereine und überzog die streikenden Bergarbeiter mit Gerichtsverfahren. Gleichzeitig weigerte sie sich, in der mächtigen Bergbaugesellschaft, welche zahlreiche Kleinbetriebe niederkonkurriert und sie sich dann einverleibt hatte, eine Unternehmervereinigung zu erblicken. In der nämlichen Weise integrierten sich die Großbanken die örtlichen Banken. Die begünstigte Eisenbahngesellschaft – mit Monopolstellung – ruinierte die kleinen Transportunternehmer. Und in der Metallindustrie, in den Hüttenbetrieben, sorgte die Einführung des mit Koks gespeisten Hochofens dafür, daß der Holzkohleofen stetig und auch in absoluten Zahlen vom Markt verdrängt wurde.

Bestimmte Gruppen des Kleinbürgertums fühlten sich also zu Recht in ihrer Existenz bedroht und waren über die Begünstigung der kapitalistischen Monopole durch die Regierung der Julimonarchie verärgert oder beunruhigt.

Ein weiterer Grund für die Spaltung im Bürgertum war die Uneinigkeit über die Außenpolitik. Eine zahlenmäßig bedeutende Schicht der Bourgeoisie akzeptierte Anfang 1848, die Impulse der Französischen Revolution auf Europa zu blockieren, mit dem Risiko, überall – in Frankreich sogar durch einen Rückstoß – die revolutionären Ideen zu bestärken. Uneinigkeit bestand, wie jeder weiß, auch über die Innenpolitik: Die nach dem Zensussystem nicht wahlberechtigten Kleinbürger und Handwerker wollten an den Wahlen teilnehmen.

Ein drittes Indiz war die Fraktionierung in der Kammer in zwei etwa gleich große Blöcke. Heißt das, daß das in der Opposition befindliche Bürgertum, die nationale und die liberale »Konkurrenzbourgeoisie«, vereint hätte regieren können? Keinesfalls. Es wäre schon überaus schwierig gewesen, zwischen Molé und Garnier-Pagès einen Konsens herzustellen. Und ganz unmöglich ist es, sich vorzustellen, Barrot und Ledru-Rollin hätten sich zu einem gemeinsamen Regierungskonzept zusammenfinden können. Einer der wesentlichen Aspekte des Dramas von 1848 war, daß ein unmündiges Proletariat und eine tiefgespaltene Bourgeoisie eine Machtvakanz einleiteten.

Welche Folgen hatte schließlich die schwere politische Krise von 1848, deren soziale Hintergründe soeben skizziert worden sind, für die Revolution? Sie setzte der sozialen Krise ein politisches Ziel, und die Wirtschaftskrise verlieh der politischen Krise ihre immense gesellschaftliche Sprengkraft.

Wir erkennen jetzt die »explosive Mischung«. In allen drei erörterten Fällen handelte es sich um das Zusammentreffen einer einschneidenden ökonomischen Erosion mit politischen Erschütterungen, einer schweren Wirtschaftskrise mit einer gravierenden politischen Krise, wobei die politische Krise ihrerseits ältere gesellschaftliche Antagonismen hervorgetrieben und die herrschende Klasse bzw. die herrschenden Klassen gespalten hat.

Dies ist jedoch noch keine ausreichende Erklärung. Damit die Gleichzeitigkeit von gespannter Wirtschaftslage und gespannter politischer Lage ihre Brisanz zu aktualisieren vermag, müssen Gegendruck und Widerstand vorhanden sein: 1789 die Vorbereitung des königlichen Gewaltstreichs, 1830 die drei Verordnungen Karls X., 1848 die Verweigerung von Reformversprechen und das Verbot der Demonstration der Reformer.

Anders als die Regierungen in Frankreich haben die in England es verstanden, während der explosiven Phasen der Geschichte solchen »Gegendruck« zu vermeiden. Ich denke an jene außergewöhnliche Technik der Konservativen Partei in England, der Revolution sozusagen zuvorzukommen, die Sprengwirkung gesellschaftlicher Konflikte zu entschärfen. Die Engländer betreiben geschmeidige Politik: Man gibt beizeiten nach, und nichts geht in die Luft. In Frankreich leistet man Widerstand – und alles geht hoch. Ich habe gewiß nicht vor, aus diesem Detail die Unterschiede zwischen den englischen und den französischen Revolutionen zu erklären. Es ist dies lediglich ein Aspekt, ein nebensächlicher, improvisierter und gleichsam literarischer Aspekt des Problems. Aber ich frage mich gleichwohl, ob dieser Differenzpunkt nicht wenigstens zu einem Teil den explosiven Charakter der französischen Geschichte und die relativ glimpflichen Konfliktverläufe in den letzten Jahrhunderten der englischen Geschichte mit erhellt.

Ich will mich hier nicht auf ein Abenteuer der vergleichenden Geschichte einlassen. Ich habe mir einzig die Untersuchung des französischen Falls, der drei französischen Explosionen vorgenommen. Ich sage mit Bedacht »Explosionen«, denn ich habe mich hier auf die eigentlichen Revolutionstage (*journées*) beschränkt. Man wird meine Anmerkungen dazu zweifellos überprüfen und vervollständigen müssen.

Es war die Rede von Revolutionstypen, die einer wirtschaftlichen Interpretation besonders zugänglich sind. Zugleich ist deutlich geworden, daß bei den betrachteten Umwälzungen nicht nur wirtschaftliche Faktoren im Spiel waren, sondern auch emotionale, moralische, kulturelle, nationale. Der Anteil der nicht-ökonomischen Faktoren wäre bei anderen Revolutionstypen eher noch größer.

Man vermute nicht, ich neigte zu irgendeiner totalitaristischen Geschichtsdeutung. Die Ökonomie ist für uns zwar der Hauptfaktor, aber durchaus nicht der einzige. Für mich gibt es ebensowenig eine materialistische wie eine idealistische Geschichtsschreibung, sondern nur eine solche, die sich den Problemen stellt, die weder Vorder- noch Hintergründe außer acht läßt, eine Geschichtsschreibung, die Infrastruktur und Überbau einer Gesellschaft gleichermaßen, die Ökonomie ebenso wie die Ideologie analysiert. Das heißt, daß unsere Geschichtsschreibung sowohl soziologisch als auch traditionell verfährt: traditionell, weil sie in den Grenzen des Ereignisses weder den Zufall noch das Individuum ausspart; modern, weil sie sich der Methoden und Kenntnisse der Soziologie bedient, Gesamtkomplexe zu studieren und den jeweils dominierenden Tatbestand aufzuspüren trachtet. Indem sie sich soziologisch anreichert, indem sie Verbindungen zu den Nachbarwissenschaften herstellt, erneuert, verändert sie diese ihrerseits. Sie setzt, zumal in der Wirtschaftssoziologie, an die Stelle des alten abstrakten und introspektiven Konzepts eine positive Wirtschaftswissenschaft der statistischen Beobachtung und der durch Erhebungen in ihrer Kontinuität und Variabilität gefestigten Sozialpsychologie, eine Wirtschaftswissenschaft also, in der jede Behauptung mit einem Dokument belegt ist.

Mit einem Wort: Wir intendieren eine *umfassende* Geschichtsschreibung. Wir sind die Vertreter einer Disziplin, die Arbeitshypothesen verifiziert, und wir streben eine neue Geschichtswissenschaft an. Bedeutet nicht eben dies, die Jahrhundertfeier der Revolution von 1848 sinnvoll zu begehen? Ist nicht genau dies die angemessene Antwort auf die Botschaft von Freiheit und Gerechtigkeit, die das Vermächtnis Europas uns anvertraut hat?

Anmerkungen

1 *L'Idée d'Etats-Unis d'Europe pendant la crise de 1848,* in: *Actes du congrès historique du centenaire de la Révolution de 1848,* Paris 1948, S. 31–45. *(Anm. d. Hrsg.)*

2 Volksaufgebot (Gesetz vom 23. 8. 1793). Die allgemeine Mobilmachung zur Verteidigung der Revolution entsprach den Wünschen der Volksbewegung. *(Anm. d. Hrsg.)*

2a Bewegung, die 1870, unter dem Einfluß des Deutsch-Französischen Krieges den Sturz des Zweiten Kaiserreichs und die Ausrufung der Republik bewirkte. *(Anm. d. Hrsg.)*

3 Der Beitrag *Notes sur la situation du paysan Côte d'Orien en 1848* ist nicht in den Akten des Kongresses abgedruckt worden. *(Anm. d. Hrsg.)*

3a *La crise industrielle en France 1788,* in: *Revue historique,* 97 (1908), S. 85.

4 Ramadier erklärte am 3. Juni 1947 als Ministerpräsident vor der Nationalversammlung: »Es entwickelt sich eine kreisende Streikbewegung, von Branche zu Branche, als gäbe es einen heimlichen Dirigenten.« *(Anm. d. Hrsg.)*

4a Erzreaktionärer Restaurationspolitiker, zuletzt Justizminister unter Karl X., der sich durch Repressionsgesetze verhaßt gemacht hatte. Für die Ausstattung eines Speisezimmers im Justizministerium hatte er die ihm zugestandenen Kredite weit überzogen, was 1829 bei der Budgetdebatte einen Skandal hervorrief. Die Kammer beschloß die gerichtliche Verfolgung des Ex-Ministers. *(Anm. d. Hrsg.)*

5 Konservative Opposition gegen die Regierung, der auch Chateaubriand angehörte. *(Anm. d. Hrsg.)*

6 221 Abgeordnete stimmten am 18. März 1830 für die Adresse, die dem König bei Anerkennung der Charta das Recht auf freie Wahl der Minister bestritt. *(Anm. d. Hrsg.)*

7 »tiers partis« – schwankende, opportunistische Parteien. *(Anm. d. Hrsg.)*

Georges Lefebvre
Die Große Furcht von 1789[1]

Kennzeichen der Großen Furcht

Die gegen Ende des Winters aufgekommene Furcht vor den Räubern erreichte ihren Höhepunkt in der zweiten Julihälfte und breitete sich mehr oder weniger über ganz Frankreich aus. Auch wenn sie in ihrer Folge die Große Furcht auslöste, ist sie gleichwohl von ihr zu unterscheiden. Die Große Furcht hat ihre eigenen Kennzeichen. Bis dahin war es eine Möglichkeit, daß die Räuber auftauchten; jetzt wird ihr Erscheinen zur Gewißheit. Sie sind gegenwärtig, man sieht und hört sie. Meist, obschon nicht immer, ruft ihre Präsenz eine Panik hervor. Manchmal begnügt man sich damit, sich verteidigungsbereit zu machen oder die Bürgerwehren zu alarmieren, die zur Wahrung der öffentlichen Sicherheit oder zur Bekämpfung der Aristokraten organisiert worden waren. Doch sind kollektive Angstzustände nichts völlig Neues. Das zentrale Merkmal der Großen Furcht ist, daß sich die Erregung sehr weit und mit erheblicher Geschwindigkeit ausbreitet. Auf ihrem Wege bringt sie ihrerseits neue Beweise für die Anwesenheit der Räuber hervor und verursacht Unruhen, die die Ausbreitung der Furcht fördern oder vielmehr nähren und ihr als Vermittler oder Verstärker dienen. Diese Weiterverbreitung erklärt sich ebenfalls aus der Furcht vor den Räubern: man glaubte, daß sie aufträten – weil man sie erwartete. Die Angstwellen waren nicht sehr zahlreich, haben aber den größten Teil des Königreichs erfaßt. Daher rührte der Eindruck, die Große Furcht sei universal. Und da sie sich ziemlich rasch ausbreitete, nahm man an, sie sei überall gleichzeitig ausgebrochen, »fast zur gleichen Stunde«. Das sind zwei Irrtümer, die von den Zeitgenossen selbst in Umlauf gesetzt wurden. Man begnügte sich später damit, sie zu wiederholen. Aus der Hypothese, daß die Panik an vielen Orten zur gleichen Zeit eingesetzt habe, ist wie selbstverständlich gefolgert worden, daß sie von Agenten angezettelt worden und das Ergebnis einer Verschwörung sei.

Die Revolutionäre erblickten darin einen neuen Beleg für das Aristokratenkomplott: man habe die Bevölkerung in Schrecken versetzt, um sie wieder unter das alte Regime zu beugen oder zum Aufruhr zu treiben. »Die Unruhe, die sich fast am selben Tag im ganzen Königreich ausgebreitet hat«, schreibt Maupetit bereits 1789, »scheint die Folge der organisierten Verschwörung und die Begleiterscheinung der unheilvollen Pläne zu sein, die ganz Frankreich in Brand setzen sollten. Denn es ist unvorstellbar, daß am selben Tag und zur selben Stunde fast überall die Sturmglocke geläutet worden wäre, wenn nicht mit Vorbedacht über die Gegend verteilte Agenten Alarm geschlagen hätten.« Als am Abend des 8. August in der Nationalversammlung bekanntgegeben wurde, daß in Bordeaux ein Kurier verhaftet worden sei, der soeben erst das Poitou, das Angoumois und die Guyenne durcheilt und das Auftauchen der Räuber angekündigt habe, rief ein Mitglied aus: »Der teuflische Bund ist noch nicht endgültig zerschlagen. Seine Anführer sind zwar weit verstreut, er kann aber jederzeit wieder aus seiner Asche auferstehen. Wie man weiß, war darin eine große Anzahl Geistlicher und Adliger verwickelt. Die Gemeinden Frankreichs können folglich gar nicht genug auf der Hut sein.« Der von der Nationalversammlung am 28. Juli eingerichtete Ausschuß leitete eine Untersuchung ein und berichtete am 18. September an den Bailliagebezirk von Saint-Flour über die Panik in Massiac und die daraus entstandenen Unruhen: »Allem Anschein nach ist fast am selben Tag in allen Provinzen derselbe Anstoß gegeben worden, was ein vorher geplantes Komplott vermuten läßt, dessen Herd unbekannt ist und das aufzudecken zum Wohle des Staates notwendig ist.« Die Proklamation vom 10. August hatte schon offiziell folgende Version verbreitet:

»Da die Feinde der Nation die Hoffnung verloren haben, die Erneuerung des öffentlichen Lebens und die Festigung der Freiheit mittels der Gewalt des Despotismus zu verhindern, scheinen sie den verbrecherischen Plan gefaßt zu haben, über den Weg der Unordnung und der Anarchie zum selben Ziel zu gelangen. Neben anderen Methoden haben sie zur gleichen Zeit und fast am selben Tag in den verschiedenen Provinzen des Königreichs falschen Alarm ausgelöst und Anlaß zu gleichermaßen gegen Güter und Personen gerichtete Exzesse und Verbrechen gegeben, indem sie Einfälle und Raubzüge ankündigten.«

Die Revolutionäre ahnten nicht, daß sie mit dem Hinweis auf das Aristokratenkomplott unwissentlich selbst die Große Furcht vorbereitet hatten. In Wirklichkeit freilich hatten sich die Ereignisse gegen die Aristokratie gekehrt: die Große Furcht hatte die Bewaffnung des Volkes vorangetrieben und neue Bauernaufstände hervorgerufen. Is fecit cui prodest. Die Konterrevolutionäre schoben die Verantwortung dafür auf ihre Gegner. Als Arthur Young am 25. September in Turin bei einem Diner Emigranten von den Unruhen berichten hörte, fragte er sie, »von wem diese Greueltaten begangen worden wären, ob von den Bauern oder den Räubern. Sie gaben zur Antwort, daß es sicherlich die Bauern gewesen seien; am Ursprung all dieser Niederträchtigkeiten stünde jedoch ein Plan, der von Drahtziehern aus der Nationalversammlung mit dem Geld einer einzigen Persönlichkeit ins Werk gesetzt worden sei«, womit der Herzog von Orléans gemeint war.

»Als die Nationalversammlung den Antrag des Grafen Mirabeau verworfen hatte, an den König ein Gesuch zur Aufstellung einer Bürgerwehr zu richten, hatte man Kuriere in alle Gegenden des Königreichs ausgesandt, um mit der Behauptung, die Räuberbanden seien im Anmarsch, plünderten und sengten auf Anstiftung der Aristokraten, allgemeine Unruhe zu erzeugen und dem Volk zu raten, sich auf der Stelle zum Zweck der Selbstverteidigung zu bewaffnen. Nachrichten aus den verschiedenen Teilen des Königreichs ließen darauf schließen, daß diese Kuriere gleichzeitig von Paris aufgebrochen waren (diese Tatsache, so fügt A. Young als Anmerkung hinzu, ist mir später in Paris bestätigt worden). Man hatte überdies falsche Befehle des Königs und seines Rates ausgegeben, um das Volk aufzuwiegeln, die Schlösser der Adelspartei anzustecken. Auf diese Weise stand ganz Frankreich wie durch eine Art Zauber in Waffen und waren die Bauern in die Lage versetzt, die Greueltaten zu begehen, die das Königreich entehrten.«

Man findet diese Version schon sehr früh in den zeitgenössischen Dokumenten. Der Pfarrer von Tulette in der Drôme notierte am 24. Januar 1790 in seinem Gemeindebuch: »Der allgemeine Alarmzustand, der sich am selben Tag und zur selben Stunde am 29. Juli über das ganze Königreich ausbreitete, wurde durch die bezahlten Emissäre der Nationalversammlung hervorgerufen, die das Volk bewaffnen wollte.« Lally-Tollendal übernahm diese Version in seinem *Zweiten Brief an meine Auftraggeber*. Sie ist in die von Konterrevolutionären wie Beaulieu und Montgaillard verfaßten Revolutionsgeschichten ebenso eingegangen wie in die Memoirenliteratur, aus der man sie seitdem von Generation zu Generation überliefert hat, ohne sie durch den geringsten Beweis zu stützen. Beugnot berichtet in seinen Erinnerungen, er habe »der Sache auf den Grund zu gehen« versucht. Nachdem er aber einen Bauern aus Colombey, der die Furcht in Choiseul eingeschleppt hatte, befragt habe, sei ihm klar geworden, daß dieser Mann selbst die Nachricht von einem Bewohner aus Montigny empfangen hatte. So habe er, Beugnot, schließlich die Nachforschungen eingestellt und sich mit der Vermutung des Komplotts begnügt. Einzig die Regierung wäre in der Lage gewesen, die Angelegenheit in einer methodischen Untersuchung aufzuklären, wie man es 1848 tat. Das heißt freilich nicht, daß sie nicht auf die möglichen Umtriebe ihrer Gegner achtgegeben hätte. Im Mai und Juni wurden ihr Anzeichen von Komplotten gemeldet, eine Nachricht, deren Wahrheitsgehalt sie sogleich zu ergründen suchte. Am 8. Mai wurde in Meaux ein aus Paris angereistes »Individuum aufgrund anstößiger und aufrührerischer Verlautbarungen als sehr verdächtig« festgenommen. Der Minister Puységur berichtete den Vorfall am 21. Mai dem Polizeihauptmann mit den Worten: »Möglicherweise ist dieser Mann ein Landstreicher, der wenig Beachtung verdient. Aber es kann auch sein, daß er durch geheime Anstifter ins Spiel gebracht worden ist.« Er befahl, einen erfahrenen Polizisten nach Meaux zu schicken, um den Verdächtigen zu verhören. Der Gefangene wurde ins Châtelet überführt, und am 10. Juni räumte der Minister ein, »daß man aus den von diesem Menschen geführten Reden nicht die besonders naheliegenden Folgerungen ziehen kann«. Die Sorglosigkeit der Regierung ist also übertrieben worden. Zur Zeit der Bauernrevolten und der Großen Furcht forschte man intensiv nach den Urhebern falscher Ankündigungen und den Überbringern angeblicher Befehle; die Ergebnisse waren negativ. Es steht indes außer Zweifel, daß die Nachforschungen unvollständig waren. Wir können heute eine ziemlich große Anzahl von Dokumenten befragen und miteinander vergleichen. In mehreren Gebieten können wir die Entwicklung bis zu dem Vorfall zurückverfolgen, von dem die Panik ausgegangen ist, ihre Weiterverbreitung klären und ihre Bahn nachzeichnen.

Bereits 1789 wurde behauptet, was noch in unseren Tagen wiederholt worden ist: daß die Große Furcht »allgemein« gewesen sei. Man hat sie mit der Furcht vor den Räubern verwechselt. Es bedeutete zweierlei, ob man annahm, daß es Räuber gab und sie möglicherweise auftauchten, oder ob man sie am Ort wähnte.

Die eine Auffassung scheint der anderen Vorschub geleistet zu haben; anders ließe sich die Große Furcht nicht erklären. Doch ist diese Kombination keine zwangsläufige. Denn obgleich Frankreich »an die Räuber geglaubt« hat, war die Große Furcht nicht in ganz Frankreich anzutreffen – Flandern, der Hennegau, das Cambrésis und die Ardennen haben sie nicht gekannt, Lothringen ist kaum von ihr berührt worden, der größte Teil der Normandie hat sie nicht verspürt, in der Bretagne sind so gut wie keine Spuren von ihr zu finden, das Médoc, die Landes und das Baskenland, das Bas-Languedoc und das Roussillon blieben weithin von ihr verschont, in den Gegenden, in denen die Bauernrevolte herrschte, in der Franche-Comté und im Elsaß, im normannischen Bocage (Hainland) und im Mâconnais, gab es die Große Furcht überhaupt nicht, allenfalls einige örtlich begrenzte Angstreaktionen. Der traditionelle Irrtum ist jedoch so tief in den Köpfen verwurzelt, daß selbst gründliche Autoren in ihren Bemühungen, das Phänomen objektiv zu untersuchen, sich nicht von ihm zu lösen vermochten, so daß ihre Forschungen in eine falsche Richtung gegangen sind und sich ihre Erklärungsversuche als untauglich erwiesen haben. Da die Angst vor den Räubern zu einem erheblichen Teil – obschon nicht ausschließlich, wie wir gezeigt haben – von der Hauptstadt ihren Ausgang genommen hat, haben sie daraus geschlossen, daß die Große Furcht ebenfalls dort ihren Ursprung gehabt habe, und es versäumt, den lokalen Anlaß ihrer Entstehung aufzuspüren. Dies gilt für die von Chaudron in bezug auf die südliche Champagne vertretene Auffassung; der Vergleich der Daten macht nämlich deutlich, daß der Ausgangspunkt der Angstreaktionen in dieser Provinz selbst lag. Mit dieser falschen Grundhypothese hängt es auch zusammen, daß sich viele Autoren die Große Furcht als eine sich in konzentrischen Kreisen um Paris ausbreitende Welle vorgestellt haben, während sie in Wirklichkeit von mehreren Punkten ausging und bisweilen unberechenbar vordrang. Die Furcht hat im Norden vom Clermontais und Soissonnais, im Süden vom Gâtinais aus, das sie aus der Champagne übernommen hatte, ihren Weg auf Paris genommen.

Es wird ferner behauptet, die Große Furcht sei im ganzen Land gleichzeitig ausgebrochen. Die Zeitgenossen waren in dieser Täuschung zu entschuldigen, da es ihnen an Informationen fehlte. Wir besitzen heute jedoch zahlreiche und genaue Kenntnisse, um hier keine Zweifel mehr bestehen zu lassen. Die Große Furcht in den Mauges und im Poitou hat am 20. in Nantes begonnen, am 20. und 21. im östlichen Maine, am 22. in der Franche-Comté, wo sie den Osten und Südosten erfaßte. In der südlichen Champagne datiert sie vom 24., im Clermontois und im Soissonnais vom 26. Im Südosten ist sie am 28. von Ruffec ausgegangen. Am 4. August ist sie nach Barjols in der Provence gelangt und am 6. desselben Monats nach Lourdes am Fuße der Pyrenäen.

Die These eines Komplotts hält ebenfalls einer aufmerksamen Prüfung des Ursprungs und der Verbreitungskurve der Panik nicht stand. Zahlreiche Dokumente nennen die Namen derer, die sie gleichsam transportiert haben – diese Leute haben nichts Geheimnisvolles an sich, und ihre Gutgläubigkeit ist eklatant. Man wird uns, wie Beugnot, entgegenhalten, sie seien lediglich Werkzeuge gewesen, weshalb der Beweis für ihre Machenschaften an ihrem Ausgangspunkt zu suchen sei; doch gerade zu diesem Ausgangspunkt ist man niemals vorgedrungen. Ihre Zahl beträgt nicht einmal zehn. Ihre geographische Streuung läßt keinen Zusammenhang erkennen. Was taugt also die Legende von den systematisch ausgesandten Kurieren?

Schließlich bleibt als fundamentales Argument, das die Idee eines Komplotts hervorgebracht hat, daß in der einen Version die Große Furcht die Konterrevolution begünstigen mußte, in der anderen jedoch die Bewaffnung der Landleute und den Bauernaufstand. Es liegt auf der Hand, daß die Große Furcht nicht die Aristokratie geschützt hat. Und obwohl sie so gut wie sicher die Bewaffnung befördert und weitere Bauernunruhen hervorgerufen hat, ist es nicht richtig, daß sie dazu unentbehrlich gewesen wäre. Es scheint mir erwiesen, daß die Bewaffnung mit der Furcht vor den Landstreichern begonnen hat. Sie wurde beschleunigt, weil man schon lange vor der Periode der Großen Furcht an ein Komplott des Adels glaubte. Es lag nicht in der Absicht des Bürgertums, die Bewaffnung auf die Bauern auszudehnen. Die Bauernrevolten im normannischen Bocage, im Hennegau, in der Franche-Comté, im Elsaß und sogar im Mâconnais liegen vor der Großen Furcht, und einzig der Bauernaufstand im Dauphiné ist ihr zuzurechnen. Die Bauernrevolte und die Große Furcht sind so wenig voneinander abhängig, daß die zweite nicht im Gebiet der ersten auftritt, mit der alleinigen Ausnahme des Dauphiné. Die Revolte in der Franche-Comté hat die Panik im Osten ausgelöst; von den Aufständen im Bocage, im Hennegau und im Elsaß ist nichts dergleichen zu belegen. Im übrigen wäre erst nachzuweisen, daß das revolutionäre Bürgertum einen Bauernaufstand wünschte: alle uns verfügbaren Daten sprechen dagegen.

Die Furcht vor den Räubern und den Aristokraten, der Bauernaufstand, die Frage der Bewaffnung und die Große Furcht sind also vier voneinander verschiedene Tatbestände, obwohl es zwischen ihnen eindeutige Beziehungen gibt. Bei der Untersuchung des vierten Phänomens muß diese grundsätzliche Feststellung zugleich die Methode bestimmen.

Die Ur-Paniken

Man zählt fünf Wellen der Furcht, von denen womöglich eine, nämlich im Clermontois, in zwei gegliedert werden muß. Wir kennen den Ursprung von drei Wellen, für die zwei anderen fehlt es uns an ausreichenden und klaren Unterlagen. Wir können uns aber eine der Wahrscheinlichkeit sehr nahekommende Vorstellung von ihrer Ursache machen. Im Maine erlaubt der Stand der Dokumentation lediglich, ihren Ausgangspunkt annähernd zu lokalisieren.

Zwei der am Anfang stehenden oder Ur-Paniken bilden einen engen Zusammenhang mit der Reaktion des Volkes auf die Nachrichten von einem Aristokratenkomplott und verbinden sich insofern mit der politischen Lage in Frankreich. Im Osten ist die Furcht aus der Bauernrevolte in der Franche-Comté hervorgegangen. Daran besteht kein Zweifel, so daß sich das ganze Interesse an dem Problem auf den Verbreitungsprozeß verlagert. Viel komplizierter ist der Fall in den Mauges und im Poitou. Wie wir gesehen haben, hatte sich die Stadt Nantes auf die Nachricht von der Entlassung Neckers hin sofort erhoben. Am 20. Juli, gegen Mittag, kam plötzlich das Gerücht auf, daß Dragoner auf der Straße von Montaigu heranrückten, um die Bewohner von Nantes zur Raison zu bringen. Wir wissen nicht, von wo das Gerücht ausging, aber es ist nichts Verwunderliches an ihm, wenn man Aufregungen gleicher Struktur kennt, wie sie z. B. in Paris am 13. und 14. Juli aufeinander folgten. Die Einwohner griffen sogleich zu den Waffen und zwangen die Waffenmeister, ihnen die Bestände in den Arsenalen auszuliefern. Die Pirmil-Brücke wurde armiert, die berittene Bürgerwehr brach auf und schwärmte über das Land bis an den See von Grandlieu aus. Diese Vorgänge lösten die Panik aus, wie von der *Correspondance de Nantes* vom 25. Juli bestätigt wird:

> »Wie uns bekannt war, haben übeltäterische Leute den Sinn der in Nantes getroffenen militärischen Vorbereitungen entstellt und in den benachbarten Weilern furchtbaren Schrecken verbreitet. Man mußte schon eine grausame Freude am Unglück des Vaterlands verspüren, um auf den Einfall zu kommen, mit so viel Unverfrorenheit die Einwohner einer blühenden Stadt zu verleumden, die durch die Verwüstung ihres Umlandes dem größten Unheil ausgesetzt würde.«

Indem die *Correspondance* den Irrtum der Bauern den Aristokraten ankreidet, versäumt sie zu klären, warum man die Bürger von Nantes für Räuber hielt. Wahrscheinlich griffen Besorgnis und Unruhe um sich, als man von weitem die heranrückenden Truppen wahrnahm. Auf diese Weise sind zahlreiche örtliche Paniken entstanden, für die wir später Beispiele anführen werden. Aber es ist auch keineswegs ausgeschlossen, daß man beim Nahen der Nanteser befürchtete, sie könnten das restliche Getreide beschlagnahmen. Schon am 19. Juli war eine Abteilung nach Paimboeuf gekommen, um sich der Getreideschiffe und der Pulvervorräte in der Stadt zu bemächtigen. Die Beute wurde am 20. Juli nach Nantes gebracht. Die Nahrungsmittelknappheit und die Rivalität zwischen Stadt und Land scheinen also neben der politischen Krise ein weiterer Entstehungsgrund für die Furcht in Westfrankreich gewesen zu sein.

In anderen Gegenden erkennt man unschwer die wirtschaftliche Lage und die Angst vor den Landstreichern als Ursprung der Panik. Im Clermontois waren ihre Ursache die Sorge um die Einbringung der Ernte und ein Streit zwischen Wilddieben und Waldhütern, deren aus großer Entfernung beobachtetes Handgemenge die Einwohner von Estrées-Saint-Denis in Schrecken versetzte.

> »Am Sonntagabend, den 26. Juli«, schrieb der Gendarmeriechef an den Intendanten, »haben Wilddiebe auf dem Land von Estrées-Saint-Denis, vier Meilen von hier, einen ziemlich heftigen Streit mit den Waldhütern gehabt. Die Einwohner dieser Pfarrgemeinde sowie die des umliegenden Landes waren immer von der Vorstellung besessen, daß andere ihr Korn abmähten. Als sie von weitem das Handgemenge zwischen den Wilddie-

ben und den Waldhütern beobachteten, vermuteten sie, Leute mit bösen Absichten wollten ihr Land verwüsten. Sie haben die Sturmglocke geläutet und alle Einwohner zusammengerufen. Die benachbarten Pfarrgemeinden haben das gleiche getan.«

Der so entzündete Schrecken breitete sich stromabwärts im Oisetal aus, wo er noch durch einen anderen Vorfall verstärkt wurde, denn am 28. wurde den Pariser Wahlmännern berichtet, in Beaumont sei durch die Plünderung zweier Getreideschiffe Aufregung entstanden – wiederum stößt man auf die Nahrungsmittelknappheit. Die Unruhe erreichte Montmorency, wo sie durch ein weiteres Signal verschärft wurde. Dem *Journal de la Ville* zufolge handelte es sich um »die der Ernte vorausgehende Feldvermessung. Es werden Meßstangen gesetzt, um die Landstreifen einzuteilen, die man den Arbeitern zum Kornschneiden zuteilt«: man habe aus der Distanz die Schnitter für Plünderer gehalten. Wahrscheinlicher ist die Version der *Feuille politique* von Le Scène-Desmaisons:

»Ein Trupp Tagelöhner hatte einem Pächter, dessen Getreide schnittreif war, seine Dienste angeboten. Da er sich geweigert hatte, ihnen den geforderten Lohn zu zahlen, riß sie aufrührerischer Geist zu Drohungen hin. Angeblich beabsichtigten sie, gegen seinen Willen das Korn zu mähen und seine Ernte zu vernichten. Der verschreckte Pächter lief fort, um Hilfe zu holen. Die Nachricht verbreitete sich und wurde aufgebauscht. Die Sturmglocke läutete in allen angrenzenden Pfarrgemeinden.«

Eine ähnliche Erklärung wird uns zu der Furcht im Soissonnais gegeben, die von der Béthisyebene, zwischen Verberie und Crépy-en-Valois, ausgegangen sei. In Wahrheit freilich scheint sie nur ein Ausläufer der im Clermontois entstandenen Furchtwelle gewesen zu sein und der Vorfall im Béthisy lediglich eine Zwischenstation. Der Herzog von Gesvres stellt sie allerdings in einem Brief, den er am Abend des 28. an den Herzog von La Rochefoucauld-Liancourt, den Präsidenten der Nationalversammlung, schrieb, als autonomes Phänomen dar. Doch ihre Ursache zeigt keine außergewöhnlichen Züge: »Nach dem, was man versichert, hatten diese Gerüchte keine andere Ursache als einige von fünf oder sechs betrunkenen Fremden geführte Reden. Man hatte sie am Rande der Kornfelder liegen gesehen, und behauptete, daß sie das Korn abzumähen drohten, weil ein Pächter ihre Forderungen abgelehnt hatte.« Die Ortsverwaltung von Crépy-en-Valois erklärt die Panik aus dem Streit zwischen zwölf

Bauern, die sich inmitten des noch stehenden Korns lauthals gezankt hatten. Die Stadtverwaltung von Meaux berichtete, daß Erntearbeiter auf dem Land der Pächter gegen deren Willen Roggen gemäht hatten, »weil sie ihnen die Nahrung verweigerten«. In Roye schließt sich ein Zwischenfall »im Wald von Compiègne«, bei dem Wilddiebe gegen die Jagdhüter des Königs rebellierten, einem anderen mit Erntearbeitern an, der einem Pächter zugeschrieben wird, der zugunsten eines Konkurrenten, welcher schlechtere Bedingungen akzeptiert hatte, »abgeschoben«, das heißt entlassen worden war und sich nun an seinem Nachfolger rächte, indem er ihm zwei Tagwerke unreifen Getreides abmähen ließ. Alle diese Erklärungen stimmen mit dem überein, was man über die Zwiste und Fehden, die in der ganzen Gegend beständig zwischen Bauern und Erntearbeitern schwelten, und über das in der Picardie volkstümliche »Hofrecht« weiß, das es jedermann untersagte, ohne die Zustimmung des Vorgängers einen Hof zu pachten.

In der südlichen Champagne kam die Furcht am 24. Juli im Süden von Romilly, in Maizières-la-Grande, Origny und »anderen Nachbarorten« auf, wie es im *Journal de Troyes* vom 28. heißt und durch ein Schreiben des Subdelegierten bestätigt wird. Es lief das Gerücht um, daß sich die Räuber im Bezirk gezeigt hätten, man habe beobachtet, wie sie sich in den Wald begaben. »Man läutet die Sturmglocke und dreitausend Mann versammeln sich, um Jagd auf die angeblichen Räuber zu machen. Aber die Räuber entpuppen sich als eine Kuhherde.« Dieser Bericht ist glaubwürdig, denn es gibt zahlreiche andere Beispiele dafür, daß ein einzelner Alarm schlug, weil er am Waldrand das Rascheln weidender Tiere gehört oder am Horizont den von einer vorbeiziehenden Herde aufgewirbelten Staub wahrgenommen hatte. In diesem Fall hätte die Panik in der Champagne die von allen möglichen simpelste Ursache gehabt. Vermutlich ist sie jedoch der Unruhe in Nantes ähnlich und von den Streifzügen der Städter auf der Suche nach Nahrungsmitteln hervorgerufen worden – am 18. Juli war es in Nogent, am 20. in Pont zu einem Aufstand gekommen. In Romilly war die Versorgungslage nicht besser.

Die Panik in Ruffec, die sich dem Poitou, dem Plateau Central und ganz Aquitanien mitteilte, rührt von der Furcht vor Landstreichern her und erinnert an die Aufwallung in Sceaux, von der wir schon gesprochen haben. Ihre Ursache ist uns von Lefebvre, dem Sekretär der Intendantur in Limoges, anhand eines Briefes des Subdelegierten vor Augen geführt worden. Die Panik wurde durch

»das Auftreten von vier oder fünf Männern in der Kleidung der Mercedarier eingeleitet, die vorgaben, für die Auslösung Gefangener zu sammeln. Sie hatten in verschiedenen Häusern vorgesprochen, wo sie nicht immer gleich gut empfangen worden waren. Unzufrieden mit der Dürftigkeit ihres Erlöses, hatten sie die Stadt mit der Drohung verlassen, bald in großer Zahl zurückzukehren. Sie wurden aber nicht wiedergesehen. Man wußte nur, daß sie sich in einen nahen Wald zurückgezogen hatten. Dieses unbedeutende und übertrieben weitergegebene Ereignis hatte den Schrecken ausgelöst.«

Andererseits ist bekannt, daß am 28. Juli ein Mann verhaftet wurde, der »Umtriebe von Räubern und Husaren im benachbarten Wald« verkündet hatte. Die Berichte über die Bettler hatten ihn so durcheinandergebracht, daß er die Räuber und Husaren gesehen zu haben glaubte. Seine Angst hatte den ersten Alarm ausgelöst, und sein Bericht zog dann weitere Kreise. In Angoulême zum Beispiel war nicht von verkleideten Räubern die Rede, sondern von Räubern, die sich in den Wäldern versammelt hätten. Wenn man dem Pfarrer von Vançais glauben will, gab es eine weitere Gelenkstelle für die Übertragung der Furcht im Westen von Ruffec: »Eine in den Wäldern von Aulnay, Chef-Boutonne und Chizé verborgene, ausgehungerte Bande von Schmugglern und Dieben hatte Raubzüge in die benachbarten Dörfer unternommen, um sich Brot zu besorgen.« Außer der Furcht vor den Landstreichern ist in allen diesen Fällen die Angst, die der Wald einflößt, unverkennbar wirksam gewesen. Darüber hinaus wird an einer Einzelheit – der Erwähnung der Husaren – das Gespenst des Aristokratenkomplotts sichtbar.

Von der Furcht im Maine läßt sich nicht sagen, welcher Vorfall sie hervorrief. Er muß sich jedoch in der Gegend um La Ferté-Bernard zugetragen haben. Unweit von diesem Ort liegt Montmirail, dessen Wald eine Glashütte versorgte, die von 1789 bis 1792 ein dauernder Unruheherd war, und zwar bei jeder Brotteuerung. Sehr wahrscheinlich entstand die Furcht hier aus einem Überfall der Arbeiter oder, was eher anzunehmen ist, aus den gleichen Umständen wie in Ruffec. So hatten also die originären oder Ur-Paniken der Großen Furcht den gleichen Bedingungszusammenhang wie die früheren Angstreaktionen. Die größte Wirkung hatten zweifellos wirtschaftliche und soziale Probleme, die immer schon das Land aufgewühlt hatten; die Krise von 1789 hatte sie lediglich auf die Spitze getrieben. Aber warum hat sich diesmal die Furcht nicht auf einen Ort beschränkt, sondern sich exzessiv ausgebreitet? Warum hat es die aufgeschreckte Pfarrgemeinde so eilig gehabt, Hilfe zu holen? Weil Ende Juli die Unsicherheit viel bedrohlicher schien als jemals zuvor und die Leute kurz vor der Getreideernte ängstlicher waren als sonst. Außerdem ließen die Mutmaßungen über ein Aristokratenkomplott und die Nachricht, die Räuber seien aus Paris und den großen Städten ausgezogen, jeden Landstreicher als Agenten erscheinen. Da die Räuber zum Werkzeug der Feinde des Dritten Standes geworden waren, schien es schließlich nur natürlich, an die nationale Solidarität und die sich bereits abzeichnende Föderation der Städte und Dörfer zu appellieren. Aus denselben Gründen bezweifelten dann jene, die man zu Hilfe rief, keinen Augenblick, daß die Nachricht stimmte, und trugen ihrerseits die Furcht weiter.

Die Weiterverbreitung der Paniken

Es versteht sich von selbst, daß die Panik in aller Regel von einzelnen ohne Auftrag kolportiert worden ist. Die einen wähnten, eine Bürgerpflicht zu erfüllen, wenn sie eilig Hilfe herbeiholten. Andere wollten ihre Eltern oder Freunde warnen. Reisende erzählten, was sie gesehen oder gehört hatten. Es gab vor allem zahlreiche Flüchtlinge, die um so beflissener die Gefahr übertrieben, als sie Sorge hatten, für feige gehalten zu werden. In den zeitgenössischen Berichten wimmelt es von pittoresken Zwischenfällen. Ein aus Saint-Michel kommender Müller überholte in Confolens, als er in den Vorort Saint-Barthélemy einfuhr, einen gewissen Sauvage, einen Brettschneider, der zu seinem Hause hastete, nachdem er gehört hatte, daß die berittene Gendarmerie nur einen Kilometer entfernt in Saint-Georges sei und Unterstützung benötige. Er rief dem Müller zu, er solle seine Pferde antreiben und die Stadt alarmieren. »Habt keine Angst«, erwiderte der andere, »es werden Leute kommen.« Sauvage betrat sein Haus, nahm sein Gewehr und lief den Räubern entgegen, während der Müller mit großem Lärm durch die Straßen fuhr und die Einwohner zu den Waffen rief. Diese wohlmeinenden Patrioten wurden für ihren Eifer freilich nicht belohnt, denn nachdem sich die Panik gelegt hatte, warf sie das Komitee ins Gefängnis. Am 29. Juli morgens kam in Rochechouart ein Herr Longeau des Bruyères aus Oradour-sur-Vayres auf der Straße von Chabanais angeritten. Er rette sich, rief er, er komme aus Champagne-Mouton, wo er mit angesehen habe, wie Alte, Frauen und kleine Kinder umgebracht worden seien. »Es ist schrecklich, es ist fürchterlich! Alles ist verwüstet!« Er eile nach Hause, um seine Hausgenossen in Sicherheit zu bringen. »Schützt euch! Schützen wir uns! Lebt wohl! Lebt wohl! Vielleicht zum letzten Mal!« Und fort war er im Galopp ... Nach Limoges wurde die Furcht gebracht durch einen Genovefaner der Abtei von Lesterp bei Confolens, der die Nacht in Rochechouart verbracht hatte, wo ihn Angst ergriffen hatte, als er gegen zwei Uhr morgens »jämmerliches Schreien« vernahm, woraufhin er sich sofort zu Pferde aus dem Staube machte; sodann durch einen ehemaligen Leibgardisten, der schnurstracks den Intendanten benachrichtigte, nachdem man ihm auf der Jagd die Räuber angekündigt hatte; durch einen von einer Reise heimkehrenden Architekten, der die Neuigkeit am Abend zuvor unterwegs aufgeschnappt hatte. In Castelnau-Montratier, im Quercy, tauchte überraschend der Leiter der Fuhrunternehmen von Cahors auf dem Rücken eines Maultiers auf, das ihm die Kapuzinermönche geliehen hatten, »nur weil er durch die Sturmglocke und die gräßliche Unruhe in der Stadt aufgeschreckt worden war«. In Samer, im Boulonnais, waren »einige Reisende« der Anlaß der Furcht; in Saulieu, im Auxois, war es der Arzt des Ortes, der aus Montsauche zurückkehrte; am linken Seineufer von Fontainebleau bis Villeneuve-le-Roi die Brüder Gaudon, Weinhändler aus Boignes im Gâtinais. Ein adliger Abgeordneter, dessen Brief an die Marquise de Créquy wir besitzen, erlebte, wie ihm jemand die Plünderung der Getreideernte in Montmorency bestätigte: »Er war mit der Post angekommen und Zeuge der von diesem Gesindel angerichteten Verwüstungen gewesen.«

Die Panik wurde jedoch wenn nicht kaltblütig, so doch zumindest systematisch auch von glaubwürdigen Personen und den Behörden selbst weiterverbreitet. Die Geistlichen hielten es für ihre Pflicht, ihre Amtsbrüder zu warnen, die Adligen ihre

Freunde. Im Maine taten sich dabei vor allem die Geistlichen hevor, nachdem sie aus einem Brief des Bürgermeisters von Le Mans von »schrecklichen Ereignissen« vernommen hatten. In Vendôme wurde die Stadtverwaltung vom Pfarrer von Mazangé vorgewarnt; in Lubersac, im Périgord, eilte der Vikar von Saint-Cyr-les-Champagne herbei, um anzuzeigen, daß sein Dorf von Räubern heimgesucht werde; in Sarlat berichtete ein Pfarrer, Limeuil sei bei Nacht in Brand gesteckt worden. Im Bourbonnais warnte der Pfarrer von Culant den Pfarrer von Verdun, der wiederum eine Depesche an seinen Amtsbruder in Maillet schickte. Die Adligen handelten ebenso, nicht anders ihre Gutsverwalter. Im Dauphiné wurde die Panik von Aosta durch den Abbé von Leyssens, die Dame von Aosta und den Ritter von Murinais, dem Bevollmächtigten der Gräfin von Valin, der nach La Tour-du-Pin eilte, ausgelöst. Im Poitou sandte der Verwalter des Schlosses Maulevrier nach allen Seiten Eilbriefe, um die Pfarrer zu bitten, ihre Gemeindemitglieder nach besten Kräften zu bewaffnen und Cholet zu Hilfe zu kommen. In der Gegend um Neuvic im Périgord kolportierten Priester und Adlige die Nachricht. Madame de Plaigne sandte Eilpost an den Baron von Bellinay, damit er den Baron von Drouhet unterrichte, der weitere Depeschen von Adligen und Geistlichen, unter anderem vom Prior von Saint-Angel, erhielt und seinerseits an den Baron von Bellinay sowie an den Pfarrer von Chirac schrieb. Es gab eine Vielzahl ähnlicher Vorfälle. Diener wurden ausgesandt, die durch die Dörfer ritten und dort die Angst verbreiteten. Die Bauern kannten diese Leute nicht immer. Deshalb sprechen einige Berichte von unbekannten und rätselhaften Kurieren.

Eine merkwürdige Rolle spielten die Behörden. Heutzutage wäre es ihre erste Sorge, sich telefonisch zu informieren, bevor sie die Bevölkerung warnen. Tatsächlich haben sie es auch damals nicht versäumt, Auskünfte einzuholen. Gewöhnlich schickten sie Kundschafter aus oder befahlen der Reiterei und der Gendarmerie, das Land zu durchkämmen. Aber sie wußten, daß sehr viel Zeit vergehen würde, ehe sie der Sache auf den Grund gekommen wären. Es erschien ihnen geraten, sofort Vorsichtsmaßnahmen zu ergreifen, die Gemeinden ins Bild zu setzen und Unterstützung zu erbitten. Die Stadtverwaltungen und die Komitees sandten folglich Eilbriefe aus und verfaßten sogar Rundschreiben. So handelten zum Beispiel die Komitees von Confolens, von Uzerche und von Lons-Le-Saunier. Das Komitee von Evreux warnte am 22. und 23. Juli die Ortschaften der Umgebung und schickte dann am 24. ein gedrucktes Rundschreiben an hundertzehn Landgemeinden. Die Chefs der Bürgerwehr maßten sich das gleiche Recht an: der in Bellême alarmierte Mortagne; in Colmar forderte der Hauptmann der Bürgerwehr, als einer der Präsidenten des Obersten Rates, am 28. Juli die Landgemeinden auf, sich zu bewaffnen. Die Behörden des Ancien Régime standen nicht nach, zumal nicht die königlichen Richter und die Subdelegierten. Uzerche wurde durch einen Brief des Richters von Lubersac alarmiert. Der Justizbevollmächtigte von Villefranche-de-Belvez trug mit seinen Briefen erheblich dazu bei, daß die Furcht vom Périgord aufs Quercy übergriff. Der Subdelegierte von La Châtaigneraie verbreitete sie in seinem ganzen Bezirk, insbesondere in Secondigny. Sein Amtskollege in Moissac ging noch weiter; er forderte die Pfarrer auf, die Sturmglocke zu läuten. Die Verbindungskommissionen der Provinzialversammlungen griffen weniger häufig ein. Zu erwähnen wären hier die Généralité von Soissons oder jedenfalls ihr Bevollmächtigter, durch welchen die Stadt Guise gewarnt wurde, sowie die Kommission des Distrikts von Neufchâteau, welche die Dörfer aufforderte, sich zu rüsten und »beim ersten Schlag der Sturmglocke« bereit zu sein. Am 31. Juli riefen die Gemeindekommissare in der Provence die Pfarrgemeinden erneut dazu auf, sich in Bürgerwehren zusammenzuschließen, um die erwarteten Räuber zurückzuschlagen. Beim ersten Alarm in Toulouse am 1. August erließ das Parlament eine Verfügung, wonach alle Gemeinden berechtigt waren, sich zu bewaffnen und die Sturmglocke zu läuten.

Das Verhalten einiger Militärbehörden ist wohl besonders bezeichnend. Die Gendarmerie von Bar-sur-Seine brachte die Furcht nach Landreville, und die von Dun bestärkte sie in Guéret. Der Marquis von Bains tat als Inspektor der Gendarmerie ein gleiches in Roye in der Picardie. Unmittelbar nach seiner Amtsübernahme warnte der Ortskommandant in Belfort, Graf von Lau, die Gemeinden der Umgebung vor herannahenden Räubern und verpflichtete sie, sich zu verteidigen. Schließlich hat der Marquis von Langeron sicherlich mehr als jeder andere dazu beigetragen, seinen Kommandobereich, die Franche-Comté, in Furcht zu versetzen. In einem bereits am 16. Juli nach Morez und nach Saint-Claude gelangten Rundschreiben, das somit spätetens auf den 14. zu datieren ist, hatte er gemeldet, daß eine Schar von zweihundert Einwohnern der Vôge in die Provinz eingedrungen sei, worüber wir keine weiteren Informationen besitzen und deren Existenz nur durch eine örtliche Panik bezeugt ist. Als die Verwüstung der Schlösser begonnen hatte, setzte er dies in einem Rundschreiben vom 23. Juli auf das Konto der Räuber. Ein drittes Rundschreiben vom 24. Juli gab bekannt, daß ein weiterer, aus der Bourgogne eingefallener Haufe durch die Gegend ziehe. Vernier de Bians, Hauptmann der Gendarmerie in Salins und Verfasser eines Berichts über die Unruhen in der Franche-Comté, zögerte daher nicht, Langeron die Verantwortung für die Furcht zuzuschreiben, und verdächtigte ihn, vorsätzlich gehandelt zu haben. Chronisten von Clamecy erhoben die gleiche Anklage gegen Delarue, Subdelegierter und Richter des Schloßbezirks, später Präsident des Départements. Tatsächlich hatte er »vom Herannahen der Räuber« lediglich durch einen Brief Kenntnis, den der Bailli von Coulanges einem Tanzmeister aus Clamecy anvertraut hatte, der zu seinem Tanzunterricht gekommen und danach wieder heimgekehrt war. Delarue hatte aber den Brief auf offenem Markt verlesen lassen und die Neuigkeit einem berittenen Gendarmen zur Verbreitung übergeben.

Die Rolle der Kuriere und Postillone der Postverwaltung hat sich als besonders einflußreich herausgestellt. Obwohl sie übertrieben worden ist, wird ihre Bedeutung doch durch die Dokumente bezeugt. Ein Postkurier aus Conchy-les-Pots trug zur Panik in Roye bei. Der Postmeister aus Saint-Junien brachte die erste Nachricht von der Furcht nach Limoges. Der Prévôt des Soissonnais hielt in Clermont den Kurier an, den der Postmeister von Saint-Just ausgeschickt hatte, um anzukündigen, daß das Land in vollem Aufruhr sei. Nach Angoulême wurde die Furcht von Ruffec durch den Postillon aus Churet gebracht: Wie zwei Richter des Steuergerichtsbezirks berichten, habe er »von einem Bauern« erfahren, »daß im Wald eine Bande von Räubern und Dieben wäre«. Die Weiterverbreitung der Panik mittels der Kuriere ist genau nachweisbar zwischen Valence und Avignon. Sie pflanzte sich von einer Poststation zur anderen und folglich sehr schnell fort. Nichts ist natürlicher als das. Wenn so viele Reisende die Nachricht vom Herannahen der Räuber in Umlauf gebracht haben, warum sollen es dann die Postkutscher anders gehalten haben? Und wenn die Behörden Wert darauf legten, daß sie offiziell bekannt wurde, was wäre dazu besser geeignet gewesen, als sie der Post anzuvertrauen? Am 29. Juli um fünf Uhr abends empfing die Stadtverwaltung von Angoulême einen Kurier, den die Behörden von Bordeaux zu ihr gesandt hatten, um genauere Auskünfte über die Nachricht von der Furcht in Ruffec einzuholen. Dieser Kurier, der einen unversiegelten Brief bei sich trug, hatte den Auftrag, falls der Alarm falsch wäre, unterwegs überall darauf hinzuweisen. Wahrscheinlich hat er es sich auf seinem Hinweg nicht nehmen lassen, den ihm anvertrauten Brief vorzuzeigen und zu kommentieren. Von ihm vermutlich war in der Sitzung der Nationalversammlung vom 8. August die Rede.

Doch es gab auch Zweifler, Ungläubige. In Gimont in der Lomagne weigerte sich der Baron von Montesquieu, das Gerücht von den Räubern ernst zu nehmen. Der Graf von Polastron verbot, übrigens vergeblich, die Sturmglocke zu läuten. Als man einem Offizier auf Urlaub in Saint-Clair viertausend Räuber in Lauzerte meldete, rief er ironisch aus: »Ich will gern glauben, daß man sie nicht gezählt hat.« Der Graf von Terssac scheint ähnlich skeptisch gewesen zu sein, wenn man seinem Bericht über die Furcht in der Umgebung von Saint-Girons in seinen Memoiren vertrauen darf. Auch Persönlichkeiten geringeren Standes stellten sich der Epidemie der Furcht mutig entgegen: in Saint-Privat-des-Prés, in der Nähe von Ribérac, hielt ein Gutsverwalter mit Namen Gouand gegen den Willen des Komitees die Sturmglocke an, und als man ihn beschimpfte und bedrohte, ließ er drei Einwohner ins Gefängnis werfen. Der Pfarrer von Castelnau-Montratier fragte seine Gemeindemitglieder, »ob die Feinde im Ballon gekommen wären«, und gebot dem Sturmläuten Einhalt. Der Pfarrer von Vers, im Agenais, sperrte sich gegen die Zirkulation der Schreckensbotschaften. Nachdem der Advokat Delord in Frayssinet-le-Gélat die Zeitungen durchgesehen hatte, folgerte er, daß die Furcht grundlos sei, »denn wenn die Engländer oder Spanier in Frankreich eingedrungen wären, hätten sie nicht bis ins Herz der Provinz Guyenne vorrücken können, ohne daß wir zuvor davon unterrichtet worden wären. Die Schießübungen in verschiedenen Städten dieser Provinz haben uns glauben lassen, der Feind stünde im Landesinnern«. Der Subdelegierte in Moissac bringt dieselbe Meinung zum Ausdruck, was ihn aber nicht daran hinderte, »geeignete Maßnahmen zu ergreifen«, nicht nur um die Räuber zurückzuschlagen, sondern auch, um jedermann von ihrer Existenz zu überzeugen.

Zunächst war die Furcht vor den Räubern so allgemein (Bonald, künftiges Orakel der Konterrevolution, damals Bürgermeister von Millau, zog die Nachricht nicht in Zweifel), daß ein verantwortungsbewußter Verwaltungsbeamter, dem es an Informationsmöglichkeiten fehlte, davon beeindruckt sein mußte, mochte er auch noch so scharfsinnige Überlegungen anstellen. Dom Mauduit, Prior von Saint-Angel, hat diese Einstellung in seinem Brief an den Baron von Drouhet treffend beschrieben: »Alles in allem ist an den Berichten über diese Räuber nichts sicher belegt. [...] Aber da es, wie es heißt, keinen Rauch ohne Feuer gibt, und es nach den Ereignissen in Paris sehr wohl möglich ist, daß sich ein solcher Bund gebildet hat, schließen sich alle zusammen, um Tag- und Nachtwachen aufzustellen. So täten Sie denn nicht schlecht daran, es uns gleichzutun.«

Ohne Zweifel war Ungläubigkeit in dieser Sache mit Verdächtigungen verknüpft. Wer sie zur Schau trug und sich weigerte, Verteidigungsmaßnahmen zu treffen, wollte der nicht das Volk einschläfern? In diesem Fall war er ein Komplize der Räuber und also der Aristokraten. Das konnte ihn teuer zu stehen kommen. Dem Prior von Nueil-sous-les-Aubiers im Poitou gelang es zwar, seine Bauern mit dem Hinweis zu beruhigen, daß fünfundzwanzigtausend Räuber nicht plötzlich über Nantes herfallen konnten, wie man erzählte, und daß sich eine Stadt mit achtzigtausend Einwohnern wohl doch verteidigt haben würde. Aber zur gleichen Zeit zogen vier- bis fünftausend Männer auf Aubiers zu und murrten, weil er seine Pfarrgemeinde nicht in Bewegung gesetzt hatte. Er mußte ihnen entgegengehen, um sich zu rechtfertigen. Gefährdung der Zweifler trat um so leichter ein, als sich die Überbringer der Nachricht gekränkt fühlten, wenn man sie nicht ernst nahm, und dann loszogen, um über eine solche Unverschämtheit zu zetern. Zur besseren Unterrichtung in diesem Punkt sollte man den Bericht über die Panik in Limoges lesen, den uns der Sekretär der Intendantur, dessen Namen wir bereits genannt haben, hinterlassen hat. Bei der ersten Nachricht sandte der Intendant d'Ablois nach Information aus und dachte dann kaum mehr an die Sache. Da kam ein Genovefaner aus Rochechouart und kündigte elfhundert Mann an. »Herr Prior«, antwortete d'Ablois lachend, »die Räuberbanden haben sich wohl wie der Blitz rekrutiert, denn heute morgen zählte man nur fündhundert.« Darauf erwiderte sein Gesprächspartner gekränkt: »Ich habe soeben berichtet, was ich gesehen und gehört habe. Machen Sie, was Sie wollen. Ich ziehe mich zurück.« Die Dinge lagen schon ganz anders, als gegen Mittag der Leibgardist Malduit im Galopp, das Gewehr in der Hand, eintraf. D'Ablois aß gerade zu Mittag. »Ich hätte nicht gedacht«, bemerkte er, »daß ein Leibgardist so schnell in Angst geraten könnte. Beruhigen Sie sich! Setzen Sie sich zu Tisch und essen Sie ein Kotelett, die Räuber werden Ihnen dazu Zeit lassen.« Der andere nahm das übel auf: »Mein Herr, ich habe keine Angst. Ich entledige mich eines wichtigen Auftrags. Wenn Sie mir nicht glauben, werden andere der Warnung, die ich Ihnen soeben gegeben habe, mehr Aufmerksamkeit schenken.« Bald ging das Gerücht in der Stadt um, d'Ablois betreibe ihre Auslieferung an die Helfershelfer der Aristokratie. Seine Sekretäre mußten ihn zur Vorsicht mahnen und zum Handeln überreden. Trotzdem empfing er den Architekten Jacquet mit der nämlichen Zurückhaltung als dieser ihm tags darauf vierzigtausend Spanier ankündigte: »Bisher, Herr Jacquet, habe ich Sie für einen vernünftigen Mann gehalten. Heute fürchte ich, daß Sie verrückt geworden sind. Wie können Sie einem solchen Märchen glauben? Vierzigtausend Spanier! Ruhen Sie sich aus und sprechen Sie mit niemandem darüber, man würde sich über Sie lustig machen!« Jacquet war wenig erfreut. Er sprach mit allen darüber und alle glaubten ihm. Die Angelegenheit wäre sicher böse ausgegangen, hätte sich die Panik nicht aufgrund positiver Nachrichten gelegt.

Eine Tatsache gibt uns Anlaß zu vermuten, daß die staatlichen Behörden der Gefahr trotzten und von der Weiterverbreitung der Angst Abstand nahmen, so daß es ihnen immerhin gelang, ihre Zirkulationsgeschwindigkeit zu bremsen. Manche Gebiete haben die Große Furcht nicht gekannt. Die Entfernungen, die Kommunikationsschwierigkeiten, die Sprachunterschiede und die geringe Bevölkerungsdichte mögen dazu beigetragen haben, sie davor zu bewahren. Diese Faktoren wirkten sich jedoch auch in Landstrichen aus, die von der Furcht nicht verschont blieben. Es ist daher wahrscheinlich, daß sich einzelne Behörden aufgrund ihrer Kaltblütigkeit und ihrer Autorität bei der Bevölkerung durchzusetzen verstanden. So ist es vermutlich bei den Stadtverwaltungen in der Bretagne gewesen, deren Haltung seit 1788 Vertrauen erwecken mußte, weil sie viel früher als die anderen Maßnahmen zu treffen vermocht hatten, um sowohl die Aristokratie als auch das Volk in Zaum zu halten. So sieht es jedenfalls der Korrespondent der *Gazette de Leyde*, der am 7. August schreibt: »Gerade die Bretagne, für die man am meisten fürchtete, ist am ruhigsten, weil die Bürger hier gute Ordnung gehalten und sich rechtzeitig bewaffnet haben.« Die Munizipalrevolution und die Volksbewaffnung riefen nicht etwa Unordnung hervor, sondern waren, indem sie den Dritten Stand bestätigten, vielmehr geeignet, die Ruhe wiederherzustellen. Das behaupteten zumindest die Revolutionäre. Aber als die Große Furcht plötzlich aufkam, war beides bereits im Gange, und fast die ganze Zeit wagte niemand, gegen den Strom zu schwimmen.

Gleichwohl hat sich die Furcht nicht so rasch verbreitet, wie behauptet worden ist. Bis die Schreckensmeldung von Clermont im Beauvaisis bis an die Seine gelangte, über eine Entfernung von etwa fünfzig Kilometer, benötigte sie ungefähr zwölf Tagesstunden. Von Ruffec nach Lourdes hat sie in neun vollen Tagen nur fünfhundert Kilometer zurückgelegt. Man kann davon ausgehen, daß die Botschaft tagsüber ungefähr vier Kilometer in der Stunde vorangekommen ist. Von Livron nach Arles – hundertfünfzig Kilometer – hat sie vierzig Stunden gebraucht, was so viel wie vier Kilometer in der Stunde ausmacht, Tag und Nacht zusammengenommen. Hier freilich überbrachten sie Postkuriere, die sehr viel langsamer waren, als die von uns erwähnten Sonderkuriere.

Die Ankündigungspaniken

Die Nachricht, daß die Räuber in Sichtweite waren, löste in der Regel eine Panik aus, jedoch nicht immer. In dieser Hinsicht scheinen die Rundschreiben der Behörden weniger stark gewirkt zu haben als die mündliche Kolportierung oder die Briefe von Privatpersonen. Allem Anschein nach haben sich zum Beispiel die meisten Pfarrgemeinden, die das Rundschreiben des Komitees von Evreux erreichte, deswegen keine Sorgen gemacht. Und es sieht so aus, als hätten auch Langerons Rundschreiben Erschütterungen nicht ausgelöst – man machte sich nur verteidigungsbereit. Doch ist eine solche Kaltblütigkeit als Ausnahme anzusehen. Aus jeder der – wenig zahlreichen – Ur-Paniken haben sich viele andere hergeleitet, die man Ankündigungspaniken nennen kann.

Sie sind häufig beschrieben worden und stellen das bekannteste oder manchmal sogar das einzige Signal der Großen Furcht dar. Es beginnt mit dem Läuten der Sturmglocke, deren Ton alsbald Stunde um Stunde über dem ganzen Bezirk schwingt. Die Frauen wähnen sich bereits vergewaltigt und inmitten des brennenden Dorfes mit ihren Kindern umgebracht. Unter Tränen und Wehklagen fliehen sie in die Wälder oder die Straßen entlang, mit ein wenig Vorrat und wahllos zusammengerafften Kleiderbündeln beladen. Nicht selten folgen ihnen die Männer, nachdem sie wertvolle Gegenstände vergraben und das Vieh in die Felder getrieben haben. Im allgemeinen versammeln sie sich, sei es aus Selbstachtung, aus Mut oder aus Angst vor der althergebrachten Autorität auf den Aufruf des Dorfvorstehers, des Pfarrers oder des Seigneur. Dann beginnen unter der Leitung des Seigneur oder eines ehemaligen Militärs die Verteidigungsvorbereitungen. Man bewaffnet sich, so gut man kann, man stellt Wachen auf, man verbarrikadiert den Zugang zum Dorf oder die Brücke, man schickt Spähtrupps auf Kundschaft aus. Bei hereinbrechender Nacht machen Patrouillen die Runde, alle verharren in höchster Wachsamkeit. In den Städten kommt es zu einer echten Mobilmachung – der Vergleich mit einer belagerten Festung drängt sich hier auf. Lebensmittel müssen beschlagnahmt, Pulver und Munition zusammengetragen, die Wälle repariert und die Artillerie muß aufgestellt werden. In diesem schrecklichen Durcheinander kommt es zu allerlei rührenden, komischen oder tragischen Szenen. In Vervins explodiert ein Pulverfaß und fordert Opfer. In Magnac-Laval reißen die Schüler eines Kollegs aus, so daß der verzweifelte Direktor überall bei den Behörden der Umgebung nach ihnen fragt. Manchmal beginnen die Bauern, ihre Angelegenheiten mit dem Himmel ins reine zu bringen: der Prior von Nueil-sous-les-Aubiers im Poitou, die Pfarrer von Capinghem und Ennetières erteilen ihnen Generalabsolution. In Rochejean, im Jura, stellt ein – wahrscheinlich vom Pfarrer verfaßtes – Protokoll diese gute Absicht groß heraus. Die mitten in der Nacht aufgeweckten Einwohner

»begannen über die Fürsprache der Heiligen Jungfrau und des Heiligen Johannes des Täufers, des Schutzherrn der Gemeinde, um göttliche Gnade zu flehen und versammelten sich dazu schon um vier Uhr morgens zu einer feierlichen Messe, bei der die heiligen Sakramente ausgeteilt wurden unter Begleitung der in solchen Notzeiten üblichen öffentlichen

Gebete der Gemeinde. Sie versprachen Gott, ihr Betragen zu bessern, allen Streit einzustellen, jeden womöglich angerichteten Schaden zu begleichen und den Glauben aufrichtig wieder zu festigen«.

Allerdings bot sich in den meisten Fällen eine weniger erbauliche Situation dar. Kaum ein Bericht ist so grotesk wie der des Jean-Louis Barge, Sekretär der Gemeinde Lavalla bei Saint-Etienne, den man als ehemaligen Soldaten gleich zu Beginn der Aufregung an die Spitze der Einwohner berief, um dem Feind entgegenzutreten. »Ich hatte kaum Leute unter mir, denn die meisten Männer hatten den Kopf verloren und waren geflohen. [. . .] Champallier, der zu denen gehörte, die mitmarschierten, verabschiedete sich von seiner Frau und seinen Kindern mit den Worten: ›Ich werde euch nie wiedersehen!‹« Während der Nacht kehrten die Feiglinge zurück, aber tags darauf, nachdem der Pfarrer der Dorftruppe die Absolution erteilt hatte, gab Barge, um einer neuen Auflösung vorzubeugen, den Befehl zum Abmarsch und drohte »andernfalls sofortige Erschießung« an. Der Abschied war pathetisch. »Ich sagte meiner Frau Lebewohl. Ihre Augen waren leergeweint und trocken wie Zunder. Dann meiner Mutter. Sie war halb tot. Ihre Augen waren tränenüberströmt. Sie gab mir eine Handvoll Zwölf- und Vierundzwanzig-Sous-Stücke, sagte mir Lebewohl auf immer und fing sogleich zu beten an.« Als man gerade aufbrach, »wohlversehen mit Wein und Proviant«, einen Pfeifer und einen Trommler an der Spitze des Zugs, kam ein Mann aus einem Nachbardorf angelaufen und schrie, der Feind sei im Anmarsch. Alles fing von vorn an. »Schrecken und Verzweiflung griffen um sich. Man hörte nur noch Schreie und das Gejammer der Frauen, Kinder und Greise. Es war das traurigste Schauspiel, das man sich vorstellen kann. Marie Pacher, die Frau des Martin Matricou, zitterte so sehr, daß sie die Suppe aus der Kelle verschüttete, die sie gerade in der Hand hielt, wobei sie aus vollem Halse schrie: ›Ach meine armen Kinder, sie werden umgebracht!‹ usw. Ihr Mann, obwohl von kräftiger Statur, war überaus furchtsam und wollte sie beruhigen: ›Was klammerst du dich an diesen Hosenscheißer Fonterive? Marion, hab keine Angst!‹ Und während er so in unsicherem Ton zu ihr sprach, sah man ihn zittern. Er wollte um keinen Preis mit uns marschieren.« Ein Teil des Bataillons war verschwunden. Man machte sich auf die Suche nach den Soldaten, die sich unter die anderen Fliehenden gemischt hatten. »Clémence, die junge und hübsche Magd im

Pfarrhaus, wurde zusammen mit der Frau des Tardy fast erstickt aufgefunden, wie Chorel erzählt. Ihre Köpfe waren tief im Heu vergraben.« Schließlich konnte Barge seine Leute nach Saint-Chamond führen, die Panik war vorüber. Sie wurden belobigt, bewirtet und nach Hause geschickt: »Bei der Ankunft in Lavalla sah ich keine traurigen Gesichter mehr. Die Kneipen waren voll.«

Schenkt man diesem mit der schelmischen Gutmütigkeit des französischen Bauern gewürzten Bericht Glauben, so hatten die Einwohner von Lavalla einige Mühe, ihre Furchtsamkeit zu überwinden. Doch schließlich gelang es ihnen, und sie kamen der benachbarten Stadt zu Hilfe. Diese Reaktion auf die Panik ist die Regel gewesen. Im Grunde freilich ist es nicht sinnvoll, diese Vorkommnisse mit dem Titel der Großen Furcht zu belegen. Sie haben gleichwohl etwas mit ihr zu tun, nicht zuletzt aufgrund des Eifers, mit dem man sich gegen eine gemeldete Gefahr zusammenschloß, mehr noch durch das Solidaritätsgefühl, das vom ersten Augenblick an die Menschen zur gegenseitigen Hilfe veranlaßte. In diesem komplexen Gefühl bildete die Klassensolidarität des Dritten Standes gegenüber der Aristokratie zweifellos das wichtigste Element. Doch zugleich zeigte es an, daß die Einheit der Nation sich zu konkretisieren begann – Pfarrer und Seigneurs engagierten sich nicht weniger als Bürger und Bauern. In den Städten strömten zahllose Menschen zusammen, die Ernährungslage dort wurde prekär. An den Ufern der Dordogne und des Lot lagerten die Leute wie Armeen im Felde. Nachdem am 30. Juli die Häfen Limeuil, Kunel und Linde die Stadt Montpazier um Hilfe gebeten hatten, läutete die Sturmglocke vierundzwanzig Stunden lang, und es brachen über sechstausend Mann auf, vierzehn Pfarrer führten ihre Gemeindemitglieder an. Als »dieser Pöbel« – so der Notar Montaigut – »mitten in der Nacht am Flußufer angekommen war, war er baß erstaunt, auf der anderen Seite über tausend Feuer leuchten zu sehen«. Es waren die Biwakfeuer der Bauern aus dem Périgord, die ebenfalls herbeigeeilt waren, um der Bedrohung zu wehren, und die nördlich der Dordogne lagerten. Man zog sich zurück, um Verstärkung abzuwarten. Bei Tagesanbruch, als man endlich miteinander in Verbindung trat, zählte man vierzigtausend Mann. Zur gleichen Zeit hatten sich dreißigtausend Mann unter dem Kommando der Seigneurs der Gegend an den Ufern des Lot in Libos und in Fumel versammelt. Solche Zahlenangaben sind allerdings mit

Skepsis aufzunehmen; sie erinnern uns an die Übertreibungen mittelalterlicher Chronisten.

Jedenfalls hinterließen die Ereignisse in der Phantasie der Bevölkerung einen tiefen Eindruck, so daß sich die Erinnerung an die Panik bis tief ins 19. Jahrhundert erhalten hat. Für die Bauern in Aquitanien blieb 1789 lange Zeit »l'anno de la paou« – das Jahr der Furcht. Doch erst die Historiker haben die Bezeichnung »Große Furcht« verallgemeinert. In vielen Landstrichen, zumal in der Champagne, sprach und spricht man lediglich von »der Furcht«, »der panischen Angst«, »dem Schrecken«. Es gingen damals viele Gerüchte um, in denen sich die Volksmeinung, die die rasche Ausbreitung des Schreckens erklärlich macht, widerspiegelte. Während die Ur-Paniken hauptsächlich mit den wirtschaftlichen und sozialen Verhältnissen, die die allgemeine Unsicherheit bewirkten, verknüpft waren, bezogen sich diese Gerüchte fast immer auf die politische Lage, auf den Auszug der Räuber aus den aufständischen Städten und auf die Umtriebe der Aristokraten. In Vendôme, in den Mauges und im Poitou war die Rede von bretonischen Banden, zweifellos ein Reflex der Unruhen in der Bretagne und der Rolle ihrer Deputierten in den Generalständen. In Baignes, in der Saintonge, und in Dozulé, in der Auge-Region, beschuldigte man die nunmehr arbeitslosen Angestellten der Steuerpächter verschwörerischer Umtriebe. Andernorts war immer wieder von Räubern, Dieben und Galeerensträflingen die Rede, häufig mit dem Zusatz, sie kämen aus Paris oder anderen großen Städten. Die Meldungen wechselten am selben Ort von Minute zu Minute: in Champniers, im Périgord, sprach man zuerst von zweitausend, dann von sechs-, vierzehn-, achtzehn- und plötzlich von hunderttausend. Im Norden von Paris, hieß es, hätten sie sich an den Kornfeldern, die sie am grünen Halm abmähten, vergriffen. Ähnliches berichtete man von manchen Orten im südlichen Aquitanien: Montastruc-la-Conseillère und Saint-Girons. Hier jedoch lautete die Nachricht, sie vergifteten die Quellen und Brunnen – in Gramat, im Quercy, wurde erzählt, ein in Figeac verhafteter Mann habe acht Pfund Gift bei sich getragen. Die allermeisten Gerüchte handelten von Verwüstungen, Brandschatzungen und Morden gleichermaßen.

Neben den Räubern figurierten in den Schreckensbotschaften königliche oder fremdländische Truppen. Im Süden von Paris und in der Picardie wollte man Husaren gesichtet haben. Der

Meldung von Operationen einer deutschen Armee in der Limagne lag vermutlich das Entsetzen zugrunde, das sich an das *Royal Allemand* geheftet hatte – dieses Kavallerieregiment wurde von dem Prinzen Lambesc kommandiert.[2] In Forges, in der Gegend von Caux und in Tulle wollte man den Kaiser gesehen haben, man behauptete, er sei in Lyon, in Caylus, im Quercy; der angebliche Eingriff der Deutschen findet eine Erklärung in der Verwandtschaft des Kaisers mit der Königin – in Forges wurde Madame de la Tour du Pin-Gouvernet für Marie-Antoinette gehalten. In Aquitanien, im Poitou und bis nach Cheverny bei Blois vermutete man die Engländer vor der Tür, in Aquitanien und im Limousin die Spanier, im Dauphiné die Piemonteser, die, wie die Nachrichten verkündeten, bis nach Figeac, Mende und Millau gezogen seien; in Malzieu, im Lozère, hieß es, sie seien an der Küste des Languedoc gelandet (wohl ein Nachhall der Beunruhigung, zu der es im Mai in Montpellier gekommen war). In den Mauges und im Poitou befürchtete man einen Einfall der Polen. Offensichtlich hat die geographische Lage die Volksphantasie inspiriert. Im Norden der Loire und in der Umgebung von Paris sind Ausländer in den Bedrohtheitsvorstellungen niemals erwähnt worden. Erinnerungen an Gelesenes, die Berichte ehemaliger Soldaten und die mündliche Überlieferung haben unverkennbar zusammengewirkt. In Aquitanien ängstigte man sich vor Panduren und Mauren. Daß man Polen intervenieren wähnte, stand wahrscheinlich im Zusammenhang mit der Tatsache, daß Ludwig XV. der Schwiegersohn des Stanislaus war. Auch ist unschwer zu verstehen, daß nördlich von Toulon Genueser Räuber gemeldet wurden.

Alle diese Erklärungen können jedoch nur für einzelne Umstände herhalten; das Wesentliche, nämlich die Furcht vor dem Auftreten der Ausländer, ist unzweifelhaft mit den Vorstellungen von einem Aristokratenkomplott und vermeintlichen Machenschaften der Emigranten verknüpft gewesen. In der Tat wurden immer wieder Fürsten als die Anführer der Räuber und Eindringlinge genannt. Im Artois führte angeblich der Prinz Condé vierzigtausend Mann an. In Uzerche vermutete man den Grafen von Artois mit sechzehntausend Mann. »Es war seine Absicht, die Nationalversammlung aufzulösen, ihre Mitglieder auseinanderzujagen und seinen Bruder wieder in seine Rechte und Privilegien einzusetzen.« Célarié, ein Bauer aus Bégoux vor den Toren von Cahors, kombinierte in einem Bericht auf sonderbare Weise klassische Erinnerungen mit Alltagsgerüchten:

»Der Graf von Artois naht mit vierzigtausend Mann, allesamt Räuber, die er aus dem Königreich Schweden und anderen Ländern des Nordens herübergeholt hat. Er hat Sträflinge, die er in den Häfen Frankreichs auf den königlichen Galeeren fand, und Verbrecher aus den Gefängnissen angeworben, um seine Truppe bilden und zu vergrößern. Man behauptet, der Graf, ein Bruder des Königs, bemühe sich, alle Flüchtlinge und Landstreicher aus dem Königreich Frankreich zu versammeln, wie es die Vandalen im Jahre 406 taten, und wolle mit dieser fürchtenswerten Truppe Frankreich verwüsten und den Dritten Stand bezähmen. Er wolle überdies die Geistlichkeit und den Adel veranlassen, einen Beitrag zu den königlichen Finanzen zu leisten.«

Mit den Fürsten brachte man die gesamte Aristokratie in Zusammenhang. Das Komitee aus Mas-d'Azil meldete »einige tausend Räuber, diesen abscheulichen Rest der Mörder aus der Hauptstadt, diese widerwärtigen Werkzeuge der Tyrannei, der teuflischen Verschwörung«. In der Puisaye »hat man die Nachricht ausgestreut, Adel und Geistlichkeit hätten diese Räuberbande geschickt, um den Dritten Stand zu zerschlagen«. »Diese Bande«, hieß es in Saint-Giron, »ist von Priestern und Adligen gedungen worden, die in Paris und Versailles ihre Pläne mißlingen sahen und daraufhin beschlossen, die Provinzen auszuhungern«. »Die Unterstellung, Geistlichkeit und Adel hätten den Plan gehegt, die Einwohner der Dörfer zu vernichten, ist gefährlich, obwohl sie jeder Berechtigung entbehrt«, schrieb der Graf von Puységur an den Kommandanten des Languedoc, der ihn offensichtlich von dieser in seinem Militärbezirk geläufigen Auffassung unterrichtet hatte. Der Pfarrer von Touget, im Armagnac, glaubte durchaus »an dieses skandalöse Unternehmen«. Als er den Prior inmitten der Panik die Ruhe bewahren sah, schloß er daraus: »Entweder gerät dieser Mönch niemals aus der Fassung oder er gehört zum Komplott nobilium.« Der Eifer, den die Seigneurs bei der Vorbereitung der Verteidigung an den Tag legten, bewirkte keinen Meinungsumschwung; es hieß, sie streuten den Leuten Sand in die Augen. Man betrachtete sie als Geiseln. Wer sich gleichgültig verhielt, wurde angegriffen. Als erwiesen war, daß es die Räuber gar nicht gab, nahm man an, die Adligen hätten sich an den Bauern rächen wollen und ihnen einen üblen Streich gespielt. Daraus gingen neue, oft schwere Unruhen hervor, von denen wir später sprechen werden. Die Große Furcht hatte somit hauptsächlich zur Folge, daß der Haß gegen die Aristokratie verschärft und die revolutionäre Bewegung gefestigt wurde.

Die Relaisstationen

Trotz der günstigen Bedingungen für ihre Weiterverbreitung bestehen begründete Zweifel, daß die Große Furcht sich derart rasch hätte ausdehnen können – von Ruffec bis zu den Pyrenäen, von der Franche-Comté bis ans Mittelmeer –, wenn ihre Entfaltung nicht durch neue, sich auf ihrem Weg vermehrende Paniken, die ihr als Relais dienten, immer wieder Impulse erhalten hätte. Um diesen Typ der Panik sowohl von der Ur-Panik als auch von der Ankündigungspanik zu unterscheiden, schlagen wir vor, ihn als Sekundär- oder Relaispanik zu bezeichnen.

Viele Sekundärpaniken waren die mehr oder weniger unmittelbare Folge der Ankündigungspanik. Hatte, eher zufällig, ein erster Bote die Nachricht vom Herannahen der Räuber überbracht, so tauchten alsbald ähnliche Meldungen, häufig aus verschiedenen Richtungen, auf. So kam in La Châtre der erste Alarm von einem Notar aus Aigurande, den der Pfarrer von Lourdoueix-Saint-Michel informiert hatte. In der folgenden Nacht, am 30. Juli um zwei Uhr morgens, ritt ein Kurier aus Chateauroux durch die Vorstadt, ohne zu wissen, daß La Châtre bereits gewarnt war und rief zu den Waffen, womit er eine zweite Panik auslöste. Im übrigen versetzten die Verteidigungsmaßnahmen häufig ebensoviele Leute in Schrecken, wie dadurch beruhigt wurden. Mehr als einmal wurden die dem Feind entgegenziehenden Bauern selbst für Räuber gehalten. Derlei Irrtümer lösten die zweite Panik in Clermont im Beauvaisis und wahrscheinlich auch in Loriol, im Süden von Valence, aus. Die Panik in Tallard, nördlich von Sisteron, scheint ebenfalls auf solche Weise hervorgerufen worden zu sein. Die Männer aus Taullignan und Valréas, die sich auf Dieu-le-Fît zubewegten, erschreckten die Einwohner von Montjoyer und La Touche, die sie in der Ferne vorbeiziehen sahen. Der Gärtner des Trappistenklosters in Aiguebelette trug die Botschaft nach Tulette. Sie erreichte Pierrelatte an der Rhône,

Bollène und vor allem Saint-Paul-Trois-Châteaux, wo sie am 30. Juli um sechs Uhr abends einen fürchterlichen Tumult erzeugte. Das gleiche passierte in Orange. Die Furcht setzte dann ihren Weg bis Arles fort, wohin von Tarascon gemeldet worden war, daß Orange in Flammen stehe. In Saint-Jean-de-Gardonnenque, in den Cevennen, wurden am 1. August am frühen Morgen die zur Verteidigung der Stadt aus der Umgebung Herbeigeeilten Opfer des gleichen Irrtums. Es entstand eine schreckliche Aufregung, die sich der ganzen Gebirgsregion mitteilte und erheblich dazu beitrug, daß die Furcht nach Millau übergriff. Nach dem ersten Alarm, der am 29. Juli gegen zwei Uhr nachts vom Norden nach Clamecy gelangte, und einem zweiten, der auf dem ungenauen Bericht einer Patrouille beruhte, wonach das im Süden der Stadt gelegene Villiers in Flammen stehe, gab es einen dritten um Mitternacht: die von Tannay am Nivernais-Kanal heranziehenden Arbeiter erschreckten die Wachtposten, so daß diese zu den Waffen riefen. Auf ihrem Rückweg weckten die Arbeiter die Angst in Amazy, sogleich eilte man nach Clamecy, dessen Einwohner um zwei Uhr morgens abermals aus dem Schlaf gerissen wurden. Die Bürgerwehren, die mehr Gewehre als die Bauern besaßen, verstärkten häufig durch unbedachte Handlungen die Angst der Bevölkerung. Als die Wehr von Lons-le-Saunier im Morgengrauen des 23. Juli vom Schloß Visargent zurückkehrte, feuerte sie vor dem Betreten der Stadt in die Luft, um die Gewehre zu entladen. »Bei diesem zu solcher Stunde ungewöhnlichen Knallen hoben die in Waldesnähe das Korn mähenden Schnitter den Kopf und sahen rote Uniformen und blitzende Waffen. Schrecken packte sie. Sie liefen mit dem Schrei: ›Retten wir uns, da sind schon die Räuber!‹ auseinander. Das genügte, um das ganze Weingebiet in Aufruhr zu versetzen.« Man versicherte, daß die unmittelbare Ursache für die Furcht im Agenais und im westlichen Quercy die Schießerei gewesen sei, die im Schloß von Fumel ausgebrochen war, nachdem der Kommandant der Guyenne fünfzig Mann zur Verteidigung seines Besitzes dorthin entsandt hatte. In Viviers und in Maurs schossen Patrouillen oder Wächter auf Marodeure. In Saint-Félix, bei Saint-Affrique, gaben junge Leute während einer Hochzeitsfeier Gewehr- oder Pistolenschüsse zu Ehren der Jungvermählten ab und alarmierten so das Vabrais.

Doch die Unruhen, die mit der Großen Furcht einhergingen,

waren natürlich sehr viel wirksamere Relaisstellen. Im Gefolge der Revolte im Mâconnais erreichte die von der Erhebung der Franche-Comté herrührende Angstwelle das Loiretal. Dieselbe Welle schöpfte neue Kraft aus dem Aufstand im Dauphiné, den sie inspiriert hatte, bevor sie das Forez und das Vivarais und schließlich die Provence in der Gegend von Nîmes erfaßte. In der Saintonge rief die Meuterei in Baignes den zweiten Alarm in Montendre hervor. Die von Ruffec ausgehende Panik wurde allem Anschein nach, je mehr sie sich der Dordogne näherte, durch uns nur unzureichend bekannte Vorfälle genährt. Die Welle, die in dem Schloß La Roche-Chalais im Norden von Coutras an der Dronne ihren Ursprung hatte, ließ in zahlreichen Orten von der Dordogne bis nach Toulouse Furcht entstehen. Sechshundert Adlige, so heißt es, hätten sich dort versammelt, um nicht gezwungen zu werden, die Kokarde zu tragen; der Dritte Stand habe zu ihnen eine Abordnung geschickt, die von ihnen umgebracht worden sei; das Volk habe Feuer an das Schloß gelegt, die Adligen seien in dem Brand umgekommen. Dieses Gerücht machte natürlich Eindruck, über seinen Ursprung jedoch wissen wir nur, was zwei zeitgenössische Briefe der Stadtverwaltungen von Sainte-Foy-la-Grande und von Cahuzac dazu anmerken. Dem ersten Brief zufolge »gibt es keine andere Ursache als einige Streitereien zwischen einzelnen Mitgliedern des Adels und des Dritten Standes«. Der zweite Brief spricht davon, »daß tags zuvor [am 29. Juli] in Sainte-Foy und in La Roche-Chalais eine Meuterei wegen des Getreides ausgebrochen ist«. Hätte es einen Aufstand in Sainte-Foy gegeben, so wäre er von der Verwaltung des Marktfleckens in ihrem Sendschreiben sicherlich erwähnt worden; für La-Roche-Chalais kann die Nachricht allerdings gelten. In Domme wurde der Tumult mit der Erhebung von vier Pfarrgemeinden aus der Umgebung von Limeuil erklärt, »die das Schloß des Herrn von Vassal, zwischen Limeuil und Le Bug, dem Erdboden gleichgemacht haben«. Dieses Gerücht pflanzte sich bis nach Cahors fort, aber es wird durch nichts erhärtet, selbst seine Quelle ist unbekannt. Ähnlich verhält es sich mit dem Gerücht, das in Lauzerte über die Einnahme der Schlösser von Biron und Monségur umlief. Ein weiteres hat uns Durand, Sekretär des Sénéchal von Castelmoron, in Gensac überliefert: »Wir haben soeben erfahren, daß fünfhundert junge Leute aus Angoulême ganz ruhig im Schloß Saint-Simon eingetroffen sind, das sie abgebrannt haben sollen, um sich nach getaner Arbeit ebenso ruhig wieder zurückzuziehen: das ist der Grund für unsere Erregung.« Ursachen der örtlichen Besorgnis waren in einigen Fällen auch Plünderungen. In Tannay, im Nivernais, trafen nach einem zweiten Alarm mit uns unbekanntem Grund am 30. Juli um neun Uhr abends die Einwohner von Asnoix ein, die einen dritten Alarm auslösten: »Über neunhundert Mann, die von den Arbeiten am Châtillon-Kanal weggelaufen waren, plünderten die Häuser, um sich Nahrungsmittel zu verschaffen, weil sie, wie sie sagten, Hunger hatten.«

Ein anderer Typus von Ereignissen führt uns zu den Ursachen zurück, die wir mit den Ur-Paniken in Zusammenhang gebracht haben. So brach in Loches am Nachmittag des 29. Juli eine Panik aus, nachdem am 27. aus Tours bekannt geworden war, daß Räuber aus dem Maine nahten. Dies geschah, bevor die von Ruffec im Süden ausgehende Furchtwelle dorthin gelangt war. Die Schreckensbotschaft von Loches folgte dann dem Indrelauf flußaufwärts; ihr Ursprung lag allem Anschein nach in den Unruhen von Azay-le-Rideau und Montbazon, wo man das Getreide geplündert hatte. Zur gleichen Zeit stiftete die Bürgerwehr von Isle-Bouchard in der Nachbarschaft Unruhe, indem sie bei den Bauern Getreide requirierte. Wie im Soissonnais und in Montmorency hatte eine relativ späte Panik in Clamecy Anfang August ihren Grund in einem Lohnzwist zwischen einem Pächter und seinen Arbeitern, der zur Folge hatte, daß mehrere Dörfer die Sturmglocke läuteten. Furcht vor den Landstreichern kam immer wieder hinzu. In La Châtre läutete die Sturmglocke zum dritten Mal, weil eine Patrouille einen arbeitslosen Hausdiener verhaftet hatte, der ohne Geld und Papiere vagabundierte und »einen langen Bart« trug. Eine der zahlreichen Unruhen von Limoges wurde von den Holzfällern aus dem Wald von Aixe ausgelöst, die die Flucht ergriffen, als sie zu früher Morgenstunde Fremde »auf den Waldwegen herumlungern« sahen. Panik entstand in La Queuille, am Fuß der Dômes-Berge, als sechs in einem Gehölz kauernde Bettler entdeckt wurden, sowie in Forcalquier, als drei Familien im Wald von Volx aufgestöbert wurden. Als sich am Abend des 6. August die Gebirgsbewohner auf dem Weg nach Lourdes befanden, um der Stadt Hilfe zu bringen, schickten ihnen einige Hirten einen Boten hinterher, um sie zu informieren, daß die Räuber in ihre Täler unterwegs seien: sie hatten in der Ferne einige Schmuggler beobachtet. Der Bote beteuerte guten Glaubens, daß ihre Dörfer mit Feuer und Schwert verwüstet würden. Sie kehrten daraufhin überstürzt zurück, während der Überbringer der Botschaft nach Lourdes eilte, um sein Werk zu vollenden: es war der vierte Alarm im Verlauf des 6. August. Das auf den 16. August datierte Rundschreiben des Komitees von Uzerche informierte die Bauern von dem Ergebnis seiner Untersuchung über die Ursachen der Furcht und warnte sie vor unbegründeten Reaktionen, wobei es zahlreiche eindrucksvolle Beispiele nannte. In Chavagnac hatte ein sechzehnjähriger Junge, der bei der Feldarbeit »von weitem den Wächter und den Fischer des Grafen von Saint-Marsault sah, die beide ein Gewehr in der Hand hatten« und Tabak einkaufen wollten, für Räuber gehalten. Als sich am 12. August die Untersuchungskommission in dasselbe Dorf begab, lief eine Frau bei ihrem Anblick davon; als man sie einholte, gab sie zu, daß sie hatte Alarm schlagen wollen. Am selben Tag lösten in Saignes Kinder den Alarm aus, die die Magd und den Neffen des Pfarrers von Chamberet in einer Scheune verschwinden gesehen hatten, wo sie sich ausruhen wollten. Und als am 13. August ein bei hereinbrechender Nacht vom Regen überraschter Einwohner aus Saint-Ybard an die Tür eines Bauern in Sainte-Eulalie klopfte und um Unterkunft bat, rief dieser sogleich Hilfe herbei.

Schließlich können in einer letzten Gruppe die Vorfälle zusammengefaßt werden, die an Autosuggestion gemahnen. Viehherden, die sich im Walde rührten oder auf der Landstraße und auf den Feldern Staub aufwirbelten, bildeten in mehreren Fällen das Initialmoment für Paniken – so in Châtillon-sur-Seine durch den Eifer eines Vikars aus der Pfarrgemeinde Saint-Jean, in Rochechouart durch einen Postillon und in Limoges durch einen Schatzmeister der Krone, der zu Pferde nach Aixe aufgebrochen war, um die Räuber ausfindig zu machen. Der Lichtschein der Kalköfen, der Rauch des auf den Feldern verbrennenden Unkrauts, der Widerschein der untergehenden Sonne auf den Fensterscheiben eines Schlosses galten als Belege dafür, daß Räuber einen Brand gelegt hatten, so etwa in Saint-Omer, in Beaucaire, wo man am 30. Juli das Schloß am gegenüberliegenden Rhôneufer in Flammen wähnte, und in Saint-Félix im Vabrais. Doch auch relativ banale Vorkommnisse hatten erhebliche Auswirkungen. In Villefranche-de-Rouergue packte eine Schildwache die Angst beim Geräusch eines in der Nacht vorbeirollenden Wagens. In Choiseul sprach Beugnot mit einem Ackerbauern, der glaubte, die Räuber »bei ungenauem Mondlicht« in den Wäldern erkannt zu haben. Als Herr von Terssac am 2. August in der Umgebung von Saint-Giron im Nebel heimkehrte, begegnete er einem Maultiertreiber, der mit verhängtem Zügel vorwärtshastete und dabei rief: »Die Feinde! Die Feinde!« »Er hörte Trommeln und Trompeten, ich aber hörte nichts.« Herr von Terrsac stieg vom Pferd und versuchte herauszufinden, was den Mann in Schrecken versetzt hatte. »Es waren Schnitter, die bei der Arbeit sangen. [. . .] Ich konnte sonst nichts anderes sehen oder hören. Die Nacht war ruhig und der Himmel wolkenlos.« Hinzugefügt sei noch, daß am 27. Juli ein Lastträger dem Komitee von Besançon berichtete, ihn hätten am Abend zuvor, als er aus Vesoul zurückkam, Räuber in einen Wald gezerrt, »wo sie einen Waldhüter getötet, einen Klafter Holz verbrannt und zwei Streifen Speck gebraten haben«, während sie von geplanten Überfällen auf eine Abtei und verschiedene Schlösser sprachen. Die Nachforschungen blieben ohne Erfolg. Schließlich gestand er, er habe diese Geschichte erfunden, woraufhin er an den Pranger gestellt wurde. Dies ist der einzige uns bekannt gewordene Kolporteur von bewußt verbreiteten Falschmeldungen, von denen so viel Aufhebens gemacht wurde.

Der Verlauf der Großen Furcht

Stellt man sich die Große Furcht so vor, daß sie sich von Paris aus in konzentrischen Wellen über die französischen Provinzen ausgebreitet hat, so liegt die Annahme nahe, daß sie den großen natürlichen Verkehrswegen gefolgt ist, die quer durch Frankreich verlaufen. Zum Beispiel hätte sie von Paris nach Bordeaux durch das Loiretal und die Senke des Poitou sich fortpflanzen oder von Paris nach Marseille in der Rinne von Saône und Rhône sich vorwärtsbewegen müssen. Die Wirklichkeit indes sieht anders aus. Nur zwei Wellen haben überhaupt die Hauptstadt berührt – und statt von ihr auszugehen, haben sie sich vielmehr auf sie zubewegt. Das Loiretal ließ der Furcht wider Erwarten keinen Entfaltungsspielraum, sondern wurde von ihr lediglich gestreift, ob sie nun vom Gâtinais oberhalb von Orléans kam oder aus dem

Maine, aus Blois und aus Tours. Sie hat die Senke des Poitou zwar durchquert, jedoch von Süd-West nach Nord-Ost, von Ruffec in die Touraine. Nicht der Saône folgend hat die Panik von der Franche-Comté auf den Süden übergegriffen, sondern entlang dem Jura. Das Garonnetal hat überhaupt keine Rolle für die Verbreitung des Schreckens gespielt.

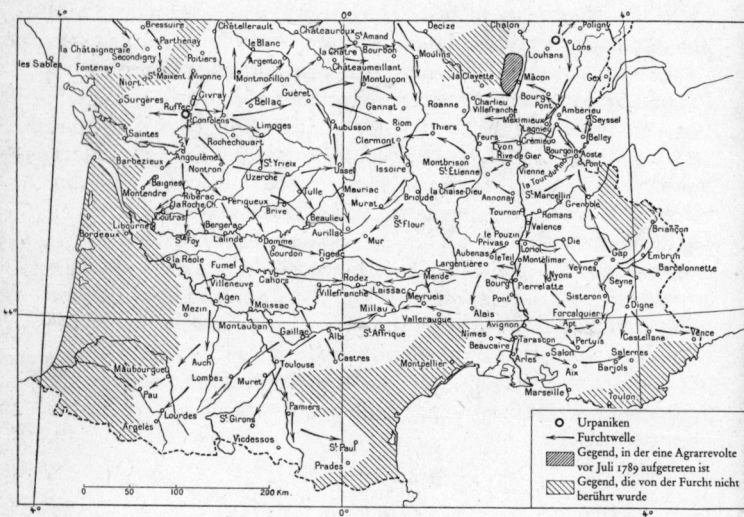

Wellen der Großen Furcht

Die Gebirgszüge bildeten keine unüberwindliche Barriere. Von Ruffec aus hat die Furcht das Massif Central bis in die Auvergne überquert; vom Mâconnais und von Lyonnais hat sie die Limagne direkt über Berge und Täler hinweg erreicht; von den Ufern der Rhône ist sie in die Lozère und in die Causses vorgedrungen; vom Dauphiné ist sie flußabwärts in die Provence gewandert, aber auch über die Alpen. Unterschiedliche Entwicklungen zwischen Landstrichen mit Streusiedlungen und geschlossenen Dörfern sind nicht zu erkennen; die Furcht verbreitete sich im Bas-Maine und in den Mauges ebenso schnell wie in der Picardie oder im unfruchtbaren Teil der Champagne.

Dieser abnorme Verlauf erklärt sich aus den Ursachen und der

Verbreitungsweise der Paniken. Da sie aus zufälligen lokalen Anlässen herrührten und in die Umgebung ausstrahlten, pflanzten sie sich im allgemeinen nicht auf den natürlichen Verkehrswegen fort, die sie aller Erwartung nach hätten einschlagen müssen. Die verängstigte Bevölkerung bat die nächstgelegene Stadt um Hilfe oder hielt es für ihre Pflicht, die angrenzende Region zu benachrichtigen. Ein Fluß ohne Brücke ließ den guten Willen der Leute eher erlahmen als ein Gebirge. Andererseits ist die Verbreitung der Furcht nicht kontinuierlich vonstatten gegangen. Sie verlief von einer Stadtverwaltung zur anderen, von Pfarrer zu Pfarrer, von Seigneur zu Seigneur, jedoch nicht durchgehend von Haus zu Haus. Die benachrichtigte Behörde ließ die Sturmglocke läuten. Auf dieses Signal hin versammelten sich die Einwohner einer Pfarrgemeinde in den Mauges ebenso rasch wie die eines pikardischen Dorfes. Man sollte sich jedoch hüten, die relative Belanglosigkeit des geographischen Faktors zu übertreiben. Wo die Bedingungen es erlaubten, hat sich die Furcht durch die Täler ausgebreitet, zum Beispiel in der Champagne, dem Rhônetal von Valence bis Arles, oder über die anderen traditionellen Verkehrswege wie die am Massif Central entlangführende Transversale, die das Poitou mit dem Berry verbindet, die Querverbindung von Limoges nach Toulouse durch das Périgord oder von Coutras ins Béarn durch das Agenais und das Armagnac. Andererseits hat das Gebirge die Schreckensbotschaften nur selten aufgehalten – das Plateau von Millevaches, die Hochalpenstöcke und die Berge von Diois sind ausgespart worden, das Haut-Vivarais und die Cévennen haben sie eher gestreift als überschritten. In anderen Fällen scheint es so, als sei der Furcht der Atem ausgegangen, wenn sie die Täler hinaufstieg, wie etwa in der Champagne beim Erklimmen der Côte-d'Or. Schließlich sind die einsamen und kaum bevölkerten Gegenden von ihr unberührt geblieben, dazu zählen die Sologne, die Landes und die Dombes. Eine wichtige Rolle hat wohl die Double gespielt, denn von Angoulême ist die Furcht ins Périgord statt in die Gironde-Gegend hinübergewechselt und hat so über die Dordogne oberhalb des Zuflusses der Isle das Agenais erreicht.

Der Verlauf der verschiedenen Wellen der Großen Furcht kann hier nicht im einzelnen nachgezeichnet werden. Im übrigen weist ihr Weg, so wie ihn die Abbildung zeigt, bei dem Stand unserer Dokumentation sehr viele Lücken auf.

Das weitere Auftreten der Furcht

Die Angst vor den Räubern, in der sich alle Gründe für die Unsicherheit kristallisiert haben und die die Große Furcht hervorgerufen hatte, verschwand keineswegs, nachdem feststand, daß »die Räuber nicht kamen«. Tatsächlich blieben die Motive, die ihr Erscheinen wahrscheinlich gemacht hatten, weiterhin bestehen. Die Periode der schlechten Ernte währte bis Ende August. Aus ihr folgten Hungersnot, Arbeitslosigkeit, Elend und Bettlertum. Im August 1789 schloß die Stadtverwaltung von Paris die *ateliers de charité* (Armenwerkstätten) und versuchte, die übel beleumundeten Arbeiter vom Montmartre in ihre Heimatprovinzen zurückzuschicken. Mehr denn je kursierte in dieser Phase die Hypothese vom Aristokratenkomplott. Man hat sie geleugnet und die Revolutionäre gröblich getadelt, daß sie weiterhin auf ihr beharrten. Wir wissen heute, daß ihre Befürchtungen berechtigt waren, denn im Juli 1789 hatte der Hof von sich aus einen Gewaltstreich gegen die Nationalversammlung vorbereitet, während sich in den letzten Monaten des Jahres 1789 in der Provinz heimlich konterrevolutionäre Bünde bildeten, sich gleichzeitig die Emigranten im Ausland und Ludwig XVI. bemühten, den bewaffneten Beistand der Aristokraten zu erlangen. Wenn man die damalige Stimmung kennt, überrascht es nicht, daß es an manchen Orten Besorgnis in den auf die Große Furcht folgenden Wochen gab.

Am 14. August dementierte das Komitee von Senlis die in Paris umlaufende Nachricht, daß zweitausend Räuber im Wald versammelt seien. Am 15. August kam es zu einer Panik in Montdidier. Am 22. August wurde in Rambouillet behauptet, daß »Räuber das Land durchstreifen«. Am 5. August wurde in Asnan bei Clamecy Alarm geschlagen, am 16. in Orléans, wo Erntearbeiter dem Sohn eines Händlers in Bacon bei Coulmiers Lösegeld abgepreßt hatten, am 7. August in Caen und kurz danach im Bezirk von Thorigny. Zu Monatsanfang entstand eine heftige Panik im Süden von Saint-Florentin in der Umgebung des Waldes von Pontigny sowie mehrere andere in Issy-l'Evêque und Toulon-sur-Arroux. In der Nacht vom 3. auf den 4. August zeichnete sich eine Panik in der Bresse ab, die von Tournus ausgegangen war und die erst in Bletterans durch die Kaltblütigkeit Lecourbes, der das Läuten der Sturmglocke verhinderte, gestoppt wurde. Am

7. brach in der Umgebung von Châtillon-de-Michaille im Osten von Bugey der Schrecken aus. Ein Aufruhr wurde in der Nacht vom 9. auf den 10. August in der Umgebung von Champagnac gemeldet, ein weiterer am 6. in La Queuille; am 5. meinten Erntearbeiter in Civray einen Gewehrkolben und einen Gewehrlauf in einem Leiterwagen erkannt zu haben und versetzten die Bevölkerung in Aufruhr. Die Sturmglocke läutete von neuem in Beaulieu im Périgord in der Nacht vom 10. auf den 11., desgleichen am 10. in Castelnau-de-Montmirail im Nordwesten von Gaillac. Die Arbeiter der Salinen von Pecquais verbreiteten am 22. die Angst in Vauvert. Am 15. beschloß die Stadtverwaltung von Saint-Girons Informationen einzuholen, da sich »das Gerücht, daß zehntausend Kriegsleute in Barcelona gelandet seien und sich auf das spanische Katalonien zubewegten, das an das französische angrenzt, zu bestätigen schien«. Eine neue Panik brach in Aix am 21. aus, nachdem eine Räuberbande aus Marseille angekündigt worden war. Diese Angstreaktionen blieben sicherlich deshalb örtlich begrenzt, weil die Erfahrungen des Juli die Leute weniger leichtgläubig gemacht hatten und weil die Ernte beendet war.

Nach dem gegenwärtigen Stand der Forschung scheint es, als seien die Angstreaktionen in der Folgezeit erloschen. Doch mit dem Nahen der Ernte tauchten sie 1790 wieder auf, was darauf hinweist, welche Bedeutung diesem Faktor für die Vorbereitung der Großen Furcht beigemessen werden muß. Am 16. Juli machte sich eine Gruppe von Bauern nach einer Abtei in der Gegend von Guise auf, da man den Verdacht hegte, daß dort Waffen und Munition verborgen wären. Alsbald ging das Gerücht im Lande um, daß die Räuber die Ernte verwüsteten. Die Panik breitete sich am selben Tag in Richtung Ribemont aus und erreichte um acht Uhr abends Laon; sie bewegte sich gleichzeitig nach Nordwesten quer durch die Thiérache, kam nach Rethel, verbreitete sich im ganzen Porcien und bis nach Rimogne und Rocroy am Fuß der Ardennen. Schon am 12. Juli hatte ein uns unbekannter Zwischenfall einen ähnlichen Alarm in Vézelise ausgelöst, von wo aus er bis nach Nancy und Lunéville vordrang. Am 17. Juli zeigte sich die Furcht in Aboncourt, in der »bailliage« von Amont. Es gibt keinerlei Anzeichen für einen Zusammenhang mit dem Alarm in Vézelize, er ist jedoch nicht auszuschließen. Drei Wochen später brachte eine heftige Panik einen anderen Hauptfaktor der Großen Furcht ins Spiel: die Machenschaften des Adels. Ende Juli war bekannt geworden, daß sich österreichische Truppen gegen die aufständischen Niederlande in Marsch setzten. Die Regierung Ludwigs XVI. hatte ihnen aufgrund der Konvention von 1769 erlaubt, französisches Territorium zu überqueren. Die Bevölkerung im Osten war überzeugt, daß die Revolution in den Niederlanden lediglich einen Vorwand darstellte und die kaiserliche Armee in Wirklichkeit einen Feldzug gegen Frankreich plane. Am 3. August glaubte man in Cheppy, nahe bei Varennes, einen ihrer Vortrupps beobachtet zu haben. Wahrscheinlich hatte man eine Patrouille von Bouillé für fremdes Militär gehalten. Jedenfalls verbreitete sich wie ein Lauffeuer die Nachricht, daß die Ernten verbrannt oder verwüstet worden seien – bald hieß es durch Österreicher, bald durch die Räuber. Der ganze Argonnerwald erzitterte, man bat um Hilfe. Bar-le-Duc war bereits am 4. August gewarnt und rief sogleich das ganze Barrois zu den Waffen. Dadurch gelangte die Nachricht am 5. nach Saint-Dizier. Im Osten erreichte sie Châlons und Reims über Sainte-Menehould, im Westen bereits am 4. Verdun und Saint-Mihiel. Von Verdun aus kam sie am 5. nach Metz und nach Thionville und versetzte die Woëvre bis nach Longwy in äußerste Wachsamkeit. Sie folgte auch der Maas flußabwärts bis Stenay und der Aisne, so daß sie sich von Vouziers aus abermals im Porcien bis nach Rimogne und in der Thiérache bis nach Rozoy und Moncornet verbreitete. Die Alarmzustände lösten wie 1789 Unruhen aus. Der Kommandant von Stenay schien verdächtig und wurde bedroht; in Méligny-le-Grand drang man mit Gewalt in das Haus des Seigneur ein, um sich Waffen anzueignen; das Schloß in Aboncourt wurde geplündert.

Die Furcht vor den Räubern trat 1791 in Varennes auf und am Tag nach der Flucht des Königs in Trappes, im Gebiet der Seine-et-Oise, sowie am 24. Juni in Dreux. Im folgenden Jahr zeigte sie sich von neuem in Gisors auf die Nachricht vom 10. August. Noch später, am 20. April 1793, erfaßte eine heftige Panik das Caux-Land um Yvetot, als man meldete, daß die Engländer gelandet seien und von den Aristokraten bezahlte Räuber das Land verheerten, um ihren Vormarsch zu beschleunigen. Schließlich versetzte Ende September 1793 ein Alarm die Umgebung von Maux in Aufruhr. Wir kennen ihn durch einen Brief, den Vernon, früher bischöflicher Vikar im Gebiet Seine-et-

Marne, an Chabot gerichtet hat. Seine Mitteilung ist nicht sehr klar. Es lohnt sich aber, sie wiederzugeben:

»Wir hatten am vergangenen Montag [23. September] einen falschen Alarm. Vierzigtausend Sansculotten waren im Handumdrehen zusammengezogen. Wenn sich die Aristokraten mit einer solchen Machenschaft ein Vergnügen bereiten wollten, werden sie es ein zweites Mal sicherlich nicht mehr tun. Sie haben jetzt die Geigen gesehen, mit denen man ihnen aufspielen wird.«

Die Angstreaktionen haben also so lange angedauert, wie die Revolution in Gefahr war. Die von uns erwähnten Beispiele werden hoffentlich durch künftige Forschungen ergänzt werden. Sie scheinen unseren Erklärungsversuch der Großen Furcht von 1789 zu bestätigen.

Die Folgen der Großen Furcht

Während der Periode der Großen Furcht kam es in den Städten und auf dem Land zu zahlreichen politischen Bewegungen und Unruhen, für die sie unmittelbar verantwortlich gemacht wird, zumal von denen, die sich die These vom Komplott zu eigen gemacht haben. Tatsächlich fällt es nicht leicht, ihren Einfluß zu bestimmen. Zunächst ist zu beachten, daß die Tage zwischen dem 20. Juli und dem 6. August nicht einen Block bilden, denn die Panik ist nicht überall gleichzeitig ausgebrochen. Es ist stets daran zu erinnern, daß die Angst vor den Räubern und die Große Furcht zweierlei sind. Schließlich bedeutet die zeitliche Übereinstimmung der beiden Ereignisketten keinen Kausalnexus. Dies liegt auf der Hand in jenen Gegenden, die sich schon vor Ausbruch der Panik im Aufstand befanden. Dies gilt auch für die dem Schauplatz der Aufstände benachbarten Gebiete. So ist die Bresse während der Tage der Furcht erheblich in Mitleidenschaft gezogen worden. Am 26. Juli plünderten in Vonnas Bauern der Umgebung das Schloß Beost, in Thoissey wurden die Grund- und Zinsbücher vernichtet. Das gleiche geschah am 27. Juli in Pont-de-Veyle. Am 28. Juli verlangten die Einwohner von Arlay die Rechtstitel der Herzogin von Brancas. Einige Tage zuvor hatte die soziale Gärung vor den Toren von Bourg und in Romenay ähnliche Zwischenfälle ausgelöst. Die Vermutung liegt nahe, daß hier die Vorgänge im Mâconnais, in unmittelbarer Nähe, Nachahmung gefunden hätten, wäre nicht die Furcht dazwischengekommen. Diese Vermutung wird dadurch bestätigt, daß sich die Unruhen in den von der Furcht verschonten Gebieten ebenso wie in den anderen entfaltet haben. So sind ihr weder der Aufruhr vom 3. und 4. August in Rouen noch die Unruhen zuzurechnen, die Ende Juli und Anfang August in Fumay, Marienbourg und Givet zum Sturz der Stadtverwaltungen führten, ebensowenig die wachsende Unbotmäßigkeit der Bauern in Lothringen, im Hennegau und im Cambrésis gegenüber den Abgabeneintreibern und den Seigneurs, die sich oft in Gewalttätigkeiten äußerte. Schließlich wäre hinzuzufügen, daß die Panik in den Städten den gemeinsamen Verteidigungswillen wiederhergestellt hat. Sie hat fast immer die städtischen Konflikte aufgehoben oder gemildert, statt sie zu entzünden. Im übrigen haben, es sei noch einmal wiederholt, die Gründung der Komitees und die Bewaffnung des Volkes lange vor dem Auftreten der Furcht begonnen. Es ist ein Irrtum zu meinen, daß danach alle Dörfer eine Miliz besessen hätten; viele haben die Proklamation vom 10. August abgewartet, manche haben erst 1790 eine Nationalgarde gebildet.

Abgesehen von diesen Vorbehalten bleibt der Einfluß der Großen Furcht unbestritten. In der Mehrzahl der Fälle befanden sich die Komitees und Stadtmilizen damals erst in der Gründungsphase oder existierten nur auf dem Papier. Die Furcht hat die Komitees veranlaßt, sich zu organisieren, und ihnen Gelegenheit zum Handeln gegeben. Sie hat die Milizen gezwungen, sich zu formieren und sich Waffen und Munition zu verschaffen. Sie hat den Gedanken der Bewaffnung bis in die kleinsten Marktflecken auf dem Lande und in die Dörfer getragen. Sie hat die Bande der Solidarität zwischen der Stadt und ihrem Umland und zwischen den Städten selbst geknüpft, so daß man den Ursprung der Föderationen in mehreren Provinzen auf Ende Juli 1789 zurückdatieren kann. Betrachten wir die Dinge nüchtern: beim Herannahen der Räuber dachten viele Leute nur an Flucht. Waffen waren knapp, und die überwiegende Mehrzahl der Milizionäre besaßen keine Gewehre. Die Landbevölkerung war bei ihren Unternehmungen nur mit ihrem Gerät oder mit Stöcken ausgerüstet. Man hörte sehr bald auf, Wachen aufzustellen, und dachte kaum daran, Bürgersoldaten auszubilden. Dennoch bleibt, im nationalen Kontext, die von der Panik ausgelöste Reaktion ein gewichtiges Phänomen. Alles in allem handelte es sich um eine Art Vorspiel zu der späteren »levée en masse«. Im Verlauf dieser ersten allgemeinen Mobilisierung trat der kriegerische Geist der Revolution vornehmlich in Losungen zutage, die schon an 1792 und das Jahr II denken lassen. In Uzerche schmückten sich die Milizionäre mit einem Abzeichen, das die Devise »Siegen oder sterben« trug, und in Besançon bildeten fünfzig Kinder aus der Vorstadt Battant eine Gruppe, deren Fahne die Inschrift zeigte: »Wenn die Alten abtreten, folgen ihnen die Jungen.«

Nun sind diese Bekundungen des Gefühls der nationalen Einheit und des Nationalstolzes unzertrennlich mit der revolutionären Gärung verbunden. Das Volk hat sich erhoben, um das Komplott, als dessen Werkzeuge die Räuber und die ausländischen Truppen erschienen, zu vereiteln und um die Niederlage der Aristokratie zu vollenden. So übte die Große Furcht zweifellos einen tiefgreifenden Einfluß auf den sozialen Konflikt aus: unter den Mitgliedern des Dritten Standes befestigte sich die Klassensolidarität, sie wurden sich ihrer Stärke bewußt. Die Aristokratie täuschte sich in diesem Punkt keineswegs. »Madame«, schrieb am 28. August der Gutsverwalter der Herzogin von Brancas aus Arlay, »das Volk ist der Gebieter. Es ist zu aufgeklärt. Es weiß, daß es der Stärkere ist.«

Der Stachel der Großen Furcht richtete sich vorab gegen den Adel und die hohe Geistlichkeit, die als ihre Anstifter galten. Meist begnügte man sich mit Murren und Drohungen, wie etwa in Saint-Girons gegenüber Terssac, der sich weiterhin friedlich unter die Menge mischte und sie durch seine Gelassenheit beeindruckte. Aber in vielen Fällen fehlte nur wenig, um den Unmut zur Explosion zu bringen. Josses, Parlamentspräsident in Pau, geriet am 7. August in Bagnères-de-Bigorre in Lebensgefahr, und das Haus von Montcalm, des aus der Nationalversammlung ausgeschiedenen Abgeordneten des Adels, wurde am 2. August in Saint-Affrique angegriffen. Schikanen waren fast die Regel. In Montdidier wurden Adlige von den Bauern zusammengetrieben und gezwungen, die Kokarde anzustecken und zu rufen: »Es lebe der Dritte Stand!« Es ist dies nicht das einzige Beispiel dieser Art. Mehr denn je erschienen die Schlösser verdächtig. Die Durchsuchungen häuften sich. Am 31. Juli argwöhnte man in Mauriac, daß im Schloß von Espinchal »hohe Persönlichkeiten« sich versteckt hielten, und stürmte die Tore. Dasselbe geschah in Tannay im Nivernais, in Allemans im Agenais und in Asnan im Toulou-sain. In Chauffailles im Forez drohte man, Schlösser anzustecken, einige wurden geplündert, wie das des Bischofs von Cahors in Mercueis und am 24. Juli das des Ritters von la Rouandière in Saint-Denis-d'Anjou. Im picardischen Frétoy durchwühlten die Bauern das Schloß, um das dort angeblich versteckte Korn zu beschlagnahmen, wobei sie von einem ehemaligen Soldaten aus der Gegend und früheren Diener des Seigneur geführt wurden; er war tags zuvor aus dem Berry, wo er Jagdhüter war, eingetroffen, wobei er den Weg über die Hauptstadt genommen hatte. Hie und da ließen sich die Bauern auch die ihnen abgenommenen Gewehre zurückgeben, töteten die Tauben des Seigneur oder forderten die Beseitigung der seigneurialen Rechte, so etwa in La Clayette im Forez und in Baignes in der Saintonge. Obwohl ein eindeutiger Zusammenhang zwischen diesen Ereignissen und denen, die der Furcht vorausgegangen sind, besteht, ist er mitunter übertrieben interpretiert worden. So spricht Taine von neun in Brand gesteckten Schlössern in der Auvergne, in Wirklichkeit ist nicht ein einziges angesteckt worden. In den meisten Provinzen waren die Zwischenfälle allem Anschein nach nicht sonderlich gravierend, gemessen an der Stärke der Bewegung, obwohl in der Folge der großen Agrarrevolten die Aristokraten fraglos terrorisiert wurden.

Taine hat der Affäre von Secondigny, einem Flecken im Poitou südlich von Parthenay, Berühmtheit verschafft. Die Prozeßakte zeigt, daß Desprès-Monpezat, der Kläger, vor allem ein Opfer seines ungeschickten und unvorsichtigen Verhaltens wurde. Nachdem er am 23. Juli zu früher Stunde einen Brief des Subdelegierten von La Châtaigneraie empfangen hatte, der ihm das Herannahen der Räuber anzeigte, ließ er die Sturmglocke läuten und ermächtigte einen Gehilfen, die im benachbarten Wald arbeitenden Holzfäller zusammenzurufen. Dann kehrte er nach Hause zurück und rührte sich nicht mehr. Die Arbeiter eilten mit ihrem Vorarbeiter und dem Aufseher des Grafen von Artois herbei. Der Vormittag verging, ohne daß ihnen jemand Genaueres mitgeteilt hätte. Schließlich suchten sie Desprès auf, den sie beim Mittagessen antrafen. Er versprach, sich sogleich in den Ort zu begeben, er tat aber nichts dergleichen, so daß sich die Gemüter erhitzten. Man vermutete Verrat, denn es war bekannt, daß Desprès zusammen mit anderen bei der Wahl der Abgeordneten des Adels zu den Generalständen dazu ausersehen worden war, die Korrespondenz mit diesen zu führen. Zudem »kam ein Gerücht auf, daß man einen Arbeiter ermorden wollte«. Kurz, gegen halb fünf sah Desprès die Menge zurückkommen. Jetzt war sie aufgebracht: »Ah, Herr Dorfbevollmächtigter, Herr Verbindungsmann zum Adel, Sie sind in unseren Händen. [. . .] Gehören Sie dem Dritten Stand an? [. . .] Sie lassen uns warten. Sie scheinen sich über uns lustig zu machen und stehlen uns unsere Zeit. Wir wollen dafür bezahlt werden.« Er mußte die Kokarde anstecken, und man schleppte ihn zum Notar Escot, vor dem er schriftlich auf seine Steuerprivilegien verzichten mußte. Mit reichlich vielen Worten berichtete Desprès, man habe ihm übel mitgespielt. Es fällt nicht schwer, ihm zu glauben. Er gab zu Protokoll, die Arbeiter hätten behauptet, der Aufseher Talbot besitze »einen Brief«, der dazu auffordere, »auf die Landedelleute die Hetzjagd zu beginnen und alle umzubringen, die sich weigerten, auf ihre Privilegien zu verzichten. Ihre Schlösser sollten niedergebrannt und geplündert werden, wobei nicht nur Straffreiheit, sondern sogar Belohnung zugesagt wurde«. An diesem Einzelfall ist die Stimmung abzulesen, aus der die Jacquerien entstanden sind: die Große Furcht hatte nur die Gelegenheit dazu geliefert. Desprès sprach von einer Verschwörung und erhob Klage gegen den Notar Escot und einen Schneider namens Gigaut, die nach ihrer Verhaftung angaben, sie seien mit ihm überworfen, weswegen er sie jetzt aus Rache verleumde. Nach allem, was die Akten offenbaren, haben sie Reden geführt, die zur Aufwiegelung ihrer Zuhörer beitrugen. Escot sagte bei seiner Rückkehr aus Niort, man habe dort einen Edelmann, der sich weigerte, einen gleichen Verzicht zu unterschreiben, umgebracht, und Gigaut, aus Nantes zurückgekehrt, behauptete, man plündere und brandschatze die Schlösser mit Erlaubnis des Königs und man solle nun diesem Beispiel folgen. Gigaut erklärte, er habe sich nach Nantes begeben, »um sich dort den Freimaurern anzuschließen«. De Roux hat in seiner *Geschichte der Revolution in der Vienne* darin den Beweis gesehen, daß Gigaut ein Agent der Revolutionäre war. Doch dieser Schneider lebte nicht im Elend und war gewiß nicht von der Art derer, die man für gewöhnlich in den Logen aufnahm, seine Aussage ist ziemlich merkwürdig. Aber dem ihn verhörenden Profos, einem Gegner der Revolution, fiel das nicht auf. Kurz und gut, Desprès kam mit dem Schrecken davon. Er hätte die Schuld freilich vor allem bei sich selber suchen sollen.

Die Gräfin von Broglie sah am 2. August die Bauern ihrer Ländereien auf ihr Schloß in Ruffec zustreben. Sie überstand ebenfalls die Situation ohne jeden Schaden, da sie den Bauern die konfiszierten Gewehre wieder aushändigen ließ. Weniger erfreulich war das Schicksal von Poulian, Direktor der Steuerbehörde Baignes in der Saintonge, dessen Büroräume und Mobiliar am 30. Juli von der durch die Panik aufgebrachten Menge verwüstet und zertrümmert wurden. Als der Graf von Montausier zu vermitteln versuchte, wurde er angegriffen und gezwungen, auf seine Rechte zu verzichten. Noch schlimmer erging es dem Baron von Drouhet, dem Helden der Tragikomödie von Saint-Angel im Limousin, die in weiten Teilen Frankreichs bekannt wurde. In der Folge eines lokalen Alarms hatte er sich am 1. August an der Spitze seiner Hintersassen auf den Weg gemacht, um der bedrohten Ortschaft zu Hilfe zu eilen, denn die Einwohner glaubten, die Räuber im Anmarsch gesehen zu haben. Drouhet ließ anhalten und erwartete die Behördenvertreter, die sich nach seinem Begehr erkundigten und ihn auf seine Erklärungen hin zum Mittagessen einluden, während seine Truppe am Ort biwakierte. Doch die Einwohner von Saint-Angel waren deswegen noch lange nicht von den redlichen Absichten dieses Aristokraten überzeugt. Wenig später brach der Aufruhr los. Drouhets Männer ergriffen in ihrer Mehrzahl die Flucht, die restlichen wurden gefangengenommen. Man drohte, ihren Anführer und den Baron von Belinay, der ihm nachgefolgt war, umzubringen. Beide konnten nur gerettet werden, indem man sie ordnungsgemäß gefesselt nach Meymac brachte. Dort war die Gefahr indes nicht geringer, so daß man beschloß, sie nach Limoges zu überführen. Die Reise war heikel, weil die Bevölkerung annahm, es würden die Hauptleute der Räuber überführt. In Limoges wurden sie ins Gefängnis geworfen. Obwohl das Komitee rasch ihre Unschuld erkannt hatte, wagte es nicht, sie freizulassen. Schon am 12. August erschien in Aurillac eine Broschüre, die »den Sieg der Auvergnaten über die Aristokraten feierte«. Drouhet mußte zu seiner Rechtfertigung ein Manifest veröffentlichen. Erst am 7. September wurde er auf Anordnung der Nationalversammlung aus dem Gefängnis entlassen.

So schmerzlich diese Unruhen in Einzelfällen auch waren, sie hatten doch nicht ganze Provinzen verwüstet und kein Menschenleben gekostet. Es gibt einige wenige Ausnahmen von dieser Regel: drei Morde und die Jacquerie im Dauphiné.

Die Morde wurden in Ballon, im Maine, und in Pouzin, im Vivarais, begangen. In Ballon erschlug am 23. Juli die Menge Cureau und de Montesson, die man aus Nouans herbeigeschafft hatte. Cureau, stellvertretender Bürgermeister in Le Mans, hing der Ruf eines Wucherers an, de Montesson war bis zur Niederlegung seines Mandats Abgeordneter des Adels in der Nationalversammlung gewesen. Im Pouzin fand ein Marineoffizier namens Arbalétrier den Tod; er war am 29. Juli von Loriot aus zu einem Freund zu Besuch gekommen und hatte verkündet, daß der Alarm falsch sei. Unglücklicherweise folgte ein zweiter Alarm, aus dem die Menge schloß, er habe sie betrügen wollen und das Spiel der Räuber gespielt. Als er bedroht wurde, zog er wohl den Degen und wurde sogleich überwältigt. Man versuchte, ihn durch seine Verhaftung zu retten. Er wurde aber aus dem Gefängnis geholt und getötet. Dies sind die einzigen Morde, auf deren Spuren wir im Laufe der Landunruhen und der Großen Furcht gestoßen sind. In zahlreichen Werken, zumal bei Taine, begegnet einem ferner der Name von Barras, der im Languedoc in Stücke gehauen worden sein soll. Die Berichte darüber stützen sich allesamt auf den zweiten Brief von Lally an seine Auftraggeber. Es ist uns nicht gelungen, herauszufinden, wer Barras war, wo er seinen Wohnsitz hatte und ob er tatsächlich Opfer eines Verbrechens wurde. Verwunderlich ist, daß sich keinerlei Erwähnung des Vorfalls an anderer Stelle in den zeitgenössischen Dokumenten findet. Es wurden so viele Attentate, die niemals stattgefunden haben, gemeldet, daß man bis auf weiteres glauben möchte, der unbekannte Briefpartner von Lally habe sich getäuscht oder zumindest übertrieben.

Die Jacquerie im Dauphiné ist ausführlich von Conard in seinem Buch *Die Furcht im Dauphiné* geschildert worden, so daß wir uns hier mit einer Zusammenfassung begnügen können. Sie ging am 27. Juli in Bourgoin aus der Ansammlung der Bauern der Umgebung hervor, nachdem die Panik aus Pont-de-Beauvoisin in Bourgoin eingedrungen war. Die Bauern verbrachten die Nacht in den Straßen und legten sich in ihrem Zorn mit den Adligen an, die angeblich die Furcht verbreitet hatten, um sie zu schikanieren und sie um ein Tagewerk zu bringen. Da sie nun alle versammelt waren, wollten sie die Gelegenheit nützen, um sich an ihnen zu rächen. Am 28. Juli um sechs Uhr morgens machten sie sich auf, um im Westen der Stadt das Schloß des Präsidenten von Vaulx anzustecken. Dann verteilten sie sich und veranlaßten allmählich die benachbarten Dörfer zum Aufstand. Am 28. und 29. Juli gingen nacheinander die Schlösser am Bourbelauf und westlich des Flusses in Flammen auf. Die Lyoner griffen ein und verhinderten größeren Schaden. Die Bauern drangen jedoch weiter bis an die Rhône vor und legten an ihrem Südufer noch in anderen Schlössern, von denen das Schloß des Barons von Anthon das schönste war, Feuer. Am 30. Juli kamen sie östlich an der Bourbre vorbei und stießen dann bis zu einer Stelle gegenüber Lagnieu vor, wo die Lyoner, die zum zweiten Mal Crémieu zu Hilfe geeilt waren, das Kloster Salette vor dem Zugriff der Bauern retteten und diese in die Flucht schlugen. Unterdessen dehnten sich die Unruhen von Bourgoin bis an die Rhône und nach Guier aus, doch kam es dort nicht zu Brandstiftungen. Die Lyoner setzten auch dort nach einem Scharmützel in Saligny und Saint-Chef dem Aufruhr ein Ende. Der Aufstand griff dann auf den Südwesten über. Am 31. Juli wurde das Schloß des Präsidenten von Ornacieux niedergebrannt. In der Gegend von Péage-de-Roussillon konnte am 3. August das Schloß von Terre-Basse gerettet werden, in Lens-Lestang wurde in der Nacht vom 31. Juli das Schloß an der Saône angezündet. Im Südosten waren die Bauern von der Miliz aus Grenoble in Zaum gehalten worden, die bis nach Virieu vorgerückt war. Als sie sich am 1. August zurückzog, verbreitete sich die Unruhe im Umkreis dieses Ortes. Verbrannte Schlösser gab es keine mehr, aber bis zum 9. August kam es noch mehrfach zu heftigen Zusammenstößen. Der Bauernaufstand im Dauphiné war an Gefährlichkeit dem im Mâconnais gleich, ja, er übertraf ihn sogar. Der Generalstaatsanwalt Reynaud gab bekannt, daß achtzig Schlösser angegriffen worden waren, von denen neun in Flammen aufgingen.

Es ist daraus zu schließen, daß die Große Furcht auf dem Lande tiefere Spuren zog als in den Städten. Sie hat den Untergang der Grundherrschaft beschleunigt und dem vorangegangenen Bauernaufstand einen weiteren folgen lassen. In die Geschichte der Bauern ist sie in Flammenschrift eingeschrieben.

Schlußbetrachtung

Die Große Furcht entstand aus der Furcht vor den Räubern, die sich ihrerseits aus der ökonomischen, sozialen und politischen Situation erklärt, in der sich Frankreich im Jahre 1789 befand.

Im Ancien Régime zählte die Bettelei zu den Landplagen. Arbeitslosigkeit und Lebensmittelteuerung verschärften ab 1788 die Lage. Die zahllosen, durch die Hungersnot hervorgerufenen Unruhen beförderten die Verwicklungen. Schließlich trug die politische Krise erheblich dazu bei, daß die Verhältnisse sich dem Siedepunkt näherten. Im Bettler, im Vagabunden, im Aufständischen witterte man stets den »Räuber«. Die schlechte Ernte erregte Besorgnis. Die lokalen Alarme häuften sich.

Zum Zeitpunkt des Erntebeginns nahm dann der Konflikt, der den Dritten Stand und die von der Macht des Königs unterstützte Aristokratie miteinander konfrontierte und den Hungerrevolten in mehreren Provinzen längst den Charakter sozialer Kämpfe verliehen hatte, eine Wendung zum Bürgerkrieg. Der Pariser Aufstand und die Sicherheitsvorkehrungen, die, wie man glaubte, die Landstreicher aus der Hauptstadt und den großen Städten vertreiben sollten, breiteten die Furcht vor den Räubern weiter aus, während man angstvoll darauf wartete, daß die besiegten Aristokraten zum Schlag gegen den Dritten Stand ausholen würden, um sich mit Hilfe des Auslands an ihm zu rächen. Man zweifelte nicht daran, daß sie die angekündigten Räuber in ihren Sold genommen hätten. Das Zusammenwirken der ökonomischen, politischen und sozialen Krise verstärkte den Schrecken und begünstigte die Ausdehnung einiger örtlicher Unruhen über das ganze Land. Die Furcht vor den Räubern war ein universelles Phänomen, die Große Furcht nicht. Zu Unrecht hat man beide vermengt.

Bei der Entstehung der Großen Furcht war kein Komplott im Spiel. Die Furcht vor den Landstreichern war zwar nicht unbegründet, der aristokratische Räuber aber ein Phantom. Zweifellos haben die Revolutionäre dazu beigetragen, es zu beschwören, aber sie handelten in gutem Glauben. Wenn sie das Gerücht von einem Aristokratenkomplott in Umlauf setzten, so waren sie von ihm überzeugt. Doch sie hegten eine übertriebene Vorstellung von seiner Bedeutung – allein der Hof hat einen Gewaltstreich gegen den Dritten Stand im Sinn gehabt, doch bei seiner Ausführung sich als kläglich unfähig erwiesen. Sie begingen indes nicht den Fehler, ihre Gegner zu unterschätzen. Da sie ihnen die Energie und Entschlußkraft, die sie selbst beseelte, zuschrieben, hatten sie allen Grund, das Schlimmste anzunehmen. Im übrigen bedurften sie nicht der Großen Furcht, um die Städte auf ihre Seite zu ziehen, denn die Munizipalrevolution und die Bewaffnung waren ihr vorausgegangen. Das ist ein entscheidendes Argument. Das im Elend lebende Volk, das sich in den Städten und auf dem Land hinter der Bourgeoisie regte, beunruhigte diese. Sie hatte gute Gründe, seine Verzweiflungsausbrüche zu fürchten, unter denen die Revolution zweifellos gelitten hat. Es ist selbstverständlich, daß die Feinde der Revolution die Revolutionäre angeklagt haben, die armen Leute zum Umsturz des Ancien Régime angetrieben zu haben, um eine neue Ordnung unter ihrer Herrschaft an ihre Stelle zu setzen. Es ist ebenso selbstverständlich, daß die Bourgeoisie die Aristokratie verdächtigte, die Anarchie zu schüren, um sie selbst an der Machteroberung zu hindern. Und es ist erwiesen, daß die Furcht vor den Räubern einen ausgezeichneten Vorwand geliefert hat, sich gegen das Königtum zu bewaffnen, ohne dies einzugestehen. Doch hatte nicht der König selbst unter dem gleichen Vorwand seine Intrigen gegen die Nationalversammlung versteckt? Was insbesondere die Bauern anlangt, so hatte das Bürgertum keinerlei Interesse daran, daß durch die Jacquerien die Grundherrschaft gestürzt wurde. Die Konstituante zögerte nicht, dies zu beweisen, indem sie ihr Schonung gewährte. Aber um es noch einmal zu sagen: selbst wenn das Bürgertum eine entgegengesetzte Position eingenommen haben würde, hätte es zu seinen Zwecken der Großen Furcht nicht bedurft – die Jacquerien hatten schon vorher begonnen.

Daraus ist jedoch unter gar keinen Umständen zu schließen, daß die Große Furcht überhaupt keinen Einfluß auf den Lauf der Ereignisse genommen hätte und daß sie, um mit den Philosophen zu sprechen, nur ein Epiphänomen gewesen sei. Auf die Panik folgte unmittelbar eine heftige Reaktion, bei der sich zum ersten Mal der Kampfgeist der Revolution bekundete und sich die Gelegenheit bot, die nationale Einheit zum Ausdruck zu bringen und zu stärken. Danach kehrte sich diese Reaktion, vor allem auf dem Lande, gegen die Aristokratie. Indem sie die Bauern zusammenschloß, verlieh sie ihnen das Bewußtsein von Stärke und unterstützte den Angriff auf die Grundherrschaft. In diesem

Sinne verdienen nicht nur die merkwürdig und grotesk anmutenden Züge der Großen Furcht Beachtung; sie hat fraglos dazu beigetragen, die Nacht des 4. August vorzubereiten. So gesehen zählt sie zu den bedeutendsten Episoden der Geschichte Frankreichs.

Anmerkungen

1 In dem Buch *La Grande Peur de 1789* hat Georges Lefebvre 1932 das Ergebnis einer sich über zwölf Jahre erstreckenden Forschung in Form einer Synthese, ohne kritischen Apparat, zusammengefaßt. Der Autor sah in der Großen Furcht den Beginn der Bauernrevolution und gleichzeitig ein Phänomen, das sich in der Geschichte (Frankreich 1848) wiederholt hat. Es interessierten ihn die massenpsychologischen Triebkräfte – die kollektiven revolutionären Mentalitäten –, die den Ausbruch der Bauernrevolution erklären konnten. – Unser Auszug gibt eine Beschreibung der eigentlichen Furcht in ihren Anlässen, Mechanismen, Auswirkungen. Der ganze erste Teil des Buches, der die unruhige Situation auf dem Lande in der ersten Jahreshälfte 1789 schildert (Hungerrevolten, anti-feudale Kämpfe in Gestalt von Abgabenverweigerungen), die Entstehung einer Furcht vor einem aristokratischen Komplott beim Dritten Stand, besonders in Paris und Versailles, sowie die Agrarrevolten, die der Großen Furcht vorausgingen (im Mâconnais, Hainaut, in der Normandie, im Elsaß und in der Franche-Comté), wartet noch auf eine Übersetzung. (*Anm. d. Hrsg.*)

2 Der Prinz Lambesc hatte sich verhaßt gemacht, als er am 12. Juli 1789 mit seinem deutschen Dragonerregiment (Royal Allemand) die Demonstranten angriff, die in den Tuilerien gegen die Absetzung von Necker protestierten. (*Anm. d. Hrsg.*)

Georges Lefebvre
Die Französische Revolution und die Bauern

Es ist nicht meine Absicht, die Rolle der Bauern bei den revolutionären Ereignissen – und sei es nur in groben Umrissen – nachzuzeichnen oder ihre Existenzbedingungen von den letzten Jahren des Ancien Régime bis zum Beginn des 19. Jahrhunderts zu beschreiben. Es liegt mir vielmehr daran zu zeigen, daß man den Bauern einen bedeutenden Platz in der Geschichte der Revolution einräumen muß. Und da selbst Mathiez den Bauern nicht die ihnen gebührende Aufmerksamkeit gewidmet hat, erscheint es mir nicht müßig, meine Ansichten ausführlicher darzulegen, um so mehr, als in Frankreich die Agrarfragen in bedauerlichem Maße vernachlässigt werden, während sie im Ausland, besonders in England und Deutschland, Gegenstand zahlreicher gründlicher Studien sind. Dies ist paradox, denn Frankreich ist bis heute ein großes Agrarland. Es bleibt zu hoffen, daß das 1931 erschienene wichtige Werk von Marc Bloch Nachfolger finden wird.[1]

I.

Die Französische Revolution ist lange Zeit als das Werk von Philosophen interpretiert worden. Noch in den Büchern Aulards erscheint sie vor allem als ein ideologisches Phänomen. Erst Jaurès hat die Historiker daran gewöhnt, in ihr eine soziale Tatsache zu erkennen und ihre ökonomische Wurzel zu beachten. Es handelt sich hier wohlgemerkt nicht darum, den Ideen jede Bedeutung abzusprechen. Zwischen dem ökonomischen oder sozialen Tatbestand und dem historischen Tatbestand steht jedoch der menschliche Geist, der sich des ersteren bewußt werden muß, um den zweiten hervorzubringen. Dennoch bleibt wahr, daß die Französische Revolution die Krönung einer langen ökonomischen und gesellschaftlichen Entwicklung gewesen ist, die aus der Bourgeoisie die Herrin der Welt gemacht hat. Das ist nun beileibe keine Neuentdeckung. Bereits zur Zeit der Doktrinäre hat Guizot, nachdem er die Geschichtsschreibung in den

Dienst der Philosophie von Royer-Collard gestellt hatte, um der Charta ein festes Fundament zu geben, nachgewiesen, daß die Besonderheit der westlichen Zivilisation vor allem auf der Herausbildung einer starken Mittelklasse, der Bourgeoisie, beruht, die allmählich die Eliten und die Ideologie einer neuen Gesellschaft konstituiert hat, deren Entfaltung die Revolution von 1789 lediglich besiegelte.[2] Tocqueville und auch Taine teilten diese Auffassung. Diese Historiker haben sich in Wahrheit kaum für die ökonomischen Ursprünge der sozialen Bewegung interessiert, obwohl sie durchaus wahrgenommen haben, daß der bewegliche Reichtum und seine Mehrung die Ursachen für die Entstehung und den Fortschritt der Bourgeoisie waren. Schon Barnave hatte, wie uns Jaurès gezeigt hat, auf dieser Deutung insistiert, und die »utopischen« Sozialisten sind immer wieder auf sie zurückgegangen. Schließlich hat Marx – zuerst 1847 im *Kommunistischen Manifest*, dann 1867 im ersten Band des *Kapital* – die Früchte dieser Forschungen geerntet und, gestützt auf seine Beobachtungen im zeitgenössischen England, mit außergewöhnlicher Klarheit die ökonomische Interpretation der Geschichtsprozesse formuliert.

Gleichwohl gilt, daß die Revolutionshistoriker von den neuen Erklärungen wenig Gebrauch gemacht haben. Unser eigentlicher Lehrer ist Jaurès gewesen. Er hat den wirtschaftlichen und gesellschaftlichen Strukturen der Geschichte in der Analyse wieder zu ihrem Recht verholfen und zugleich die einhändigen Zugriffe des Vulgärmarxismus auf die Daten korrigiert. Jaurès beharrte entschieden auf der geschichtsbildenden Kraft der Ideen. Daß die herrschende Klasse ausschließlich egoistischen Strebungen folge und daß ihre Überzeugung, das Allgemeinwohl hänge von der Aufrechterhaltung ihrer Autorität ab, nichts als Trug und Machtbegehren bekunde, hielt er für ein Vorurteil.

In Jaurès' Darstellung hat das Ereignis von 1789 jedoch überaus einheitliche und einfache Züge angenommen. Die Ursache der Revolution, meinte er, sei die Macht der zur Reife gelangten Bourgeoisie, und ihr Ergebnis sei deren legale Anerkennung gewesen. Diese Auslegung erscheint uns heute allzu summarisch. Einerseits erklärt sie nicht, warum die Bourgeoisie ausgerechnet in diesem Augenblick an die Macht gekommen ist. Andererseits macht sie nicht verständlich, warum die Eroberung der Macht durch das Bürgertum in Frankreich mit einer plötzlichen Umwäl-

zung einhergegangen ist, wo sie doch ebensogut das Ergebnis
einer allmählichen, geradezu friedlichen Entwicklung hätte sein
können, wie dies in anderen Ländern ja durchaus der Fall gewesen ist. Wir wissen jetzt, daß die Revolution von 1789 eine
wahrhaft ungewöhnliche und unvorhersehbare Kombination unmittelbarer Ursachen zur Voraussetzung hatte: eine Finanzkrise,
deren Tragweite mit dem Krieg in Amerika zusammenhing; eine
Beschäftigungskrise, die durch den Handelsvertrag von 1786 und
den Krieg im Orient ausgelöst worden war; eine Teuerungs- und
Verknappungskrise infolge der schlechten Ernte von 1788 und
des Edikts von 1787, das den Export von Getreide genehmigt und
dadurch die Speicher geleert hatte. Doch das ist noch nicht alles.
Man hat inzwischen erkannt, daß die Monarchie der Finanzkrise
deshalb nicht Herr werden konnte, weil ihre eigene Autorität
verfiel und der König, wie Mathiez gemeint hat, nicht mehr
regieren konnte. In einem 1884 erschienenen Werk hat Chérest[3]
ähnlich wie Sagnac im letzten Band der unter der Leitung von
Ernest Lavisse veröffentlichten *Geschichte Frankreichs* (1920)
nachgewiesen, daß der Ausbruch der Revolution von den Privilegierten selbst zu verantworten war, da sie sich gegen die Opfer,
die ihnen die königliche Gewalt auferlegen wollte, gesperrt und
die Einberufung der Generalstände ertrotzt hatten. Wir sind uns
heute darüber im klaren, daß wir es hier mit einer Adelsreaktion
zu tun haben, die sich seit dem Ende der Regierung Ludwigs
XIV. zunehmend deutlicher abgezeichnet hat und die das wichtigste Merkmal der Geschichte Frankreichs im 18. Jahrhundert
ist. Ämterkäuflichkeit und Günstlingspolitik des Königs haben
dazu geführt, daß die Privilegierten, deren Zahl und Einfluß stetig
wuchsen, allmählich in die Parlamente und Ratsgremien, die
Geistlichkeit, die Armee und sogar in die Verwaltung (einschließlich der Intendanturen) eingedrungen sind. Neben den Physiokraten und Philosophen, die sich entweder zum aufgeklärten
Despotismus oder zu einer demokratischen und egalitären Kon-
stitution bekannten, vertraten andere Autoren – an erster Stelle
Montesquieu – ein aristokratisches Konzept, das in Frankreich
eine ähnliche Regierungsform wie in England zu errichten
wünschte, wo der König seit 1688 die Macht mit dem Adel, der
hohen Geistlichkeit und dem reichen Bürgertum teilte. Noch war
der Adel Frankreichs in seiner Mehrheit nicht bereit, das Bürgertum anzuerkennen. 1789 suchte er das Bürgertum an den Dritten

Stand zu fesseln und die Mehrheit in den Generalständen den beiden privilegierten Ständen vorzubehalten. Diese Adelsopposition, die sich ihrer Ziele wohlbewußt war und die über die öffentliche Gewalt gebot, hat die Revolution begonnen. Es war, jedenfalls zunächst, keine Revolution der Bourgeoisie, sondern eine Revolution der Aristokratie. Diese ist zwar gescheitert, aber ohne sie wäre die bürgerliche Revolution nicht zu erklären. Der Aufsatz von Mathiez in den *Annales* hat das eindringlich dargelegt.[4] Und bereits im ersten Band seiner *Geschichte der Revolution*, in den Kapiteln *Die Krise des Ancien Régime* und *Die Adelsrevolte*, hat Mathiez die Genese der Revolution im Jahre 1787 beginnen lassen.[5] Obschon diese Deutung nicht gerade neu war, so hat sie doch, weil sie solide begründet worden war, die Köpfe gelüftet. Zuvor war stets nur eine lose Verbindung zwischen den letzten Jahren des Ancien Régime und der Revolution angenommen worden; unsere Unterrichtsprogramme und Geschichtsbücher haben lange Zeit die letzten Jahre des Ancien Régime in einem Zuge mit dem übrigen 18. Jahrhundert dargestellt und haben die Revolution erst am 5. Mai beginnen lassen.

Man sieht also, daß der ökonomischen Interpretation der Geschichte keinesfalls eine schematische Wahrnehmung zugrunde liegt. Der Aufstieg einer revolutionären Klasse ist nicht unbedingt der einzige Grund für ihren Triumph; der Erfolg ist nicht zwangsläufig oder in jedem Fall notwendig von Gewalt begleitet. Im vorliegenden Fall ist die Revolution von denen ausgelöst worden, die sie vernichten sollte, und nicht von denen, die aus ihr Nutzen gezogen haben. Man wird nicht beweisen können, daß es den Adligen gelingen *mußte*, dem Herrscher ihren Willen aufzuzwingen; es ist nicht gesagt, daß intelligente Könige der aufstrebenden Aristokratie des 18. Jahrhunderts nicht hätten Einhalt zu gebieten vermögen; es ist nicht ausgemacht, daß ein begabter König mit dem nötigen Ansehen den Adel 1787 oder gar 1789 nicht hätte zur Raison bringen können.

Die Französische Revolution war ein komplexes Geschehen. Und es hat damals in Wahrheit nicht eine, sondern mehrere Revolutionen gegeben. Es genügt durchaus nicht, zwischen der Revolution der Aristokratie und der des Dritten Standes zu unterscheiden. Als erste haben Jaurès und Mathiez den Akzent der Analyse auf die rasche Auflösung des Dritten Standes sowie auf den Gegensatz gelegt, der sogleich zwischen dem Großbürgertum, der Handwerkerschaft und dem Proletariat zutage getreten ist. In dem oben erwähnten Aufsatz ist Mathiez zur Bestimmung einer dritten Revolution, der demokratischen und republikanischen vom 10. August 1792, und einer vierten vom 2. Juni 1793 gelangt, die zu einem Ansatz sozialer Demokratie führte. Wäre Babeuf erfolgreich gewesen, so hätte es eine fünfte gegeben.

Nun, für mich ist dieses Bild weder bereits vollständig noch entspricht es ganz den Tatsachen, denn die Bauern erscheinen in ihm sozusagen überhaupt nicht. Zwar hat kein Historiker den Bauernaufstand und die Agrarreformen der Revolution außer acht gelassen. Aber den meisten Historikern gilt die Aktion der Bauern als ein Widerhall des städtischen Aufstands, insbesondere der Ereignisse des 14. Juli, als wären die Landbewohner dem Ruf der Bürger gefolgt – wobei sie diese Aktion so beschreiben, als wäre sie einzig gegen das Feudalsystem und die Königsgewalt gerichtet gewesen und als hätte demnach Einvernehmen mit der Bourgeoisie geherrscht. Sie gehen stillschweigend davon aus, daß die Abschaffung der Feudalrechte und der Verkauf der Nationalgüter die Dorfbewohner völlig zufriedengestellt hätten. Solche Konstruktionen dienen unterschiedslos dem Zweck, die Homogenität und den erhabenen Glanz der Revolution fortzuschreiben und sie für das Werk allein des Dritten Standes auszugeben. Wie brüchig derlei Konstruktionen sind, wird dort offenbar, wo sie die Auflösung des Dritten Standes schildern. Man scheint zu glauben, daß diese Auflösung sich auf dem Land und in der Stadt unter den gleichen Bedingungen vollzog und zu den gleichen Ergebnissen führte. Demnach hätten der wohlhabende Bauer mit dem Bürger, der Landtagelöhner mit dem Stadthandwerker gemeinsame Sache gemacht, so daß sich die sozialen Probleme für beide in gleicher Weise dargestellt und zum Beispiel die Anwendung der berühmten Ventôsedekrete[6] für den Sansculotten auf dem Dorf dasselbe wie für den Sansculotten in der Stadt bedeutet hätte.

Ich verkenne nicht, daß in den geschilderten Interpretationen ein Körnchen Wahrheit steckt. Das Beispiel der Stadt hat auf das Dorf einen beträchtlichen Einfluß ausgeübt. Es würde wahrscheinlich keine Französische Revolution gegeben haben, wenn der Haß auf die Feudalherrschaft nicht Bauern und Bürger geeint hätte. Die Zerstörung der Feudalmacht gehört zu den wichtigsten und unwiderruflichen Reformen der Revolution. Und unzweifelhaft gibt es verwandte Klassenmerkmale zwischen Stadt und Land, auch eine Ähnlichkeit der Klasseninteressen und der Klassenmentalitäten. Kurz, die Revolution der Bauern hat sich unstreitig *im Rahmen* der Französischen Revolution vollzogen. Worauf es mir ankommt, ist, zu zeigen, daß es gleichwohl eine Bauernrevolution gegeben hat, deren Ursprung, Methoden, Krisen und Tendenzen Authentizität besitzen.

Diese Bauernrevolution ist eigenständig in ihrem Ursprung, denn die Masse der Bauern ist spontan, infolge der Hungersnot und der Hoffnungen, welche die Einberufung der Generalstände geweckt hat, in Gärung geraten, und sie ist von sich aus, zu gleicher Zeit wie die Stadtbewohner, auf die Vermutung eines »Aristokratenkomplotts« gekommen, ohne die die Große Furcht nicht zu erklären wäre. Eigenständig ist sie ferner im Hinblick auf die Methoden und Maßnahmen, denn bis zum 14. Juli hat die Bourgeoisie weder Zeit gehabt noch Neigung verspürt, an den Zehnten oder an die Feudalrechte zu rühren. Die Bauern indes hatten schon ab März sich gegen ihre Seigneurs aufzulehnen und die Abgaben zu verweigern angefangen, also vor dem Sturm auf die Bastille. Auf die Nachricht von den Ereignissen in Paris haben sie sich spontan erhoben und zum Mißfallen der Bourgeoisie, die an mehreren Orten die Aufstände niederzuschlagen suchte, ihre Interessen selbst betrieben. Eigenständig ist sie in ihren Krisen, denn die Bauernaufstände haben sich bis 1793 ohne notwendigen Zusammenhang mit dem politischen Verlauf der Revolution wiederholt, eigenständig in ihren Ergebnissen, denn es läßt sich mit Gründen behaupten, daß die Konstituante, wäre es nicht zur Bauernerhebung gekommen, dem Feudalsystem keine schweren Schläge versetzt hätte, ja, daß seine schließliche entschädigungslose Abschaffung keineswegs sicher war. Eigenständig ist sie nicht zuletzt aufgrund ihrer antikapitalistischen Tendenzen. Auf diesen Punkt werde ich besonders eingehen.[7]

Wie gesagt, es wird stillschweigend angenommen, daß die Agrarreformen – Vergrößerung der Zahl der Grundbesitzer durch Verkauf der Nationalgüter und Aufteilung des Gemeindelandes, Erweiterung des Eigentumsrechts durch Einschränkung der Gemeinschaftsrechte und Verkündung der Freiheit des Anbaus und des Handels – die volle Zustimmung der Bauern gehabt hätten. Das trifft fraglos auf die Großpächter und die Bauern mit größerem Grundbesitz zu, jedoch nicht im selben Grade auf die

Masse der kleinen Grundbesitzer, der Kleinpächter und der Halbpächter, gar auf das riesige Proletariat der Tagelöhner. Diese Bauern wünschten, daß jeder von ihnen entweder unentgeltlich oder gegen eine Abgabe oder wenigstens zu einem mäßigen Preis einen Anteil an den Nationalgütern erwerben könnte. Vor allem aber hielten sie fest an den Gemeinschaftsrechten und an der Reglementierung, das heißt an einer vorkapitalistischen Wirtschafts- und Gesellschaftsform, und zwar nicht nur aus Gewohnheit, sondern auch, weil die kapitalistische Umwandlung der Landwirtschaft ihre Lebensbedingungen verschlechterte. In den Reihen der Privilegierten und besonders unter den Reichsten gab es erheblich mehr Sympathie für den aufkommenden Kapitalismus als bei der Masse der Bauern. Die bäuerliche Mehrheit hat sich nicht nur gegen die Seigneurs erhoben, sondern auch für die Zurückeroberung der Gemeinschaftsrechte (die das Ancien Régime ihr zu entziehen begonnen hatte) gekämpft, um die Freizügigkeit des Getreidehandels zu beenden und sich an den Großpächtern und den Bürgern ebensosehr wie an den Privilegierten zu rächen.

So hat denn die Revolution die überwältigende Mehrheit der Bauern keineswegs zufriedengestellt. Sie hat die Gesamtheit der Probleme, die sich aus ihrer Lage ergaben, durchaus nicht in dem von den Bauern gewünschten Sinne gelöst. Sie hat einen Kompromiß zwischen ihnen und der Bourgeoisie geschlossen. Was die Bauern gewonnen haben, ist schwerer auszumachen als das, was ihnen versagt blieb.

II.

Im Jahre 1789 besaßen die französischen Bauern bereits einen beachtlichen Anteil am Boden, im Durchschnitt zwischen 30% und 40%, an manchen Orten wesentlich weniger, anderswo beträchtlich mehr.[8] Deshalb sind sie schon zu dieser Zeit im Vergleich zu den fronpflichtigen Hörigen Mittel- und Osteuropas und zu den freien, aber zu ihrer Reproduktion auf ihren Lohn angewiesenen Tagelöhnern Englands als ein Volk von kleinen, unabhängigen Eigentümern bezeichnet worden.

Im allgemeinen verliert man kein Wort über die Betriebsformen, als wären Grundbesitz und Betrieb synonyme Ausdrücke!

Diese Tatsache ist um so auffälliger, als das Betriebssystem in Frankreich unverkennbar dazu beigetragen hat, dem französischen Bauern eine gewisse Unabhängigkeit zu sichern, so daß eine genauere Untersuchung den aus dem Eigentumssystem gezogenen Schluß sehr wohl bekräftigt hätte. In Mittel- und Osteuropa hatte sich die Gutsherrschaft ausgedehnte Ländereien vorbehalten oder angeeignet, die sie mit Hilfe der ihren Hörigen auferlegten Fron bewirtschaftete. In England hatten die Großgrundbesitzer durch die Flurbereinigung und die Aufteilung des Gemeindelandes, die man dort »enclosure« nennt, große Güter gegründet, deren Pächter den Anbau mit Hilfe von Tagelöhnern betrieben. In Frankreich wirtschaftete der Großgrundbesitzer nur selten selbst, und es hatte hier auch keine Flurbereinigung stattgefunden, so daß er seine Ländereien als Pacht- oder Teilpachthof von sehr unterschiedlicher, meist geringer Ausdehnung oder in unzusammenhängenden Stücken als Ackerland, Weidefläche oder Weinberg verpachtete. Neben grundbesitzenden Bauern findet man hier also Pächter und Halbpächter, ferner Bauern, die ihren Besitz durch hinzugepachtetes Land ergänzten (gemischte Bewirtschaftung), und Tagelöhner, die hauptsächlich von ihrem Lohn lebten, denen es aber gelang, ein Stück Land zu pachten. Soziale Lage und Unabhängigkeitsspielraum weisen daher eine weit größere Vielfalt auf, als das Eigentumssystem uns hätte vermuten lassen.

Diese eher optimistischen Schlußfolgerungen geraten allerdings ins Wanken, wenn man zwei in der Regel vernachlässigte Faktoren in Betracht zieht. Gesellschaftlich bedeutet die Größe des Besitzes oder des bewirtschafteten Hofes an sich wenig. Sie bekommt erst dann einen Sinn, wenn man sie mit einer Betriebseinheit vergleicht, die eine Familie von mittlerer Größe ernähren und ihr folglich die Unabhängigkeit garantieren kann. Auch offenbart die Anzahl der Grundbesitzer und der Landwirte erst dann ihre Bedeutung, wenn man sie mit der Zahl der Familienvorstände vergleicht. Ein solcher Vergleich hat jedoch einen hohen Unsicherheitskoeffizienten, weil es keine systematischen Volkszählungen gegeben hat. Doch so unvollständig die Ergebnisse auch immer sein mögen, ihre allgemeine Bedeutung steht außer Zweifel. Der Anteil der Landwirte – geschweige denn der grundbesitzenden Bauern –, die ein unabhängiges Leben führen konnten, war überall gering. Die nächstfolgende Gruppe bildeten jene Bauern, die Land besaßen oder pachteten, aber sich davon nicht ernähren konnten und gezwungen waren, entweder einen Beruf oder ein Gewerbe auszuüben oder von Zeit zu Zeit ihre Arbeitskraft als Tagelöhner zu verdingen. Und schließlich besaß eine relativ große Zahl von Landbewohnern nichts als ihren Lohn, um ihren Unterhalt zu bestreiten, so daß ihnen, wenn sie keine Arbeit hatten oder das Brot zu teuer war, nur zu betteln übrig blieb. Mit dieser Darstellung grenze ich mich ausdrücklich gegenüber Lučickij ab.[9] Er stellte Frankreich, als das Land der kleinen Grundbesitzer, England, dem Land der freien Tagelöhner, und Ost- und Mitteleuropa, den Ländern der zu Frondiensten herangezogenen Tagelöhner, gegenüber. Im großen und ganzen ist dies richtig, wenn man die verschiedenen Teile Europas im Verhältnis zueinander kennzeichnen will. Wird die Differenz jedoch zu einem radikalen Gegensatz zugespitzt, so müßte man folgern, daß die französischen Bauern genug Land hatten, um davon leben zu können, und daß es bei uns keine Agrarfrage gab. In Wirklichkeit sieht es ganz anders aus. In manchen Gegenden, so z. B. im flandrischen Küstengebiet oder in der Umgebung von Versailles, bildeten die Familienvorstände ohne jedes Eigentum und ohne jede Grundpacht die überwältigende Mehrheit (70-75%). In der Basse-Normandie machten sie insgesamt ein Drittel aus, wenn nicht mehr. Andererseits hatten in Landstrichen mit anderer Sozialstruktur, wie in der Ebene der Picardie, die meisten Grundbesitzer und Landwirte nur ein ganz unzureichendes Bodeneigentum. Nun nahm gegen Ende des Ancien Régime die Bevölkerung aber ziemlich rasch zu: die Agrarkrise verschärfte sich also. Dies wird deutlich in dem leidenschaftlichen Bemühen der Bauern, das Gemeindeland und die Wälder mit Beschlag zu belegen, um sich dort eine Hütte zu bauen oder sie urbar zu machen, um sie ihren Betrieben einzuverleiben. Die Beschwerdebriefe forderten häufig die Veräußerung oder Verpachtung (gegen Zins) der Krondomäne und zumindest eines Teils der Kirchengüter. In diesem Punkt waren sich die Proletarier und die Bauern mit eigenem, aber ungenügendem Landbesitz im Prinzip einig. Doch die Krise brachte auch Klagen gegen das Betriebssystem hervor, die insbesondere von den Pächtern und Halbpächtern ausgegangen zu sein scheinen. Sie verlangten die Aufteilung der großen Pachtgüter und der großen »Domänen«, die gegen einen Anteil am Ertrag verpachtet waren. Zumindest wünschten sie, daß keine Zusammenlegungen stattfanden. Sie protestierten gegen die Verschärfung der Pachtbedingungen als Folge des von der Notlage erzeugten Konkurrenzdrucks. In der Picardie wütete der »Böse Wille«, eine Willkürreaktion, die übrigens auf das 16. Jahrhundert, wenn nicht gar auf noch frühere Perioden zurückging, hemmungslos gegen jeden, der das Unglück hatte, einen aus der Pacht entlassenen Bauern abzulösen. Die zahllosen Petitionen während der Revolution, die Praktiken mancher Landgemeinden, auf deren Gebiet sich Nationalgüter befanden und denen es gelungen war, sie für die Dorfgemeinschaft aufzukaufen, gewisse für das Gemeindeland geltende Gewohnheitsrechte, z. B. die »Herdstellenanteile« in Flandern und im Artois, die lediglich auf Lebenszeit und gegen Zinsleistung der Dorfgemeinschaft zuerkannt wurden, oder die befristete Aufteilung in Lothringen lassen keinen Zweifel an dem Ideal der Bauernmassen zu: jeder sollte seinen Anteil erhalten. Dabei scheinen die Bauern eine gewisse Ungleichheit durchaus in Kauf genommen zu haben, und zwar je mehr, desto weniger sie vom Elend direkt bedroht waren. Sie gingen in ihren Vorstellungen jedoch von der Größe eines zur Ernährung einer Familie ausreichenden Landstücks aus. Das Ödland der Krone oder der Kirche (später auch das der Emigranten) sollte zur Versorgung der am stärksten Benachteiligten dienen.

Die Deputierten, die während der Revolution einen Anteil der »Bedürftigen« und der armen Bauern an den Nationalgütern forderten, waren demnach keine Träumer oder Phantasten, die Leuten, denen nichts daran lag, Land anboten, wie man gelegentlich behauptet hat – ihre Vorschläge entsprachen vielmehr dem Wunsche der Bauern. Das gleiche gilt für den Pfarrer Dolivier, der 1792 die systematische Aufteilung aller Landwirtschaftsbetriebe, unabhängig von ihrer Beschaffenheit, anregte. Er sprach nicht von der Abschaffung des individuellen Eigentums, sondern wollte lediglich dessen Gebrauch so regeln, daß eine möglichst große Zahl von Pächtern entstand. Ebendies war der Wunsch der Bauern. In dieser Hinsicht war das von der revolutionären Bourgeoisie gefürchtete »Ackergesetz« keineswegs ein Phantom.

Nichts deutet darauf hin, daß die Bauern jemals die Enteignung derer verlangt hätten, die weder als verdächtig galten noch emigriert waren. Die Konfiskation blieb, darin stimmten alle überein, auf die Feinde der Revolution beschränkt und hatte eine politische Intention. Dennoch muß beachtet werden, daß die »Bedürftigen« und die armen Bauern nicht ausdrücklich Wert auf Besitz legten, so wie wir ihn heute verstehen. Da sie nicht die Mittel besaßen, die Nationalgüter aufzukaufen, verlangten sie, daß man sie ihnen zu einem möglichst niedrigen Zins überließ, was ihnen die freie Verfügung über ihren Bodenanteil mittels eines für alle Zeiten festgesetzten Zinses verschafft hätte. Die Nation hätte jedoch das Obereigentum behalten.[10] Andererseits sicherte, wie erwähnt, die Aufteilung des Gemeindelandes häufig der Gemeinde das Besitzrecht zu. Dem Bauern kam es indes einzig auf die Nutznießung des Bodens an, die für ihn das entscheidende Mittel seiner Produktion/Reproduktion darstellte.

Man würde sich jedoch eine sehr unvollständige Vorstellung von den Schranken machen, die das »Sozialrecht« der Bauern dem Besitz setzten, wenn man sich mit diesen Hinweisen begnügte. Es muß daran erinnert werden, daß der »Bedürftige« und der arme Bauer nur mit Hilfe der Gemeinschaftsrechte leben konnten, die der wohlhabende oder reiche Bauer selbstverständlich ebensosehr, wenn nicht gar in höherem Grade genoß: das freie Weiderecht auf abgeernteten Feldern und nicht-eingezäunten Wiesen, die Waldnutzungsrechte, die Benutzung des Gemeindelandes, die Nachlese und das Recht auf Abstoppeln. Manche dieser Rechte waren denkbar allein im Zusammenhang mit einer Reglementierung des Anbaus. Das freie Weiderecht brachte unvermeidlich den Flurzwang[11] mit sich und ließ keine Einfriedung zu. Es gebot, daß die Korn- und die Heuernte entsprechend der Banngerechtigkeit überall zur gleichen Zeit stattfanden. Nachlese und Abstoppeln waren wenig ertragreich, wenn man die Sichel durch die Sense ersetzte. Und da der Kleinbauer vor allem zu seinem Lebensunterhalt das Land bestellte und wie das Stadtvolk von der Sorge, »nicht auszukommen«, geplagt war, was die periodischen Hungersnöte durchaus verständlich machen, beargwöhnte er die Einführung neuer Anbauarten zuungunsten des Getreides und war nicht weniger als der Städter darauf aus, nicht nur den Export und die Hortung des Getreides oder jede zu dessen Verteuerung führende Maßnahme zu unterbinden, sondern auch den freien Handel, denn es gab niemals genügend Korn in den Scheunen. Die Gedanken des armen Bauern waren folglich darauf gerichtet, das individuelle Besitzrecht einzuschränken und die gemeinschaftlichen Nutzungsrechte zu verteidigen, die seine

Existenz sicherten und die für ihn einen ebenso heiligen Besitz wie die anderen Besitztümer darstellten; er wollte verhindern, daß die lebenswichtigen Nahrungsmittel für ihn unerschwinglich wurden. Eine Steigerung der Produktion bedeutete ihm wenig, weil er die Kosten eines solchen Fortschritts zu tragen hatte, während die Gewinne – wenigstens anfangs – den nur für den Verkauf produzierenden Großpächtern und Großgrundbesitzern zuflossen. Kurz, er widersetzte sich mit allen Kräften einer kapitalistischen Umwandlung der Landwirtschaft.

Manch einer wird nicht zögern, diesen Kleinbauern und ihren Vorhaben sozialistische Zielvorstellungen zu unterlegen. In der Ära Jaurès war man leidenschaftlich bemüht, die Ursprünge der sozialistischen Tradition so weit wie möglich zurückzudatieren. In unseren Tagen hat man unter dem Einfluß der Russischen Revolution die Sansculotten als Kommunisten gezeichnet. Der Irrtum liegt auf der Hand. Erstens bildete die Landgemeinde keine Klasse: sie vereinigte Elemente mit auseinanderstrebenden, teilweise sogar widersprüchlichen Interessen in sich. (Wir werden darauf zurückkommen.) Zweitens versteht sich der moderne Sozialismus zwar als der Erbe des Kapitalismus, diesen aber zugleich als seinen notwendigen Vorgänger. Der Sozialismus ist ein Konzept nicht nur der Verteilung, sondern auch der Produktion. Die französischen Bauern hingegen dachten lediglich daran, den Fortschritt des Kapitalismus aufzuhalten. Sie wollten sich in ihrer Routine einkapseln. Sie beschäftigte weniger die Produktion als die Verteilung. Tatsächlich ging es ihnen nicht darum, das Land und die Produktionsmittel, das Gerät, das Vieh zu vergesellschaften, sondern darum, die seit alters bestehenden Gemeinschaftsrechte zu erhalten, die übrigens jedermann gestatteten, seinen individuellen, von den Vorfahren überkommenen Besitz oder das glücklich gepachtete Gut frei zu nutzen; man wünschte nur, daß jeder seinen Teil am Eigentum oder an der Pacht bekäme. Sofern hier von Sozialismus gesprochen werden kann, war es jedenfalls ein »Teilungssozialismus«, der sich von dem unseren erheblich unterscheidet. Diese Leute waren der Vergangenheit zugewandt; sie wollten sie festhalten oder wiederherstellen. Sie bauten sich sozusagen mit Elementen, die der Vergangenheit entlehnt waren, eine Idealgesellschaft auf. In ihrer Vorstellungswelt gab es zweifellos mehr Konservativismus und Routine als Neuerungseifer. Doch die Apologeten der heutigen Besitzverhältnisse irren, wenn sie annehmen, daß sich diese Bauernschaft den radikalen Individualismus der Erklärung der Menschenrechte und des *Code Civil*, die Eigentumskonzeption des Römischen Rechts als eines absoluten Rechts zu eigen gemacht hätte.

In der Dorfgemeinschaft blieb das Gefühl für ein »Sozialrecht« lebendig, um einen Terminus zu verwenden, den das jüngst erschienene Buch von Gurvitch zum Titel hat.[12] Über dem Eigentumsrecht standen die Bedürfnisse der Dorfgemeinschaft, die einem jeden die Existenzgrundlage gewährleistete – sie mußte entsprechend eingerichtet werden. Diese Vorstellung eines »Sozialrechts«, die seit der frühesten Geschichte im Innern der Dorfgemeinschaft bewahrt worden ist, können die Sozialisten heute mit stichhaltigen Gründen als den Keim der modernen Bewegung bestimmen, denn die Bauern hatten diese Vorstellung nicht vergessen, als sie im Laufe des 19. Jahrhunderts das Dorf mit der Stadt und der Fabrik vertauschten. Man kann daraus allerdings unterschiedliche Folgerungen ziehen, je nach der ökonomischen oder sozialen Lage, in der man lebt. Das Beispiel Babeuf scheint mir dies zu beweisen. Er war in der Picardie geboren und hatte dort gelebt. In der Picardie war der Gemeinschaftssinn besonders stark ausgeprägt, wie ich in meiner Untersuchung über die Bauern im Cambrésis gezeigt habe. Ich zweifle nicht daran, daß sein Engagement für das »Sozialrecht« in der Dorfgemeinschaft seine Wurzel hat. Der Mißerfolg der Jakobinergesetze und das Schauspiel der thermidorianischen Gesellschaft überzeugten ihn davon, daß die Dorfgemeinschaft, wenn sie starr an dem traditionellen Schema festhielte, zerfallen würde und daher auf einer neuen Stufe wiederaufgebaut werden müsse. Dennoch kann man behaupten, daß Babeufs Agrarkommunismus dem Dorf seiner Zeit bedeutsame Elemente entlehnt und häufiger die Vergangenheit evoziert als die Zukunft angekündigt hat.

III.

Um die Mitte des 18. Jahrhunderts hatten das Beispiel Englands und die Propaganda der Physiokraten in der öffentlichen Meinung eine Neigung zugunsten einer kapitalistischen Umwandlung der Landwirtschaft erzeugt. Man verlangte die Befreiung der Landwirtschaft von jeglicher Reglementierung und das Recht auf freien Verkauf ihrer Produkte, die Abschaffung der Gemeinschaftsrechte, zumal des freien Weiderechts, und die Aufteilung des Gemeindelandes zu dessen Urbarmachung. Die Minister des Königs und die Intendanten führten Erhebungen durch, berieten sich, zögerten. Der in Aussicht gestellte Produktionszuwachs verlockte sie – es würde keine Hungersnöte mehr geben, man würde kein Vieh mehr importieren müssen, das Steueraufkommen und die Bevölkerung würden mit dem Lebensstandard wachsen. Doch die Männer der Verwaltung waren sich durchaus bewußt, daß vor dem Eintritt in das Goldene Zeitalter der kapitalistischen Wirtschaft möglicherweise eine lange Krisenperiode durchzustehen war. Was sollte aus den Bauern werden, die um einen Teil ihrer Einkommensquellen gebracht worden waren? Wenn die Zahl der Bedürftigen stieg, wer würde an ihrer Stelle Steuern zahlen? Waren nicht Unruhen vorauszusehen? Die Subdelegierten, die städtischen Behörden und einige Intendanten, die direkt mit dem Volk zu tun hatten und die im Falle eines Aufruhrs angegriffen zu werden drohten, machten Einwände geltend oder verhielten sich ablehnend. Mit dem Wechsel des Generalkontrolleurs änderte sich häufig die Wirtschaftspolitik.

Diese Tatsache ist für den Getreidehandel wohlbekannt: Bertin, Turgot, Brienne haben sich für die Liberalisierung, Terray und Necker zweimal zugunsten der Reglementierung ausgesprochen. Marc Bloch hat beschrieben, wie die allgemeine Einfriedung und die Aufteilung der Gemeindeländer immer wieder verhindert wurden.[13] Insgesamt jedoch hat die königliche Verwaltung sichtlich mit den Neuerern sympathisiert. Und zweifellos hat sich die Waage zugunsten der Interessen der Privilegierten gesenkt, was die beginnende Umwandlung in der Vorstellung des Volkes vollends anrüchig gemacht hat. Die Mehrzahl der Privilegierten kümmerten die Physiokratie und die Nationalproduktion wenig; sie trachteten ausschließlich ihre Einkünfte zu vermehren. Da die steigenden Preise und der zunehmende Luxus sie anspornten, hatten sie seit langem Vorkehrungen getroffen. Bereits während der Regierungszeit Ludwigs XIV. hatten sie unter dem Deckmantel der Verordnung über die Wasser- und Forstwirtschaft versucht, ihren Bauern den Zugang zu den Wäldern zu versperren. Die Aneignung des Gemeindelandes durch die Seigneurs ging bis ins 16. Jahrhundert zurück, doch haben sich diese Tendenzen in den letzten Jahrzehnten des Ancien Régime unstreitig verstärkt.

Die Bedürfnisse des Adels waren zwar dringlicher geworden, aber man kann nicht umhin zu bemerken, daß sich diese ökonomische Offensive gleichzeitig mit der Adelsreaktion gegen die königliche Gewalt entwickelt hat. Die Parlamente, die sich gegenüber der königlichen Gewalt überaus hartnäckig zeigten, haben bereitwillig ihre Autorität in den Dienst der Seigneurs gestellt. Die Theorien der Physiokraten hatten in diesem Sinne dem feudalen Unternehmen den Vorwand des öffentlichen Wohls geliefert. Da das Holz immer teurer wurde, begann ein erbitterter Kampf gegen die »Nutzungsrechte« am Wald. Die Verordnungen zur Einfriedung und zur Aufteilung des Gemeindelandes sind auf Begehren der privilegierten Großgrundbesitzer erlassen worden und haben ihnen allein genutzt. Die Zusammenlegung von Pachtgütern und die Vermehrung der Generalpächter in den Landgebieten mit Teilpacht waren hauptsächlich ihr Werk. Wenn die Physiokraten den Großgrundbesitzer für sakrosankt erklärt haben, dann war das nicht reine Theorie – diese Großgrundbesitzer waren die Privilegierten. Doch das vielleicht am wenigsten beachtete Phänomen, nämlich die unstreitige Verschärfung der Feudalherrschaft, zumal in der zweiten Hälfte des 18. Jahrhunderts, speiste sich aus derselben Quelle. Um sich der beschwerlichen Wirtschaftsführung zu entledigen und sich zugleich steigende oder wenigstens gleichbleibende Einnahmen zu sichern, verpachtete der Seigneur seine Abgabenforderungen nicht anders als seine Teilpachtgüter en bloc an einen Generalpächter oder faßte seine Pachtgüter in den Händen eines Großpächters zusammen. Dieses Verfahren war zwar nicht neu, es wurde aber zunehmend gebräuchlich. Wer nun auf diese Weise die Arbeit, die Zinsen einzutreiben, auf sich nahm, forderte diese natürlich unnachgiebig ein und versuchte, sie zu erhöhen. Im übrigen spekulierte er auf den Verkauf der Waren, die ihm die Naturalabgaben einbrachten. Nichts war dafür bezeichnender als das, was mit den Wäldern und mit dem Recht auf »troupeau à part« (Sonderherde), das eine Eigentümlichkeit des Ostens und besonders Lothringens war, geschah. Der Seigneur verpachtete seine Waldeinschläge, und sein Pächter ließ nichts unversucht, um die Bauern aus dem Wald zu vertreiben. Er verpachtete auch sein Recht auf die Sonderherde. Solange er es persönlich ausübte, hatte der Bauer kaum darunter zu leiden, denn der Seigneur wirtschaftete nur in seltenen Fällen selbst. Sobald jedoch dieses Recht in die Hände eines Großpächters oder eines Viehhändlers überging, änderte sich die Situation, und das Bauernland wurde von einer riesigen Herde überflutet. Dies heißt, daß der Einzug des Kapitalismus in die Landwirtschaft zum Teil unter dem Schutz der Feudalrechte stattfand und diese vollends unerträglich machte. Der Kapitalismus pervertierte zudem diese Rechte, die zur Sicherung des Unterhalts des inmitten seiner Bauern lebenden Seigneurs gesetzt worden waren und die nun auf Kapitalisten übergingen, die aus ihnen rigide Profite zu ziehen gedachten.

Der Kapitalismus verbesserte freilich auch das Einkommen des Seigneur, so daß sich in dessen Augen der Wert der Feudalrechte erhöhte und sein Widerstand gegen ihre Preisgabe wuchs. Selbst die Ablösung mochte er nicht gutheißen. Wo sollte er das Kapital anlegen? Und welche Anlage hätte ihm gleiche Sicherheit geboten? Gekoppelt mit der kapitalistischen Ausbeutung der Feudalrechte versprach der Preisanstieg einen immensen Mehrwert, während der Geldzins zu sinken drohte. Nun bestand aber ein Widerspruch zwischen dem allgemeinen Fortschritt des Kapitalismus in der Landwirtschaft und der Beibehaltung der Feudalrechte und des Grundzinses. Die Abschaffung des freien Weiderechts, die Einfriedung und der freie Anbau versprachen nur dann rasch Erfolg, wenn man die Flur bereinigte und die Domäne des Großgrundbesitzers, soweit sie aus verstreuten Feldern bestand, zu einer geschlossenen Länderei verschmolz. Das war in England bereits im 15. und 16., insbesondere jedoch im 18. Jahrhundert geschehen, in Deutschland geschah es in der ersten Hälfte des 19. Jahrhunderts. In England allerdings waren die Aufhebung der eigentlichen Feudalrechte sowie die Umwandlung der Fronarbeit und der Abgaben in eine Geldrente vorausgegangen, die in dem Maße an Attraktivität verlor, wie die Kaufkraft des Geldes schwand. Der Lord war weit mehr daran interessiert, große Güter zu bilden, als die Bauernstellen zu bewahren. In Mittel- und Osteuropa war ein großer Teil der Bauernstellen verschwunden oder, im 17. und 18. Jahrhundert, auf ein Minimum geschrumpft – die Abgaben waren wesentlich weniger ergiebig als der direkt bewirtschaftete Gutsbesitz. Es blieben allerdings die Fronleistungen. Man verfiel nun auf die Idee, die Bauern, wenn sie Fronleistungen und Abgaben tilgen wollten, zur Abtretung eines Teils ihrer Stelle an den Seigneur zu zwingen. Da sie dann nicht mehr genügend Land hatten, um sich zu reproduzieren, mußten sie sich als Tagelöhner verdingen. Nichts stand nunmehr einer Flurbereinigung im Wege. In Frankreich hingegen bestanden die Feudalrechte und die Abgaben weiter. Der Champart (Kehrzehnt) wurde nach wie vor in Naturalien erhoben: Die Bedingungen, die in England zu den Einhegungen geführt hatten, wurden also nicht erreicht. Andererseits war das »dominium directum« (Obereigentumsrecht) des Seigneur in vielen Dörfern kaum noch von Belang, so daß die Feudalabgaben seine zentrale Einnahmequelle darstellten. Kann man unter diesen Umständen annehmen, daß ihm an der Flurbereinigung gelegen war? Sie war für ihn eine Bedrohung, denn sie hätte an die Bauernstellen, auf denen die Feudalherrschaft ruhte, gerührt. Wenn der Bauer seine Parzellen gegen ein anderes Stück Land eintauschte, konnte er bestimmte Rechte anfechten. Und die Bevölkerung wäre, wie in England, im Gefolge der Einhegungen abgewandert. Vor allem aber waren viele Seigneurien ineinander verschachtelt. Wie sollte man sich in einem solchen Durcheinander zurechtfinden und eine derart komplizierte Maßnahme zum guten Ende führen? Die Bauern hätten sich übrigens entschlossen zur Wehr gesetzt, und die königliche Gewalt, die ihre eigenen Interessen hatte und nicht wie in England und den östlichen Monarchien de iure oder de facto der Aristokratie unterworfen war, wäre nicht bereit gewesen, sie zu beugen. Doch sie brauchte sich gar nicht zu entscheiden, denn die Seigneurs hingen, wie schon gesagt, zu sehr an ihren Feudalrechten, um ein Gesetz über Einhegungen ins Auge zu fassen.

Die Seigneurs verkannten deren Vorteile nicht. Manche nahmen eine partielle Flurbereinigung durch Kauf oder durch »retrait féodal«[14] vor, wenn sich ihnen dazu Gelegenheit bot, was im 18. Jahrhundert nur ausnahmsweise der Fall war. So erstreckten sich die Einhegungsverordnungen nicht auf alle Provinzen. Sie verstimmten die Bauern, es gelang ihnen jedoch nicht, der Landwirtschaft den kapitalistischen Impuls zu geben wie in England. Die französischen Bauern wollten die Feudalrechte abschütteln; sie ahnten allerdings nicht, daß diese sie vor dem furchtbaren Schicksal bewahrt hatten, das die Einhegungen den englischen Bauern bereitet hatten und den preußischen Bauern bereiten sollten. Vielleicht wären sie ihnen bei längerer Dauer des Ancien Régime nicht erspart geblieben. Der König hätte schließlich den Rückkauf der Feudalrechte eingeleitet, wie dies zuvor der König von Sardinien getan hatte.[15] Oder die Fortschritte des Kapitalismus hätten die Aristokraten davon überzeugt, daß sich der Rückkauf für sie lohnen konnte – z. B. um die aufkommende Industrie zu finanzieren. Die Ereignisse vom Juli 1789 retteten die französischen Bauern. Allem Anschein zum Trotz ist ihr Einfluß ebenso konservativ wie revolutionär gewesen. Sie haben die Feudalherrschaft gestürzt, die Agrarstruktur Frankreichs jedoch befestigt.

IV.

Die kapitalistische Umwandlung der Landwirtschaft mußte zwischen der Aristokratie und der Bourgeoisie im Grunde keinen Antagonismus, sondern eher Solidarität entstehen lassen. Zu beachten ist aber, daß der Adel größeres Interesse an dieser Umwandlung hatte als das Bürgertum, das gegen Ende des Ancien Régime nur über einen ganz geringen Anteil an Grund und Boden verfügte. Prekär wurde es erst, als an die Feudalrechte und die Abgaben gerührt wurde. Hinsichtlich des Zehnten gab es kaum Probleme. Zwar legte die hohe Geistlichkeit Wert auf ihn, denn er bildete einen erheblichen Teil ihrer Einkünfte. Aber nur wenige Adlige waren an der Erhaltung der »dîme inféodée«[16] interessiert, so daß die weltliche Aristokratie keinerlei Anstrengungen machte, um der geistlichen Aristokratie in diesem Punkt zu Hilfe zu kommen.

Zu den Feudalrechten indes hatte sie, wie erwähnt, eine andere Einstellung. In der Sicht der Bourgeoisie bildeten sie unzweifelhaft ein Hindernis für die Einführung der kapitalistischen Produktionsweise, welche die Freiheit des Individuums (und damit die Aufhebung der Hörigkeit), die Wirtschaftsfreiheit (und also die Abschaffung der Bannrechte und der seigneurialen Vorrechte), die Einheit des Marktes (und damit das Verschwinden der Mautgebühren), die Mobilität des Kapitals (und damit das Erlöschen des Erstgeburtsrechts, des Retrakts und des Rechts der Belehnung Bürgerlicher) einschloß. Der Kehrzehnt und der Zehnte standen der Rationalisierung der Landwirtschaft im Wege, sie entzogen dem Boden das Stroh, dessen er zur Düngung notwendig bedurfte. Schließlich erforderte das Feudalsystem die Beibehaltung der Bauernstellen und verhinderte somit die Flurbereinigung, das heißt den Großanbau als den natürlichen Rahmen des Kapitalismus in der Landwirtschaft.

Ein Teil des hohen Adels, jedenfalls die liberalen Adligen, die in der ersten Zeit der Revolution eine wichtige Rolle gespielt haben, hätte es zweifellos nicht abgelehnt, in den Beschwerdebriefen die Ablösung der Feudalrechte und sogar die entschädigungslose Aufhebung der härtesten Zwangsrechte vorzuschlagen. Der Widerstand kam von der Vielzahl der kleinen Seigneurs, die in erster Linie von den Abgaben lebten und dem militärischen Charakter sowie dem Müßiggang des französischen Adels verhaftet blieben; sie schreckte der Gedanke, das aus der Ablösung gewonnene Kapital wie Nichtadlige anlegen zu müssen und also nicht mehr »standesgemäß« zu leben. Zudem: Waren erst einmal die Abgabenforderungen verschwunden, konnte man dann noch die sozialen Vorrechte bewahren? Der Adlige wollte kein Bürger wie jeder andere werden, er wollte nicht Steuern wie ein Bürger zahlen, und erst recht wollte er nicht auf einer Ebene mit seinen Bauern stehen. Dies hat die gemeinsame Aktion von Bürgern und Bauern ermöglicht, und zwar von dem Tag an, da die Privilegierten in den Generalständen den Zusammenschluß mit den Deputierten des Dritten Standes, das heißt: mit der Bourgeoisie, ablehnten. Doch wenngleich der Bourgeoisie, im Widerstreit mit dem Hof und der Aristokratie, die Unterstützung der Bauern willkommen war, so dachte sie doch keineswegs daran, sie zum Aufruhr gegen ihre Seigneurs zu ermuntern oder ihnen gar auf legalem Wege die entschädigungslose Abschaffung der Feudalrechte zuzugestehen. Unter den Mitgliedern der Konstituante gab es viele Legisten, die diese Rechte für ein ebenso legitimes persönliches Eigentum ansahen wie andere Rechte, die man nicht abschaffen konnte, ohne das Bürgertum selbst zu gefährden. Viele waren von Beruf Feudisten, wie Merlin de Douai, Richter, Zinseintreiber oder Verwalter im Dienste der Seigneurs. Sie hatten es nicht eilig, die Quelle ihrer Einkünfte auszutrocknen. Im übrigen waren die Adligen nicht mehr die alleinigen Besitzer der Seigneurien; mehr als eine war in die Hände von Bürgern übergegangen.

Die Bauern nahmen, wie gesagt, ihre Sache selbst in die Hand. Sie entschieden den Streit, indem sie die Abgaben und die Begleichung des Zehnten verweigerten, indem sie die Archive und die Schlösser anzündeten. Da die Bourgeoisie auf die Bauern angewiesen war, bewilligte sie ihnen in Übereinstimmung mit dem liberalen Adel in der Nacht vom 4. August die Abschaffung eines Teils der Feudalrechte und den Rückkauf der auf dem Boden lastenden Abgaben. In dem Maße, wie sich der Konflikt zwischen der Aristokratie und der siegreichen Bourgeoisie verschärfte, mußte sich diese zu Konzessionen bereit finden. Nach der Revolution vom 10. August beseitigte sie entschädigungslos jene Abgaben, deren ursprünglicher Rechtstitel nicht nachweisbar war, mit einem Wort: so gut wie alle. Und nach dem 2. Juni 1793 verkündete sie deren vollständige und vorbehaltlose Abschaffung.

Der Bauernaufstand ist so heftig und so hartnäckig gewesen, die Nacht vom 4. August 1789 hat ein solches Prestige genossen, die revolutionären Gesetze über die Feudalrechte haben einen solchen Widerhall gefunden und so viele Polemiken ausgelöst, daß sich diese Ereignisse der Aufmerksamkeit der Historiker aufdrängen mußten. Sie haben daraus augenscheinlich den Schluß gezogen, daß am Ende vollständige Übereinstimmung zwischen der revolutionären Bourgeoisie und der Gesamtheit der Bauern geherrscht hat. Doch der Schein trügt. Ich will hier nicht im einzelnen die von mir andernorts erwähnten Tatsachen wiederholen. Um den Beweis für meine Argumentation zu erbringen, genügt es, an einige Grundzüge der Revolutionsgesetzgebung zu erinnern. Man wird dabei leicht feststellen, daß sie in unmittelbarem Gegensatz zu den Interessen und Vorstellungen der armen Bauern, wie sie oben dargelegt worden sind, stand.

Erstens hat die Konstituante die Pächter und Teilpächter dazu verpflichtet, den an den Eigentümer übergegangenen Zehnten zu zahlen. Die Legislative hat dann das Prinzip auf die bereits abgeschafften Grundzinsleistungen ausgedehnt. Alle Bauern haben aus der Aufhebung der eigentlichen Feudalrechte Nutzen gezogen. Aber in bezug auf den Grundzins und den Zehnten hat sie Vorteile nur denjenigen Bauern gebracht, die Grundbesitzer waren. Dem Bauern, der weder Grundbesitzer noch Verpächter war, hat die Maßnahme nichts eingebracht, und für die Pächter und Teilpächter war sie eine bittere Enttäuschung.

Zweitens sind die Nationalgüter versteigert worden, sogar in der Ära der Jakobinergesetze von 1793. Nicht nur die »Bedürftigen« haben dabei nichts erhalten, auch für die armen Bauern ist es schwierig gewesen, einen Anteil zu bekommen. In einigen Gegenden haben sie durch Kollektivkauf Abhilfe geschaffen. Der

Konvent selbst hat ihnen aber dieses Vorgehen untersagt. Obschon die Agrarrevolution in der Picardie ihr äußerstes Ziel, allen Bauern ein Stück Land zu sichern, erreichen konnte und ihr dies auch in jenen Dörfern gelungen ist, in denen ausreichend Gemeindeland zur Aufteilung vorhanden war, kann dasselbe nicht für die Mehrzahl der französischen Regionen behauptet werden. Es ist hier übrigens zu berücksichtigen, daß die Ausdehnung der Nationalgüter nicht nur von einem Departement und einem Distrikt zum anderen sehr ungleich gewesen ist, sondern sogar von einem Dorf zum anderen, so daß ihre unentgeltliche Aufteilung unter die Bauern keinesfalls genügt hätte, alle zufriedenzustellen. Man hätte dazu den Großgrundbesitz enteignen müssen, so wie man es in unseren Tagen in den Staaten des Ostblocks getan hat.

Drittens sind die Freiheit des Anbaus und des Handels verkündet und der Abbau der Gemeinschaftsrechte durch das Ancien Régime bestätigt und verstärkt worden. Die Einhegungsfreiheit galt jetzt für ganz Frankreich. Mehr noch, die künstlichen Wiesen wurden vom freien Weiderecht ausgenommen, selbst wenn sie offen blieben. Der Flurzwang hatte keine Gesetzeskraft mehr. Die Bannrechte wurden vom *code rural* der Konstituante verboten, ausgenommen die nicht umfriedeten Weinberge. Ein beträchtlicher Teil des Gemeindelandes war verschwunden. Der Binnenhandel mit Landwirtschaftsgütern wurde völlig frei.

Es kann also kein Zweifel bestehen: den Wünschen der überwältigenden Mehrheit der Bauern hat die Revolution nicht Rechnung getragen. Ja, sie hat überhaupt keine spezifische Agrarpolitik betrieben. Sie hat ganz einfach die Landwirtschaft in den Rahmen der kapitalistischen Produktion eingespannt: persönliche Freiheit des Individuums, Freiheit der Produktion und des Warenverkehrs, Mobilität des Eigentums. Anstatt die Bauerngemeinschaft zufriedenzustellen und zugleich zu festigen, hat sie ihre Auflösung vorangetrieben, indem sie an den Egoismus des einzelnen appellierte. Da die Nationalgüter auf Versteigerungen mit bestimmten Zahlungsfristen angeboten wurden, mußte jeder Bauer, der über einige Mittel verfügte und den Ehrgeiz und die Hoffnung hegte, sich zu bereichern, versucht sein, sein Glück zu machen und seine Sache von der seiner Brüder zu trennen. Da die Revolution dem Eigentümer den Vorteil aus der Abschaffung des Zehnten und der Grundzinsleistungen zuteil werden ließ, bot sie dem, der Eigentümer werden konnte, eine verlockende Prämie. Mit der Freiheit des Anbaus und des Handels fügte sie ihr noch eine weitere hinzu. Der Unterschied zwischen den wohlhabenden Bauern und dem Landproletariat wurde befestigt. Indem die Gemeinschaftsrechte nach und nach abgebaut wurden, verstärkte sich die Abhängigkeit der Tagelöhner von dem Lohn, den ihnen die Grundbesitzer zu zahlen bereit waren. Mehr noch, die kleinen Grundbesitzer sanken ins Proletariat ab. Schon unter dem Ancien Régime hatte sich die Industrie ihrer bedient. Dadurch, daß der Kapitalismus in das flache Land eindrang, fern von den städtischen Zunftstrukturen und begünstigt durch die niedrigen Löhne, mit denen sich die Landbewohner zufriedengaben, entwickelte er sich in Frankreich von seinen handelskapitalistischen Ursprüngen zu industriekapitalistischem Zuschnitt, so wie zuvor in England. Die Revolution eröffnete ihm neue Perspektiven. Sie bewirkte aber noch mehr – sie verdüsterte die Zukunft der armen Bauern und bereitete damit deren Landflucht vor. Man brauchte nur noch Fabriken zu bauen, die Arbeiter strömten herbei.

Es wäre falsch, diese Politik ausschließlich dem Plan zuzuschreiben, die Anzahl der Lohnempfänger zu erhöhen und ihre Lebensbedingungen zu mindern, um der Bourgeoisie eine bessere Ausbeutungschance zu schaffen. Man glaubte, daß es gelänge, die Produktion zu entwickeln und die Existenzbedingungen aller Menschen zu verbessern, wenn man nur an die von allen Fesseln befreiten individuellen Kräfte – gemäß dem Schlagwort »Bereichert euch!« – appellierte. Die Ereignisse haben gezeigt, daß dieses Kalkül nicht ganz falsch war. Die Gegner der Bourgeoisie haben deshalb Unrecht, die unstreitig von ihr erzielten Ergebnisse zu verschweigen; zugleich gilt es festzuhalten, daß sie die Existenz eines Proletariats ungerührt hinnahm und die Idee einer Gesellschaft von autonomen Produzenten als utopisch ablehnte. In den revolutionären Versammlungen und Klubs hat man dies ohne Umschweife ausgesprochen, so zum Beispiel Polverel bei den Jakobinern 1790, Delacroix 1793, Loiseau im Jahre II.[17] Wandte man beispielsweise ein, daß die vorgesehene ökonomische und soziale Umwandlung die armen Bauern teuer zu stehen käme, weil sie ihre Lebensbedingungen umstieß, während die ihnen vorgespiegelte allgemeine Verbesserung erst in einer sehr fernen Zukunft zu verwirklichen wäre, so antwortete die Bourgeoisie, daß es keine Alternative gebe und der Fortschritt immer nur auf Kosten der armen Leute zustande komme. Zwar sah niemand die schreckliche Lage voraus, in welche die Großindustrie in den folgenden Jahrzehnten die Arbeiterklasse stürzen sollte. An einer zukünftigen Krise war jedoch nicht zu zweifeln. Und wer nur den geringsten Sinn für das »Sozialrecht« hatte, konnte nicht zögern, den Opfern zu Hilfe zu kommen. Tatsächlich haben die revolutionären Versammlungen dem Volk das Recht auf Bildung und Beistand zugebilligt. Doch zur Verwirklichung dieses Rechts hätte man viel Geld benötigt. Es war ein Circulus vitiosus. Die allgemeine Mehrung des Wohlstands, hervorgerufen durch die kapitalistische Produktionsweise, hat es erst ein Jahrhundert später der demokratischen Republik erlaubt, die Versprechungen der Revolution einzulösen – wenn auch in sehr bescheidenem Maße.

In der Konstituante und im Konvent wurde gleichwohl die Sache der »Bedürftigen« und der armen Bauern verteidigt. In der Konstituante wurde vorgeschlagen, einen Teil der Nationalgüter den »Bedürftigen« zu geben. Auf diese Weise wollte man sie seßhaft machen, das Betteln und Vagabundieren unterbinden und die öffentliche Ordnung sichern. Der Herzog La Rochefoucauld-Liancourt, der wichtigste Vorkämpfer dieses Plans, war von aufrichtigem philanthropischem Eifer beseelt. Er erreichte leider nichts. Obwohl er gefordert hatte, daß man den »Bedürftigen« nur das unbebaute und folglich für den Staatsschatz wenig ergiebige Land übereignen sollte, war die Nationalversammlung nicht bereit, den Wert der Assignaten zu verringern. Wahrscheinlich wich sie vor den unabweisbaren Schwierigkeiten zurück, die mit der Ausführung eines solchen Projekts verbunden waren.

La Rochefoucauld-Liancourt hatte sich einzig für die »Bedürftigen« eingesetzt, das heißt eindeutig für die Bauern ohne eigenen Besitz und ohne Pachtland. Man mußte aber auch an die armen Bauern denken, die als Besitzer oder Pächter ein kleines Stück Land bebauten. Jedesmal, wenn von 1790 bis 1793 über die Veräußerungsbedingungen der Nationalgüter beraten wurde, zogen einige Deputierte ihr Schicksal in Betracht. Es wurde vorgeschlagen, den Bedürftigen und den armen Bauern einen oder mehrere Morgen pro Kopf zuzuteilen, sei es gegen ordentliche Bezahlung oder gegen Entrichtung einer Gebühr. Am 3. Juni 1793 wurde der Vorschlag sogar angenommen. Aber dieses Dekret kam nur sehr begrenzt und bloß in einigen Dörfern der

Seine-et-Oise zur Anwendung. Man griff bald wieder auf die Versteigerung zurück. Unter diesen Bedingungen nützte der Gutschein über 500 Livres, der am folgenden 13. September den Bedürftigen ausgestellt wurde, nicht viel.

Im Ventôse des Jahres II unternahmen die Robespierristen einen neuen Vorstoß. Sie verlangten die Beschlagnahmung der Güter der Verdächtigen, und dieses neue Nationaleigentum sollte den »Bedürftigen« und »Unglücklichen« zugute kommen. Saint-Just hatte die Absicht, es kostenlos unter sie zu verteilen. Wie ich schon gesagt habe, hat dieser Plan niemals eine präzise und konkrete Gestalt angenommen. Der Konvent versprach noch nicht einmal die unentgeltliche Zuteilung. Die Gegner der Robespierristen innerhalb der Bergpartei brachten den Vorschlag mit allerlei Winkelzügen zu Fall. Selbst in der extremen Version des Robespierrismus blieb also die Revolution weit hinter den oben skizzierten Vorstellungen der Bauern zurück. Die Robespierristen haben keinerlei Anstalten zur Aufteilung der großen Pachtgüter oder zur Regelung des Pacht- und Teilpachtwesens gemacht. Sie haben niemals das Prinzip der Anbaufreiheit angefochten oder die Gemeinschaftsrechte verteidigt. Im Gegenteil, mit den anderen Mitgliedern der Bergpartei haben sie für das Gesetz vom 10. Juni 1793 gestimmt, das die Aufteilung der Gemeindeländereien erlaubte, wodurch zwar die Zahl der kleinen Grundbesitzer zunahm, aber ihre zukünftige Existenz gefährdet wurde. Sie haben der Maximumgesetzgebung zugestimmt, obschon widerwillig und als vorübergehende Kriegsmaßnahme. Ich glaube nachgewiesen zu haben, daß sie mit Agrarfragen nicht sonderlich vertraut waren und ihr Ideal jedenfalls eine Gesellschaft von Kleinproduzenten und unabhängigen Eigentümern war, die allerdings eine unbegrenzte Freiheit im Anbau und Handel genießen sollten. Das war ein Versuch, die soziale Demokratie mit den Grundsätzen der liberalen und kapitalistischen Ökonomie zu versöhnen. Man mag sagen, daß dieser Versuch utopisch gewesen sei: er war es immerhin weniger im Falle der Landwirtschaft als im Falle der Industrie.

V.

Manch einer wird einwenden, daß ein Triumph der Bauerngemeinschaft verheerende Folgen gehabt hätte – der Individualismus wäre zugunsten des Sozialrechts gehemmt worden, der Grundbesitz wäre entsprechend den Gewohnheitsrechten zerstückelt und beschränkt geblieben, die Fortschritte in der Landwirtschaft wären zumindest sehr verzögert, wenn nicht gar verhindert worden. Und der industrielle Aufschwung wäre gehemmt worden. Dies bleibt unbestritten.

Aber die Einstellung der Bauerngemeinschaft, die sie mit den städtischen Sansculotten gemein hatte, verdient nichtsdestoweniger die Aufmerksamkeit der Historiker im allgemeinen und der Revolutionshistoriker im besonderen. Zunächst erklärt sie die tiefe Enttäuschung, die die Revolution hinterlassen hat. Welche unmittelbaren Vorteile hatte sie der großen Mehrheit der Bauern zum Ausgleich für Wehrdienst und Papiergeld gebracht? Die Aufhebung der Feudalrechte im engeren Sinne, die Steuergleichheit, deren Vorzüge durch die Steuererhöhung erheblich abgeschwächt wurden, schließlich abstrakte Rechte. Das war nicht genug. Wenn man dies nicht zugibt, wird man die Entmutigung, ja sogar Feindseligkeit der folgenden Generationen nicht begreifen können. Man erklärt die Schwäche der Revolutionsregierung in aller Regel mit ihren Ansprüchen und ihrer Unerbittlichkeit, und dies gewiß mit gutem Recht. Doch wenn die Robespierristen den kühnen Entschluß gefaßt hätten, an die Bauerngemeinschaft zu appellieren, hätten sie bei ihr, wie 1789 die Bourgeoisie, Unterstützung gefunden. Hätte sie genügt? Ich glaube nein und werde später erläutern, warum nicht. Doch sie unternahmen keinen derartigen Versuch. So haben sie ihren Sturz unvermeidlich gemacht.

Doch erweitern wir die Perspektive. Es ist niemals bestritten worden, daß die Aktion der Bauern einen gewissen Einfluß auf den Verlauf der Revolution gehabt hat, auch nicht, daß sie ihren Erfolg in mancher Hinsicht den ihnen gewährten Zugeständnissen verdankte. Man erkennt aber unschwer, daß die Tendenz dieser Aktion über die Zielsetzungen hinauswies, die von der Revolution verwirklicht wurden, und daß diese Aktion ihr eigentliches Ziel verfehlt hat. Es gibt also eine autonome Bauernrevolution. Sie ist von der Revolution des Bürgertums zu unterscheiden, so wie diese von der Revolution der Privilegierten und die demokratische Revolution wiederum von der liberalen Revolution – Zensusdemokratie – unterschieden worden sind.

Einige Überlegungen von erheblicher Tragweite drängen sich somit auf. Man legt die ökonomische Interpretation der Geschichte (die man mit dem Namen »historischer Materialismus«, den ich bei Marx nicht gefunden habe, verbrämt hat) zu eng aus, wenn man die Französische Revolution einzig aus dem Wachstum der Bourgeoisie herleitet. Sie ist auch aus dem Widerstand der Privilegierten gegen die Entstehung der neuen ökonomischen Ordnung oder, genauer, aus ihrer Absicht, sich deren Vorteile anzueignen, hervorgegangen. Sie entsprang nicht zuletzt der Opposition der unterprivilegierten Klassen gegen die sich anbahnende kapitalistische Ordnung. Diese Klassen waren nicht nur deshalb so aufgebracht gegen die Aristokratie, weil sie von der Feudalordnung stets unterdrückt worden waren, sondern auch, weil der Geist des Kapitalismus mehr und mehr in die Aristokratie selbst einzog und die Feudalherrschaft noch verhaßter machte. Daraus folgt jedoch nicht, daß sie Sympathien für den Kapitalismus gehegt und für seine Durchsetzung gekämpft hätten. Bisweilen ruft die Genese einer neuen Gesellschaftsordnung feindliche Reaktionen wach, die ihr sehr wohl zum Sieg verhelfen können. In dem Maße, wie das Ancien Régime kapitalistische Grundsätze einzuführen und, vom ökonomischen Standpunkt aus, Bedürfnisse der Bourgeoisie zu befriedigen sich bemühte, hat es wirksam dazu beigetragen, seinen eigenen Untergang vorzubereiten.

VI.

Es bleibt die Frage, warum die Bauerngemeinschaft, die den Revolutionsversammlungen in zahllosen Petitionen ihre Auffassungen unterbreitet und die erlebt hat, wie von Zeit zu Zeit ein Deputierter zur Verteidigung einiger dieser Forderungen auftrat, sich nicht von neuem in gemeinsamer Bewegung erhoben hat, um ihren Anteil an den Nationalgütern zu erobern, um die Gemeinschaftsrechte bestätigen zu lassen und die Reglementierung des Anbaus und des Handels beizubehalten, so wie sie geschlossen für die entschädigungslose Abschaffung der Feudalrechte gekämpft hatte. Hätte sie sich noch ein weiteres Mal selbst geholfen, so wäre die Bourgeoisie gewiß gezwungen gewesen, erneut einen Kompromiß zu finden. Auf jeden Fall wäre die Aufmerksamkeit der Robespierristen geweckt worden und hätte der Versuch von Ventôse einige Aussicht auf Erfolg gehabt. Es kam nicht dazu, weil die Geschlossenheit der Bauern die Abschaffung der Feudalrechte nicht überdauerte. Gegen die Feudalrechte war es nicht schwer, Einmütigkeit zu erzielen. Diese Rechte waren zwar verschieden und übten einen von Ort zu Ort schwankenden Druck aus, aber auf die eine oder andere Weise trafen sie alle Bauern. Alle waren an ihrer Überwindung interessiert, und es bedurfte keiner langen Beratungen für eine Lösung, die auf die schlichte Abschaffung hinauslief und keinen Ersatz zuließ. Anders lagen die Dinge bei den reinen Agrarfragen. Zunächst einmal konnten die Bauern mit ausreichendem Landbesitz – die Großpächter, die wohlhabenden Teilpächter – gegenüber den Vorteilen der Anbau- und Handelsfreiheit nicht unempfänglich bleiben. Marc Bloch hat mit Recht darauf hingewiesen, daß alle Bauern, selbst wenn sie nicht genügend Land hatten, um ihr Leben zu fristen, seit dem Tag, an dem die Konstituante das freie Weiderecht abgeschafft hatte, ohne die Einhegung der künstlichen Wiesen anzuordnen, allmählich für diese neue Maßnahme gewonnen wurden.[18] Unter dem Ancien Régime lehnten sie die Abschaffung ab, weil die Umfriedung gefordert wurde und nur der Großgrundbesitz oder der Großbetrieb die Kosten dafür tragen konnte, aber auch deshalb, weil die Bauern, welche die Einfriedung vorgenommen hatten, fremdes Vieh von ihrem Land verbannten, jedoch das Recht behielten, das eigene Vieh auf dem Land der anderen weiden zu lassen. Die Konstituante beseitigte diesen Mißbrauch. Ebenso mußten die verschiedenen Bauernschichten die Überschreibung der Einnahmen aus dem Zehnten und den Abgaben an den Grundbesitzer sehr unterschiedlich aufnehmen. Für den Bauern mit Landbesitz war sie kein Problem. Für den Pächter sah es anders aus. Obschon sie für ihn eine Erhöhung der Pachtgebühr bedeutete, beließ sie ihm wenigstens das Stroh. Betroffen war besonders der Teilpächter, denn unter dem Ancien Régime wurden der Zehnte und der Kehrzehnte auf die zuvor in zwei Hälften geteilte Ernte erhoben, während unter dem neuen Regime der Grundbesitzer seine Forderung erhöhte. Nun hatte allerdings die Aufteilung in zwei Hälften, die bei weitem am geläufigsten war, zwischen dem Grundbesitzer und dem Teilpächter eine Art Gemeinschaft auf Gleichheitsbasis entstehen lassen, die nunmehr in den Augen des Teilpächters zu seinen Ungunsten verändert wurde. Deshalb brachen die Unruhen, die sich aus diesen Revolutionsgesetzen herleiteten, ausschließlich in Gegenden mit Teilpacht aus. Was die Nationalgüter anlangt, so leuchtet es ein, daß wohlhabenden Bauern, Grundbesitzern und Pächtern nicht daran gelegen sein konnte, mit den Armen gemeinsame Sache zu machen, denn sie waren, verlockt durch die liberale Wirtschaft, für die Idee einer Verbesserung ihrer Lage durch persönliche Anstrengung gewonnen und sicher, bei den Versteigerungen zwar nicht alles zu bekommen, was sie wünschten, aber doch wenigstens ein gutes Stück Land, da sie es bezahlen konnten. Eine kostenlose Aufteilung zu gleichen Teilen hätte ihnen weniger eingebracht. Die Dorfbewohner, die noch kein Land besaßen, aber ein Handwerk oder ein Gewerbe ausübten, dachten wohl ebenso. Unter den unzureichend mit Land ausgestatteten Bauern waren die Lebensbedingungen sehr unterschiedlich. Viele von ihnen beseelte der Wunsch, ein Stück Land zu erwerben, das in zwölf Jahren abzuzahlen war (von 1793 ab in zehn Jahren); nicht allen ist dies gelungen, aber die Hoffnung genügte, sie von der Gemeinschaft zu lösen. Die Aufteilung des Gemeindelandes spaltete die Gemeinschaft vollends – die Bauern ohne Landbesitz wünschten sie, weil der Besitz eines kleinen Stücks sie für den Verlust der Weide entschädigte, zumal diese in erster Linie dem Besitzer einer großen Herde Nutzen brachte; der Kleinbauer hatte demgegenüber Grund zu zögern, der Großbauer verhielt sich eindeutig ablehnend.

Aber zu den Gegensätzen innerhalb der Dorfgemeinschaft, die schon eine tausendjährige Geschichte haben – denn wie wir aus den frühesten Urbaren wissen, zeichnete sich die soziale Aufgliederung schon damals ab –, kam noch die Verschiedenheit der französischen Provinzen hinzu. Man kennt ihre landschaftliche und klimatische Vielfalt, ihre unterschiedlichen Nutzungsmöglichkeiten und Erzeugnisse. Diese Feststellung muß auf das Agrarsystem ausgedehnt werden. Allein schon das Problem der Feudalrechte stellte sich in einem Gebiet wie der östlichen Bretagne, wo es noch die »tenure convenancière« (kündbare Bauernstellen) gab, in besonderer Weise. Auch das Problem der Nationalgüter variierte, je nachdem, ob sie sehr ausgedehnt waren, wie in der Picardie, oder von geringem Umfang, wie in der Mehrzahl der Departements des Südens und des Westens, ob es sich um Kirchengüter oder um Güter von Emigranten handelte oder wie stark die Präsenz des Klerus in der Gegend war. Die Verschiedenheit bekundete sich ebenfalls in der Art des Betriebssystems – der Norden war das Land der Pachtgüter, im Zentrum, Westen und Süden herrschte die Halbpacht vor. Ein gemischter Streifen trennte die beiden Zonen voneinander. Der Norden stand unter dem Einfluß von Flandern, hier war am Ausgang des Mittelalters die moderne Landwirtschaft entstanden. Nun hatte Frankreich im 17. Jahrhundert einen Teil Flanderns annektiert. Das freie Weiderecht war dort verschwunden, und die künstliche Wiese ermöglichte Stallfütterung. Der Anbau von Futter- und Handelspflanzen hatte die Chance eröffnet, die Fruchtfolge zu variieren und die Brache abzuschaffen. Zwar sind die Lehren der flämischen Agrikultur über die Vermittlung Englands, wo sie Schule gemacht hatten, zur Kenntnis unserer Agronomen gelangt, aber erst das praktische Beispiel bestätigte sie. Der Preisanstieg forderte zu ihrer Nachahmung auf, und tatsächlich sind gegen Ende des Ancien Régime die großen Pachtgüter, besonders im Norden von Paris, zahlreicher geworden. Es ist wahr, daß man sich überall über die Großbetriebe beklagt hat, doch in Mittel- und Südfrankreich scheint es sich vor allem um eine offensive Bewegung gehandelt zu haben – man wollte diejenigen Betriebe teilen, die schon immer oder wenigstens schon seit langem bestanden. Im Norden dagegen war die Bewegung auch defensiv – man wollte verhindern, daß neue Betriebe entstanden. Es sieht auch nicht so aus, als wäre die kapitalistische Orientierung der Landwirtschaft im Westen, im Zentrum und im Süden ebenso ausgeprägt gewesen wie im Norden. Jedenfalls nahm sie verschiedene Formen an: härtere Teilpachtbedingungen durch die Zunahme der Generalpächter im Zentrum oder die Sonderherde und die Einschränkung der Gemeinschaftsrechte im Osten. Das Problem der Gemeinschaftsrechte stellte sich ebenfalls je nach Agrarsystem anders, wie Marc Bloch kürzlich erstmals in einer Gesamtdarstellung gezeigt hat.[19] Im Norden und Osten herrschte das System der offenen Felder vor, die nach Schlägen oder Gewannen eingeteilt waren – dies war die eigentliche Gegend des freien Weiderechts. Dieses Recht wurde selbstverständlich auch in Teilen von Mittelfrankreich und im Süden ausgeübt, doch die Felder waren dort von ungleichmäßiger Form und zusammenhängende Güter nicht selten. Zudem brachten die Strauch- und Weinkulturen dort viel mehr Abwechslung. Der Westen und die bergigen Zonen, wie das Limousin, waren Gebiete mit Umfriedungen – das freie Weiderecht wurde hier höchstens auf dem Gemeindeland ausgeübt. Schließlich war die Waldnutzung nur in bestimmten Ortskreisen von Bedeutung und das Gemeindeland höchst ungleichmäßig verteilt.

Darüber hinaus muß von Fall zu Fall der Bevölkerungsdichte, der Besiedlung und der Mentalität Rechnung getragen werden. In einem Gebiet wie dem sehr stark bevölkerten Cambrésis, wo die Häuser in großen Dörfern zusammengefaßt waren und der Flurzwang das kollektive Leben gefördert hatte, war die Bauernschaft eher zum Handeln bereit als in Regionen mit mittlerer Bevölkerungsdichte, Streusiedlungen und Umfriedungen. Man darf auch nicht vergessen, daß die Bevölkerung der Provinzen anthropologisch und historisch überaus verschiedenartig ist. Sie hat ein höchst ungleiches revolutionäres Temperament an den Tag gelegt, und es ist durchaus nicht gesagt, daß die ökonomischen und sozialen Bedingungen von 1789 ausgereicht hätten, um gleiche Wirkungen hervorzurufen.

Aus all diesen Gründen hat Frankreich während der Revolution keine ausgesprochene Agrarbewegung gekannt, wie sie sich heutzutage in Rußland, in den baltischen Ländern und in Rumänien zeigt. In diesen Ländern waren die natürlichen und wirtschaftlichen Bedingungen relativ einheitlich, die Bauernschaft relativ homogen. Und selbst wenn eine solche Bewegung zustande gekommen wäre, weist außer den Bemerkungen Doliviers und dem Plan Babeufs[20], von denen wir nicht wissen, wie sie von den Bauern aufgenommen worden wären, nichts darauf hin, daß sie sich gegen den gesamten Großgrundbesitz gewendet haben würde. Der Grund hierfür ist meiner Meinung nach das Betriebssystem: der Großbesitz lag schon in den Händen der Bauern, da der Großgrundbesitzer nicht selbst wirtschaftete, während er sich in Osteuropa infolge der Eigenbewirtschaftung als Beute anbot. Er war nicht wie in England zu großen Pachtgütern zusammengeschlossen. Alles in allem waren solche Betriebe noch recht selten. Der größte Teil des Großgrundbesitzes war in Form von kleineren Pacht- oder Halbpachtgütern oder verstreuten Ländereien verpachtet. Eine ganze Reihe von Bauern, sogar arme, hätten also im Fall der Enteignung das Stück Land verloren, das sie hatten pachten können, und sie konnten nicht sicher sein, ob das Land, das sie als uneingeschränktes Eigentum bekommen hätten, gleichermaßen ertragreich gewesen wäre. Indem das Ancien Régime den kapitalistischen Weg einschlug, hat es seinen Zusammenbruch beschleunigt. Es war nämlich auf diesem Weg nicht weit genug vorangeschritten: die Reihen der Pächter und Halbpächter waren noch nicht so stark dezimiert, daß sie, proletarisiert, versucht sein konnten, gemeinsame Sache mit den Tagelöhnern zu machen. Der unseren Großgrundbesitzern so oft vorgehaltene Absentismus hat sie vor einem furchtbaren Ansturm bewahrt. Dennoch waren die Tagelöhner so zahlreich, daß sie die Aufstandsbewegung hätten auslösen können, wobei ihnen die ganz kleinen Grundbesitzer, die armen Teilpächter, sicherlich gefolgt wären. Doch die ärmsten Schichten der Bevölkerung revoltierten erst unter dem Druck des Elends: ihre Empörung ermangelte der Koordination. Es hätte dazu eines Plans und einiger Köpfe bedurft; allein die Bourgeoisie und die wohlhabende Bauernschaft hätten sie stellen können, sie wollten es aber nicht. Die Robespierristen haben zwar mit einem solchen Gedanken gespielt, aber die Frage war so komplex, sie kannten sie, wie es scheint, so ungenügend, sie hatten so viele Schwierigkeiten zu bewältigen und ihr Einfluß war so umstritten, daß sie nicht mehr als eine Geste machten. Allein Babeuf hat zum Zusammenschluß aufgerufen – zu spät. Ganz anders lag der Fall in Rußland. Dort hat die in einer Klassenpartei organisierte Arbeiterklasse das Programm entwickelt und den ersten Schlag geführt, und die Bauern sind ihr gefolgt. Unsere Sansculotten aber waren keine Klassenpartei.

VII.

Nachdem die Feudalrechte abgeschafft waren, schien der Durchsetzung einer Flurbereinigung wie in England nichts mehr im Wege zu stehen. Wurde sie nicht vorgenommen, so konnte man sicher sein, daß sich die Anbaufreiheit nur sehr langsam auswirkte und das freie Weiderecht noch lange fortbestand. Der Flurzwang war zwar gesetzlich aufgehoben, blieb aber Brauch, da die Parzellen miteinander verzahnt waren. Dennoch hat niemand daran gedacht, die Flurbereinigung zum Gesetz zu erheben, nicht einmal zu der Zeit, als Napoleon über unumschränkte Macht verfügte, nicht einmal, als die konstitutionelle Monarchie die politische Macht an die Bourgeoisie abgetreten hatte. Zunächst hat sich der Kampf zwischen der Bourgeoisie und der alten Aristokratie das ganze 19. Jahrhundert hindurch fortgesetzt. Die Fusion ist nie vollständig verwirklicht worden. Die konservative Bourgeoisie, die an der neuen Ordnung festhielt und zur Ausübung der Macht entschlossen war, mußte die Bauern schonen, um gegebenenfalls ihrer Unterstützung gewiß sein zu können. Um so mehr galt dies für die Bourgeoisie mit demokratischer Tradition. Die Bauern Frankreichs hatten 1789 gezeigt, daß sie eine furchtgebietende Kraft darstellten, und selbst Napoleon hat diese Lehre beherzigt. Nachdem das allgemeine Wahlrecht wiederhergestellt worden war, brauchte man nicht mehr daran zu erinnern – der Stimmzettel war für sie seit der Regierung Napoleons III. eine ausreichende Waffe. Zweifellos machte die Auflösung der Dorfgemeinschaft ihr jede positive Agraraktion unmöglich. Von der Volksmeinung wurde die Revolutionsgesetzgebung immer weniger angefochten. Die Landwirtschaft hat sich nach und nach verwandelt und auf den Markt eingestellt. Hätte man allerdings bei uns nach englischem Vorbild die Einhegung eingeführt, so hätte alles anders kommen können: der französische Bauer hätte seinen Besitz verteidigt, und diejenigen, die am ehesten geneigt waren, sich der kapitalistischen Entwicklung anzupassen, hätten sich mit den anderen erhoben. Die so gefürchtete Einheit der Dorfgemeinschaft wäre wieder entstanden. Ihre Auflösung war dadurch beschleunigt worden, daß man den Individualismus gegen sie ausspielte. Die Liebe des bäuerlichen Besitzers zu seinem Eigentum trennte ihn zwar vom Landproletariat, machte jedoch seine Entwurzelung unmöglich.

Wahrscheinlich wäre es anders gekommen, wenn die Adelsrevolution Erfolg gehabt hätte, vor allem aber wenn es den »monarchiens« von 1789, die in Frankreich die englische Verfassung heimisch machen wollten, geglückt wäre, die Aristokratie und die Großbourgeoisie miteinander zu versöhnen und sie zu einer gemeinsamen Regierung unter dem Schutz des Königs, wie in Westminster, zu bewegen. Die Debatten vom September 1789 haben nicht allein das politische System Frankreichs, sondern auch die Sozialstruktur in Frage gestellt. Die Oktobertage haben nicht nur zur Folge gehabt, daß die Pläne der Konterrevolution und die Hoffnungen der Anhänger des Zweikammer-Systems vereitelt wurden, sie haben überdies den Bruch zwischen Aristokratie und Bourgeoisie endgültig besiegelt und den französischen Bauern vor der Einhegung bewahrt.

So hat die Französische Revolution einen Kompromiß zustande gebracht. Ein Teil der Hindernisse, welche die kapitalistische Umwandlung der Landwirtschaft, die unter dem Ancien Régime begonnen hatte, hemmten, wurde beseitigt, aber die kollektiven Nutzungsrechte sind nicht schlagartig abgeschafft worden. Man hat sich vielmehr auf die Zeit und auf das persönliche Interesse verlassen, um den Bauern für ihre Preisgabe zu gewinnen. Tatsächlich haben sie fast unverändert bis in jüngste Zeit fortbestanden und sind noch immer nicht völlig verschwunden. Das Gesetz von 1889 erlaubte es den Bauern eines Dorfes noch, über die Abschaffung des freien Weiderechts selbst zu befinden.

Die Zersplitterung des Grundbesitzes und der Betriebe hat wahrscheinlich der Einführung kapitalistischer Methoden in der modernen Landwirtschaft die entscheidende Schranke gesetzt. Es gibt bis heute kein Anzeichen dafür, daß die allgemeine Flurbereinigung den mindesten Beifall auf dem flachen Land finden und das Parlament sie folglich eines Tages in Angriff nehmen könnte.

So hat sich die kapitalistische Entwicklung überaus langsam vollzogen und ist sehr unvollkommen geblieben. Sie hat die Autonomie des bäuerlichen Kleinproduzenten, Grundlage unserer politischen Demokratie, nicht zerstört. Doch obwohl sich unsere Agrarentwicklung nicht der gleichen wirtschaftlichen Fortschritte wie bestimmte andere Länder erfreuen kann, so hat sie immerhin weniger Leiden verursacht. Frankreich hat eben eine Bauernrevolution gekannt. Und die Revolution hat bei uns eine egalitäre und demokratische Tradition in der Politik begründet. Man darf sie nicht gering achten, indem man behauptet, das Volk habe keinen Nutzen aus ihr gezogen. Unstreitig hat der besitzende oder unabhängige Bauer am meisten bei dem Kompromiß gewonnen. Da die armen oder bedürftigen Bauern in der Revolution nicht die Erneuerung und Festigung der Dorfgemeinschaft erreichen konnten, hat diese sich schließlich völlig aufgelöst. Dem Landproletariat, das sich infolge des allmählichen Abbaus der Gemeinschaftsrechte und durch den Geburtenüberschuß ständig vermehrt hat, sind nur zwei Wege zu seiner Rettung geblieben: die Geburteneinschränkung und die Abwanderung in die Stadt und die Fabrik. Häufig werden die Folgen dieser beiden sozialen Phänomene beklagt. Sie sind jedoch nicht ohne Nutzen für die heutige Ordnung geblieben. Wo hätte vor hundert Jahren die Industrie ihre Arbeitskräfte gefunden, wenn nicht auf dem Lande? Und was würde heute geschehen, wenn sich das Bauernproletariat seit 1789 weiter vermehrt hätte?

Anmerkungen

1 *Les caractères originaux de l'histoire rurale française*, Oslo 1931, 2. Aufl. Paris 1952.

2 Guizot, Politiker und Schriftsteller; Hauptwirkungsperiode Restauration und Bürgerkönigtum. Mit Royer-Collard vertrat er während der Restauration eine parlamentarische Opposition, die gegenüber der Willkürpolitik eine »wissenschaftliche« Staatslehre geltend machte (daher »Doktrinäre«), eine Theorie der konstitutionellen Monarchie, die auf der »Reinheit« der Charta gründete. Guizots früheste historische Arbeiten sind: *Histoire de la civilisation en France depuis la chute de l'empire romain jusqu'à la Révolution française*, 4 Bde., Paris 1828-30; *Histoire de la civilisation en Europe*, Paris 1828, dtsch. Stuttgart 1844. *(Anm. d. Hrsg.)*

3 Chérest, A., *La chute de l'Ancien Régime*, 3 Bde., Paris 1884-86. *(Anm. d. Hrsg.)*

4 *La Révolution française*, in: *AHRF* 10/1933, S. 1-24.

5 *La Révolution française;* 3 Bde., Paris 1922-27; dtsch. Zürich 1940, Hamburg 1950. *(Anm. d. Hrsg.)*

6 Ventôsedekrete, soziale Maßnahmen aus den Monaten Febr.-März 1794, mit denen die Revolutionsregierung der Notlage der Massen und der daraus resultierenden Unruhe begegnen wollte. Die Maßnahmen – deren Realisierung jedoch im Ansatz stecken blieb – umfaßten u. a. 10 Millionen Francs Unterstützung für die Armen, allgemeines Maximum für Preise (und Löhne), Einziehung des Vermögens der Verdächtigen, das den Armen zugute kommen sollte. *(Anm. d. Hrsg.)*

7 Lefebvre verweist hier in einer Fußnote auf seine *Grande Peur de 1789*, die Große Furcht als Ursprung der Bauernrevolution, und beklagt, daß die Agrarrevolten der folgenden Jahre noch nicht hinlänglich untersucht worden seien. Diese Lücke ist nunmehr durch die Arbeit von Ado geschlossen worden. *(Anm. d. Hrsg.)*

8 Ich fasse hier knapp die Ergebnisse meiner bisherigen Arbeiten zur Bauernfrage zusammen: *Les paysans du Nord*, Paris 1924, 2. Aufl. Bari 1959; *Etudes relatives à la répartition de la propriété et de l'exploitation foncières à la fin de l'Ancien Régime* und *Etudes relatives à la vente des biens nationaux*, in: *Revue d'histoire moderne*, 1928, S. 103-30; S. 188-219; *La place de la Révolution dans l'histoire agraire de la France*, in: *Annales d'histoire économique et sociale* I (1929), S. 506-523; *Questions agraires de la Terreur*, Straßburg 1932, 2. erw. Ausgabe 1954.

9 *La petite propriété en France avant la Révolution*, Paris 1897.

10 Nach diesem Modus beabsichtigte die spanische Republik die großen Domänen unter den Bauern aufzuteilen.

11 In den *openfield*-Regionen ist die Flur eines Dorfes in Schläge eingeteilt, und alle darin befindlichen Ländereien sind dem gleichen Fruchtwechsel unterworfen.

12 *L'Idée du droit social*, Paris 1932.

13 *La lutte pour l'individualisme agraire dans la France du 18ᵉ siècle*, in: *Annales d'histoire économique et sociale*, 2 (1930), S. 329-383 und S. 511-556.

14 Vorkaufsrecht des Grundherrn, wenn einer seiner Bauern Land verkaufen will. *(Anm. d. Hrsg.)*

15 Bruchet, *L'abolition des droits féodaux en Savoie*, Annecy 1908.

16 Der Zehnte, der von Laien eingetrieben wird, die eine geistliche *seigneurie* gekauft haben. *(Anm. d. Hrsg.)*

17 Zu Polverels Äußerungen s. Aulard, *La Société des Jacobins*, Bd. I, Paris 1889, S. 155 f.

18 Vgl. Anm. 13, S. 350, Anm. 1.

19 *Les caractères originaux de l'histoire rurale française.*

20 Vgl. Dommanget im vorliegenden Band *(Anm. d. Hrsg.)*

Albert Soboul
Zum Problem des Übergangs vom Feudalismus zum Kapitalismus

Im Lichte der von der Zeitschrift *Science and Society* geführten Kontroverse über den Übergang vom Feudalismus zum Kapitalismus möchte ich hier einige Aspekte der Französischen Revolution hervorheben, und zwar die soziale Lage der Sansculotten, ihre Stellung gegenüber dem Handelskapital und ihre Rolle in der revolutionären Bewegung. Dabei stütze ich mich vor allem auf die wertvollen Bemerkungen Takahashis, beachte aber auch die Anregungen Georges Lefebvres, daß man sich nicht mit einer theoretischen Diskussion zufrieden geben dürfe und es die Aufgabe der Historiker sei, konkrete Fälle zu studieren.[1] Ich werde noch einmal auf bestimmte einschneidende Probleme zurückkommen und dabei einige überspitzte Thesen differenzieren.[2]

Die Französische Revolution stellt in der Tat eine klassische bürgerliche Revolution dar: Der Klassenkampf brachte in der Hauptsache die kapitalistische Bourgeoisie und die Feudalaristokratie miteinander in Konflikt. Aber welches soziale Element war innerhalb des alten Dritten Standes in diesem Kampf der ausschlaggebende Faktor für die Zerstörung der früheren Produktionsverhältnisse? Das kapitalistische Großbürgertum oder kleine und mittlere Warenproduzenten und unabhängige Bauern?

In der Gesellschaft des Ancien Régime war die über das Handelskapital verfügende Bourgeoisie weitgehend an die monarchische Staatsmacht und an die Feudalaristokratie gebunden: Finanzleute, Großkaufleute, Verlagsunternehmer waren in das politische und gesellschaftliche System der Feudalreaktion integriert. Man denke an die Generalsteuerpächter, an die Heereslieferanten, an die Großaktionäre der privilegierten Finanzkompanien; man denke an die Beziehungen, die zwischen der ländlichen Hausindustrie unter der Kontrolle von Kaufleuten und Verlegern und der feudalen Organisation der landwirtschaftlichen Produktion bestanden.

Diese Gesellschaftsgruppe der an das Handelskapital gebundenen Großbourgeoisie bezog alsbald eine gegenrevolutionäre Position. Dies drückte sich schon 1789 in den Anstalten der *Monarchiens* aus. Mounier, ihr Hauptbegründer, schrieb später, es sei seine Absicht gewesen, »der Lehre der Erfahrung zu folgen, sich verwegenen Neuerungen entgegenzustellen und im Rahmen der damaligen Regierung nur die zur Bewahrung der Freiheit notwendigen Veränderungen vorzuschlagen«, d. h. die bestehenden Produktionsverhältnisse und als deren Garanten den monarchischen Staat beizubehalten. Die *Monarchiens* wurden von den *Feuillants* (1791) und später von den Girondisten (1792-93) abgelöst.

Zu den Girondisten möchten wir an einem Beispiel ihre Stellung zum Handelskapital und ihre politische Einstellung illustrieren. Isnard, Sohn eines Kaufmanns aus Grasse, wurde als Abgeordneter des Var in den Konvent gewählt. Er saß dort unter den Girondisten und erlangte durch seine Polemiken gegen Paris vom 25. Mai 1793 Berühmtheit (»Bald wird man die Ufer der Seine danach absuchen, ob es Paris einmal gegeben hat . . .«). Nachdem am 3. Oktober 1793 ein Haftbefehl gegen ihn ergangen war, wurde er am 19. Ventôse des Jahres II (9. März 1794) sistiert. Am 8. Ventôse des Jahres III (26. Februar 1795) kehrte er in den Konvent zurück. Am 30. Germinal (19. April 1795) legte er eine Denkschrift zum Zweck der Entschädigung für die während seiner Ächtung erlittenen Einbußen vor. Dieses Dokument unterrichtet uns über das Vermögen des Girondisten Isnard und seine wirtschaftlichen Aktivitäten. »Ich befand mich«, so schreibt er, »an der Spitze eines vom Vater auf den Sohn übergegangenen Handelshauses, das durch ein halbes Jahrhundert fleißiger Arbeit und gestützt auf ein großes Vertrauen und eine ausgedehnte Korrespondenz seine Organisation und seine Kundschaft erhalten hat.« Dieses Haus war auf den Großhandel mit Ölen spezialisiert, »zu deren Versand es jährlich mit vier- bis fünfhundert Fässern beliefert wurde«. Dem Handel mit Ölen hatte sich eine Seifenmanufaktur angeschlossen: »Dieses Handelshaus stellte jedes Jahr ungefähr 3300 Kisten gewöhnlicher Seife her, eine jede zu 225 Pfund, was 7400 Zentnern entspricht, und brachte sie zum Versand. Hinzu kamen noch die weißen Seifen, die in Riegeln und nicht in Kisten versandt wurden. Davon gelangten ungefähr 1600 Zentner an Ort und Stelle zum Verkauf. Die Jahresproduktion betrug insgesamt 9000 Zentner.« Isnard weist ferner darauf hin, »daß diese beiden Branchen [Seifen und Öle] zwar die wichtigsten, aber nicht die einzigen Gegenstände meines Handels waren. Ich fügte dem unter anderem die Getreideeinfuhr, die Seidenzwirnerei und den Einkauf von Weinen und anderen Waren hinzu«. Es seien dazu noch zwei Häuser in Draguignan eingerichtet worden, deren Geldwert von Isnard auf 1300 Livres geschätzt wird, sowie »Seeschiffe«, zu denen er keine genaueren Angaben macht. Isnard forderte und erhielt für den erlittenen Schaden 152 047 Livres.

Dieses Dokument verlangt nach einigen Erläuterungen. Isnard ist an erster Stelle ein auf Öle und Korn spezialisierter Großkaufmann. Seine Wirtschaftstätigkeit beruht auf dem Handelskapital. In seinem Fall ist das Handelskapital jedoch nicht der Produktion untergeordnet; es hat nur eine Vermittlerfunktion im Austausch von Waren (Öle, Korn), die es selbst nicht hervorbringt. Isnard besitzt außerdem eine Seifenmanufaktur und eine Seidenzwirnerei. Der Kaufmann ist also zum Industriellen geworden. Die Entwicklung des Handelskapitals ist, wenn sie einen bestimmten Grad erreicht hat, in der Tat die historische Bedingung für die Entwicklung der kapitalistischen Produktion – allerdings nur bis zu einem bestimmten Grad, denn diese vollzieht sich ohne Veränderung der Produktionsverhältnisse. Sie wäre demnach nicht imstande, den Übergang von der feudalen zur kapitalistischen Produktionsweise zu erklären. In der Gesamtheit der Geschäfte Isnards nimmt der Handel gegenüber der Industrie immer noch eine beherrschende Position ein. Die traditionelle ökonomische Grundlage der Produktion bleibt intakt. Es liegt hier keine Revolution im Sinne von Marx vor.[3] Die ökonomische Position des Kaufmanns Isnard stimmt sehr wohl mit der politischen Stellung des Girondisten Isnard überein.

Das Kleinbürgertum hat, bis in seine gehobenen Schichten, 1793 bis 1794 sowohl gegen das auf dem Handelskapital begründete und in seinen Produktionsverhältnissen mehr oder weniger an die Feudalaristokratie gebundene Großbürgertum einen entschiedenen Kampf geführt, wie auch gegen die Feudalaristokratie selbst. Man sollte hier genauer bestimmen, was die *Bergpartei*, die *Jakobiner*, die *Sansculotten* gesellschaftlich darstellten – das Problem des Übergangs vom Feudalismus zum Kapitalismus würde dadurch aufgehellt.

Danton symbolisiert die Bergpartei. Man kennzeichnet ihn recht gut als Aufkäufer von Nationalgütern. Die Abschaffung des

Feudalwesens war die eigentliche Bedingung seiner neuen Lage als Grundrentner, als Rentner auf kapitalistischer Basis. Unter den Jakobinern tritt der *Tischler* Duplay als repräsentativer Typus hervor; gemeint ist kein Tischlergeselle, sondern ein bereits bedeutender Unternehmer. Oft ist das Wort der Frau des Konventsdeputierten Lebas, der Tochter Duplays, zitiert worden, daß ihr Vater, auf seine Standeswürde als Bourgeois bedacht, niemals einen seiner »Bediensteten«, d. h. einen seiner Arbeiter, hätte an seinem Tisch Platz nehmen lassen. Jaurès weist in seiner *Histoire* darauf hin, daß der *Tischler* Duplay jährlich zehn- bis zwölftausend Livres Mieteinnahmen hatte. Es handelte sich also um einen selbständigen Produzenten an der Schwelle zum Kapitalisten; in der Politik gehörte er zu den aktiven Revolutionären.

Ich möchte im folgenden den Blick auf die Sansculotten lenken. Der Begriff ist vage, denn er umfaßt unterschiedliche Sozialgruppen, von den untersten Volksschichten bis hin zum Kleinbürgertum. 1793 und im Jahre II bildeten die Mitglieder der Revolutionskomitees das Rückgrat der Pariser Sansculotten. Wie war die soziale Zusammensetzung der Komitees?

Ausgehend von den Personalakten der alphabetischen Serie im Fundus des Allgemeinen Sicherheitsausschusses im Nationalarchiv haben wir für Paris 454 Revolutionskommissare zahlenmäßig erfaßt. Von ihnen lebten 20 bzw. 4,5% von ihrem Besitz: 4 Rentiers im eigentlichen Sinne (0,8%), 11 ehemalige Angehörige freier Berufe (2,4%), 6 frühere Ladenbesitzer oder Handwerker (1,3%). Demgegenüber zählt man 22 Lohnempfänger, und zwar Arbeiter, Gesellen oder *Burschen* (d. h. Arbeiter, die auf Rechnung eines Meisters arbeiten), und 23 Hausangestellte oder solche, die es früher einmal waren – insgesamt 9,9% von allen. Die freien Berufe sind mit 52 Kommissaren vertreten (10,5%): An der Spitze stehen die Künstler – Bildhauer, Maler und Musiker; dann folgen die Lehrer, während Juristen weniger zahlreich vertreten sind. Dieser Gruppe können 22 Angestellte, davon 7 im Postwesen (4,8%), hinzugezählt werden.

Das Gros der Kommissare gehört dem Handwerk oder der Gruppe der Ladenbesitzer an: 290 von 454 insgesamt Erfaßten bzw. 63,8% des Personals der Revolutionskomitees. Insgesamt können 84 Kommissare (18,5%) als Angehörige des kleinen oder mittleren Handels gelten, 206 (45,3%) jedoch als dem Handwerk zugehörig – es handelt sich ganz wesentlich um kleine und mittlere Warenproduzenten.

Unter diesen Handwerkern bilden die Schuhmacher mit 28 (6,1%) die größte Gruppe, gefolgt von 18 Tischlern (3,9%) und 16 Perückenmachern und Friseuren (3,5%). Zum Kunst- und Luxushandwerk zählen immerhin 42 Kommissare (9,2%). Die Gruppe des Bauhandwerks umfaßt 37 Kommissare (8,1%), während das Holz- und Möbelhandwerk 29 bzw. 6,3% aufweist.

An der Obergrenze dieser insgesamt 454 Revolutionskommissare des Jahres II hat eine kleine Gruppe bereits die Stufe des Handwerks überschritten und das der kapitalistischen Produktion erreicht. Neben den 8 als Unternehmer klassifizierten Kommissaren (7 im Maurer- und 1 im Schlosserhandwerk) muß den 8 Fabrikanten – sie stellen Gaze, Bänder, Strümpfe, Tapeten und Gips her – ein besonderer Platz zugewiesen werden. Es sei eigens betont, daß *Fabrikant* hier nicht im Sinne von Verlagsunternehmer (Handelskapital), sondern von Firmenchef gemeint ist, der Lohnarbeiter beschäftigt (Industriekapital). Der Übergang von der feudalen Produktionsweise zur kapitalistischen ist in diesen Fällen durch die Verwandlung des Produzenten in einen Kaufmann und Kapitalisten erfolgt.

Einige sich auf einzelne Personen beziehende Akten gestatten es übrigens, die Produktionsverhältnisse genauer zu beschreiben. In der Sektion *Gardes-Françaises* wird der Kommissar Maron als Gips*fabrikant* und *-händler* genannt. Er besitzt einen Steinbruch, wo er zwanzig Arbeiter beschäftigt – ein Industrieller, der zum Kaufmann geworden ist und en gros unmittelbar für den Markt produziert. In der Sektion *Faubourg-du-Nord* ist der Kommissar Mauvage bereits ein bedeutender Industrieller, der einer Fächermanufaktur, genauer gesagt, einer Werkstatt zur Fächerherstellung vorsteht und über sechzig Arbeiter beschäftigt.

Die Mitglieder der Pariser Revolutionskomitees waren im Jahre II die aktivsten Vertreter der Revolutionsregierung, die eifrigsten Vollstrecker der Schreckensherrschaft, deren »gewaltige Hammerschläge«, um Marx zu zitieren, »die feudalen Ruinen vom französischen Boden wegzauberten«.[4] Es liegt uns fern, die führende Rolle der Großbourgeoisie in der Revolution zu leugnen. Aber im Jahre II bildete das Kleinbürgertum, d. h. die kleinen Warenproduzenten, das wirksamste Ferment in den Konflikten um die Abschaffung des Feudalsystems als Produktionsweise.

Gegen Ende des Ancien Régime war das Handelskapital in die Feudalgesellschaft integriert. Es nahm eine Vermittlerrolle im Warenaustausch wahr und beherrschte noch die industrielle Produktion, so daß es die Opposition der kleinen unabhängigen Produzenten gegen sich heraufbeschwor. Daraus sind bestimmte Elemente der Politik der Bergpartei und bestimmte Forderungen der Pariser Sansculotten im Jahre II zu verstehen.

Die Sansculotten griffen die Institutionen an, die das Handelskapital stützten. Sie verlangten die Schließung der Börse und die Beseitigung der Aktiengesellschaften. Am 1. Mai 1793 forderte die Pariser Sektion *Faubourg-du-Nord*, daß die Börse geschlossen werde. Am Tag darauf machte sich die Sektion *Contrat-Social* diese Petition zu eigen. Es bedurfte jedoch erst der Ausschaltung der Girondisten: Am 27. Juni 1793 befahl der Konvent die Schließung der Börse. Die Aktiengesellschaften hatten sich gegen Ende des Ancien Régime um ein Vielfaches vermehrt. Im Juli 1793 gab ein Bürger der Sektion *Sans-Culottes* seinem Erstaunen darüber Ausdruck, daß »hier eine ›Beistandskasse‹, dort eine ›Handelskasse‹, an einer anderen Stelle eine ›Sparkasse‹, etwas weiter wieder die ›Tontine für die Altersrente‹, hier die ›Tontine für die Lebensversicherung‹, an diesem Tor die ›Vaterländische Lotterie der Rue du Bac‹ (alles nur Unternehmen, um Geld zusammenzuraffen)« entstanden. »Diese reichen Leute, Leiter und Unternehmer der Kassen, sind am meisten zu fürchten.« Am 24. August 1793 verbot der von der Bergpartei gebildete Konvent die Finanzkompanien. Am 26. Germinal des Jahres II verbot er sie unterschiedslos.

Noch bedeutsamer war die Einstellung der Pariser Sansculotten zur Rüstungsproduktion. Da die Nationalisierung nur für die Waffenherstellung akzeptiert worden war, sah sich die Revolutionsregierung gezwungen, für die Kriegsausrüstungen und -lieferungen auf Privatunternehmen zurückzugreifen. Gemäß der Tradition des Ancien Régime konzentrierte sie die Aufträge in den Händen einiger weniger Geschäftsleute, Großhändler und Verlagsunternehmer, statt sie auf die verschiedenen kleinen Werkstätten der unabhängigen Produzenten zu verteilen. Es sollte das Handelskapital weiterhin die industrielle Produktion beherrschen und nicht umgekehrt. Dies war das ganze Jahr II über ein Konfliktpunkt, der die Beziehungen zwischen der Revolutionsregierung und den Pariser Sansculotten radikalisierte.

In manchen Sektionen luden die Revolutionäre zur Subskription ein, um das nötige Kapital zur Aufnahme der Fabrikation zusammenzubringen und so der Bevormundung durch die Verlagsunternehmer und das Handelskapital zu entrinnen. Zu diesem Zweck veröffentlichte die Sektion *Tuileries* am 4. Februar 1793 eine vielsagende Proklamation:

>»Erstens: Die habgierigen, böswilligen oder ungeschickten Lieferanten dürfen nicht länger die Truppenbewegungen beeinträchtigen und unseren Erfolgen Einhalt gebieten. Das Los der Freiheit darf nicht mehr den Spekulationen des ›Monopols‹ ausgeliefert sein. Zweitens: Es geht nicht an, daß sich wenige reiche Unternehmer weiterhin den gesamten Gewinn dieser riesigen Lieferungen aneignen. Er muß unter all unseren Kaufleuten und Arbeitern, unter uns allen aufgeteilt werden. Drittens: Die kleinen Einzelunternehmen, die aufgrund ihrer geschickten Führung und ihrer Wirtschaftlichkeit geringere Unkosten haben, werden uns mehr liefern und die Lieferungen werden von besserer Qualität sein.«

Man hätte kein größeres Lob für die *Einzelunternehmen* bzw. die den Handel beherrschende unabhängige Kleinproduktion finden können. Jedoch blieb die Arbeit in der damals üblichen Weise organisiert. Der Verlagsunternehmer ließ die Arbeiter an verschiedenen Orten verstreut für sich arbeiten und war folglich nur dem Namen nach Fabrikant. In Wahrheit war er vornehmlich Kaufmann. Die Staatsverwaltung lieferte den Verlegern das Rohmaterial, aus dem sie die Bekleidung und die Ausstattungsstücke herstellen ließen. Dieses System rief um so heftigere Proteste hervor, als es die Lage der unmittelbaren Produzenten verschlechterte, indem es sie in einfache Lohnarbeiter verwandelte.

Der Protest der Sektionen wollte nicht aufhören. Aber weil es ihnen an Kapital mangelte, konnten sie sich nicht von der Bevormundung durch die Verleger freimachen. Am 15. Juni beschloß die Sektion *Finistère*, eine Werkstätte unter eigener Kontrolle zu errichten. Sie mußte jedoch Kommissare heranziehen, die eine dem Wert des der Sektion zugeteilten Rohmaterials entsprechende Kaution zu leisten und den Lohn für die Arbeiter vorzuschießen imstande waren. Ein einziger Bürger, der zur Bezahlung der Kaution in Höhe von 6000 Livres bereit war, meldete sich: ein Verleger . . . Seine Unternehmerfreiheit blieb jedoch durch die Kontrolle der Sektionskommissare eingeschränkt.

Dasselbe Problem stellte sich in der Sektion *Invalides*, die am 9. September 1793 eine Sektionswerkstätte eröffnete. Zwei Kommissare wurden mit der Leitung und der Überwachung der Fabrikation beauftragt und hatten unter Berücksichtigung der Tarife der für die Heeresbekleidung zuständigen Verwaltung die Stück- und die Fertigungspreise vorzuschlagen, wobei die Betriebskosten gedeckt werden mußten. Da die Sektionsvollversammlung über die Ernennung und Abberufung der Kommissare, die Festlegung ihres Gehalts sowie der Konfektionspreise, die Überprüfung der Buchhaltung und die Zahlungen gebot, war sie Herrin der Produktion: Die Bevormundung durch die Verleger war abgestreift. Doch dieses Unternehmen wies ebenfalls eine unheilbare Schwäche auf: Es fehlte ihm an liquidem Kapital. Am 25. Thermidor des Jahres II mußte die Vollversammlung der Sektion *Invalides* die reichen Bürger auffordern, kostenlos die nötigen Beträge zu leihen. Die Sektionswerkstätten waren schließlich gezwungen, auf das Handelskapital zurückzugreifen. Dies bedeutete, daß man wieder unter die Vormundschaft der Verlagsunternehmer geriet, welche die Sansculotten meinten verhindern zu können.

Die Lösung lag ohnehin nicht in der Errichtung von Sektionswerkstätten, dazu war die Zeit noch nicht reif. Sie lag in der Unterordnung des Handelskapitals unter die industrielle Produktion, in der Zerstörung der alten Produktionsweise und der Errichtung neuer Produktionsverhältnisse. Einzelne Petitionen deuten darauf hin, daß die unabhängigen Handwerker dies ahnten. Am 1. Oktober 1793 rief eine Abordnung der Schuster den Konvent dazu auf, nur die Schuster als Schuhlieferanten für das Heer zuzulassen und die Kaufleute oder Verlagsunternehmer davon auszuschließen. Am 4. Pluviôse des Jahres II (23. Januar 1794) verlangte die Volksgesellschaft der Sektion *Unité* ein Gesetz,

»durch welches alle Bewerber um Aufträge der Republik, die sich durch trickreiche Manöver in die Lieferungen für die Truppenausrüstung eingeschlichen haben, ausgeschaltet werden und verschwinden. [...] Denn wer hat unter all diesen Lieferanten zu leiden? Die Republik, die bedürftigen Künstler, die mittellosen Arbeiter, die, um ihr Brot zu verdienen, gezwungen sind, zu diesen Egoisten hinzugehen und sie um eine Arbeit zu bitten, die zu einem Schandpreis auszuführen ist.«

Die Petition legte die skandalösen Gewinne der *Monopolbewerber um Lieferungsaufträge* bloß. Ihre Abschlüsse seien dem Anschein nach für die Republik vorteilhaft, in Wahrheit freilich bezahlten die *Monopolisten* 16 bis 18 Sous für die Herstellung eines Paars Gamaschen, 10 bis 12 Sous für die Herstellung eines Hemdes, während sie 30 Sous pro Stück kassierten. Dabei lieferten sie noch nicht einmal den Zwirn, der einen bedeutenden Teil des Lohns aufzehre. In diesen Zeilen ist die Angst des kleinen unabhängigen Handwerkers zu erkennen, der unter den Zugriffen des Handelskapitals nach und nach in einen einfachen Lohnarbeiter verwandelt wird.

Am 15. Floréal des Jahres II (4. März 1794) kam die Sektion *Bonnet-Rouge* nochmals auf dasselbe Thema zurück und brandmarkte eine neue *Aristokratie* – »die der Verleger: Ein einziger, und zwar immer der Reichste, kann mit Gewißheit, wo immer er will, alle lukrativen Betriebe an sich reißen, die bei gerechter Aufteilung einer Vielzahl anständiger Bürger die Existenzmittel zum Unterhalt ihrer Familie und Gewinne in zulässigen Grenzen bieten würden«. Um »das Zusammenraffen von Geld, das diese finanzgewaltigen Verleger im Sinne haben«, zu verhindern, müsse der Konvent dekretieren, daß niemand an der Bewerbung um Lieferungsaufträge teilnehmen kann, der nicht mit einem Bürgerzeugnis versehen ist. Da die Bürgerzeugnisse von den Sektionsvollversammlungen verliehen wurden, konnten die Verlagsunternehmer sicher sein, sie nicht zu erhalten: Die Sansculotten beabsichtigten, die Schreckensherrschaft gegen das Handelskapital zu kehren. Die Verweigerung eines Bürgerzeugnisses hätte einen Bürger in die Kategorie der Verdächtigen verwiesen.

Die Zeiten hatten sich jedoch geändert. Seit dem Prozeß und der Exekution Héberts (4. Germinal des Jahres II; 24. März 1794) trennte sich die Revolutionsregierung von den Pariser Sansculotten und revidierte ihre Sozialpolitik. Sie milderte die wirtschaftliche *Terreur* zugunsten der besitzenden Klassen.

Nach dem 9. Thermidor kam die Reaktion im ökonomischen wie im politischen Bereich zum Zuge. Die Zerschlagung der Pariser Sansculottenbewegung in den Prairialtagen des Jahres III bereitete den Forderungen der Sektionen gegen die Verlagsunternehmer und das Handelskapital ein Ende. Am 25. Prairial (13. Juni 1795) ermächtigte der Wohlfahrtsausschuß die Versorgungskommission, die Truppenbekleidung von den Verlegern herstellen zu lassen, was einer Konzession an das Handelskapital gleichkam. Zu diesem Zeitpunkt saßen die Girondisten abermals im Konvent. Die Großbourgeoisie gewann ihren Einfluß zurück.

Zum selben Zeitpunkt hatte die *Terreur* die feudalen Produktionsverhältnisse bereits zerschlagen: Das Terrain war frei für die Errichtung neuer Produktionsverhältnisse. In dieser Hinsicht erscheinen das von Handwerkern und Ladenbesitzern gebildete Kleinbürgertum, Jakobiner und Sansculotten, die für die Schreckensherrschaft verantwortlich waren und die Revolutionsregierung stützten, tatsächlich als die zentrale Triebkraft der Französischen Revolution. In der aus ihr hervorgegangenen kapitalistischen Gesellschaft sollte die Industrie den Handel beherrschen, während in der Feudalgesellschaft der Handel über die Industrie geherrscht hatte. Das Handelskapital wird im 19. Jahrhundert nicht mehr unabhängig, sondern nur noch mittels des Produktionskapitals – des Industriekapitals – wirken, dem es fortan unterworfen ist. Die kleinen und mittleren Warenproduzenten, die im Jahre II das Gros der Jakobinerpartei und der Sansculottenbewegung gebildet hatten, werden durch die ökonomische Entwicklung eindeutig aufgesplittert – die einen reüssieren und werden zu Industriekapitalisten, die anderen bleiben auf der Strecke und füllen die Reihen der Lohnabhängigen. So tritt die Dramatik der Klassenkämpfe der Revolutionszeit noch in ihren Folgen zutage.

Anmerkungen

1 Die Kontroverse begann mit einer Diskussion zwischen Dobb und Sweezy und wurde zusammen mit Beiträgen von Takahashi, Hilton und Hill zum ersten Mal 1954 in Buchform unter dem Titel *The Transition from Feudalism to Capitalism* vorgelegt. Durch neue Beiträge erweitert, erschien 1976 in London unter dem selben Titel eine neue Ausgabe. Eine französische, wiederum erweiterte Ausgabe erschien in zwei Bänden 1977 unter dem Titel *Du féodalisme au capitalisme: problèmes de transition. (Anm. d. Hrsg.)*

2 Vgl. *Classes et luttes de classes sous la Révolution française,* in: *La Pensée,* 53, 1954, 1, deutsch in: *Jakobiner und Sansculotten. Beiträge zur Geschichte der französischen Revolutionsregierung,* hrsg. von W. Markov, Berlin 1956, S. 47-76.

3 Vgl. *Das Kapital,* 3. Buch, 20. Kap., *Geschichtliches über das Kaufmannskapital,* in: *MEW* Bd. 25, S. 347.

4 Vgl. *Die moralisierende Kritik und die kritisierende Moral,* in: *MEW,* Bd. 4, S. 339.

Albert Soboul
Über die Bauernbewegung

I.

Die Bedeutung der Bauernfrage in der Französischen Revolution, allgemeiner: in der bürgerlichen Revolution, ist oft betont worden. Die Französische Revolution bezeichnet eine entscheidende Etappe in der Errichtung der neuen bürgerlichen und kapitalistischen Gesellschaft; sie hat die Reste der Feudalherrschaft beseitigt und von den Bauern die Bürde der seigneurialen Abgaben und des Kirchenzehnten genommen, in gewisser Hinsicht auch die Zwänge der Dorfgemeinschaft. Mit der Abschaffung des feudalen Grundbesitzes hat sie die kleinen Warenproduzenten befreit sowie die Differenzierung und Polarisierung der Bauernmassen innerhalb des Verhältnisses von Kapital und Lohnarbeit eingeleitet. Daraus sind neue Produktionsverhältnisse entstanden, da das Kapital die Arbeitskräfte käuflich gemacht hat, nachdem es selbst der feudalen Abhängigkeit entronnen war. So wurde schließlich die Autonomie der kapitalistischen Produktion sichergestellt. Für diesen Übergang zur neuen Gesellschaftsformation scheinen zumal im Lichte der Französischen Revolution zwei Bedingungen notwendig: die Befreiung der Bauern und die Auflösung des feudalen Grundbesitzes. Die Bauernfrage nimmt in der bürgerlichen Revolution in der Tat »einen zentralen Platz« ein.

In dieser Revolution war der Motor die Masse der kleinen Warenproduzenten, deren Mehrarbeit und Mehrprodukt die Feudalaristokratie an sich riß, wobei sie sich auf den Justizapparat und die staatlichen Zwangsmittel des Ancien Régime stützte. Das Instrument der Veränderung war die Jakobinerdiktatur der kleinen und mittleren Bourgeoisie, die auf die Volksmassen setzte: auf Schichten, deren Ideal eine Demokratie der kleinen selbständigen Produzenten – Bauern und unabhängiger Handwerker – war, die frei arbeiten und ihre Waren austauschen. Gramsci hat den Jakobinismus als Bündnis der revolutionären Bourgeoisie und der Bauernschaft definiert. Die Bauern- und Volksrevolution wirkte im Innern der bürgerlichen Revolution und trieb sie voran.

Bedeutung und Besonderheit dieser Bauernrevolution im Innern der Französischen Revolution sind seit langem in den klassischen Arbeiten Georges Lefebvres hervorgehoben worden. Um frei über ihre Arbeit und ihre Existenzweise entscheiden zu können, mußten sich die Bauern aus den Fesseln der Leibeigenschaft oder der feudalen Abhängigkeit lösen; sie mußten ihr Land von der Last feudaler Abgaben befreien und die Herrschaft der Grundbesitzeraristokratie brechen. Trotz der Bedeutung einiger Regionalmonographien, deren unerreichtes Muster Georges Lefebvres *Les Paysans du Nord pendant la Révolution française* (1924) bleibt, ist die allgemeine Geschichte dieser Bauernkämpfe lange vernachlässigt worden. Es waren dunkle, tägliche Kämpfe, auf welche die Jacquerien schlagartig ein Licht warfen. Gewiß waren die Gründe für diese Kämpfe ebenso unterschiedlich wie ihre Formen: Jacquerien zur Abschaffung der Feudalherrschaft, Auseinandersetzungen um den Grund und Boden, Lebensmittelunruhen, Streitigkeiten um die Forstnutzung und die traditionellen Gemeinschaftsrechte, Paniken und Angstreaktionen, die sich zu bewaffneten Aufständen verdichteten, wie die Große Furcht von 1789, die Georges Lefebvre untersucht hat (1932). Doch wie unterschiedlich die Bauernbewegungen von 1789 bis 1793 auch immer gewesen sein mögen, sie sind Bestandteil zweier Grundtendenzen mit vielfältigen Überlagerungen: die Bauern wollten sich von der feudalen Ausbeutung befreien; auch die armen Bauern – Parzellenbauern und landlose Bauern – wollten ihr Existenzrecht, das mit dem herkömmlichen Agrarsystem und seinen Nutzungsrechten verknüpft war, gegenüber den Fortschritten der kapitalistischen Landwirtschaft verteidigen.

So nahm die Bauernrevolte in einem großen Teil Frankreichs von 1789 bis 1793 chronische Züge an. Sie bildete das treibende Element der Revolution, das freilich oft verkannt worden ist. Unter der Last der Versorgungskrise und angesichts der Gefahr für das Vaterland, die das Nationalgefühl beflügelte (am 20. April war der Krieg erklärt worden), traten die städtischen Volksmassen im Frühjahr 1792 an ihren Platz. Die im Juni und August 1792 von der Legislativversammlung angenommene Antifeudalgesetzgebung stellte zum selben Zeitpunkt die Bauernmassen in wesentlichen Punkten zufrieden: die Forderung eines »ursprünglichen Lehnsbriefs« zum Nachweis der »ursprünglichen Landüberlassung« erschwerte das Verfahren des Rückkaufs und zielte auf die Annullierung der durch die Dekrete vom 5. bis 11. August 1789 für rückkaufbar erklärten Rechte. Das Gesetz vom 17. Juli 1793 überwand schließlich das Feudalwesen und ordnete die Verbrennung der Lehnsurkunden an.

Die Geschichte dieser Bauernrevolte ist von Sagnac in *La Législation civile de la Révolution française* (1898) skizziert und von Sagnac und Caron in ihrer wertvollen Dokumentensammlung *Les Comités des droits féodaux et de législation et l'abolition du régime seigneurial* (1907) belegt worden. Aulard hat ihr das dritte Kapitel seines Abrisses *La Révolution française et le Régime féodal* (1919) gewidmet. In der Tat haben die antifeudalen Bauernbewegungen von 1789 und 1792 und gelegentlich bis 1793 einen doppelten Aspekt. Es handelt sich zunächst um fortgesetzte Unruhen, um alltägliche, unaufhörliche Scharmützel, um einen beständig und zäh geführten zermürbenden Kampf. Plötzlich flackern in einigen Provinzen ungestüme Jacquerien auf, die zwar weniger spektakulär als der allgemeine Bauernaufstand vom Juli 1789 verlaufen, jedoch tiefer reichen und häufig auch besser organisiert sind und die zu einem Dauerzustand werden, der in weiten Gebieten eine chronische Anarchie aufrechterhält. 1919 schrieb Aulard: »Das Bild dieser gegen den Fortbestand der Feudalherrschaft gerichteten Bauernaufstände ist noch nicht vollständig und systematisch gezeichnet worden.« Diese bereits 1909 von Kropotkin angedeutete Forschungslücke ist jetzt geschlossen worden. Das Bild der Bauernaufstände ist von Ado in seiner Habilitationsschrift »systematisch gezeichnet« worden.[1]

II.

Mit diesem Werk erweist sich Ado, Professor an der Universität Moskau, als einer der seit dem Tode Georges Lefebvres besten Kenner der Agrargeschichte der Revolution. Die Argumentation ist klar. Auch wenn die Französische Revolution eine bürgerliche Revolution gewesen ist, so heißt das keineswegs, daß sie allein vom Bürgertum gemacht worden wäre. Sie war nicht zuletzt die Krönung der jahrhundertelangen Kämpfe der Bauernschaft gegen die feudale Ausbeutung und muß insofern als die letzte *Jacquerie* der französischen Geschichte gelten (wenn man nicht noch die

Agrarunruhen von 1848 bis 1851 einbeziehen will). Kurz, das Studium der Bauernbewegung ist unerläßlich für ein zureichendes Verständnis der Revolution.

Unter diesem Gesichtspunkt hat Ado die Bestände des Nationalarchivs gründlich ausgewertet, und zwar vor allem die Dokumente zu den Ausschüssen der Revolutionsversammlungen: zu den Gutachter- und Untersuchungsausschüssen der Konstituante (D XXIX und XXIX), dem Petitionsausschuß der Legislative und des Konvents (D XL), dem Ausschuß zur Vorbereitung der Gesetzgebung (D III). Er hat ferner die Subserien F⁷ (Personenstandsstatistik) und F¹⁰ (Ausschuß für Landwirtschaft, Ausschuß für Landwirtschaft und Künste) benutzt. Die häufig übersehene Subserie BB³⁰ (Akten aus dem Justizministerium) hat sich als ausgesprochen reich an Dokumenten zu den Volksbewegungen von 1789 bis 1790 erwiesen. Gewiß, die Nachforschungen in den Beständen der Departementsarchive erscheinen spärlich, da sie sich im wesentlichen auf die Beratungen der Departements- und Distriktsdirektorien für rund zehn Departements beziehen. Doch die Departementsserie F¹ᶜ III (Öffentliche Stimmung und Wahlen) vermochte in mancher Hinsicht diesen Mangel wieder wettzumachen. Das gilt auch für die außerordentlich reichhaltige Bibliographie zu den einzelnen Regionen und Orten.

Ein erstes Kapitel zeichnet ein knappes Bild der agrarischen Gesellschaftsstruktur gegen Ende des Ancien Régime mit ihren Spannungen und Widersprüchen. Hier ist eigentlich nichts Neues zu finden. Ado hebt die Verschlechterung der Existenzbedingungen der Bauernmassen und ihre Reaktionen zugunsten der Taxierung vom Beginn der siebziger Jahre bis zur Revolution hervor und betont die Geschlossenheit der Bauern und Stadtbewohner in dieser Frage. Im Bewußtsein der Bauern bildeten die tägliche Ernährung, die seigneuriale Ausbeutung und der Steuerdruck ein festes Motivationsknäuel, das sich in der bewaffneten Erhebung löste. So kam es schon 1783 zur *Revolte der Maskierten* im Vivarais. In den achtziger Jahren lag ein latentes Bürgerkriegsklima über dem flachen Land, das die Explosion von 1789 ankündigte. Hieran werden die Leitlinien der Bauernrevolution deutlich. In der Hauptsache wurden Kämpfe gegen die Grundherrschaft und für die Abschaffung der Feudalstrukturen des Grundbesitzes geführt – »Krieg gegen die Schlösser« in der Tradition der *Jacquerien*. Es gab auch Kämpfe um den Grund und Boden,

einerseits gegen den Seigneur und die Usurpation des Gemeinde-
landes, andererseits innerhalb der Dorfgemeinschaft gegen den
Großpächter und den »Dorfhahn«, den reichen Bauern, um den
Zugang zum Eigentum, aber auch um die Nutzungsrechte;
Kämpfe ferner derjenigen Bauern, die zu der Kategorie der
Nichtproduzenten gehörten und Korn kaufen mußten, gegen die
Teuerung, für die Taxierung und die Reglementierung des Korn-
handels; schließlich Kämpfe der Landarbeiter um die Erhöhung
der Löhne. Unzweifelhaft sind diese vielfältigen Antriebe im
Bewußtsein der Zeitgenossen miteinander verwoben gewesen.
War der Seigneur, der den Zins nahm, nicht zugleich der *accapa-
reur*, der Monopolist, der die Lebenshaltung verteuerte?

Hier stellt sich ein Periodisierungsproblem. Darf man die Bauernbewegung in den allgemeinen Rahmen der klassischen Periodisierung der Revolution einfügen? Georges Lefebvre hat dies
verneint. Für ihn folgte die Bauernrevolution ihrem eigenen
Rhythmus. Ado ist anderer Meinung: die Rhythmen decken sich
in der langfristigen Perspektive. Nicht zufällig beschäftigte sich
der Gesetzgeber in jeder Phase der Revolution mit Problemen der
Bauernschaft, und gleichzeitig verzeichnete die gegen das Feudalsystem gerichtete Gesetzgebung Fortschritte: August 1789, Juni-
August 1792, April-Juli 1793. Ich erkenne darin sowohl eine
Identität als auch eine Verschiebung des Rhythmus. Von 1789 bis
1793 – und bis zur endgültigen Abschaffung der Feudalherrschaft – ging die Bauernrevolte der bürgerlichen Revolution
voran und trieb sie vorwärts.

Bei der Untersuchung des Jahres 1789 stützt sich Ado auf die
klassischen Arbeiten Georges Lefebvres. Er rekurriert zwar nicht
auf die Studie zur Großen Furcht, die nicht zu seinem Thema
gehört, gelangt aber zu einer genaueren Analyse der Bauernaufstände vor und nach der Großen Furcht: in der Franche-Comté
(20. Juli-3. August 1789), im normannischen Bocage (Hainland)
und im oberen Maine (23. Juli-6. August), im Hennegau (23. Juli
bis Anfang August), im Elsaß (25. Juli-1. August), im Mâconnais
(26. Juli-Anfang August), im Dauphiné (28. Juli-9. August) und
schließlich im Vivarais (9. bis Ende August). Dies war die erste
große *Jacquerie* der Revolution, die sich eindeutig gegen die
Seigneurs kehrte und deren »Anstifter und Drahtzieher« sowohl
gutgestellte und sogar reiche als auch arme Bauern waren (während die Große Furcht den Antagonismus von Besitzern und

Nichtbesitzern hatte hervortreten lassen). Obgleich die »Exzesse« der Bauern Angst bei der Bourgeoisie hervorriefen und zu Strafexpeditionen der Bürgermilizen führten, und obgleich die Bauernrevolten unabhängig voneinander niedergeschlagen wurden, trug die allgemeine Bewegung einen Sieg davon – sie zwang die Konstituante, die Agrarfrage auf die Tagesordnung der bürgerlichen Revolution zu setzen. Die Bauernbewegung erscheint in der Tat als eine der Triebkräfte der Revolution.

Von Herbst 1789 bis Sommer 1791 bildete die Bauernrevolte einen organischen Bestandteil der revolutionären Bewegung. Die antiseigneuriale Motivation behielt überall die Oberhand: »Krieg den Schlössern« lautet die Parole nach wie vor. Ado unterscheidet drei aufeinanderfolgende Jacquerien. 1. Dezember 1789 bis Januar 1790: obere Bretagne, Limousin, Périgord und Quercy, Rouergue, Agenais, Albigeois und ein Teil der oberen Auvergne. Dieses Aufflackern der *fureurs paysannes* (Bauernerhebungen) zwang die Konstituante trotz Artikel 19 des Dekrets vom 11. August 1789 (»Die Nationalversammlung wird sich unmittelbar nach Verabschiedung der Verfassung mit der Ausarbeitung der notwendigen Gesetze befassen«), das Gesetz vom 15. März 1790 über die Bedingungen des Rückkaufs der feudalen Rechte anzunehmen – ein Kompromiß, von dem die Bauern nichts mehr wissen wollten. 2. November 1790 bis Februar 1791: mehr oder weniger erhebliche Tumulte und Aufstände überzogen das Gebiet der Somme, der Côtes-du-Nord, der Ille-et-Vilaine und der Charente-Inférieure und nochmals das Quercy und das Agenais. 3. Juni bis August 1791: Agrarunruhen im Gebiet der Somme, der Oise, der Seine-et-Marne, der Yonne, der oberen und unteren Charente, der Creuze und der Corrèze, des Périgord und des Quercy, einmal abgesehen von zahlreichen Zusammenrottungen und Angriffen gegen Schlösser, hervorgerufen durch die auf die Flucht des Königs folgende Furcht: die Zentren waren Côtes-du-Nord, Rhône-et-Loire, Mayenne, Loire-Inférieure, Vienne, Tarn, Hérault.

Aus dieser Aufzählung geht klar hervor, daß die Zonen ständiger und intensiver Kämpfe gegen die Seigneurs 1790/91 und noch 1792 hauptsächlich die Gebiete mit Kleinanbau *(petite culture)* waren: ein Teil der Bretagne, Limousin, Angoumois, Saintonge, Périgord und Quercy, Auvergne, Gâtinais. Hier hatte der Kleinbesitz seine Positionen bewahrt, stellten die Feudalabgaben aber noch einen bedeutenden Prozentsatz der seigneurialen Einkünfte dar und herrschte noch die Teilpacht vor. Die Teilpächter, die durch die doppelte Forderung des Besitzers und des Seigneurs bedrückt waren, nahmen aktiv an den Agrarunruhen in der Saintonge, im Périgord und im Quercy sowie in den Landes teil.

Obschon die Versorgungsunruhen zurücktraten, dauerten sie doch, entgegen den Behauptungen von Mathiez und Rudé, weiter fort. Ado unterscheidet für diese Periode zwei Wellen von Brotunruhen: Oktober und November 1789, mehr noch Frühjahr 1790 und zum Teil Sommer 1790. Die schwersten Unruhen suchten im Mai und Juni 1790 das Nivernais und das Bourbonnais heim: zu der Forderung nach Taxierung und nach Reglementierung des Kornhandels gesellte sich ein heftiger Protest gegen die »Großpächter«, die sehr oft Kornhändler waren und sich infolgedessen an Getreidespekulationen bereicherten, weshalb sie unter die vom Volk erhobene Anklage der Hortung fielen.

Obgleich die Bewegungen der Jahre 1789-91 hauptsächlich gegen die Feudalherrschaft gerichtet waren – Bauern gegen Seigneurs –, offenbaren sie eine gewisse Feindseligkeit gegen die jetzt an der Macht befindliche Bourgeoisie. Im Dezember 1790 gingen die Bauernhaufen im Lot und im Oktober 1791 in der Charente so weit, die Distriktsdirektorien zu vertreiben. Es kam nunmehr zu einer Spaltung zwischen der gemäßigten Bourgeoisie und der liberalen Aristokratie, die noch vielfache Bindungen an die fortbestehenden Feudalstrukturen der Landwirtschaft unterhielten, einerseits und der radikalen Bourgeoisie und der Bauernschaft, die beide in ihrer Doppelfunktion als Eigentümer und Produzenten dem Ancien Régime in kompromißloser Feindschaft gegenüberstanden, andererseits. Dies ist der Grund, weshalb im Laufe der Unruhen das städtische Personal und die Nationalgarde der Dörfer eine aktive Rolle spielten, indem sie die Föderation von einigen Dutzend Kommunen und die Bildung bewaffneter Haufen von mehreren tausend Mann ermöglichten. Der von den Bauern ausgehende Druck hatte 1790/91 beträchtliche Konsequenzen – er trug erheblich zum Scheitern der Stabilisierung des sozialen und politischen Systems bei, das von der Konstituante errichtet worden war; er beschleunigte den Lauf der Revolution.

Zu neuerlichen Bauernerhebungen (fureurs paysannes) kam es 1791-92 und im Sommer 1793. Im Grunde waren sie nichts anderes als das Gelenk zwischen den Bewegungen von 1789/91 und von 1793/97. Es handelte sich um den heftigsten »Krieg gegen die Schlösser«, den Frankreich seit 1789 erlebt hatte. Von Februar bis April 1792 ging eine Welle von Aufständen über die Departements im Zentrum und im Süden Frankreichs hinweg: Haute-Vienne, Corrèze, Lot, Tarn, Haute-Garonne, Cantal, Puy-de-Dôme, Rhône-et-Loire, Haute-Loire, Lozère, Ardèche, Gard, Var. Die Bewegung war besonders heftig im Cantal (11. März bis Anfang April 1792), im Corrèze (9. bis 25. April), in der Ardèche, im Gard (26. März bis Ende April). Diese neue *Jacque-rie* richtete sich gegen die Überbleibsel der seigneurialen Herr-schaft, hatte jedoch eine eindeutig »patriotische« Färbung. Nicht nur die unmittelbar mit der seigneurialen Ausbeutung verbunde-nen Personen wurden verjagt, sondern auch die Verfechter der Konterrevolution: die »Aristokraten«, sowie alle »Fanatiker« und »Parteigänger« des eidverweigernden Klerus, mit einem Wort, die »Verdächtigen« – Begriffe und Redeweisen, die damals in der Sprache der Landbevölkerung reichlich vorkamen.

Zur gleichen Zeit zeigten Inflation und Teuerung ihre Wirkun-gen. Die Lebensmittelunruhen nahmen ein Ausmaß ohnegleichen an und rissen die Masse der Bauern mit sich – Kleinbauern und Nichtproduzenten –, hinter den Handwerkern und Ladenbesit-zern der Marktflecken, deren führende Rolle sich bestätigte. Der Schwerpunkt der gesellschaftlichen Konflikte verlagerte sich. Die Aufständischen wandten sich sowohl gegen den »Geburtsadel« als auch gegen die »Vermögensaristokratie«: Bürger mit Grund-besitz, Kaufleute, Generalsteuerpächter, Großpächter, handel-treibende Bauern. Besonders geschlossene Bewegungen lassen sich bezeichnenderweise in den wirtschaftlich am weitesten fort-geschrittenen Departements unmittelbar um Paris ausmachen. Im November und Dezember 1791 zogen zahlreiche Unruhen und Tumulte die Märkte der Seine-et-Oise, der Seine-et-Marne und der Aisne in Mitleidenschaft. Im Januar und April 1792 folgten die großen Aufstände der Anhänger der Taxierung, auf die Jaurès aufmerksam gemacht hat: Somme, Aisne, Oise, Seine-et-Oise, Seine-et-Marne, Eure, Eure-et-Loire, Loir-et-Cher.

In diesem doppelten Kontext taten sich neue soziale Klüfte auf. Einerseits vollzog sich der Bruch der Bauernschaft mit der macht-habenden gemäßigten Bourgeoisie – ihre konservative Politik gegenüber den Feudalrechten und deren Rückkauf verstimmte die gesamte Bauernschaft, allen voran die Eigentümer, während ihr Festhalten am Freihandel wegen der damit verbundenen Spekulationsgeschäfte die ärmsten Bauern gegen sie aufbrachte. Andererseits wurde das Bündnis der Bauern, die mit der Feudalherrschaft Schluß machen wollten, mit den jakobinischen Gruppen der Bourgeoisie geschlossen, die mit Sorge die »Aristokraten« und »Fanatiker« beobachteten. Das in dieser Hinsicht typische Beispiel des Cantal ist nicht einmalig. Der in der Verfassung von 1791 verankerte soziale und politische Kompromiß war damit bis in seine Grundfesten erschüttert.

Die folgende Periode von Sommer 1792 bis Sommer 1793 bzw. von der Absetzung des Königs bis zum Sturz der Gironde war für die Bauernrevolution entscheidend. Nach den Gesetzen vom Juni und August 1792, die die Bauern mit Zähigkeit erfochten hatten, war das Problem der Feudalrechte zwar nicht völlig obsolet geworden, aber es hatte seine dominante Stelle im Interessenkatalog eingebüßt. Andere Sorgen traten im Kontext der oft divergierenden Wünsche der verschiedenen Bauernschichten in den Vordergrund. Die Kräfteverhältnisse änderten sich im Innern der revolutionären Front der Bauern, die bisher mehr oder weniger vereint agiert hatten. Das Spiel und die Fronten der gesellschaftlichen Kämpfe komplizierten sich.

Der herkömmliche »Krieg gegen die Schlösser« schien zur Ruhe zu kommen. Gleichwohl breitete sich von Juli bis Oktober 1792 die letzte Aufstandswelle, die sechste *Jacquerie*, aus, wie Ado ermittelt hat. Sie fiel in die Phase der politischen Krise der ersten Invasion und der ersten *Terreur*, und oft nahm sie die Gestalt einer spontanen Repressionshandlung der Volksmassen gegen Aristokraten und Fanatiker an – die »patriotische« Seite soll hier ausschlaggebend gewesen sein. In der Tat, von fünfundvierzig Kollektivaktionen, die Ado verzeichnet, tragen nur acht spezifisch agrarische Züge; die wichtigste spielte sich im September 1792 in der Ariège ab, wo die Bauern sieben Schlösser angriffen, ohne daß es ihrer Bewegung übrigens an »patriotischen« Momenten im eigentlichen Sinne gefehlt hätte.

Zur gleichen Zeit, da die revolutionäre Emphase der Bauern mit eigenem Landbesitz abkühlte, stellten sich nachdrücklich andere Probleme, die die Front der Bauern aufzusprengen drohten: an erster Stelle die »Bodenfrage«. Der Kampf um die Aufteilung des Gemeindelandes verschärfte sich. Ado vertritt in diesem Punkt die Meinung, daß die Opposition gegen die Teilung des

Gemeindelandes nicht von den armen Bauern ausging. Er besteht vielmehr auf ihren egalitären Bestrebungen und belegt sie durch Dokumente. Die Teilung des Gemeindelandes wurde in der Tat energisch von den unteren Schichten der Bauernschaft gefordert. Es bedarf aber noch einer feineren Unterscheidung. Die mittleren Bauern hätten sich zweifellos mit für sie günstigen Verkaufsbedingungen der Nationalgüter, mit der Aufteilung des Gemeindelandes nach Herdstellen und der Teilung der großen Pachtgüter abgefunden. Unter den ärmeren Bauern reiften jedoch radikalere Bestrebungen heran. Unter ihnen breitete sich die Forderung nach einer Umwandlung des Eigentumssystems aus, mehr noch: nach der Bodennutzung im Sinne egalitärer Prinzipien. Der radikale Egalitarismus der »roten Pfarrer«, Dolivier in Mauchamp (Seine-et-Oise), Petit-Jean in Epineuil (Cher), Croissy in Etalon (Somme), auf den Lefebvre aufmerksam gemacht hat, und gewiß noch vieler anderer, nahm unter dem Druck dieser sozialen Schicht Gestalt an.

Während dieser kritischen Monate weiteten sich die Lebensmittelunruhen weiter aus und lösten den »Krieg gegen die Schlösser« ab. Von Oktober bis Dezember 1792 gingen Aufstände über das Land hinweg, die wuchtigsten und bestorganisierten der gesamten Revolution: Seine-et-Oise, Eure-et-Loir, Seine-Inférieure, Orne, Sarthe, Loir-et-Cher, Loiret, Indre-et-Loir, Indre, Vienne, Haute-Vienne. Da diese Bewegungen die Taxierung der Preise für Lebensmittel und die Reglementierung des Handels mit ihnen verlangten, verstärkten sie die egalitären Intentionen des Landvolks. So nahm denn der Druck der Bauern auf die Bourgeoisie und ihre politischen Repräsentanten zu. Sollte man sich gegenüber den Forderungen der Bauern taub stellen? Wie weit mochte der Zorn diese Massen tragen? Wie sollte man ohne die Unterstützung des ländlichen Frankreich im Kampf gegen das Europa der Aristokraten und gegen die Konterrevolution im Innern auskommen? Der Aufstand in der Vendée hat dieses Dilemma später in tragischer Weise ans Licht gehoben. Die Bewegung der Bauern stellte zum gleichen Zeitpunkt wie die der Sansculotten die Bourgeoisie vor das Problem der für eine gemeinsame Aktion unerläßlichen Konzessionen. Die Gironde war nicht in der Lage, diese Widersprüche zu beheben; die Bergpartei schaffte es zumindest teilweise, dadurch gewann sie die Unterstützung der Bauernmassen in ihrem Konflikt mit der Gironde und konnte mit der föderalistischen Bewegung von Sommer 1793 fertigwerden.

Schließlich sind die Bewegungen zu erwähnen, die unter der Jakobinerdiktatur auftraten. Obwohl die Bauernkämpfe der vorangegangenen Jahre in den Agrargesetzen vom Sommer 1793 ihre Besiegelung fanden, ging die Bewegung auf dem Lande weiter, sie wies jedoch jetzt nicht mehr die Merkmale bewaffneter Gewalt auf. Das Gesetz vom 17. Juli 1793, das die Feudalherrschaft endgültig abschaffte (ohne möglichen Rückkauf oder Entschädigung), beendete keineswegs die Interessenkonflikte in bezug auf die Feudalrechte. Die Forderung der Bauern nach einer strikten Anwendung des Gesetzes stieß sofort auf den Widerstand nicht nur des ehemaligen Adels, sondern auch von Teilen der traditionellen Bourgeoisie, die von der seigneurialen Ausbeutung und von den Grundrenten profitiert hatten. Die Politik der Jakobiner entsprach hier den Interessen der Bauern mit eigenem Landbesitz. Durch eine Reihe einander ergänzender Dekrete (Oktober 1793 bis Mai 1794) verfocht der montagnardische Konvent das Prinzip der Befreiung des Grundbesitzes und begab sich mit bemerkenswerter Zähigkeit daran, es zu verwirklichen. Er machte sich kaum Gedanken über die Kleinpächter, noch weniger über die Teilpächter – sie wurden weder endgültig von den feudalen Abgaben noch vom Zehnten befreit, deren Ertrag nunmehr der Eigentümer für sich beanspruchte.

Das Jahr II markierte die definitive Auflösung der revolutionären Front der Bauern. Nachdem ihre Hauptforderungen jetzt erfüllt waren, hatten die Bauern mit eigenem Landbesitz nur noch das Ziel, das Erreichte zu bewahren. Ihre revolutionäre Kraft war erschöpft. Die armen Bauern dagegen wollten die Bewegung fortsetzen. Ado erinnert hier abermals an die Gleichheitspostulate der armen Bauernschichten, an ihre Kämpfe für die Anwendung des Gesetzes vom 10. Juni 1793 zur Teilung des Gemeindelandes, ein Vorhaben, dem sich die Bauern mit eigenem Grund und Boden widersetzten. Ado betont zwar die antikapitalistischen Tendenzen der Sansculotten auf dem Lande, stimmt aber nicht mit Georges Lefebvre, mir und anderen Autoren überein, die den ökonomisch rückständigen oder konservativen Charakter ihrer Forderungen hervorgehoben haben. Trotz seiner antikapitalistischen Tendenzen trat das Programm der Kleinbauern objektiv nicht in Widerspruch zu der kapitalistischen Entwicklung des Landes. Indem die Bauern für die Ausdehnung des freien Kleinbesitzes und des Kleinbetriebs und damit der Warenproduktion optierten, setzten sie sich zugleich für die Verbreiterung der zur Entwicklung des Kapitalismus notwendigen ökonomischen Fundamente ein. Diese hier nur skizzierten Auffassungen würden mittels der komparativen Methode zweifellos klarer und genauer begründet werden können. Wie war die Lage in anderen Ländern, im England des 17. Jahrhunderts oder in Rußland nach der Abschaffung der Leibeigenschaft?

Ado nuanciert das seit Lefebvre bei den Historikern verbreitete Urteil über die Agrarpolitik der revolutionären Regierung und damit der Jakobiner. Ihm zufolge war sie, jedenfalls zu einem Teil, eine Antwort auf die egalitären Bestrebungen der Kleinbauern: Maßnahmen zur Ausführung des Gesetzes über die Teilung des Gemeindelandes, Verkauf der Nationalgüter in Form von kleinen Parzellen, Versuche zur Anwendung der Ventôsedekrete. Diese Politik verschärfte die sozialen Spannungen in der Bauernschaft. Die Konzession gegenüber den unteren Volksschichten auf dem Lande und in den Städten, an erster Stelle die Maximumgesetzgebung, riefen den erbitterten Widerstand der Bauern hervor, soweit es sich um Grundbesitzer und Warenproduzenten handelte. Lediglich die Kleinbauern, die selbst keine oder nur geringe Ernteeinkünfte hatten, lediglich die Dorfbewohner, die im Handwerk oder in der Heimindustrie tätig waren, bildeten auf dem Land eine geschlossene und starke Basis für die Jakobinerdiktatur.

Gegen Frühlingsende des Jahres II begann diese Basis jedoch zu wanken. So aufrichtig der Egalitarismus der Jakobiner auch gemeint gewesen war, er blieb gemäßigt und war nicht frei von Widersprüchen. Es duldet keinen Zweifel, daß die Bergpartei die meiste Unterstützung bei den mittleren und reichen Grundbesitzern und Bauern fand. Diese lehnten zwar den Egalitarismus nicht rundweg ab, bewahrten jedoch in sozialen Belangen Zurückhaltung. Wie konnte die Revolutionsregierung eine egalitäre Politik mit der Verteidigung des Eigentums gegen das *Ackergesetz*, mit dem Schutz der Unternehmer gegen die Forderungen der Lohnarbeiter auf dem Lande vereinbaren? Es kam der Zeitpunkt, da man eine Wahl treffen mußte. Wie die Entscheidung ausfallen würde, war klar. Dies war der Grund für die Gleichgültigkeit, später für die Enttäuschung der Sansculotten auf dem Lande. Die Entwicklung erinnert in gewisser Weise an die Ereignisse, die ebenfalls im Frühling des Jahres II, wiewohl aus anderen, vielschichtigen Gründen zur Entzweiung der Pariser Sansculotten und der Revolutionsregierung führten.

III.

Am Schluß seiner Analyse versucht Ado, eine Bilanz der Bauernrevolution zu ziehen. Sein Ergebnis unterscheidet sich in einigen Punkten von dem Bild, das üblicherweise im Sinne der klassischen Schlußfolgerungen von Georges Lefebvre gezeichnet wird.

Die Bauernschaft hat kategorisch das Kompromißprogramm abgelehnt, das ihr die gemäßigte Bourgeoisie bereits 1789 mühsam aufzunötigen gesucht hatte. Die Bauernbewegung zwang die Revolution schließlich, sämtliche Feudalstrukturen zu kassieren, die noch auf dem Eigentum und der Nutzung von Grund und Boden lasteten. Von der Umverteilung des Eigentums durch den Verkauf der Nationalgüter haben die bäuerlichen Oberschichten am meisten profitiert. Damit war zwar die Schubkraft des Agrarindividualismus gebremst, aber ohne daß deswegen die egalitären Bestrebungen der Kleinbauern verwirklicht worden wären. Ado skizziert flüchtig den Verlauf der Bauernkämpfe nach dem 9. Thermidor: Intervention der Landbesitzer gegen die Gleichheitsforderungen, insbesondere gegen das Gesetz vom 10. Juni 1793 über die Aufteilung des Gemeindelandes, Versuche zur Wiederherstellung bestimmter »Grundrenten«, die von der Gesetzgebung der Bergpartei aufgehoben worden waren. Diese Gegenoffensive paßte in das Klima sozialer Reaktion, das nach dem Thermidor vorherrschte.

Schließlich stellt Ado die Frage, was die Revolution den Bauern eingebracht habe. Er unterstreicht die Festigung des freien bäuerlichen Besitzes als notwendige Bedingung der Akkumulation und der fortschreitenden kapitalistischen Entwicklung auf dem Lande. Zugleich weist er jedoch auf die Vielschichtigkeit der postrevolutionären Strukturen und auf die Beibehaltung des jetzt in den Händen des Bürgertums befindlichen Großgrundbesitzes neben dem kleinen und mittleren Besitz der Bauern hin. Es sind widersprüchliche Strukturen, die im nächsten Jahrhundert schwer auf der Entwicklung des Kapitalismus lasten sollten. Letzten Endes seien bestimmte negative Momente der französischen Wirtschaftsgeschichte im 19. Jahrhundert Ergebnisse nicht der erfolgreich durchgesetzten Forderungen der Kleinbauern an die bürgerliche Revolution (eine im allgemeinen anerkannte Ansicht), sondern des Scheiterns solcher Forderungen im Kampf um die Erhaltung und Festigung ihres Eigentums und ihrer Betriebe.

Wir verfügen in Ados Arbeit über eine zusammenfassende Studie zur Bauernbewegung, die auf penibler wissenschaftlicher Forschung beruht. Zum ersten Mal ist mit erschöpfender Sorgfalt das Inventar der Unruhen, Tumulte und Aufstände, die von 1789 bis 1794 Frankreichs Flachland heimsuchten, aufgezeichnet worden. Zudem sind Forschungskonzepte angedeutet worden, die ohne Zweifel die kritische Reflexion anregen werden: Periodisierung der Bauernrevolution, das Problem des Egalitarismus der Bauern, der Gehalt der jakobinischen Agrarpolitik und damit die Natur des Jakobinismus, die Rolle des bäuerlichen Kleineigentums bei der Entwicklung der kapitalistischen Ökonomie und, allgemeiner, die Bestimmung der Bauernfrage in der bürgerlichen Revolution.

Diese Themen haben seit langem die Historiker beschäftigt, doch allzu oft ohne den Rückhalt wissenschaftlicher Forschung. Daher rühren die vielen approximativen Erläuterungen. »Zentrale Stellung« der Bauernfrage in der bürgerlichen Revolution, Befreiung der Bauern und Auflösung des feudalen Grundbesitzes als notwendige Bedingungen des Übergangs zur kapitalistischen Gesellschaft, Definition des Jakobinismus in der Linie der Reflexion Gramscis als »revolutionäres Bündnis von Stadt und Land« – zu diesen Gegenständen liefert Ado auf der Grundlage ausgiebigen Quellenstudiums einen gewichtigen Beitrag.

Ein Hauptproblem bleibt bestehen: die Rolle der Kleinbauern im Übergangsprozeß von der alten zur neuen Gesellschaft und, im speziellen Fall Frankreichs, das Ausmaß der Ergebnisse. In *The Age of Revolution* spricht Hobsbawm von »dem gigantischen Paradox«, das für ihn das französische Beispiel darstelle. Aus vielen guten Gründen hätte kein anderes Land nach der Revolution ähnlich rasch in der Entfaltung des Kapitalismus vorankommen müssen wie Frankreich, in Wirklichkeit blieb es eindeutig hinter der Entwicklung in einigen westeuropäischen Ländern zurück. Der Grund dafür war, daß »der kapitalistische Teil der französischen Wirtschaft ein Überbau auf der unerschütterlichen Grundlage der Bauernschaft und des Kleinbürgertums war«. Die Französische Revolution hat in der Tat die Grundlagen der Kleinproduktion gefestigt, statt sie zu zerstören. Ihr entscheidendes Ergebnis auf dem Lande war nicht die Enteignung der landwirtschaftlichen Produzenten (Enteignung der Landwirte, die nach dem englischen Beispiel die Basis der ursprünglichen Akkumulation bildet), sondern die Stärkung und Ausbreitung des kleinen und mittleren Besitzes. Daraus erklären sich der langsame Rhythmus der technologischen Entwicklung und die zögerliche Konzentration des Kapitals, der außergewöhnliche Widerstand der Kleinproduktion. Umgekehrt hatte die englische Revolution von 1640 auf dem flachen Land den Untergang der Kleinproduktion beschleunigt. Ihr Hauptresultat war die Herausbildung einer kapitalistischen Landwirtschaft, gekennzeichnet durch die Existenz einer Minderheit von Großgrundbesitzern, die das Landmonopol innehatten, und von Pächtern mit Unternehmerfunktionen einerseits sowie durch eine breite Schicht von Lohnarbeitern andererseits. In England verschwanden die kleinen und mittleren Bauern mit eigenem Grund und Boden, die für das postrevolutionäre Frankreich überaus charakteristisch waren.

Die klassische These von Dobb in seinen *Studies in the Development of Capitalism* ist bekannt. Die sozialen Impulse, die die Widerstände gegen die kapitalistische Produktionsweise gebrochen haben, gingen vom Kleinbürgertum und von der unabhängigen Bauernschaft aus, von Schichten der Warenproduzenten, die sich gegen die Oligarchie der Großgrundbesitzer und Großhandelsbourgeoisie wandten. Dies ist »der wirklich revolutionierende Weg« im Kontext der Problemstellung von Marx im 3. Buch des *Kapital* (Kapitel XX). Vom japanischen Beispiel ausgehend, gelangt Takahashi in einer scharfsinnigen Analyse und mit Hilfe der komparativen Methode zu denselben Schlußfolgerungen – das *primum mobile* der bürgerlichen Revolution steckt in der Entwicklung der kleinen und mittleren unabhängigen Produzenten. In dieselbe Richtung weist die Überlegung Ados: Daß der Aufschwung der kapitalistischen Ökonomie im 19. Jahrhundert in der französischen Landwirtschaft die bekannten negativen Tendenzen ausgelöst hat, hängt zusammen mit den unzureichenden Ergebnissen der Bauernkämpfe um die Stärkung des kleinen und mittleren Grundbesitzes und mit dem Fortbestehen des Großgrundbesitzes, der zwar jetzt nicht mehr feudal war, aber weithin in den Händen der Aristokratie lag und auf der Grundrente beruhte.

Die Argumentation Ados ist von der sorgfältigen Lektüre wenig bekannter Lenin-Texte beeinflußt, in deren Licht die Problematik des Übergangs genauer hervortritt. Die Zeitung *Bperiod (Vorwärts)* veröffentlichte in ihrer Nummer 15 vom 20. April 1905 Lenins Artikel *Marx und die schwarze Teilung in Amerika* – der Titel spielt auf einen von Marx und Engels zur Zeit des Kommunistischen Korrespondenzbüros in Brüssel verfaßten Aufsatz, das *Zirkular gegen Kriege* (1846)[2] an. Lenins Aufmerksamkeit hatte sich besonders auf jenen Abschnitt in Marx' und Engels' Aufsatz gerichtet, der sich mit der Agrarbewegung in Amerika, der *schwarzen Teilung* befaßt. Die Fundamente der Farmwirtschaft waren damals bereits gelegt, aber dem kleinen freien Eigentümer standen eine Reihe von Hindernissen entgegen (Großbesitz mit Sklavenhaltung, Bodenspekulation, eine herrschende Oligarchie). Kriege schlug nun vor, den nationalen Grund und Boden des Nordwestens als »unveräußerliches Gemeingut der ganzen Menschheit« aus dem Handel zu ziehen und ihn in streng begrenzten und gleichen Parzellen zu verteilen. Marx und Engels legten den utopischen Charakter der egalitären Pläne Krieges bloß, meinten jedoch, daß ihr Ergebnis im Falle ihrer Verwirklichung tatsächlich einen Anstoß zur Entwicklung des Industrialismus der bestehenden bürgerlichen Gesellschaft geben könnte. Die Verwandlung von nationalem Grund und Boden in unabhängige Bauernwirtschaften vermöchte die Basis der kapitalistischen Entwicklung zu erweitern. Das Übel, das das utopische Projekt Krieges zu vermeiden suchte und dessen Ausbreitung es in Wahrheit erleichterte, war, historisch gesehen, ein Segen – die Entwicklung wurde beschleunigt. Die egalitäre Teilung des Bodens, meinte Lenin, würde keinesfalls die Herrschaft der kapitalistischen Produktionsweise beseitigen; sie würde ihr im Gegenteil eine breitere Entwicklungsbasis geben. Die Bedingungen eines »wahren« und freien Aufschwungs der bürgerlichen Gesellschaft würden vielmehr durch die radikale Lösung der Agrarfrage und die Abschaffung der traditionellen Grundrente geschaffen. Dies ist, Lenin zufolge, das wesentliche Merkmal des durch das Fehlen des Feudalismus gekennzeichneten »amerikanischen Wegs«, auf dem der Transformationsprozeß durch das kleine und mittlere unabhängige Eigentum eingeleitet worden war.

Die Besonderheit des »französischen Weges« wird durch den Vergleich deutlich. Als ein grundsätzlicher Aspekt erscheint die Aufrechterhaltung des Großgrundbesitzes, der den Boden durch Teilpacht oder Kleinpacht nutzen läßt, und damit der herkömmlichen Grundrente, die beim Kleinanbau im Westen und Südwesten durch das Fortbestehen des Zehnten (Neuzehnter oder bürgerlicher Zehnter) verschärft wurde. Dieser »rückständige« Großgrundbesitz bremste das Vordringen des Kapitalismus auf dem Lande weit mehr, als die kleinen und mittleren Produzenten dies taten, wie stark auch immer die Bindungen der kleinbäuerlicher Schichten an die Traditionen der Dorfgemeinschaft gewesen sein mögen. Ohne Zweifel greift in den Übergangsprozeß vom Feudalismus zum Kapitalismus auch der Großgrundbesitz ein, und zwar durch die Kapitalisierung der Grundrente, jedoch nicht ohne einen Kompromiß einzugehen, und lange Zeit noch als autonomes Element der neuen herrschenden Klasse. Dies erklärt sich aus der Zugehörigkeit der meisten Großgrundbesitzer zur früheren Aristokratie und aus der Grundrente als besonderer Weise der Übertragung des Sozialprodukts und der Verteilung des Mehrwerts. Der rasche Aufschwung des Kapitalismus in den französischen Landgegenden im 19. Jahrhundert hätte also eine größere Ausbreitung des Sektors der kleinen und mittleren unabhängigen Produktion erfordert, jene »ländliche Demokratie«, von der Jaurès gesprochen hat, sowie die Entfaltung ihrer Möglichkeiten und die vollständige Verwandlung der Besitzverhältnisse am Grund und Boden zuungunsten des rückständigen Großbesitzes als Moment und Bedingung der freien Entfaltung des Kapitalismus. Wir kommen damit auf die entscheidende Schlußfolgerung Ados zurück: Die negativen Aspekte der kapitalistischen Entwicklung Frankreichs im 19. Jahrhundert haben weniger mit den Konzessionen zu tun, die die kleine und mittlere Bauernschaft der bürgerlichen Revolution abzutrotzen vermochte (Fortbestand der Dorfgemeinschaft), als vielmehr mit dem, was sie ihr nicht abzuringen vermochte: die Zerstörung des Großgrundbesitzes und die Abschaffung der Grundrente.

Wenngleich das Problem des Übergangs vom Feudalismus zum Kapitalismus allgemeine Züge aufweist, die sich in der Theorie auf eine tendenzielle Entwicklung beziehen, bekundet jeder konkrete Fall spezifische Formen, die sich nicht leicht auf ein Modell einer *bürgerlichen Revolution* reduzieren lassen. Lehnt man in diesem Sinne jede Theorie eines Modells ab, so darf man die Französische Revolution nicht länger als *klassische bürgerliche Revolution* bezeichnen. Ließe sie sich nicht, um ihre besonderen Kennzeichen besser hervorzuheben, als *Bürger- und Bauernrevolution*[3] beschreiben? Dies sind offene Fragen, auf die nur eine theoretische Reflexion antworten könnte, die auf kritischer Forschung beruht, wie Ado sie beispielhaft betrieben hat.

Anmerkungen

1 Ado, A. V., *Krestianskoe dvijenia vo Frantsii vo vremia Valikoi Bourjouaznoi revolioutsii kontsa XVIII veka*, Moskau 1971. Siehe auch Ado, *Le mouvement paysan et le problème de l'égalité*, in, Soboul, A. (Hrsg.), *Contributions à l'histoire paysanne de la Révolution française*, Paris 1977, S. 119-138.

2 In *MEW*, Berlin, Bd. 4, S. 3-17. Vgl. auch Resende, *Socialismę utopiste et question agraire dans la transition du féodalisme au capitalisme*, in: *Du féodalisme au capitalisme: problèmes de la transition*, Paris 1977, Bd. 2, S. 111-191. *(Anm. d. Hrsg.)*

3 Auf der Linie der Konzeptualisierung der bürgerlich-demokratischen Revolution bewegt sich auch die Dissertation von Florence Gauthier, *La voie paysanne dans la Révolution française – L'exemple picard*, Paris 1977. *(Anm. d. Hrsg.)*

Maurice Dommanget
Die Aufteilung der Großpachten
in der Theorie Babeufs und ihre Stellung
in der kommunistischen Taktik

Auf dem Stockholmer Babeuf-Kolloquium am 21. August 1960 gab. V. M. Dalin bekannt, daß in Moskau ein mehr als dreißig Seiten zählender Text Babeufs zur Aufteilung der Großpachten aufbewahrt werde.[1] In seinem Vortrag *Die sozialen Ideen Babeufs am Vorabend der Revolution* hat sich Dalin auf diesen Text gestützt.[2]

Ich selbst habe auf der Grundlage der in meinem Besitz befindlichen Abschriften Advielles[3] eine Untersuchung zur Aufteilung der Großpachten im Verhältnis zur kommunistischen Taktik Babeufs angestellt. Da die von Dalin vorgelegten Auszüge nicht mit den von mir wiedergegebenen übereinstimmen und unsere Interpretationen unterschiedlichen Perspektiven gehorchen, scheint es mir nützlich, das Thema wiederaufzunehmen.

Zunächst einige Einzelheiten zu den von Advielle angefertigten Babeuf-Kopien, von denen soeben die Rede war. Das erste Blatt der Abschrift Advielles ist auf der Vorder- und der Rückseite beschrieben und mehrfach durchgestrichen. Auf der Vorderseite trägt es links oben das Datum: 30. November 1785. Es ist deutlich zu erkennen, daß die Seite mit dem Datum ein geschlossenes Ganzes darstellt, und daß die Rückseite, die mit »da sie darüber verfügen« beginnt, die Fortsetzung einer Abschrift ist, die sich in Bruchstücken auf anderen Blättern findet. – Das zweite, nur auf der Vorderseite beschriebene Blatt ist die Fortsetzung eines anderen, uns unbekannt gebliebenen Blattes. Zweifellos handelt es sich um einen von Advielle in Reinschrift erneut abgeschriebenen Text, dessen erste Abschrift ihn nicht befriedigte. Dieses Blatt ist als einziges von den drei Blättern nicht durchgestrichen und enthält auch keine sonstigen Streichungen. Es wird weiter unten wiedergegeben werden. Der Text beginnt mit den Worten: »Meine Eigenliebe ist zu groß, um es für euch zu tun. Es bleibt mir aber mein gesunder Menschenverstand.« In fine steht ein Verweisungszeichen, wie sie Advielle anzubringen pflegte.

Die drei Texte der Abschrift Advielles lauten:
Blatt 1 (Vorderseite)

»30. Okt. 1785.

Das Interesse der reichen Grundbesitzer besteht im Artois wie anderswo darin, die Pachtgüter unter keinen Umständen aufzuteilen, weil man meint, daß ein Landwirt, der sich um die Leitung eines größeren Betriebs bewirbt, ein wohlhabender Mann mit einem guten Leumund sein muß, der das Land in gutem Zustand erhalten, gute Ernten einbringen und dem Besitzer folglich eine gute Summe Geldes zahlen kann. Man setzt voraus, daß ein solcher Pächter eine Erziehung genossen hat, die ihn vom gewöhnlichen Volk abhebt und aus der er Vorteile gezogen haben muß, die für seine Stellung nützlich sein können, denn sie geben ihm die Mittel an die Hand, mit Leichtigkeit bessere Kenntnisse zu erwerben als die gewöhnlichen Bauern, die häufig nur einer Routine folgen und ihre Arbeit gewohnheitsmäßig und ohne jede Überlegung verrichten, lediglich den besonderen Umständen, dem unterschiedlichen Boden und dem unregelmäßigen oder unähnlichen Lauf der Jahreszeiten von einem Jahr aufs andere angemessen.

Aber auch noch in anderer Weise neigt das System dazu, Ungleichheit in den Vermögen der einzelnen zu erzeugen. Teilt man die Landwirtschaft nur in größere Teile auf, so hat zwar die Klasse der reichen Landwirte Sicherheit, bleibt aber auf wenige beschränkt. Was soll dann aus den übrigen Landbewohnern werden, die meistenteils gleichsam durch den natürlichen Instinkt zu dieser achtenswerten und bei unseren Vorfahren heroischen Tätigkeit kommen? Mit Schaudern sieht man die allzu gewissen Folgen eines solchen Mißbrauchs voraus.

Zu viele Unterteilungen der Pachtgüter würden vielleicht zu einem anderen Mißbrauch führen. Man kann sich leicht vorstellen, daß dies nur nachteilige Folgen haben und eine überaus multiple Verteilung der Parzellen mit sich bringen könnte. Statt daß nun das Land von wahren Gespannbauern weise bebaut würde, gäbe es nur noch das, was man arme Kätner nennt.

Ich meine deshalb, daß es dem allgemeinen Interesse und dem Wohl der Menschheit angemessener wäre, die Dinge so einzurichten, daß jeder Teilpächter nicht zu arm und nicht zu reich ist, sondern in einer mittleren Lage lebt, die wahrscheinlich das meiste Glück brächte. Zusammenfassend möchte ich sagen, daß einige Menschen beträchtliche Betriebe in ihren Händen vereinen und daß sie nur mit wenigen ihrer Mitbürger den Wohlstand teilen. Sind umgekehrt die Betriebe zu klein, so wird die große Zahl der Bauern zur Folge haben, daß der Boden im allgemeinen schlecht bebaut wird. Die mittlere Lage, die mir in bezug auf die Pächter die beste erscheint, bestünde darin, daß ein jeder und alle in den Genuß einer Tätigkeit gelangen, die eben darauf beruht, ein Stück Land von der

Reichweite eines guten Pfluges zu bebauen, wie es in der Sprache des Volkes heißt, und so halte ich es für richtig.«

Blatt 1 (Rückseite)

»Die Landwirte, die über eine ausgedehnte Bodenfläche von unterschiedlicher Beschaffenheit verfügen, sind in der Lage, herauszufinden und zu prüfen, welche Teile des Bodens sich am besten für diese oder jene Bebauung eignen. Ohne sie hätten wir weder Leinen noch Öl oder Fleisch, denn der Kleinbauer denkt zuerst daran, sich und die Seinen zu ernähren und möchte daher nur Korn ernten. So behauptet Delegorgue: ›Würde man die Pächter aus dem Artois verbannen, so gingen mit ihnen die wahren Prinzipien der Landwirtschaft verloren, ebenso wie die örtlichen Kenntnisse jeglicher Anbauarten, die unendlich vielfältig sind.‹

Delestré verkündet, daß die Aufteilung der Großpachten einen vorteilhaften Anbau, einen Bevölkerungszuwachs und eine Art Gleichheit unter den Landbewohnern hervorbringen würden. Er beweist die schädlichen Auswirkungen der sozialen Ungleichheit anhand des Despotismus der Großpächter, des Widerwillens ihrer Kinder gegenüber der Landarbeit, der Abneigung, die sie selbst gegenüber ihrem Stand entwickeln, der Landflucht der armen Landbewohner, die die Stätten verlassen, an denen sie nicht mehr das Lebensnotwendige finden.

Nach Ansicht Delestrés hätte die Aufteilung der Großpachten demgegenüber hauptsächlich einen sorgfältigeren und also eher ertragreichen Anbau, eine Zunahme der Bevölkerung aufgrund des Wohlstands der Bauern und der Verbesserung ihrer Gesundheit und schließlich eine Art Gleichheit unter ihnen zur Folge. Er hält die soziale Ungleichheit auf dem Lande für eine unerschöpfliche Quelle von Übeln. Die Ungleichheit erzeugt den brutalen Despotismus der Pächter und ihre grausame Härte gegenüber allen Lebewesen in ihrem Umkreis. Der einfache Landarbeiter gilt ihnen weniger als das geringste Tier, denn man kann ihn nicht an den Schlächter verkaufen, wenn er alt und schwach ist, und nichts mit seiner Haut anfangen, wenn er unter der Mühsal stirbt. Diese soziale Ungleichheit flößt den Kindern der Pächter Widerwillen gegen die Feldarbeit ein und treibt sie in die Städte oder in die [?]«

Blatt 2

»Das System von Delestré du Terrage würde mich in vieler Hinsicht zufriedenstellen, müßte ich nicht beklagen, daß er in seinem Exposé den Einwänden Delegorgues nicht zuvorgekommen ist. Hätte er sie vorausgesehen, so wäre es ihm sicherlich gelungen, sie zunichte zu machen.

Die Gründe des ersteren für die Beibehaltung der Großpachten erscheinen mir nicht sehr plausibel. ›Die Landwirtschaft‹, sagt er, ›kann nur zu ihrer Vollkommenheit gelangen, wenn die Großpächter ein Auge auf sie halten. Ihnen obliegt die notwendige Speicherung des Korns, das die Kleinbauern, die es mit dem Verkauf eilig haben, sonst den Monopolisten liefern würden. Allein sie sind imstande, Vieh zu züchten und Herden zu halten, nur sie sind, da sie über einen ausgedehnten Boden von unterschiedlicher Beschaffenheit verfügen, in der Lage, herauszufinden und zu prüfen, welche Teile des Bodens sich am besten für diese oder jene Bebauung eignen.‹

Ohne sie hätten wir weder Leinen noch Öl oder Fleisch, denn der Kleinbauer denkt zuerst daran, sich und die Seinen zu ernähren, und möchte daher nur Korn ernten, wie Delegorgue behauptet.

Würde man die Pächter aus dem Artois verbannen, fügt er hinzu, so gingen mit ihnen die wahren Prinzipien der Landwirtschaft verloren, ebensowie die örtlichen Kenntnisse aller Anbauarten, die unendlich vielfältig seien.

Nach Ansicht Delestrés hätte die Aufteilung der Großpachten demgegenüber hauptsächlich einen sorgfältigeren und also eher ertragreichen Anbau zur Folge, eine Zunahme der Bevölkerung aufgrund des Wohlstands der Bauern und der Verbesserung ihrer Gesundheit und schließlich eine Art Gleichheit unter ihnen [. . .] Er hält soziale Ungleichheit auf dem Lande für eine unerschöpfliche Quelle von Übeln. Die Ungleichheit erzeugt den brutalen Despotismus der Pächter und ihre grausame Härte gegenüber allen Lebewesen in ihrem Umkreis. Der einfache Landarbeiter gilt ihnen weniger als das geringste Tier, denn man kann ihn nicht an den Schlächter verkaufen, wenn er alt und schwach ist, und nichts mit seiner Haut anfangen, wenn er unter der Mühsal stirbt. Diese soziale Ungleichheit flößt den Kindern der Pächter Widerwillen gegen die Feldarbeit ein und treibt die Mädchen in den Städten in die schmutzigste Prostitution und die Burschen in die lasterhafte Faulheit des [. . .]«

Dieses Stück stellt offenkundig mit Ausnahme eines Abschnitts weitgehend die Reinschrift der Rückseite des ersten Blattes dar.

Der folgende, nach wie vor Babeuf entnommene Text führt die Stelle des vorangegangenen Blattes logisch fort, denn das Wort »Kloster« folgt eindeutig auf das letzte Wort und knüpft an »lasterhafte Faulheit« an. Der Text lautet:

»[. . .] Klosters oder der Kaserne, wenn nicht gar unter das müßige und verderbte Dienerpack der Hofleute. Die Ungleichheit führt auch dazu, daß selbst die Pächter vom Widerwillen gegen ihren Stand erfüllt werden, denn nichts gibt ihnen die Gewähr, daß ihre Söhne nicht ihrerseits unterdrückt werden, wenn sie zu zahlreich oder im Augenblick ihres Ablebens noch zu jung sind, um an ihre Stelle zu treten. Schließlich ist der Ungleichheit die Abwanderung der armen Landbewohner zuzuschreiben, die die Gegend verlassen müssen, weil sie sich dort nicht mehr mit dem Lebensnotwendigen versehen können.

Delestré hat wie ich verstanden, daß die zu lösende Frage von den Eigentümern vorgeschlagen worden war, die gern wissen wollten, ob sie höhere Einkünfte erzielen konnten, wenn sie ihre Pachtgüter teilten oder wenn sie es unterließen. Es entgeht ihm nicht weniger als Delegorgue – dessen Schlußfolgerungen gegen diese Teilung sprechen –, daß die Reichen auf jeden Fall von dem Bemühen der einzelnen, sich Grundstücke zu verschaffen, profitieren wollen, indem sie sie ihnen zu überhöhtem Preis verpachten. Daher fordert er sie überaus pathetisch dazu auf, bei dieser Gelegenheit keinem Gefühl der Begierde nachzugeben und ihre Ländereien ›stückweise‹ zum gleichen Preis zu verpachten wie vordem en gros an die Pächter.

Alles in allem sehe ich, daß sich alle meine Mitbewerber mit Ausnahme von Delegorgue für die Aufteilung der Großpachten ausgesprochen haben.

L.-h.-f.-m Hardba, dessen Beitrag von Euch an erster Stelle lobend erwähnt wurde, befürwortet eine den Fähigkeiten der einzelnen und der Bodenbeschaffenheit entsprechende Teilung. J. B. Bizet aus Amiens, der an zweiter Stelle lobend erwähnt wurde, ist ganz und gar für die Teilung, die er bis zum äußersten treiben möchte, und erklärt sie als nützlich für die Grundbesitzer, die Landwirtschaft und die Landbewohner des Königreichs Frankreich. Der Verfasser des Aufsatzes [...] von Coquelei, Kanoniker an der ersten Kollegiatskirche in Cambray, bekennt sich ebenfalls zur Teilung. Alle waren durchaus davon überzeugt, daß die Teilung unter folgendem Gesichtspunkt zu betrachten sei: Steigerung des allgemeinen Wohlstands und nicht der Einkünfte des Grundbesitzers. Alle haben hervorgehoben, woran auch ich fest glaube, daß die Teilung das Elend, die von ihm verursachten Verbrechen und das Bettlertum verbannen würde. Man müßte sich jedoch unstreitig für die Negation dieses Satzes aussprechen, wenn man einzig das Interesse der Großen in Betracht zöge, die ihre Stellung häufig allein dem glücklichen Zufall, von bedeutenden Ahnen abzustammen, verdanken und nur die kleinste Klasse bilden; die sich bei der Aufteilung des Grundbesitzes mit Geschick zum Schaden von ihresgleichen haben begünstigen lassen, um dieselben schließlich des Rechts zu berauben, das der Schöpfer der Natur in seiner Weisheit allen Individuen der menschlichen Rasse verliehen hat, damit sie alle an dem großen, gemeinsamen Erbe des Erdballs gleichen Anteil hätten; die ihresgleichen aber auch ihrer Freiheit beraubt und in hassenswerte Ketten gelegt haben, die durch die lobenswerten Bemühungen der wenigen empfindsamen Menschen nur Stück für Stück gesprengt werden können.

Eine recht traurige Überlegung und barbarische Tyrannei, angesichts derer sich jedes vernunftbegabte Wesen für die vergangene Generation schämen und für die gegenwärtige und zukünftige, die nicht zu hoffen wagt, bald davon befreit zu werden, seufzen muß. Da aber diese Fahnenflucht nicht die Frage löst, ja sogar sich von ihr zu entfernen scheint, werden wir später versuchen, darauf zurückzukommen.«

Analysieren wir den Inhalt dieser Blätter. Die Rückseite des ersten Blattes gibt durch das vorangestellte Datum und die Tatsache, daß der Text allgemein gehalten ist und niemanden beim Namen nennt, zu der Vermutung Anlaß, daß es sich um ein Fragment des von Babeuf der Akademie von Arras zum Preisausschreiben 1785 vorgelegten Aufsatzes handelt. Die Rückseite des ersten Blattes und die folgenden von Advielle kopierten Texte beziehen sich auf die Aufteilung der Großpachten und erörtern die Thesen von Delegorgue, von Delestré du Terrage und anderen Teilnehmern des Wettbewerbs. Diese Thesen wurden jedoch erst auf der Sitzung vom 26. April 1786, die vornehmlich der Verlesung des Berichts über die Ausschreibungsergebnisse gewidmet war, der Öffentlichkeit zugänglich gemacht. Es steht somit fest, daß diese Fragmente einem nach diesem Datum entstandenen Text Babeufs entstammen. Ja, man kann sogar bestimmen, wann ungefähr dieser Text verfaßt worden sein muß. Die gesamte Entstehungsgeschichte des zweiten Textes erhellt sich dadurch. Deshalb müssen wir den Briefwechsel genauer studieren.

Am 11. Mai kündigt Dubois de Fosseux Babeuf an, er werde ihm den Bericht »der letzten Sitzung« der Akademie – über den Wettbewerb – zusenden, sobald er Antwort auf seinen Brief habe. Am 21. Mai gibt Babeuf seiner Freude Ausdruck, den Namen des Gewinners zu erfahren. Dies ist bei einem Bewerber, der aus der Konkurrenz ausschied, weil er die formalen Auflagen nicht beachtet hatte, nur zu natürlich. Dubois de Fosseux hatte ihm von den »angenehmen Umständen und dem interessanten Verlauf« der Sitzung berichtet. Babeuf mag wohl beiläufig Verständnis für die Befriedigung des Sekretärs der Akademie von Arras haben, doch erregen andere Dinge seine Aufmerksamkeit. In einem für seine Einstellung kennzeichnenden Passus bemerkt er, daß ihn der Kern der erörterten Frage beschäftige. Er wird dann deutlicher, indem er betont, daß ihre Bedeutung, ihre »Konsequenz«, so viele Klassen / viele Klassen / von Bürgern interessieren« müßten.

Am 1. Juni, einundzwanzig Tage nach seiner Ankündigung, beschließt Dubois de Fosseux, den gedruckten Auszug aus diesem Bericht abzuschicken. Gleichzeitig setzt er Babeuf davon in Kenntnis, daß Delegorgue, der Autor des preisgekrönten Aufsatzes, diesen habe »drucken lassen« und Delestré du Terrage, der den zweiten Preis empfangen habe, dasselbe zu tun beabsichtige.[4]

Was steht nun in dem »Auszug« Delegorgues, einem Oktav-band von einundzwanzig Seiten, der in der »Druckerei der Witwe des Michel Nicolas«, Drucker des Königs und der Akademie (von Arras), erschien? Vorab sei angemerkt, daß der »Auszug«, wie sein Titel besagt, den Bericht der Sitzungen vom 26. und 27. April 1786 enthält. Uns interessieren aber nur die Ausführungen zur Sitzung vom 26. und an diesen wiederum ausschließlich die Mitteilungen zur Preisfrage über die Aufteilung der Pachten.

Schon in der Eröffnungsansprache hatte Dubois de Fosseux den genauen Text der Preisfrage in Erinnerung gerufen: »Ist es nütz-lich, im Artois die Großpachten und landwirtschaftlichen Betrie-be aufzuteilen, und wenn ja, welche Grenzen sind bei dieser Teilung zu beachten?« Sodann hatte der Ständige Sekretär die Anwesenden von der Entscheidung der Akademie unterrichtet. In seinem Exposé ist eine Tatsache hervorzuheben: Ohne Babeuf mitzurechnen, der aus formalen Gründen ausgeschieden war, nahmen mindestens zwanzig Bewerber teil. Die Bedeutung, die Zweckmäßigkeit der erörterten Frage erscheinen hier in vollem Licht. Dubois de Fosseux gab bekannt, daß die Akademie dem Aufsatz Nr. 11 von Delegorgue, »einem jungen Rechtsanwalt am Rat von Artois«, den ersten Preis, dem Aufsatz Nr. 18 von Delestré du Terrage den zweiten Preis zuerkannt habe. Er be-merkte ferner, daß folgende Aufsätze lobend erwähnt worden seien: Nr. 15 von l. h. f. m., Nr. 13 von J. B. Bizet aus Amiens und schließlich Nr. 9 von Coquelei, Kanoniker an der ersten Kollegiatskirche zu Cambrai.

Da das Publikum begierig schien, den preisgekrönten Aufsatz kennenzulernen, wurde er von dem Berichterstatter verlesen, nach der Erklärung, daß die Akademie für die von den Autoren vorgetragenen Ansichten keine Verantwortung übernehme; ihre Aufgabe habe einzig darin bestanden, die Aufsätze zu prüfen, »um entscheiden zu können, wer die Frage methodisch einwand-frei behandelt hat und wessen Argumente auf sicheren Beweisen beruhen und besser dargelegt sind«. Es habe der Akademie selbst nicht zugestanden, so fuhr er fort, zu entscheiden, weshalb man nicht erstaunt sein dürfe, daß sie einem Aufsatz, der eine dem preisgekrönten Aufsatz entgegengesetzte Meinung vertrete, den zweiten Preis zuerkannt habe.

Lesen wir also die im »Auszug« wiedergegebene Zusammenfassung des preisgekrönten Aufsatzes. Es war dieselbe, die Babeuf wieder und wieder durchgesehen haben muß, wobei er beklagt haben mag, daß sie nicht hinreichend genau über den Inhalt Auskunft gibt:

»Delegorgue [. . .] beginnt mit dem Hinweis auf die Zeit, in der die Manufakturen das Land Artois aufblühen ließen. Seit dem Zusammenbruch dieser Manufakturen trat Knappheit an die Stelle des Überflusses. Der Boden wurde schlecht bebaut. Man ging daran, die Bebauung zu verbessern, und unternahm entsprechende Versuche, weshalb man die Pächter lobte, da sie allein sie durchführen konnten. Dies ist der erste Grund, sie im Artois beizubehalten, wo nach Ansicht des Verfassers die Landwirtschaft noch weit von der Vollkommenheit entfernt ist. Der Verfasser sieht einen weiteren Nachteil der Aufteilung der Großpachten darin, daß die einzelnen, die es stets mit dem Verkauf eilig haben, ihr Korn an die Monopolisten abstoßen würden, während unsere Pächter die notwendige Speicherung des Korns übernehmen, so daß von ihrer Seite kein Monopol zu befürchten ist.

Er zeigt sodann, daß wir im Falle der Aufteilung der Großpachten weder Öl noch Leinen, noch Wolle, noch Fleisch hätten, und weist sogar nach, daß es im Interesse der einzelnen liege, wenn man die Pachtgüter nicht zerstöre, denn sie seien mit einem mäßigen Besitz und ihrer Arbeit glücklicher als mit größeren, schlecht bebauten und zu einem überhöhten Preis verpachteten Grundstücken.

Den Besitzern erwachsen Delegorgue zufolge selbst keine Vorteile aus dieser Teilung, denn ihre in der Tat teuer verpachteten Grundstücke kämen rasch herunter. Wenn man die Großpächter aus dem Artois verbanne, würden die wahren Prinzipien der Landwirtschaft mit ihnen verloren gehen, ebenso wie die örtlichen Kenntnisse aller Anbauarten, die unendlich vielfältig seien.

Nachdem der Verfasser theoretisch nachgewiesen hat, daß die Großpachten nicht geteilt werden dürfen, beweist er dies aufgrund der Erfahrung und der unheilvollen Folgen, die diese Teilung an den Orten mit sich gebracht hat, wo sie durchgeführt worden ist.

Er bemerkt, daß unsere Güter in den Händen der Großpächter bis jetzt die Mittel zur Deckung unserer öffentlichen Ausgaben geliefert hätten. Er befürchtet, daß die Grundstücke in den Händen irgendeines Individuums nicht denselben Ertrag erzielen würden. Allein schon das Risiko einzugehen, sei eine Art Glücksspiel, das die Provinzverwaltung und die Weisheit der Regierung verhindern müßten.

Trotz der guten Gründe, die der Verfasser dieses Aufsatzes anführt, ist zu befürchten, daß sie nicht alle Geister zu überzeugen vermögen, weil das System der Aufteilung der Großpachten gegenwärtig im persönlichen Interesse der Besitzer liegt. Die Argumente werden sicher großen Eindruck auf besonnene und uneigennützige Menschen machen.«

Zum Aufsatz von Delestré du Terrage trägt der Sekretär der Akademie die Wohltaten vor, die der Autor der Aufteilung der Großpachten zuschreibt, ohne freilich zu verhehlen, daß der Eifer der einzelnen, sich Grundstücke zu beschaffen, die Besitzer veranlassen könnte, sie zu einem überhöhten Preis zu verpachten. Worin bestehen die Wohltaten? An erster Stelle in einem vorteilhaften Anbau, denn der Kleinpächter gebe besser auf sein Land acht, habe keine Untergebenen zu unterweisen, besorge alles selbst und habe weniger Anlaß zur Ablenkung. Sodann werde auf diese Weise der Abwanderung in die Städte und dem Absentismus der Kinder der Pächter Einhalt geboten. Schließlich und vor allem meint Delestré du Terrage, daß man mit der Beseitigung des »Despotismus der Pächter« eine gerechtere Verteilung der Vermögen auf dem Lande erreichen sowie Elend und Bettlertum verbannen könnte.

Der »Auszug« erwähnt auch die anderen Aufsätze, vor allem den umfangreichen Aufsatz Nr. 15, der sich ebenfalls für die Teilung der Pachten ausspricht, »einer Teilung jedoch, die den Fähigkeiten der einzelnen und der Bodenbeschaffenheit entspricht«. So beschränkt der Autor an Stellen mit guten Böden den Umfang auf hundert Feldmaß (mesures), während er sich bei durchschnittlichen Böden der Vermehrung der Pachtgrundstücke widersetzt. Mit feinen Unterschieden wird dieselbe These von einem anderen Befürworter der Teilung, der lobend erwähnt wurde, vertreten. Bei gut bewässerten Stellen plädiert er für einige kleine Pachtgrundstücke, auf fruchtbaren Böden für die Beibehaltung von ein oder zwei Höfen mit ungefähr 200 »mesures« und in weniger fruchtbaren Landstrichen für die Erhaltung der großen Pachtgüter.

Am 22. Juni bestätigt Babeuf den Empfang dieses für ihn faszinierenden Schriftstücks.[5] Man glaubt ihm ohne weiteres, wenn er schreibt, er habe es »mit dem größten Interesse« gelesen. Er läßt zudem seinen Korrespondenzpartner – keinen anderen als den Berichterstatter des Preisausschreibens – fühlen, daß die Zusammenfassung der beiden Hauptantworten ihm nicht genügt, und äußert den Wunsch, die vollständigen Texte zu lesen. Zugleich »erlaubt« er sich, ohne noch abzuwarten, seine Meinung vorzubringen, so sehr liegt ihm das Thema am Herzen. Er tut es behutsam, denn er fühlt sich geehrt, mit dem Sekretär der Akademie von Arras zu korrespondieren, und möchte in diesem Briefwechsel unter keinen Umständen den Vertreter der »erlauchten Gesellschaft« verstimmen. Gleichwohl verhehlt er nicht seine Sympathie für das von Delestré du Terrage vorgeschlagene »System der Gleichheit und der Vermögensproportion«. Dieses System, so schreibt er, habe »ein Menschenfreund« ersonnen und komme den »Institutionen der Natur« nahe. Er fügt hinzu, »dieses System wäre im höchsten Grade vollkommen, wenn es die eigenen Vorteile mit der Widerlegung der von Delegorgue vorausgesehenen Nachteile verbände«. Der letzte Satz macht deutlich, daß Babeuf von einem Teil der Argumente Delegorgues, wie sie in der Zusammenfassung wiedergegeben sind, beeindruckt ist. Er bekennt übrigens, daß ihm diese Analyse gefallen habe.

Am 2. Juli schreibt Dubois de Fosseux in seiner Antwort auf diesen Brief, Babeuf sei zur Würdigung der in den Sitzungen verlesenen Schriften »sehr befähigt«. Deshalb verspricht er ihm, er werde ihm die Schrift Delegorgues leihen. Zu dem Aufsatz von Delestré du Terrage teilt er Babeuf lediglich mit, daß er wahrscheinlich nicht gedruckt werde. Man errät, daß er, auf seine Verantwortung bedacht, verhindern möchte, daß dieses Manuskript der Akademie verloren geht.

Am 21. Juli drückt Babeuf seine Anerkennung für die Bereitwilligkeit aus, mit der Dubois de Fosseux ihn über die Tätigkeit der Akademie von Arras auf dem laufenden hält, »besonders über die Dinge, die meiner Lieblingsneigung angenehm entgegenkommen«.[6] Diese Umschreibung scheint darauf hinzudeuten, daß Babeuf auf das angekündigte Werk wartete. Die Monate vergingen, Dubois de Fosseux schickte mehrere Briefe, doch nicht das mit Spannung erwartete Buch Delegorgues. So mahnt Babeuf, einigermaßen ungehalten, am 16. November Dubois de Fosseux, er hoffe von ihm den versprochenen Text nunmehr zu bekommen, er führe »genau Liste«. Am 6. Dezember bat er ihn dann, ihm das Buch von Delegorgue auszuleihen, wobei er ihn daran erinnerte, daß er es ihm bereits unter dem Datum des 5. Juli angekündigt hatte.[7]

Diese Beharrlichkeit sollte Früchte tragen. Am 23. Dezember 1786 kam Dubois de Fosseux der Bitte nach und entschuldigte sich. Babeuf konnte also erst um die Jahreswende 1787, nach sieben Monaten des Wartens, von einem Buch Kenntnis nehmen, dem er eine große Bedeutung beimaß. Es fällt auf, daß er den Empfang des Buchs weder in seinem Brief vom 27. Dezember noch in dem vom 3. Januar bestätigt. Dies läßt vermuten, daß es wegen des Weihnachts- und des Neujahrfests zu einer Verzögerung in der Korrespondenz gekommen war, denn die Post zwischen Arras und Roye war in der Regel allenfalls vier bis acht Tage unterwegs. Wie dem auch sei, Babeuf erwähnt erst unter dem späten Datum des 17. Januar das Buch Delegorgues, und zwar mit den folgenden Worten: »Ich möchte gern ein wenig über all die Dinge sprechen, die mich angenehm berühren. Dazu gehört der Aufsatz von Delegorgue. Ich finde ihn sehr tiefsinnig, beredt, patriotisch und überzeugend. Ein viel besserer Beweis für diese Eigenschaften ist übrigens die Tatsache, daß er von der Akademie einer Auszeichnung für würdig befunden wurde.«[8] Nach dieser allgemeinen Einschätzung moniert Babeuf in dem Text einen grammatischen Fehler, bei dem er verweilt. Berücksichtigt man die Anzahl der dieser nebensächlichen Erörterung gewidmeten Zeilen, die alles in allem wie ein Füllsel erscheinen, so sieht man die Apologie von Delegorgues Arbeit in einem schärferen Licht. Gewiß, Babeuf hält sie von Anfang bis Ende für sehr gut. Es überrascht jedoch, daß er sich hütet, die Substanz zu diskutieren. Ja, man ist geneigt, zu vermuten, seine wiederholten Komplimente verfolgten den einzigen Zweck, Erklärungen zu vermeiden, die ihn zu weit führen könnten. Überdies macht die gänzlich konformistische Schlußbegründung Babeufs zugunsten des Aufsatzes stutzig.

In der Tat konnte Babeuf es nach der Lektüre des »Auszugs« und später des Buches von Delegorgue nicht bei vagen Überlegungen und Vorstellungen bewenden lassen. Es lag auf der Hand, daß ihn seine Schreiblust dazu trieb, seine Gedanken ausführlich zu Papier zu bringen. Er wollte sie wohl auch, in einem zweiten Versuch, Dubois de Fosseux zur Kenntnis bringen. Auf diese Weise ließe sich die Existenz jenes Entwurfs erklären, der auf mancherlei Umwegen in das Archiv für Marxismus-Leninismus gelangt ist und von dem, wie wir glauben, Advielle die von uns wiedergegebenen Fragmente abgeschrieben hat.

Dalin datiert den Entwurf auf den 1. Juni 1786.[9] Es ist uns nicht bekannt, worauf er diese Datierung stützt. Da Babeuf seine Mitbewerber namentlich nennt, was erst nach dem Empfang des »Auszugs« im Laufe des Juni geschehen konnte, läßt sich lediglich vermuten, daß Babeuf mit der Abfassung zu diesem Zeitpunkt begann. Die Tatsache indes, daß Babeuf bei der Erörterung der Ansichten Delegorgues einzelne Abschnitte aus dessen Buch treu resümiert, spricht dafür, daß der Hauptteil erst nach dem Empfang des Buches, also Anfang 1787, formuliert worden ist. Es ist nicht nötig, langwierige Analysen anzustellen, es genügt, das zweite und das dritte Blatt Advielles, das den Text Babeufs wiedergibt, mit den Seiten 14, 15, 16, 21 und 22 des Buches zu vergleichen, um sich Klarheit zu verschaffen.

Nicht zufällig hatte die Akademie von Arras die Aufteilung der Großpachten 1786 als Preisfrage gestellt. Dieses Problem beschäftigte damals lebhaft die öffentliche Meinung. Die Vielzahl der eingereichten Aufsätze würde dies mehr als zur Genüge belegen, doch auch die zeitgenössische Literatur ist erfüllt von diesem Thema.

Man versuchte, durch die mehr oder weniger mit Rodungen verbundene Aufteilung der Pachten der Armut und dem Bettlertum auf dem Lande zu begegnen, »allen Dorfbewohnern Wohlergehen zu sichern«, wodurch man zugleich »ihre Abwanderung in die Großstädte einzudämmen« und sie »an ihre Heimstätten« zu binden hoffte. Diese Wendungen sind der am 25. August 1787 von der Akademie zu Châlons-sur-Marne für 1789 ausgeschriebenen Preisfrage entnommen. War die Akademie von Arras auch die einzige Provinzakademie, die die Frage nach der Aufteilung der Großpachten ausgab, so sieht man doch, daß eine Schwesterinstitution in ihrer Wettbewerbsfrage die mittelbaren Folgen zur Diskussion stellte. Vergessen wir auch nicht, daß die europäische Zivilisation damals, wie Henri Hauser seinerzeit bemerkte[10], trotz des Anbruchs des Industriezeitalters in England in ihrer Grundstruktur von der Landwirtschaft geprägt und daß Frankreich nahezu ausschließlich ein Agrarland war. Die auftretenden wirtschaftlichen und sozialen Probleme, die Diskussionen in den Zeitungen und Gelehrtengesellschaften, die ins Auge gefaßten philanthropischen oder »sozialistischen« Lösungen irritierten die Großpächter. Ohne sich über die technische Seite des Anbaus Gedanken zu machen, wollte man alle Landbewohner mit Ackerland ausstatten. Man hoffte, daß so der Wohlstand in den Hütten Einzug hielte und die gewaltige, heterogene und zunehmend ungestüme Masse der Landproletarier aufgelöst würde.

Man muß das Projekt der Aufteilung der Pachten auch als eine Reaktion auf die Zusammenlegung der Pachten sehen, die gerade in der zweiten Hälfte des 18. Jahrhunderts in allen Gegenden mit

Großbetrieben, zumal im Artois, zu beobachten war und die Ursache für die Hausse der Getreidepreise, dieser Quelle disponiblen Kapitals, gewesen zu sein scheint.[11] Und unzweifelhaft spielten hierbei jene egalitären Bestrebungen eine Rolle, die mit den philosophischen Ideen Verbreitung fanden. Um den Antagonismus von Arm und Reich auf dem Lande zu mildern oder zu beseitigen, suchten diese Ideen nach einer mittleren Lösung zwischen Überfluß und Bedürftigkeit, die übrigens mit einem zentralen Programm der Zeit übereinstimmte: Die Parole »Almosen für das Volk« sollte einer Politik der »Ehrbarkeit« und des »maßvollen mittleren Wohlstands« weichen. Die Beschwerdebriefe von 1789, die an die Versammlungen gerichteten Petitionen sowie zahlreiche während der Revolutionszeit entstandene Schriften und Zeitungsartikel bezeugen durch ihre beharrliche Wiederaufnahme des Themas die Intensität dieser Ideen. Georges Lefebvre und Edmond Soreau datieren die Bewegung zugunsten der Aufteilung der Großpachten auf die Periode nach 1760 und ordnen sie hauptsächlich dem Valois, dem Norden und Lothringen zu. Soreau weist darauf hin, daß in Flandern und im Artois die Größenordnung dem Programm nahekam.[12]

Wie Delegorgue in seiner Schrift erläutert, gab es zweierlei Anhänger der Teilung der Großpachten. Die einen nennt er »Parteigänger des Teilungssystems«, Leute, »die von der Teilung besessen sind«, kurz, all jene Philanthropen und Amateurreformer, deren Zahl, wie in allen vorrevolutionären Situationen, Legion ist. Die anderen sind »eigennützige Enthusiasten«, Bauern, die nach dem »Köder« schnappen und unter »der verführerischen Maske des öffentlichen Interesses« einer »geheimen Intention« folgen. Sie sinnen einzig auf die sofortige Erweiterung ihres Vermögens.[13]

Delegorgue zufolge ist die Aufteilung der Großpachten reine Theorie geblieben – was von Georges Lefebvre bestätigt wird.[14] Das Projekt sei auf Initiative der Besitzer betrieben worden. Hier unterscheidet Delegorgue wiederum zwei Kategorien: die Besitzer, die der Faszination des Teilungssystems erlagen und sich »von Wohlwollen und der schmeichelhaften Idee, den Landbewohnern realen Wohlstand zu verschaffen, leiten ließen«; andere hegten »weniger edle und großherzige Motive«. Was für Motive waren es wohl? Delegorgue sagt es nicht ausdrücklich, doch es ist anzunehmen, daß die, die er meint, in der Teilung ein einträgliches Geschäft erblickten. Delegorgue spricht später von »exzessivem Pachtzins«, ein Sachverhalt, der von Georges Lefebvre anhand der Fakten unter anderem für das Cambrésis und das Clermontois erhärtet worden ist.[15]

Jedenfalls sind nach Delegorgue, der die Aufteilung der Großpachten grundsätzlich für »unheilvoll« hält, die Ergebnisse der unvollständigen Ansätze wenig ermutigend gewesen. Es sei nicht nur eine erhebliche Verminderung des Viehbestands eingetreten sowie, als unmittelbare Folge, eine Steigerung der Viehpreise und also der Milch-, Butter- und Ölpreise; auch der Kornhandel habe an Intensität und Ausdehnung abgenommen. Man mag sich fragen, ob Delegorgue nicht übertreibt. Er behauptet nämlich im weiteren, die Ersparnisse der »neuen Okkupanten« seien durch Schmiergelder und Pachtgebühren geschmälert worden, ihr kleines Vermögen schließlich zerronnen. Da es ihnen an agronomischen Kenntnissen gefehlt habe und sie keinen Dünger hätten kaufen können, seien sie außerstande gewesen, einen gewinnbringenden Ertrag zu erzielen, und hätten ihre Felder aufgeben müssen. Es hätten einige Besitzer das Land an die früheren Pächter zurückgeben müssen, »die noch nicht einmal glaubten, die Hälfte des Pachtzinses, den sie vor der Landwegnahme gezahlt hätten, aus ihm herausholen zu können«.

Versuchen wir, uns Klarheit darüber zu verschaffen, was Babeuf konkret will, wenn er sich für die Aufteilung der Großpachten ausspricht. Um den Ausdruck aufzugreifen, der in der Preisfrage der Akademie von Arras vorkommt: Welche »Grenzen« für die Ausdehnung eines Stück Landes läßt Babeuf zu, wenn man sowohl von seinen egalitären Bestrebungen als auch von seiner praktischen Kenntnis der Landwirtschaft ausgeht? Der von ihm befürwortete »mittlere Zustand« entspricht »einem Stück Land« von der Reichweite eines »guten Pfluges«. Eine solche Schätzung mag vage erscheinen. Bedenkt man aber, daß die Bodenbeschaffenheit, die Anbauverfahren und viele andere Faktoren mehr von einer Parzelle zur anderen äußerst ungünstige Bedingungen auf derselben Flur darstellen können, so konnte Babeuf tatsächlich nicht präziser sein, denn diese Bedingungen sind ihm keineswegs entgangen. Nichts, was die Landwirtschaft betrifft, ließ ihn gleichgültig. Der gesamte Bereich der Produktion interessierte ihn: die Routine, erfolgreiche Neuerungen, die Verwendung von Düngemitteln, die Rolle des Wassers, die Kornfäule, die Vor- und

Nachteile der Brache, aber nicht minder die sozialen Probleme des Ackerbaus und der Respekt vor den »Rechten des unglücklichen Bauern«. Man braucht nur seinen Brief an Dubois de Fosseux vom 20. August 1787 zu lesen, um sich davon zu überzeugen.[16]

Trotz des dem Nomen Pflug hinzugefügten Beiworts ist der von Babeuf gebrauchte Ausdruck »guter Pflug« nicht qualitativ, sondern quantitativ zu verstehen. Er hat etwa die gleiche Bedeutung wie die Ausdrücke »reichlicher Pflug«, »voller Pflug«, »ganzer Pflug«, die in der Bourgogne und im Morvan üblich sind.[17] Der Pflug, damals Struktureinheit der Landwirtschaft und Grundkriterium der staatlichen Steuerveranlagung, bezeichnete zugleich das Gerät, das Zuggespann und das von beiden bearbeitete Areal. In diesem Sinne zeigt er die Ausdehnung der Betriebsfläche ohne Berücksichtigung der Bodenfruchtbarkeit an. Ein »guter Pflug« besagt daher: »mehr als ein Pflug«. Indem Babeuf, durch seinen Beruf mit Messungen vertraut, diese Wendung gebraucht, läßt er mit Absicht eine gewisse Ungenauigkeit bestehen. Der Ausdruck »ein halber Pflug« war aber geläufig, wie Saint-Jacob mit vielen Belegen nachgewiesen hat. Babeuf, der auf dem Gelände mit Halben, Vierteln und bis zu Achteln zu operieren wußte und diese Größen gern in die Diskussion übertrug, hätte versucht sein können, die von ihm gewünschte Ausdehnung auf Einundeinviertel eines Pfluges festzulegen.[18] Er hat es nicht getan. Man darf also annehmen, daß »ein guter Pflug« für ihn schlicht etwas mehr als die durchschnittliche Einheit eines Pfluges betrug. Wie läßt sich diese Ausdehnung konkret bestimmen?

Zur Beantwortung dieser Frage bedarf es vorab einer Erläuterung. Es ist zu bedauern, daß die Gegend des Santerre und zum Vergleich das Vermandois und das Soissonnais bislang nicht Gegenstand einer ernsthaften Untersuchung der Eigentumsbewegungen und der Anbauweisen vor und während der Revolution gewesen sind. Dieser Mangel läßt sich einigermaßen ausgleichen, indem man die wertvollen Aufzeichnungen von Graves über die Bereiche des Oisedépartements, die unmittelbar an Roye und an die Dörfer in dessen nächster Nähe angrenzen, heranzieht.[19] Die Aufzeichnungen sind zwar mehrere Jahrzehnte, nachdem Babeuf seine Vorstellungen zu Papier gebracht hat, geschrieben worden. Dies wird jedoch dadurch relativiert, daß sich die Landwirtschaft dieser Epoche in einer langanhaltenden Stagnationsperiode befand. Die Aufzeichnungen gebrauchen heißt auch, eine wesentliche Tatsache berücksichtigen, die den Biographen Babeufs entgangen ist. Wir wollen sie bei dieser Gelegenheit ans Licht bringen.

Die Stadt Roye und ihr Umland, wo Babeuf beruflich tätig war, lagen sehr viel näher bei zahlreichen Ortschaften des gegenwärtigen Oisedépartements als des Sommedépartements. Dörfer wie Margny-aux-Cérises, Avricourt, Amy, Crapeaumesnil, Fresnières, Libermont, Ognoles usw., die zu den angrenzenden Bezirken von Lassigny und Guiscard (Oise) gehörten, lagen näher bei Roye als die Zentren des Santerre wie Péronne, Chaulnes und Montdidier. Sie unterhielten die für sie ausschlaggebenden Beziehungen mit der Stadtbevölkerung von Roye. Ein Teil der Gebiete von Solente und Ognoles bildete sogar eine Enklave im Sommedépartement. Amy (Oise) lag zum Beispiel nur eine Meile hinter den letzten Häusern von Roye an der Straße nach Verpillières. Bedarf es der Erwähnung, daß bei der Bildung der Départements das picardische Santerre zwischen dem Somme- und dem Oisedépartement aufgeteilt wurde? Eine ganze Zone von Gemeinden des Département Oise am Rande der beiden Départements unterstand dem Steuerhauptbezirk von Amiens, den Bailliagen, den Subdelegationen, den Dekanaten, den Steuerunterbezirken von Montdidier, Nesle, Roye und anderen Städten des Santerre. Es ist daher nicht erstaunlich, daß Noyon in Petitionen und Gesuchen das Recht für sich beanspruchte, Mittelpunkt eines Verwaltungsbezirks zu sein, der Roye, Nesle und Montdidier umfaßte.

Ferner ist zu beachten: Das Geschäft des »Grundbuchkommissars«, des »Lehnsarchivars« oder »Feudisten«, dem Babeuf in Roye vorstand, war nach den Erfolgen, mit denen er sich in diesem Bereich einen Namen gemacht hatte, mehrere Jahre lang äußerst einträglich. In der Picardie wie in der Bourgogne genügten Notare und Feldmesser zur Festlegung und Erneuerung der Grundbücher nicht mehr. Das Beispiel Babeuf und das der Experten, die in der Bourgogne wirkten, vermittelt zusammen mit den Arbeiten über die Kataster eine Vorstellung davon, weshalb die zweite Hälfte des 18. Jahrhunderts »das Goldene Zeitalter der Kommissare zur Wahrung der feudalen Rechte« genannt werden konnte. Das Geschäft Babeufs ging jedoch wie viele andere – das gehörte zum Berufsrisiko – in der Folge der Auseinandersetzungen mit dem Marquis von Soyecourt, den

Billecocqs und bestimmten Dorfgemeinschaften zugrunde.

Im Mai 1788 beschäftigte Babeuf nicht weniger als acht Angestellte, später sollen es bis zu zwanzig gewesen sein.[20] Man bedenke die Konsequenzen eines solchen Unternehmens. Babeuf mußte sich zum Beispiel, als er das Inventar des – beweglichen – Vermögens des Marquis von Soyecourt, der in dem schönen Schloß von Tilloloy (Somme) wohnte, aufstellte, mit den Seigneurien von Amy, Crapeaumesnil und Conchy befassen, deren Dörfer heute im Oisedépartement liegen. Einen beträchtlichen Teil von Babeufs Klientel bildeten freilich einfache Bauern aus Gemeinden, die heute zu demselben Département gehören. Warum? Weil die Zahl der Berufsfeldvermesser – für den heutigen Kreis in der Regel vier oder fünf – für die Bedürfnisse der Bauern, die bei den Flurbegrenzungen Schwierigkeiten hatten, nicht ausreichten. Man wandte sich lieber an Babeuf, der nicht nur Messungen vornahm, sondern auch mit »cueilloirs« (Rechnungsbüchern) und alten Dokumenten umzugehen und aus ihnen Nutzen zu ziehen wußte. Dies beweist etwa die von Babeuf auf dem Land der Familien Poly, Maillard und Loizel in Domfront vorgenommenen Arbeiten, in einer Ortschaft, die damals 130 Einwohner zählte und heute zum Kreis von Maignelay (Oise) gehört.[21] Doch damit nicht genug. Als Babeuf auf der Suche nach einer »neuen Methode« zur »Erneuerung der Grundbücher« und zur »Vervollkommnung der Besitztitelinventare« mit dem »Muster eines ›Ewigen Grundbuchs‹ « experimentierte, geschah dies auf dem Land der Ortschaften Fretoy-Vaux, Le Ployron und Epayelle, die ebenfalls im Kreisgebiet von Maignelay (Oise) lagen.[22]

Was die Politik anlangt, so nutzte Babeuf seit Beginn der Revolution selbstverständlich die beruflichen Kontakte – manchmal waren daraus Freundschaften entstanden – mit seinen Landsleuten außerhalb des Départements Somme. Ist es vorstellbar, um hier nur den Gespannbauern Orem, den Tagelöhner Belval, den Wagner Carpentier, die Weber Pellier aus den letztgenannten Flecken zu erwähnen, daß er nicht versucht haben sollte, diese mit sich in die Arena der Regionalkämpfe zu führen? Später ließ er seine Zeitung in Noyon drucken, hatte Korrespondenten in Boulogne-la-Grasse und Conchy-les-Pots, heute im Bezirk von Ressons-sur-Matz (Oise) gelegen, vor allem Jean Mouret, der Verwalter des Oisedépartements werden sollte. Coupé, in den er große Hoffnungen setzte, war damals Pfarrer in Sermaize, einem Dorf mit etwa 160 Seelen, das heute zum Gemeindekreis von Guiscard (Oise) zählt. Vergessen wir auch nicht, daß Babeuf 1791 die Petition der Gemeinde Méry, heute im Bezirk Maignelay, an die Nationalversammlung verfaßte.[23]

Obwohl Babeuf in Roye ansässig war, führte er seine politischen Kämpfe später sowohl im Gebiet des Département Oise als auch in dem der Somme. Er kandidierte in diesen beiden Départements bei den Wahlen zur Nationalversammlung (später sollte er vom »Deputiertenpack« sprechen). Sein Scheitern bei diesen Wahlen ließe sich unter anderem vielleicht mit dem gänzlich abgelegenen Standort in Roye erklären, der ihn von der großen Wählermasse abschnitt. Aus seinen eigenen Mitteilungen erfährt man schließlich, daß er gerade im Jahr 1787 verschiedene Anbauweisen bis in eine Entfernung von fünf Meilen vor Roye in Richtung Compiègne, auch im späteren Oisedépartement, studierte.[24]

Diese Erläuterungen sind keinesfalls, wie es auf den ersten Blick scheinen mag, eine Abschweifung. Sie bilden die Voraussetzung für die folgenden Angaben, mittels derer man das der Umgebung entsprechende Flächenmaß eines Pfluges, den »guten Pflug« Babeufs, bestimmen kann. Der Begriff »Pflug« ist generell variabel. Es fällt schwer, seinen genauen Wert zu definieren, denn in der Gegend von Roye wie anderswo steckt das Problem in den erheblichen Abweichungen. So betrug z. B. das Minimum eines Pfluges in bestimmten Teilen des heutigen Kreises von Lassigny nur 10 bis 12 ha und auf den Kreideböden des heutigen Bezirks Ressons-sur-Matz unter 25 ha. Im Umkreis von Solente und Ognoles ergab ein Pflug maximal ein Areal von 50 ha. Einerseits war ein bergiges Gelände mit schwierigen Anbaubedingungen zu berücksichtigen, andererseits lehm- und sandhaltige Böden in der Ebene.

Diese großen Abweichungen waren jedoch eine Ausnahme und glichen sich in gewissem Sinne gegenseitig aus. Die mittlere Fläche eines Pfluges belief sich in den heutigen Kreisen von Lassigny und Ressons-sur-Matz auf 25-30 ha, während sie in denen von Maignelay und Guiscard bis zu 40 ha betrug. Die Größenordnung, die man festhalten kann, lag zwischen 25 und 40 ha mit einem allgemeinen Durchschnitt von 32,5 ha.

Ein solcher Schätzwert ist natürlich ungenau, denn er bezeichnet einen Durchschnittswert, der sich aus außerordentlichen Variationen ergibt. Doch obwohl er zur Vorsicht gemahnt, kann man nicht umhin, ihn zu berücksichtigen. Unter diesen Bedingungen würde der »gute Pflug« Babeufs ungefähr 35 ha bzw. 105 arpents ausmachen.

In der reichen Ebene des Valois ohne gewelltes Bodenprofil erreichte die bei 40 ha liegende Durchschnittsfläche eines Pfluges unbestreitbar bis zu 45, ja, sogar bis zu 50 ha, was eine erhebliche Abweichung von der Norm darstellt, die Babeuf aus seiner lokal begrenzten Sicht definierte. Es sei jedoch hinzugefügt, daß sich diese Norm dem Pflug der Pariser Region annähert, der nach einer Schätzung Georges Lefebvres 75 bis 100 arpents bzw. 25 bis 35 ha entsprach.[25] Es braucht darüber hinaus auch kein nennenswerter Unterschied zwischen dem Pflug im nördlichen Frankreich, in der Picardie und in der Pariser Region gemacht zu werden. Eine Studie über den Steuerbezirk von Clermont-en-Beauvaisis gibt einen Pflug mit 75 arpents an.[26]

Zur Klärung sei angemerkt, daß wenige Jahre nach der von Babeuf aufgestellten Norm ein Beschwerdebrief der Molières im Hurepoix implizit das Minimum eines Pfluges forderte. Auch die Volksgesellschaft von Offekerque (Pas-de-Calais) trat dafür ein, daß die Pachtgüter nicht über 140 bis 150 arpents hinausgehen sollten.[27] Ein Bauer, der den »Landraffern« feindlich gesinnt war, verlangte, daß »kein Pachtgut über 100 arpents betragen darf«.[28] Dies sind die Größenordnungen, die Babeuf wünschte.

Vergleicht man nun die von Babeuf vorgesehene Minimalfläche mit der in Gegenden wie dem Clermontois und dem Valois später dazu herrschenden Auffassung, so sieht man sich zu einer wichtigen Feststellung veranlaßt. Im Dezember 1790 verlangten die Bürger des Kreises von Lieuvilliers im Distrikt Clermont (Oise), daß die Minimalfläche auf vier Pflüge angehoben werden sollte.[29] Auch der Konventsdeputierte und Landwirt J. Isoré, der das Clermontois gut kannte, ging 1794 von 4 Pflügen aus.[30] Der Dritte Stand im Bailliage von Crépy-en-Valois begrenzte in seinem Beschwerdebrief die Ausdehnung ebenfalls auf vier Pflüge, während Levassor, Wahlmann in der Distriktversammlung, drei bis vier Pflüge für angemessen erachtete.[31] Ebenso sprach sich die kleine Landgemeinde von Rozet-les-Ménils oder Rozet-Saint-Albin im Kreis von Neuilly-Saint-Front (Aisne), als sie 1792 und im Jahr II die Aufteilung der Großpachten forderte, einmal für drei und einmal für mehr als 3 Pflüge aus.[32] Durch die Feder des »ci-devant« Pâris de Treffonds – später »Bürger« Treffonds –, Eigentümer des Guts, das zum Schloß Pringy gehörte, des eifrigen Schriftstellers, erklärte sie, warum ihr diese Größenordnung »gerecht und ausreichend« erschien. Ein Pflug verhelfe einem Besitzer zu Wohlstand, reiche jedoch nicht für einen Pächter aus. Zwei Pflüge sicherten dessen Lebensunterhalt, schützten ihn aber nicht vor Verlusten. Drei machten ihn gegen »Zwischenfälle« gefeit, zwängen ihn aber, sein Wohlergehen von seinem Viehbestand abhängig zu machen. Vier Pflüge führten zu »Überfluß«, begünstigten »Hochmut und Faulheit« auf dem verfallenden Gebäude der Gleichheit«.[33]

Obschon eine bestimmte Anzahl von Befürwortern der Teilung den Idealumfang auf einen Pflug festlegte oder, wie Babeuf, von wenig mehr als einem Pflug ausging, ist sehr wohl auch die Ansicht vertreten worden, daß diese Größenordnung zu gering sei und man sie daher verdoppeln oder verdreifachen müsse. Andererseits dürfte Babeufs Schätzung im Vergleich zum benachbarten Beauvaisis, wo der Pflug etwa 20 ha umfaßte, oder zum Morvan und zur Bourgogne, wo er in den meisten Fällen 20 bis 25 ha betrug, zu hoch greifen.[34]

Was ist von der Größenordnung seiner Wahl zu halten? Erinnern wir uns, daß zu seiner Zeit die Brache allgemein üblich war. Sie wurde in den Pachtverträgen vereinbart. 1787, dem Jahr von Babeufs Aufsatz über die Pachtgüter, stellte die Akademie von Amiens die Preisfrage nach den »geeigneten Mitteln zur Ausdehnung und Entwicklung der künstlichen Wiesen«. Etwa gleichzeitig eröffneten die Landwirtschaftsgesellschaft von Frankreich und die Akademie von Arras einen Wettbewerb – die erstere mit derselben Fragestellung, die zweite mit einem verwandten Thema. In dieser Gegend kam der Anbau von Futterpflanzen anstelle der Brache nur sporadisch vor. Babeuf, der für diese Form der Bewirtschaftung eintrat, wünschte »die angemessensten Mittel« ausfindig zu machen, »damit der gewöhnliche Landwirt dieser neuen Nutzung folge«. Dieses »entgegengesetzte Verfahren« verbreitete sich örtlich erst nach dem Tode Babeufs zu Beginn des 19. Jahrhunderts. Die Brache ließ nun aber jährlich – nach Meinung Babeufs war dies ein »Mißbrauch« – ein Drittel des Landes von erster Güte bzw. jede Art Ackerland ruhen.[35] Es kam bisweilen sogar vor, daß die Hälfte des Landes brachlag. Ein solch hoher Anteil – im Morvan[36] – war in der Picardie die Ausnahme. Babeuf übersah jedoch nicht, daß dies in Dörfern wie Solente und Ognoles die Regel war, die bis zur Restaurationszeit fortbestand. Bei 35 ha sank in solchen Extremfällen die bebaute Fläche auf 17 oder 18 ha. Bei der üblichen Brache von einem Drittel konnte man hingegen mit einem »guten Pflug« eine angemessene Ernte erzielen, da sie sich auf ungefähr 23 ha produktives Ackerland erstreckte.

Babeuf nahm also eine richtige Position ein. Er wollte nicht, daß die Aufteilung der Großpachten zum Nachteil der Bauern ausschlug. Dies galt um so mehr, als es nicht allein die Brache zu bedenken galt. Babeuf dachte an die Bauern, die für Neuerungen aufgeschlossen und bereit waren, die Brache zugunsten des Zwischenbaus aufzugeben, was für sie betriebswirtschaftlich eine »Ausgabensteigerung« bedeutet hätte.[37] Da gab es zudem die Lasten und Risiken, die alle Landwirte, Pächter wie Eigentümer, gemeinsam zu tragen hatten: Steuer- und Feudalforderungen, kirchliche Gebühren und Bußgelder, Forst- und Feldfrevel, Wildschäden, Nutzungsrechte, Witterungsunbilden, Tierseuchen, von der Spekulation auf dem Getreide- und Geldmarkt ganz zu schweigen. Die Pachtbauern mußten indes – worauf z. B. Pâris de Treffonds hinweist – ihre Verpflichtungen aus den Pachtverträgen erfüllen. Es galt daher, eine genügende Spanne von bebaubarem Land vorzusehen, um diese zusätzliche Belastung auszugleichen. Und genau darauf zielten Babeufs Überlegungen. Nicht zu viel und nicht zu wenig – dies war die Richtschnur seines Projekts. Die Pächter sollten in einer »mittleren Lage« arbeiten können, wie es in seinen Briefen heißt. Als er wenig später die Teilung von Grund und Boden rechtfertigte, berief er sich weiterhin auf »das ehrbare mittlere Maß«, das allen Zeitgenossen teuer war.[38] Die Wendung war für sie synonym mit Glück und Tugend. Dem entspricht im Bereich der Empfindsamkeit der Kult der zarten Schäferinnen und der Rückkehr zur Natur, in sozialer Hinsicht das »vollkommene Gleichgewicht«, auf dem noch Gonchon, der berühmte Redner der Vorstadt von Saint-Antoine, bestand, als er am 16. August 1792 vor den Schranken der Legislative einen gesellschaftlichen Zustand forderte, »der den Armen über seine schwachen Mittel hebt und den Reichen unter seine Mittel stellt«.[39]

Babeuf entgingen durchaus nicht die Nachteile einer übermäßigen Zerstückelung des Bodens. Er lebte mitten unter den Bauern und übte sein Metier sowohl auf den ausgedehnten und ertragreichen Ländereien der Schloßherren und Dorfgemeinschaften als auch auf den unergiebigen Parzellen der Kleinstbauern oder Kätner aus. Seine egalitären Intentionen haben hier eine ihrer Wurzeln. Sein Gerechtigkeitssinn hinderte ihn freilich nicht anzuerkennen, daß der Großbetrieb eine höhere Anbauform darstellte, selbst wenn er beklagte, daß manche Großbauern ihre Methoden nicht verbesserten. Im ersten der oben wiedergegebenen Fragmente, das Babeufs Denken sozusagen in nuce erscheinen läßt, verhehlt er seine Meinung zu dem Problem nicht. Zweifellos hat ihn die Argumentation Delegorgues bestärkt. Das geht daraus hervor, wie er sie sowohl in den anderen Fragmenten als auch Dubois de Fosseux gegenüber vorträgt. Er verglich das in einer Hand konzentrierte Land, das in den Worten Delegorgues vom »Unternehmungsgeist« der Großpächter profitierte, mit den winzigen Streifen Landes, den kleinen »Klitschen« in den Händen von Bauern ohne rationelles Gerät, die Sorgen, Mühen, der Routine ausgeliefert waren und die, wie er sagt, »nicht einmal elementare Grundkenntnisse der Landwirtschaft« besaßen. Er brauchte nur die Augen zu öffnen, um zu sehen, daß in derselben Picardie, wo reiche Pächter den Aufkauf der Grundstücke »bis zur Exmittierung« steigerten, neben einer Bebauungsweise, die nach seinen Worten »Kraft hatte«, eine andere »dahinsiechte«.

Es verwundert daher nicht, daß er durch die Teilung der Pachtgüter einerseits den Despotismus der Pächter zu stürzen suchte, andererseits die Technik der mustergültigen Betriebe bewahrt wissen wollte, indem er die Zusammenlegung der Pachtgüter und die »Schaffung von Kollektivgütern« empfahl. Diese Vorschläge finden sich nach Dalin tatsächlich in dem vollständigen Babeuf-Text in Moskau. Unsere Schlußfolgerungen müssen aus diesem Grunde vorläufige sein, da sie nur auf einigen Fragmenten beruhen.[40]

Die Aufteilung der Großpachten verband sich in der Vorstellung vieler Kleinbauern mit der Idee der gleichen Aufteilung von Grund und Boden bzw. mit dem Ackergesetz. Nicht von ungefähr meint Pâris de Teffonds sich in der oben zitierten Schrift gegen jede Vermischung der beiden Maßnahmen auflehnen zu müssen. Er unterscheidet nachdrücklich die erstere, die er als eine »Form der Nutznießung« definiert, von der zweiten, die für ihn eine Variante der Enteignung darstellt. Er hält die Teilung der Großpachten für ein vernünftiges Vorhaben, die »mit dem individuellen Interesse der großen Mehrheit übereinstimmt« und, wie er meint, die »moralische Gleichheit« verwirklicht. Die Aufteilung von Grund und Boden zu gleichen Stücken erscheint ihm dagegen als eine »wilde Idee«, eine »Übertreibung«, eine »Extravaganz«, ein Attentat auf das Eigentumsrecht und als »Umsturz der sozialen Ordnung«. Unter dem Vorwand, zum »Glück der Natur«, zum »Goldenen Zeitalter« zurückzuführen – man beachte diesen Appell an eine der egalitären Mythen der Zeit –, zöge sie die menschliche Gattung an ihre Wiege zurück statt sie neu zu beleben. Zudem gibt Pâris de Teffonds (wie auch Louis Portiez) zu bedenken, daß das Agrargesetz nicht nur absurd, sondern »unpolitisch« sei. Er scheut sich nicht, es einen »Sproß des in den letzten Zügen liegenden Despotismus«, »der Feinde der Revolution«, einen Bestandteil ihrer bösartigen Machenschaften zu nennen. Diese Einschätzungen stammen vom IV. Messidor des Jahres II (20. Juni 1794).[41] Fast zwei Jahre zuvor war Anacharsis Cloots in einem Artikel über die »Störenfriede«, die den ängstlichen Eigentümern Schrecken einflößten, noch weiter gegangen. Er hatte behauptet, seit Beginn der Revolution hätten die »Tyrannen Europas« Schriften verteilen lassen, in denen »geschickt die Gefahren eines angeblichen Agrargesetzes dargelegt waren«.[42]

In den Reihen der Befürworter der Teilung der Großpachten fehlte es also nicht an Gegnern des Agrargesetzes, unter ihnen Saint-Just, der aus Chaulnes, wohin er sich oft zu seinem Schwiegervater begab, die Landwirtschaft von Santerre gut kannte. Der »Erzengel der Revolution« war zweifellos der Ansicht, »man müsse dafür sorgen, daß jeder Land hat«, damit es keine Unglücklichen mehr gebe. Mehrmals wiederholte er, »man müsse jedermann Land geben«. Doch enthielt nicht sein Notizbuch, das am 9. Thermidor bei ihm gefunden wurde, eine Eintragung, in der er die Aufteilung des Grundbesitzes zurückwies und bei der »Teilung der Pachtgrundstücke« stehenblieb?[43]

Babeuf verharrt demgegenüber durchaus nicht bei der Idee der Aufteilung der Großpachten, sondern faßt sie unter revolutionären Gesichtspunkten. Für ihn ist sie nicht lediglich Balsam auf der sozialen Wunde des Landes, auch nicht schlicht eine Landwirtschaftsreform, sondern ein subversives Projekt. Sie ist eine Etappe auf dem Weg zum Agrargesetz und dann zum Kommunismus. Das Ende des dritten Fragments, dessen Formulierungen gewissenhafter Abwägung bedürfen, zeigt dies deutlich, wenn man es mit dem *Ewigen Grundbuch* vergleicht, dessen Abfassung ebenfalls 1787 begann. Der hohe Wert des Schlußteils dieses Fragments liegt außerdem darin, daß er rund sechs Monate früher als die eindeutig kommunistischen Briefe an Dubois de Fosseux über die Utopie Collignons und den Kodex Friedrichs II. (8. und 12. Juli 1787) geschrieben ist.[44] Babeuf stellt bereits den Großgrundbesitz in Frage. Er verkündet das gleiche Recht aller am gemeinsamen Eigentum an Grund und Boden, das für ihn göttlichen Ursprungs ist (er ist zu dieser Zeit noch nicht Atheist). Er wirft das Problem der allgemeinen Restituierung auf, ohne sich Illusionen über eine bevorstehende Lösung hinzugeben. Schließlich meint er als erfahrener Taktiker, der gründliche Einsicht in die Entwicklungsbedingungen des Sozialismus bewiesen hat, die Jaurès' Bewunderung erregte, daß man nur schrittweise, nur in Stufen zum Ziel gelangen könne.[45] So deutet er an, daß die Teilung der Großpachten, diese gänzlich friedfertige Maßnahme, die von den Philanthropen gepredigt wurde, für ihn eine Kampfparole der Opfer »der barbarischen Tyrannei« und das erste Glied einer Kette ist, die über das Agrargesetz zum Kommunismus führt.

Babeuf geht also über die Teilung der Großpachten hinaus und tritt für die »Aufteilung des Grundbesitzes« ein. Er gebraucht damals freilich noch nicht den Begriff »Agrargesetz«, ebensowenig wie in seinem *Ewigen Grundbuch*, das am 17. Juni 1787 abgeschlossen wurde und 1789 erschien, wenn er an den Kampf der Plebejer und Patrizier in Rom um die »gleiche Aufteilung des Grund und Bodens« erinnert.[46] Anfang April 1791 verfaßt er anläßlich des Aufstands von Roye, der ihn ins Gefängnis brachte – später wurde er im Triumph durch die Stadt geführt –, die Denkschrift. Dieses Dokument verlangt die »Aufteilung« der Sümpfe von Bracquement unter alle armen Bürger. Erst in seinem zweiten – wohlgemerkt vertraulich – geschriebenen Brief an Coupé vom 10. September 1791 gebraucht er mit Bedacht sehr häufig die Bezeichnung »Agrargesetz«, in dem er eine »der schönsten Institutionen der Römischen Republik« erblickt.[47] Warum hat er so lange mit dem Ausdruck hinter dem Berg gehalten? Er nimmt implizit dazu Stellung, wenn er Coupé erläutert, welcher Schrecken dem Wort vorauseilt, bei dem er übrigens nicht sicher war, ob Coupé selbst es nicht ablehnen würde. Er erinnert daran, man habe stets diejenigen gehängt, die dieses furchtbare Wort offen ausgesprochen hätten, und läßt sogar eine gewisse Besorgnis erkennen, wenn er schreibt, er werde es »sobald« nicht wagen, anderen leise zu sagen, was er Coupé gegenüber »ganz laut« ausspreche. In seinen Augen »ist die Zeit noch nicht gekommen«. Man müsse »lavieren wie Pétion und Robespierre«, die ihm für »Agrargesetz-Befürworter« gelten, und unter Verzicht auf die Vokabel Maßnahmen vorschlagen, die zu demselben Ziel führen, ohne dabei seine Intentionen aufzudecken. Diese Maßnahmen, die er im September 1791 Coupé gegenüber präzisiert, weil der Lauf der Ereignisse sie auszusprechen gestattet, bedeuten die Anwendung seiner Taktik von 1789, die in die höchst bezeichnenden Worte »Jede Gelegenheit ergreifen« gefaßt ist und durch die Wendung von 1787 »Die Ketten Stück für Stück zerbrechen« ergänzt wird: zwei Leitformeln seines Handelns, auf die man nicht oft genug hinweisen kann.

Man beachte eine bemerkenswerte Ähnlichkeit: als Pierre Dolivier – der als Abgeordneter der Seine Inférieure für den babouvistischen Konvent vorgesehen war – seine sozialistischen Ideen vortrug, bewies er im Hinblick auf das Agrargesetz dieselbe Anpassungsfähigkeit, dieselbe Vorsicht wie Babeuf. So wie dieser schon 1787 »das Prinzip und die Zeit« unterschieden hatte, so griff Dolivier, ohne es zu wissen, zu einer Wendung Babeufs, wenn er sagte, der Zustand der Gerechtigkeit lasse sich – soweit es die gegenwärtige Gesellschaft betreffe – einzig dadurch herstellen, daß man ihn »stufenweise aufbaut«.[48] Noch im Jahre VIII verlangte er, man solle das Thema der Gerechtigkeit, wenn man den »falschen Kult« des Eigentums zerstören wolle, »behutsam behandeln«, insbesondere gegenüber den Furchtsamen, die leicht von diesem Thema geblendet und irritiert würden. Man müsse sich damit begnügen, fügte er hinzu, »die Gerechtigkeit ihnen aus ziemlich großer Entfernung zu zeigen, damit sie für sie erträglich bleibt«.[49] In diesem Sinne verkündete später Blanqui, der aus der Position des Kommunismus die Kräfte der revolutionären Aktion zu gestalten hatte, seine berühmte Theorie: »Man bringt eine Bewegung nicht hervor, sondern leitet sie her.« Als Blanqui riet, »mit der Sonde in der Hand voranzuschreiten« und in der Landwirtschaft »auf Sprünge zu verzichten und dem Menschen angemessene Schritte zu tun«, nahm er die bereits von Dolivier empfohlene Taktik auf.[50]

Es ist freilich zu fragen, ob sich Babeuf in seiner Taktik der »Wegbereitung des Agrargesetzes«, die er in seinem zweiten Brief an Coupé formuliert hatte, nicht zu zaghaft zeigte und die Vorsicht zu weit trieb. Denn als er Ende 1791 diesen Brief unter dem Siegel der Verschwiegenheit schrieb, hatten sich bereits andere nicht gescheut, das Gespenst des Agrargesetzes öffentlich zu beschwören, an erster Stelle sein Korrespondent, James Rutledge, der eines der Orakel des Cordelier-Klubs und -Bezirks geworden war.[51] Das gesamte Verhältnis von Verfassung und Agrargesetz, das Babeuf in seinem Brief an Coupé a parte dargelegt hatte, war der Öffentlichkeit von Rutledge längst freimütig unterbreitet worden; er hatte den Gebrauch des beunruhigenden Wortes keineswegs gescheut und nicht darauf verzichtet, genau zu erklären, was er darunter verstand. Seine Position ist in den folgenden Zeilen zusammengefaßt: »Ist das Agrargesetz gut, so ist die Verfassung gerecht und gewährt Glück. Ist umgekehrt das Agrargesetz mangelhaft, so ist die Verfassung ungerecht und erzeugt Unterdrückung. Ohne Agrargesetz fehlt schließlich jegliche Verfassung.«[52]

Wenn man sich die Beziehungen zwischen beiden Männern vergegenwärtigt, ist es undenkbar, daß Babeuf diese Zeilen und die Artikel des *Creuset* zugunsten des Agrargesetzes nicht gelesen hatte. Er mußte auch gewußt haben, daß Rutledge am 8. April 1791 an der Spitze einer Delegation der Cordeliers im Jakobinerklub für sein Lob des Agrargesetzes Hohn geerntet hatte.[53] Es könnte sogar sein, daß Babeuf die Abfuhr, die sein Freund bekam, dazu veranlaßte, doppelt vorsichtig zu verfahren. In Übereinstimmung mit seiner Taktik – seine damals im regionalen Rahmen geführten Kämpfe bezeugen dies – beabsichtigte er, sich mit den spontanen Bewegungen und den treibenden Kräften der Revolution zu vereinen, sich bei ihnen »einzuhaken«. Jaurès hat dies ausdrücklich betont.[54] Babeuf hatte also den Auftritt von Rutledge vor dem Jakobinerklub für voreilig halten müssen, weil er nichts so sehr fürchtete wie »von den Massen abgeschnitten zu sein«. Hieraus erklärt sich die übergroße Vorsicht, mit der er Coupé sein »Agrarprogramm« darlegte.

Babeuf blieb aus taktischen Erwägungen nicht nur hinter Rutledge zurück, sondern auch hinter Sylvain Maréchal, einem zukünftigen »Gleichen«. Dieser hatte in der Zeitung von Prudhomme, einem damals vielgelesenen Blatt, die Frage einer zusätzlichen Revolution durch das Agrargesetz erörtert und unverhohlen und systematisch das tabuisierte Wort gebraucht. Trotz vieler Apostrophen, kalkulierten Doppeldeutigkeiten, die der Tarnung dienten, gab es keinen Zweifel an dem von ihm verfolgten Ziel. In einer zur gleichen Zeit erschienenen Broschüre nahm er übrigens das Thema der Teilung von Grund und Boden wieder auf. Paquet, in der Rue Jacob, der auch der Verleger dieser Broschüre war, veröffentlichte zur nämlichen Zeit die Broschüre des Abbé de Cournand, die sich zugunsten derselben These aussprach.[55]

Vergleicht man diese Initiativen mit vielen anderen und mit den von ihnen hervorgerufenen Polemiken, so kann man nachträglich über die Position Babeufs nur erstaunt sein, selbst wenn man sie versteht. Wahrscheinlich hat er die Strömung zugunsten des Agrargesetzes unterschätzt. Dies ist begreiflich. Es fehlten ihm die reichlichen Informationen, die wir heute aufgrund der Forschung besitzen und die uns die sozialen Perspektiven der Zeit überblicken lassen. So scheint ihm 1782 Carras Theorie vom »ausreichenden Eigentum« oder »vernünftigen Eigentum« ebenso unbekannt geblieben zu sein, wie 1784 Ferraux' Forderung nach Vermehrung der Eigentümer durch Bildung einer königlichen Finanzkompanie, die den Großbesitz aufkaufen und ihn in kleinen Parzellen wieder verkaufen sollte.[56] 1786 hatte sich Babeuf als Abonnent des *Mercure de France* mit den Namen Sylvain Maréchal, Rétif de la Bretonne, Nicolas de Bonneville und Abbé de Cournand literarisch vertraut gemacht, allerdings ohne sich über die Einstellung dieser Autoren zugunsten des Agrargesetzes Rechenschaft abzulegen. Und als er 1787 seine eindeutig kommunistischen Auffassungen formulierte, scheint er das Werk von Charles Robert Gosselin nicht gekannt zu haben. Ebensowenig kannte er 1788 allem Anschein nach den Sozialplan von Jean-Claude Chappuis, der seinen Ansichten entsprach.[57]

Ist anzunehmen, daß Babeuf zu Beginn des Jahres 1792 in der fieberhaften Atmosphäre der Wahlen zum Nationalkonvent nicht die günstige Situation genutzt und den Mut gehabt hat, offen für das Agrargesetz einzutreten? Abbé Croissy, Pfarrer in dem Dorf Etalon zwischen Nesles und Chaulnes, hat dies nachträglich im Jahre II in einer Aussage vor Gericht behauptet, mit der er die Anklage, das Agrargesetz befürwortet zu haben, entkräften wollte. Ihm zufolge haben einzelne Wahlmänner in Gesprächen anläßlich der Versammlung des Sommedépartements von einem Entwurf eines Agrargesetzes aus der Feder Babeufs gesprochen, dem er sich widersetzt habe. Der Entwurf habe die Zustimmung einiger Wahlmänner gefunden.

Was ist von einem solchen Entwurf zu halten? Es sei zunächst vermerkt, daß wir über keinen gedruckten Text Babeufs zum Agrargesetz verfügen. Er hätte einen solchen Text vermutlich nicht in Vergessenheit geraten lassen, wenn es ihn gegeben hätte. Zu beachten ist ferner – und das kann als beweiskräftiges Indiz angesehen werden –, daß Croissy am Schluß seiner Aussage seine Bemerkungen über die Anhänger der »Teilung von Grund und Boden« erwähnt, wobei er an die Unterscheidung zwischen »Pachtland, das man in mehrere Parzellen aufteilen möchte« (Teilung der Pachtgüter), und der Teilung des »eigentlichen Grund und Bodens« (Agrargesetz) erinnert.[58] Diese Unterscheidung veranlaßt uns zu fragen, ob der Babeuf zugeschriebene Entwurf für ein Agrargesetz, von dem es bislang keine Spur gibt, nicht mit seinen Entwürfen zur Aufteilung der Pachten aus der Zeit vor der Revolution identisch ist, die er damals wieder hervorgeholt haben könnte. Obschon Babeuf auf der Wahlversammlung des Sommedistrikts nicht zum Deputierten gewählt wurde, erhielt er doch 225 von 378 Stimmen bei der Wahl zum Départementsverwalter: »ein schöner Erfolg«, wie Robert Legrand schrieb, vor allem wenn man sich die Faktoren, die gegen ihn sprachen, vor Augen hält.[59]

Es ist offensichtlich, daß eine solche Wahl in einem Augenblick der Vertretung eines Agrargesetz-Entwurfes ein, wie Georges Lefebvre bestätigt hat, wichtiger Umstand für die Durchsetzung der Sache des Agrargesetzes gewesen wäre. Aber wurde Babeuf nicht gerade deshalb zum Départementsverwalter gewählt, weil er für die Teilung der Pachtgüter plädierte – eine Idee, die zahlreiche Anhänger besaß –, wobei er seiner Taktik gemäß geschickt die Tür für eine Interpretation im Sinne des Agrargesetzes offenließ? Da wir über keinen sicheren Hinweis verfügen, der eine Beurteilung der Aussage des Pfarrers von Etablon zuließe, müssen wir Vorsicht walten lassen. Auf jeden Fall zeigt unsere Hypothese, daß es andere Gründe gibt, um mit Jean Dautry[60] sagen zu können, A. Galante Garrone habe übertrieben, als er den Kommentaren von Georges Lefebvres zur Aussage des Abbé Croissy Beweiskraft zusprach.

Ob Babeuf nun Anfang September 1792 offen das Agrargesetz propagiert hat oder nicht, die Tendenz zugunsten dieser Lösung hatte sich jedenfalls seit 1791 deutlich verbreitert und schien jetzt festen Boden gewonnen zu haben. Jaurès hat darauf aufmerksam gemacht, daß die Debatten über das Feudaleigentum in der Legislative Chéron-Labruyerie Gelegenheit geboten hatten, das Problem des usurpierten Grundbesitzes aufzuwerfen.[61] Momoro hatte den Deputierten der Seine-et-Oise im Laufe seiner aufsehenerregenden Mission in der Normandie nachgeahmt.[62] Mehr noch, Rabaut-Saint-Etienne zufolge sollen die Wahlen zum Konvent von der Furcht der Eigentümer beherrscht gewesen sein.[63] In der Tat sprechen dafür gewichtige Anzeichen, mit denen man sich begnügen muß, bis der Sachverhalt geklärt ist. Eines freilich ist gewiß: Die Mitte und Ende September in der revolutionären Presse erschienenen Artikel drücken gleichermaßen die Furcht der besitzenden Klassen und die Unruhe der Patrioten aus. Der Artikel in *Révolutions de Paris* fordert zwar, es solle »keinem Bürger gestattet sein, mehr als eine festgesetzte Anzahl von *arpents* Land zu besitzen«, doch insgesamt signalisiert er durch seine Zweideutigkeiten und Ungenauigkeiten einen Rückzug dieser Zeitung gegenüber ihren früheren Positionen.[64] Bezeichnend ist, daß Carra, Sohn eines Grundbuchkommissars, der 1775 freimütig für das Agrargesetz eingetreten war, es nun in seinem Blatt ablehnt, indem er es als absurd und als ein Manöver der Konterrevolution beschreibt.[65] Condorcets *Chronique de Paris* – deren Maxime: »Tatsächliche Gleichheit ist das Ziel sozialer Gestaltung« später als Epigraph des *Manifests der Gleichen* gewählt wurde – tut sich in dieser Kampagne gegen die Anhänger der Teilung besonders hervor. Auch seine Zeitung macht einen Rückzieher, schon im Januar 1790 hatte sie den Text eines anonymen Bauern veröffentlicht, der die »Landhamsterer« angriff, und im März darauf die eines Pariser Bürgers, der die Gegenposition bezog, jedoch anerkannte, daß »das Teilungssystem der Landwirtschaftsbetriebe nicht ohne Anhänger war«, die in »gegenseitigem Einverständnis« für die Erreichung dieses Zieles wirkten. Diesmal wendet sich Anacharsis Cloots, der soeben mit Coupé zum Deputierten der Oise gewählt worden war, in zwei Artikeln heftig gegen das Agrargesetz.[66] Jaurès, der die Bedeutung des Beitrags begriff, hat den zweiten Artikel ausführlich erörtert.[67] Er hat jedoch nicht den ersten erwähnt, der die

»schwachen Seelen« in Stadt und Land schmäht, die sich durch eine »schauerliche Clique« erschrecken ließen. Cloots sagt hier, er sehe »den Geschicken Frankreichs« gelassen entgegen; die Tatsache aber, daß er fünf Tage später – und mit Ungestüm – erneut in die Schranken tritt, läßt freilich vermuten, daß er keineswegs gelassen war.

L. F. Guynement (Kéralio) unterstützt in der *Chronique de Paris* sowie in Brissots *Patriote français* ebenfalls Cloots, wiewohl er die Festlegung eines »Maximums für den Landerwerb« fordert.[68] Drei Tage danach übersetzt ein gewisser Brosselard auf drei Spalten der Zeitung Condorcets eine Stelle aus Ciceros *De officiis*, um das Agrargesetz herunterzumachen.[69]

In dieser Periode, in der sich bereits die beiden großen revolutionären Formationen gegenüberstanden, darf man den Übertreibungen der Girondisten nicht auf den Leim gehen. Es ist klar, daß die Instrumentalisierung der wachsenden Besorgnis den entschlossenen Flügel der Revolution treffen sollte, der damals von Robespierre, Marat und der Pariser Kommune repräsentiert wurde. Man wollte Panik erzeugen, indem man die Unvorsichtigkeiten der »waghalsigen Neuerer«, von denen Kéralio sprach, für sich ausnutzte, vor allem aber den kühnen Druck all jener Besitzlosen, die in dem Agrargesetz eine phantastische Hoffnung aufscheinen sahen.

Den Epilog der ganzen Kampagne lieferte, nachdem sie Widerhall im Konvent gefunden hatte, das Gesetz vom 18. März 1793, das den Befürwortern des Agrargesetzes die Todesstrafe androhte.

Diese Drohung, ausgestoßen von denen, die Babeuf »letztlich« für Anhänger des Agrargesetzes hielt, rechtfertigte seine Befürchtungen. Er hatte sie in dem Brief an Coupé gewissermaßen vorausgesehen und konnte ihr Opfer werden, falls dieser Brief durch einen Irrtum zufällig bekannt wurde. Seine Sorge, das revolutionäre Potential zu schonen, war also stichhaltig. Man sollte deshalb nicht darüber erstaunt sein, daß er sich in den letzten vier Monaten des Jahres 1792 von der in der Öffentlichkeit herrschenden Stimmung zugunsten des Agrargesetzes isolierte. Diese Isolierung erklärt sich außerdem materiell aus den Amtsfunktionen, die er in der Verwaltung des Sommedépartements, von der er bald in das Direktorium des Distrikts von Montdidier überwechseln sollte, wahrnehmen mußte. Die Mißgeschicke nach dem 30. Januar 1793, dem Tag, an dem die Fälschungsaffäre ans Licht kam, hinderten ihn dann vollends, an der sich weiterentwickelnden Bewegung teilzunehmen.

Es soll noch einmal wiederholt werden, daß das Agrargesetz für Babeuf in dessen eigener Formulierung nur eine Veränderung »in den Distributionsformen«[70], nur eine Etappe darstellte. Er hatte höhergesteckte Ziele. Der Klassenkampf, die Verfolgung und seine Erbitterung ließen seinen Sinn für die »historische Relativität« schwinden, der bis dahin sein leidenschaftliches Temperament gezügelt hatte. Er glaubte, das Volk sei »zum äußersten bereit«. Er sah keine andere Lösung, als ihm den Kommunismus vorzuschlagen, um in den Städten wie auf dem Land die demokratische Opposition gegen das Regime zusammenzuschließen und zugleich das »wahre Maß des Glücks« festzulegen. Alle seine damaligen Äußerungen belegen, daß er die Situation so einschätzte. Daraus folgte, daß man offen zum Volk sprechen mußte, man »muß ihm alles sagen«, ihm »ohne Umschweife« das Ziel vor Augen führen.[72]

Babeuf änderte die Taktik. Es durfte nun keine Rücksichten, kein a parte, keine Verstellung, keine »sogenannte machiavellistische Vorsicht«, keine »scheinheilige Politik« mehr geben. Die »klare und nackte« Wahrheit sollte an den Tag. »Das ganze Volk muß eingeweiht werden, wo seine großen Interessen liegen.«[73] Es galt, mit offenem Visier zu kämpfen. Unter diesen neuen Bedingungen gab Babeuf seine frühere Zurückhaltung auf und übersprang sogar die Stufe des Ackergesetzes.

Urteilt man nach den von Soboul wiedergegebenen Auszügen, die aus dem von Dalin erwähnten Manuskript zu stammen scheinen, so kam Babeuf in dieser Phase auf die kommunistischen Ideen zurück, die er zehn Jahre früher vertreten hatte. Damals befürwortete er »brüderliche Gemeinschaften«, in denen »sich 50, 40, 30 oder 20 Personen auf einem Pachthof in einer Assoziation zusammentun, um den herum sie vorher, vereinzelt wie sie waren, nur mühsam dahinvegetieren konnten; vom Elend werden sie bald zum Wohlstand gelangt sein«.[74] Entschieden wandte er sich nun gegen eine Aufsplitterung des Bodens in gleich große Parzellen, die zur »Vernichtung der meisten Ressourcen« führen mußte und im Gegensatz zur »verbundenen Arbeit« stand.

Nachdem Rossignol auf einer Sitzung des geheimen Direktionskomitees Babeuf vorgeworfen hatte, er propagiere das

Agrargesetz, sah sich der Volkstribun genötigt, seinen tatsächlichen Plan vorzulegen.

»Das Agrargesetz«, sagte er, »liegt mir fern. Das ist eine Torheit, der es an gesundem Menschenverstand fehlt. Aus Frankreich eine Art Schachbrett zu machen, das ist unmöglich! Man behauptet dies nur, weil man mich nicht kennt, weil man zu meiner großen Vision keinen Zugang findet. Versuchte man dies, so würde man erkennen, daß das von mir vorgeschlagene System des allgemeinen Glücks nichts anderes als die allgemeine ›Enteignung‹ ganz Frankreichs bedeutet. [...] Der Boden gehört der Natur: alle Menschen sind ihre Kinder und haben ein gleiches Anrecht auf ihre Früchte.«[75]

Zum Schluß verwies Babeuf Rossignol auf seine »klare« und eindeutige »Analyse«. In der Tat war darin nicht vom Agrargesetz die Rede, sondern vom »gemeinsamen Glück« durch Verzicht auf jede exklusive Aneignung der »Güter des Bodens oder der Industrie«.[76] Dies ist die These, die Babeuf schon Anfang 1787 in seinem zweiten Aufsatz zur Teilung der Pachtgüter und am 21. März 1787, als Frage formuliert, im dritten, suggestiven Absatz seines Briefes an Dubois de Fosseux vorgetragen hatte. Er hatte sie trotz der taktischen Modalitäten, die er vorschützte, niemals aufgegeben.[77] Als Babeuf in der Zeitung der Verschwörung denen antwortete, die ihm vorhielten, er erstrebe das Agrargesetz, bestätigte er die Antwort an Rossignol: »Wollt ihr das Agrargesetz? So wird es aus tausend Kehlen ehrbarer Leute klingen. Nein, wir wollen mehr. Wir kennen das unwiderlegbare Argument, das man uns entgegenhalten würde. Man würde uns mit Recht sagen, daß das Agrargesetz nicht länger als einen Tag Bestand hätte, daß am Tage nach seinem Inkrafttreten die Ungleichheit wieder auftauchen« würde.[78]

Zur Rechtfertigung des Kommunismus begründete er seine Darlegung mit denselben Prinzipien, mit denen er zehn Jahre zuvor die Aufteilung der Großpachten und dann das Agrargesetz gestützt hatte. Denn bei diesen beiden Formen der Landverteilung, mochte es sich nun um Pacht oder um Eigentum handeln, sollte in der Tat jeder Angehörige der Gesellschaft daran gehindert werden, »mehr Land an sich zu reißen, als er zu seiner Ernährung bedarf«. Es sollte ein Zustand erreicht werden, der nicht »unter und nicht über« der Grenze dessen lag, »was zur Befriedigung der tagtäglichen Bedürfnisse aller Art ausreichte«. Diesen Zustand hat Babeuf in die Formel vom »Gleichgewicht des Wohlergehens« gefaßt.[79]

Die Größe Babeufs bestand darin, daß er sowohl das eine als auch das andere Verfahren befürwortete und entsprechend den Möglichkeiten des Augenblicks und der jeweiligen geschichtlichen Etappe entweder die soziale Gleichheit zu verwirklichen suchte oder die allgemeine Eigentumsgarantie weiterverfolgte. So ging er von jenem »emotionalen Kommunismus«, wie es bei Engels heißt, zum »kritischen«, zum »angewandten Kommunismus« über, der sich mit der gesellschaftlichen Entwicklung und der politischen Aktion verbindet.

Später brachte Sylvain Maréchal im Namen der Verschwörung die taktischen Stadien des Babeufschen Kommunismus in einem Abschnitt des *Manifests der Gleichen* annähernd zum Ausdruck, als er schrieb: »Das Agrargesetz oder die Aufteilung des flachen Landes war der plötzlich auftretende Wunsch einiger prinzipienloser Soldaten, einiger eher vom Instinkt als von der Vernunft geleiteter Völkerschaften. Wir streben nach etwas Erhabenerem und Gerechterem: dem Gemeinwohl oder der Gütergemeinschaft.«[80]

Die Erläuterung ist gewiß unvollständig – in ihr fehlt die Aufteilung der Großpachten als weiteres Glied in der Kette zum Kommunismus. Der Argumentationsstil belegt deshalb nicht weniger eindringlich das Fortschreiten der kommunistischen Idee. Wenn das geheime Direktionskomitee das *Manifest* nicht veröffentlichen wollte, dann nicht deshalb, weil es diesen Abschnitt mißbilligt hätte, sondern weil es nach dem Zeugnis Buonarottis die darin gebrauchten Wendungen über die Künste und die Regierenden verwarf.[81] Es besteht daher Grund zu der Annahme, daß die für Frankreich verbindlichen Stufen zum Kommunismus, bei denen Babeuf nacheinander haltgemacht hatte, da er nicht mit offenem Visier kämpfen konnte, von den Verantwortlichen an der Spitze der Verschwörung akzeptiert wurden.

Babeuf und die Gleichen haben im Rahmen des revolutionären Prozesses das theoretische Fundament der Agrarfrage für die Länder gelegt, deren ländliche Struktur in bestimmter Hinsicht dem agrarischen Frankreich des 18. Jahrhunderts ähnelte. Bemerkenswerterweise wurde ihre Lehre, bevor sie sich seit der Februarrevolution von 1917 in der revolutionären Erfahrung vieler Länder bestätigte, von Männern wie Marx, Plechanow, Lenin und Trotzki – wenn auch nicht unter direkter Anknüpfung – formuliert, während sich Karl Kautsky, der angesehenste sozialistische Agrartheoretiker der II. Internationale, in seinen Schriften darüber ausschwieg.

1851 verkündete Marx zwar, daß die Aufteilung des Landes mit jeder Form des Kommunismus unvereinbar sei, fügte aber hinzu, daß sie in manchen Ländern »anfänglich« ein Sprungbrett zum Kommunismus darstelle und auf das »äußerste Ziel der Bewegung« verweise.[82] Lenin erkannte die Teilung von Grund und Boden keineswegs als »eine Lösung« an, räumte jedoch ein, daß es sich um eine »für den Anfang gute Maßnahme« handeln könnte, die von der revolutionären Initiative der Basis getragen, obschon »mehr vom Instinkt als von der Vernunft geleitet« sei, wie es im *Manifest der Gleichen* heißt. In der Art von Marx unterschied er mehrmals ganz eindeutig zwischen dem »ersten Schritt«, dem Kampf der armen Bauern gegen die Landaufkäufer, und dem »letzten grundsätzlichen Schritt«. Linksradikale warnte er davor, »den ersten mit dem letzten Schritt zu verwechseln«. Man dürfe nicht »Sand in die Augen der armen Bauern streuen«.[83] Lenin schrieb diese Zeilen 1903 unter dem Eindruck der Bauernrevolten, die über Rußland hinweggegangen waren, und nach der Veröffentlichung der für die Bauernkämpfe der Französischen Revolution aufschlußreichen *Sozialistischen Geschichte* von Jaurès. In seiner Broschüre zitierte er Jaurès nicht, noch bezog er sich auf ihn, übrigens ebensowenig wie auf Babeuf, dessen Porträt zu Recht dem Geschichtswerk von Jaurès voransteht.[84] Jaurès hat nachgewiesen, daß das Agrargesetz Bestandteil des revolutionären Bewußtseins war und so den Weg zum Kommunismus gebahnt hat. Es löste aus der Gärung des revolutionären Geistes die »vagen Gedanken heraus, in denen sich rückständige Elemente mit Kräften der Zukunft mischen«. Zu diesen »vagen Gedanken« zählte er »die Begrenzung des Rechts auf Landbesitz« und »die Aufteilung der Großpachten, die in so vielen Beschwerdeschriften der Bauern gefordert wurde«, als »dunklen Keim des Agrargesetzes«. Hätte er gewußt, daß diese Maßnahmen bereits vor der Revolution als Etappe des Agrargesetzes in einer kommunistischen Perspektive bedacht worden waren, so hätte er sicherlich der »bewundernswerten Flexibilität« Babeufs noch mehr Ehrerbietung gezollt.

1 Dieser Text ist jetzt endlich in dem soeben erschienenen ersten Band der kritischen Babeuf-Ausgabe zugänglich gemacht worden. Dalin/Saitta/Soboul (Hrsg.), *Œuvres de Babeuf*, Bd. 1, Paris 1977, S. 79-118. Ein Auszug aus dem Brief ist übersetzt in: Babeuf, *Der Krieg zwischen Arm und Reich. Artikel, Reden, Briefe*, hrsg. v. Fischer, P., Berlin 1975. *(Anm. d. Hrsg.)*

2 *Les idées sociales de Babeuf à la veille de la Révolution*, in: *Babeuf et les problèmes du babouvisme*, Paris 1963, S. 55-72. Siehe jetzt auch Dalin, *Gracchus Babeuf à la veille et pendant la Grande Révolution française (1785-1794)*, Moskau 1976 (in frz. Sprache). *(Anm. d. Hrsg.)*

3 Advielle, V., hat 1884 im 2. Bd. seiner *Histoire de Gracchus Babeuf et du babouvisme* zahlreiche Manuskripte von Babeuf vorgelegt. Die von ihm in einer privaten Sammlung eingesehenen Dokumente sind zum Teil inzwischen verschollen, und die Forschung muß sich auf seine Kopien stützen – so auch zum Teil die kritische Babeuf-Ausgabe –, wodurch ein Unsicherheitsfaktor entsteht. *(Anm. d. Hrsg.)*

4 Advielle, Bd. 2, S. 1-17; *Correspondance de Babeuf avec l'Académie d'Arras*, hrsg. v. Reinhard, M., Paris 1960, S. 4-6; vgl. auch *Œuvres de Babeuf*, Bd. 1, S. 75-78.

5 *Œuvres de Babeuf*, Bd. 1, S. 118-120.

6 Ebd., S. 122.

7 Ebd., S. 135 f., 147 f.

8 Ebd., S. 160-64.

9 Die Herausgeber der Babeuf-Ausgabe haben sich jetzt auf den gesamten Monat Juni als Abfassungsperiode des Textes festgelegt, a.a.O. S. 76. *(Anm. d. Hrsg.)*

10 *Les origines historiques des problèmes économiques actuels*, Paris 1930, S. 6-7.

11 Soreau, E., *Ouvriers et paysans de 1789 à 1792*, Paris 1936, S. 55 f.

12 Lefebvre, G., *Questions agraires au temps de la Terreur*, Straßburg 1932, 2. Aufl. La Roche-sur-Yon 1954, S. 62; Soreau, a.a.O., S. 62.

13 *Est-il utile en Artois de diviser les fermes et les exploitations des terres?* (o. O.) 1786.

14 A.a.O., S. 71.

15 Ebd.

16 *Œuvres de Babeuf*, Bd. 1, S. 231-33.

17 Saint-Jacob, Ph. de, *Les paysans de la Bourgogne du Nord au dernier siècle de l'Ancien régime*, Paris 1960, S. 100.

18 *Œuvres de Babeuf*, Bd. 1, S. 137-44 (Abhandlung über die Wege).

19 Graves, E., *Précis statistique des cantons de Guiscard, Lassigny, Maignelay, Noyon, Ressons-sur-Matz* usw. in: Fauqueux, Ch., *Géographie de l'Oise*, Beauvais 1951, S. 135.

20 Advielle, Bd. 1, S. 46-49.

21 Advielle, Bd. 2, S. 235, Anm.

22 Départementsarchiv der Somme, Fonds Casteja E. 13, 14, 15, 17.

23 Dommanget, *Pages choisies de Babeuf*, Paris 1935, S. 6, 103 ff.

24 Advielle, Bd. 2, S. 222; Reinhard, S. 129.

25 A.a.O., S. 58.

26 Calonne, A. de, *La vie agricole en Picardie et en Artois*, Paris 1883, S. 263.

27 Lefebvre, a.a.O., S. 59, 195.

28 *Chronique de Paris*, 14. 1. 1790, S. 54.

29 Lefebvre, a.a.O., S. 188.

30 Ebd., S. 79.

31 Ebd., S. 183-88.

32 Ebd., S. 137-39.

33 Dommanget, *La Révolution dans le canton de Neuilly-Saint-Front*, Beauvais 1913, S. 16-48.

34 Goubert, P., *Beauvais et le Beauvaisis de 1600 à 1730*, Paris 1960, S. 170; Saint-Jacob, a.a.O., S. 98-99.

35 Brief an Dubois de Fosseux vom 21. 3. 87, in: *Œuvres de Babeuf*, Bd. 1, S. 181-2; auch Dommanget, *Pages choisies*, S. 58.

36 Saint-Jacob, a.a.O., S. 98.

37 S. Anm. 35.

38 *Œuvres de Babeuf*, Bd. 1, Vorrede zum Cadastre Perpétuel, S. 375.

39 Lichtenberger, A., *Le socialisme et la Révolution française*, Paris 1899, S. 165.

40 Vgl. diesen Text in: *Œuvres de Babeuf*, Bd. 1, S. 79-118.

41 Lefebvre, a.a.O., S. 137.

42 *Chronique de Paris*, Nr. 270, 18. 9. 1792.

43 Saint-Just, *Théorie politique*, hrsg. v. Liénard, A., Paris 1976, S. 308-9.

44 Briefe in: *Œuvres de Babeuf*, Bd. 1, S. 214-18; die Utopie Collignons, *L'Avant-coureur du changement du monde entier*, London 1786 (Reprint 1968); unter »Kodex Friedrichs II.« ist zu verstehen der *Corpus juris Fredericianum*, 1753 in Angriff genommen, 1755 nach dem Tod von Cocceji unterbrochen und in den achtziger Jahren weitergeführt. *(Anm. d. Hrsg.)*

45 Jaurès, *Histoire socialiste de la Révolution française*, hrsg. von Soboul, Bd. 6, 1972, S. 97.

46 *Œuvres de Babeuf*, Bd. 1, S. 386.

47 Dommanget, *Pages choisies*, S. 122 ff.

48 Dolivier, P., *Essai sur la justice primitive*, Paris 1793, S. 29 (Reprint 1968); zitiert bei Jaurès, a.a.O., S. 257.

49 *Sur les moyens d'arracher la République à ses pressants dangers*, Paris, Jahr VIII (1799); zu Dolivier s. Dommanget, *Pierre Dolivier, curé rouge*, Paris 1976. *(Anm. d. Hrsg.)*

50 Vgl. Dommanget, *Les idées politiques et sociales d'Auguste Blanqui*, Paris 1957, S. 192.

51 Vgl. Anm. 47.

52 *Le Creuset*, 10. 1. 1791, S. 14-15.

53 Aulard, A., *La Société des Jacobins*, Bd. 1, Paris 1890, S. 303.

54 Vgl. Anm. 45.

55 Maréchal, *Des pauvres et des riches*, in: *Révolutions de Paris*, Nr. 82, Febr. 91, S. 169-75; *Dame Nature à la barre de l'Assemblée Nationale*, Paris 1791 (Reprint 1976); Cournand, A., *De la propriété ou la cause du pauvre*, Paris 1791 (Reprint 1968); vgl. Dommanget, *Sylvain Maréchal*, Paris 1950, S. 181-89.

56 Vgl. Lichtenberger, A., *Le socialisme au dix-huitième siècle*, Paris 1895 (Reprint 1970), S. 96, 97, 394, 395.

57 Gosselin, Ch.-R., *Réflexions d'un citoyen adressées aux Notables*, o. O. 1787 (Reprint 1967); Chappuis, in: *Mercure de France*, 1786; vgl. Lichtenberger, *Le socialisme utopique*, S. 143 ff.

58 Lefebvre, G., *Où il est question de Babeuf*, in: ders., *Etudes sur la Révolution française*, Paris 1963², S. 406-414.

59 *Babeuf, ses idées, sa vie en Picardie*, Abbeville 1961, S. 24.

60 *Georges Lefebvre et le babouvisme,* in: *AHRF* 1950, H.1, S. 53; Galante-Garrone, A., *Buonarotti e Babeuf,* Turin 1948, S. 270.

61 Jaurès, *Histoire socialiste,* hrsg. v. Soboul, Bd. 2, S. 51.

62 A.a.O., Bd. 3, S. 201 ff.

63 A.a.O., Bd. 6, S. 108.

64 *Révolutions de Paris,* Nr. 167, 15.-22. 9. 1792, S. 521.

65 Jaurès, *Histoire socialiste,* hrsg. v. Soboul, Bd. 3, S. 210-211.

66 *Chronique de Paris,* Nr. 268ter, 15. 9. 1792, S. 1034; Nr. 274, 22. 9. 1792.

67 A.a.O., S. 212-25.

68 *Patriote français,* Nr. 142, 24. 9. 1792.

69 Vgl. Anm. 47.

70 Vgl. Anm. 35.

71 Dommanget, *Pages choisies,* S. 236.

72 Ebd., S. 231.

73 Ebd.

74 *Œuvres de Babeuf,* Bd. 1, S. 84.

75 Haute Cour de Vendôme, *Débats du Procès,* Paris o. J. (1797), Bd. 2, S. 78, 79, 88.

76 Buonarotti, Ph., *La Conspiration pôur l'égalité dite de Babeuf,* hrsg. v. Lefebvre, G., Bd. 2, Paris 1957, S. 99-107.

77 *Œuvres de Babeuf,* Bd. 1, S. 181 f.

78 *Le Tribun du peuple,* Nr. 35, 30. 11. 1796, S. 92.

79 Ebd., S. 102 f.

80 Dommanget, *Sylvain Maréchal,* S. 311.

81 Es handelt sich um die Sätze: »Mögen, wenn es sein muß, alle Künste untergehen, wenn uns nur die wirkliche Gleichheit bleibt«, und: »Verschwindet endlich, empörende Unterscheidungen von Reich und Arm, von Hoch und Niedrig, von Herr und Knecht, von Regierenden und Regierten.« *(Anm. d. Hrsg.)*

82 Dommanget bezieht sich auf das *Zirkular gegen Kriege,* das er fälschlicherweise auf 1851 datiert. Vgl. Marx-Engels, *Werke,* Bd. 4, Berlin 1971, S. 3-17. *(Anm. d. Hrsg.)*

83 Lenin, *Werke,* Bd. 6 *(Agrarprogramm der Sozialdemokratie, An die armen Bauern,* 1903).

84 1. Ausgabe der *Histoire socialiste de la Révolution française,* Zeichnung von L. Jouzin.

Michel Vovelle
Die Elite oder Der Trug der Wörter

Die Elite im Zeitalter der Aufklärung – welch ein abgedroschenes Sujet, wird man sagen, eine verstaubte Akte, deren Blätter samt und sonders bekannt sind. Dupront, Richet[1] und andere mehr haben die Quellen längst ausgeschöpft, es gibt kompakte Interpretationen zuhauf. Bei der Deutung des Ancien Régime hat man das Konzept des Antagonismus der Klassen als Triebkraft des revolutionären Prozesses durch das der Interaktion der Angehörigen der Elite innerhalb eines feiner definierten Beziehungsgefüges ersetzt – einer Elite des Reichtums, einer Elite der Kultur vor allem, deren Konsensus ein ganzes Bündel von Leitideen – Freiheit, Fortschritt, Optimismus –, mit einem Wort: den Korpus des Aufklärungsdenkens einschloß. Diese Elite vereinte Menschen unterschiedlicher sozialer Herkunft: Aristokraten, Bürger, begabte Aufsteiger. Man kennt den »unschicklichen« Ausgang: die Französische Revolution, die unerwünschte Erhebung der Volksmassen, die den Prozeß der revolutionären Konfrontation radikalisierte und, Furet und Richet zufolge, den Kompromiß verhinderte, der eine »ehrliche« Revolution nach dem Vorbild Englands beschließen und besiegeln sollte.

Das Schema, nach dem in derlei Interpretationen die Geschichte buchstabiert wird, ist bekannt, nicht minder die Antwort, die, im Namen der marxistischen Historiographie, von Claude Mazauric in einigen wichtigen Abschnitten seines Buchs über die Französische Revolution formuliert worden ist.[2] Es liegt uns fern, Variationen zu einem Thema vorzutragen, das vermutlich nur als Zeugnis der ideologischen Auseinandersetzung in der französischen Geschichtsschreibung der sechziger Jahre überleben wird. Wir akzeptieren allerdings die Berechtigung der Fragestellung gewisser Forschungen, die die Theorie der Eliten bestätigen können. Mit Roche haben wir uns Gedanken über das Paradox einer aufklärerischen Botschaft gemacht, die von einer Gruppe, in der der Adel dominierte und hinter der sich – von wenigen Ausnahmen abgesehen – Kaufleute verbargen, in die Akademien getragen wurde. Wir haben aufmerksam einige Argumente von Agulhon nachgelesen, welche die Welt der Notabeln (eher als die

Elite) der ländlichen Provence als eine Einheit von Verhaltensweisen bestimmen. Mit Mazauric ist uns der Begriff »Elite« in
seiner ganzen Zweideutigkeit als »schlau ersonnen und vielleicht
nützlich« erschienen. Wir haben im Rahmen von zum Teil unver-
öffentlichten, zum Teil zur Veröffentlichung vorgesehenen Studien nach dieser Elite gesucht. Wir haben sie jedoch nicht gefunden. Anhand von zwei konkreten Beispielen wollen wir hier
unsere Auffassung darlegen.

I. Die Einheit der Elite oder Die Unterschiedlichkeit der Klasseneinstellungen. Das religiöse Verhalten in Marseille im 18. Jahrhundert

Ist die Elite eine Realität oder ist sie ein Trugbild? Wir sind dieser
Frage in einer kürzlich publizierten Arbeit nachgegangen[3], allerdings nicht im Kontext von Absichtserklärungen – der Selbstdarstellung einer Gesellschaft –, sondern auf der Ebene der gemeinsamen (oder nicht gemeinsamen) Haltungen und der kollektiven
Verhaltensweisen. Wir haben Einstellungen zum Tode und insbesondere jene Andachtspraktiken in der Provence untersucht, mit
denen die südländische Barocktradition diesen »essentiellen
Übergang« umgeben hat und von denen in den Testamenten
vielfach die Rede ist. Man mag einwenden, dies sei ein sehr enges
Experimentierfeld. Wir sind uns dessen bewußt und erheben
lediglich den Anspruch, auf Fragen mit jener heilsamen Unruhe
zu antworten, die sie selbst zu wecken vermögen. Mit wohlbe-
dacht begrenzten Erklärungskonzepten, in unserem Fall: mono-
graphischen, scheint es immerhin möglich zu verhindern, daß
man den Zweideutigkeiten einer mystifizierenden kollektiven
Selbstdarstellung aufsitzt. Wie? Indem man auf konkrete Verhaltensformen rekurriert, auf dieses halbbewußte, auf jeden Fall
unwillkürliche und gerade deshalb authentische Zeugnis. Im übrigen erscheint uns das religiöse Verhalten als ein wichtiger
Testfall, um den möglichen Verhaltenskonsens einer aufgeklärten
Elite zu ermitteln, für die der Streit um die Religion eine Bewäh-
rungsprobe ersten Ranges gewesen ist. So mag denn die Untersuchung selbst erweisen, ob wir mit unserem Ansatz recht haben.
  Aus den dreihundert in unserem Buch enthaltenen Kurven
haben wir als besonders aufschlußreiche Stichprobe die von

Marseille ausgewählt, denn in der vielschichtigen Gesellschaft dieser Stadt gab es neben dem Adel eine Gruppe von Kaufleuten, eine Handelselite, die bedeutender und stärker ausgeprägt war als anderswo, sowie eine »selbsternannte« Bourgeoisie: die Gruppe der *robins* (Magistratsbeamte), der *officiers* (Amtsinhaber) und, allgemeiner, derer, die man in die Rubrik der »freien Berufe« einordnen kann. Daneben gab es breitgefächerte mittlere und untere Volksschichten: Werkstatt- und Ladenbesitzer (*échoppe* und *boutique*), Bauern (relativ wohlhabende Landwirte, eher *ménagers* als Landarbeiter[4]), Handwerksgesellen und schließlich, als eine Sondergruppe, die Seeleute.

Bei den mehr als 3000 über das ganze Jahrhundert von uns untersuchten Testamenten beträgt der Anteil derjenigen der Kaufleute annähernd ein Zehntel (bei einem Anstieg von 4 auf 13% im Laufe des Jahrhunderts). Der Anteil der Testamente der Adligen schwankt zwischen 4 und 6%, der der Bourgeoisie geht von 10 auf 5% zurück. Die mittleren Angestellten (*officiers, robins* usw.) sind mit genau einem Sechstel (15%) aller Testamente vertreten. Der Anteil der Handwerker und Krämer bewegt sich zwischen 30 und 40%. Die Testamente der Seeleute stellen wie die der Bauern ungefähr 10%, während der Anteil der Testamente der Lohnempfänger, die als ziemlich heterogene Gruppe die weiblichen Hausangestellten und die Handwerksgesellen einschließen, im Laufe des Jahrhunderts von 5 auf 15% steigt. Es handelt sich also um ein sinnvolles Testobjekt, selbst wenn die soziale Selektion dazu führt, daß die höheren Schichten überrepräsentiert sind. Wir wären jedoch schlecht beraten, wollten wir uns darüber beklagen, denn begeben wir uns nicht gerade in diesen Gruppen auf die Suche nach der Elite?

Es sei angemerkt, daß wir keine ausgeklügelte sozioprofessionelle Kodierung anstreben, sondern eine Zählung großzügig und empirisch definierter Mengen. In dem oben erwähnten Werk haben wir den Gebrauch dieses Kodes begründet, der vielleicht zu einfach ist, jedoch dazu taugt, eine exzessive Aufgliederung der Untergruppen zu vermeiden, und der, wie wir meinen, den untersuchten sozialen Gegebenheiten entspricht.

Das Testament im 18. Jahrhundert weist eine Vielzahl von Andachtsklauseln auf: Die am häufigsten vertretenen und zu Beginn des Jahrhunderts üblichen Klauseln betrafen Meßgesuche; ferner Legate an religiöse Bruderschaften, zumal der *lumi-*

naires und der *pénitents*, mildtätige Stiftungen im Rahmen der barmherzigen Werke; Präsenz von Geistlichen beim Familienzeremoniell. Es ist unschwer zu erkennen, was diese Ausbeute an Daten zur Erforschung der Elite beitragen kann: Sie sind ohne Zweifel Indizien für sozialen Druck, die streng kodifizierte Gruppeneinstellungen bloßlegen. Doch der soziale Druck ist wiederum nicht so stark, daß nicht individuelle Verhaltensweisen zutage träten, besonders in der Elite, und daß die wenn nicht unbewußte, so doch unfreiwillige Bekenntnisfunktion des Testaments nicht erhalten bliebe. Die Notabeln werden in der Besonderheit ihrer Reaktionen auf den Tod, diesen »essentiellen Übergang«, der keine Mogelei duldet, kenntlich.

Beugt man sich über die von uns vorgelegten Kurven und Grafiken, so empfiehlt es sich, von Grafik 1 auszugehen, die den Höhepunkt der provencalischen Barockkultur zwischen 1680 und 1720 spiegelt. Vergleicht man die Einstellungen, die in der Gruppe der Notabeln bzw. der Elite hervortreten, so zeigt sich bereits eine Differenzierung, zugleich aber, jedenfalls in einigen Punkten, eine frappierende Ähnlichkeit.

Ein starkes Indiz wie das der Meßgesuche »de mortuis« führt zu der Annahme einer Hierarchie der Frömmigkeit oder jedenfalls der Andachtsübungen, die sich mit der gesellschaftlichen Hierarchie deckt. Es gibt eine ganze Sphäre, in der diese Geste nahezu obligatorisch ist, denn sie ist in mindestens drei Vierteln der Fälle, in der Regel sogar häufiger anzutreffen. Es ist die Sphäre der Notabeln, ob sie nun Adlige oder Bürger, *robins* oder Kaufleute sind. Geringere Einheitlichkeit besteht bei den Handwerkern und Krämern ebenso wie bei den Bauern, obwohl die Zahl der Gesuche hoch bleibt (60 bis 70%). Es überrascht nicht, daß die geringste Quote von den städtischen Lohnempfängern und den Seeleuten (50%) stammt.

Diese Hierarchie ist durch ein anderes Testergebnis verbürgt, und zwar durch die frommen Schenkungen im Rahmen der barmherzigen Werke. In Marseille wie andernorts ist bei derselben Gruppe der Notabeln (Aristokratie, Großhandel, höhere Kader[5], *officiers*, Bourgeois) dieser Gestus geradezu zwingend. Die Schenkung von 30 Livres, die das Grabgeleit durch die Kinder der Charité garantiert, wird von 40% der Testatoren, deren letzter Wille gerichtlich eingetragen worden ist, das heißt,

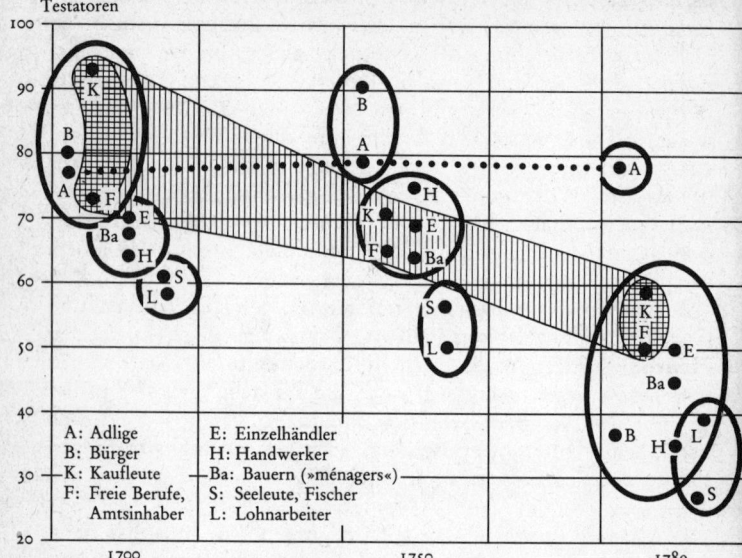

Testatoren

A: Adlige
B: Bürger
K: Kaufleute
F: Freie Berufe, Amtsinhaber
E: Einzelhändler
H: Handwerker
Ba: Bauern (»ménagers«)
S: Seeleute, Fischer
L: Lohnarbeiter

1700 · 1750 · 1789

von der Mehrheit der Notabeln, als Minimalbedingung erfüllt. Viele tun aber mehr und lassen den Marseiller Hospitälern – zumindest den vier großen: *Charité, Miséricorde, Hôtel-Dieu* und *Pauvres passants et convalescents* – reichlich Gaben zufließen.

Haben wir also hier, im Zusammenhang der Ständegesellschaft, aus der gerade eine »Elite« neuen Typs hervorgehen soll, einen besonders beredten Testfall vor uns, ein Verhaltensdokument, in dem die soziale Hierarchie der Lebenden zu einer postumen Ehrenpyramide erstarrt ist? Tatsächlich kommen in den Testamenten manche dieser bei den Notabeln geradezu obligatorischen Klauseln so gut wie nicht mehr vor, sobald man die Schwelle zur Gruppe der Handwerker und Ladenbesitzer überschreitet (und sofern sie in deren Testamenten noch auftauchen, erscheinen sie fehl am Platze).

Diese Homogenität wird zweifellos durch die barocke Beerdigungszeremonie betont, deren enge Bindung an die Werke der Barmherzigkeit vermutet werden kann: Das Geleit der Armen

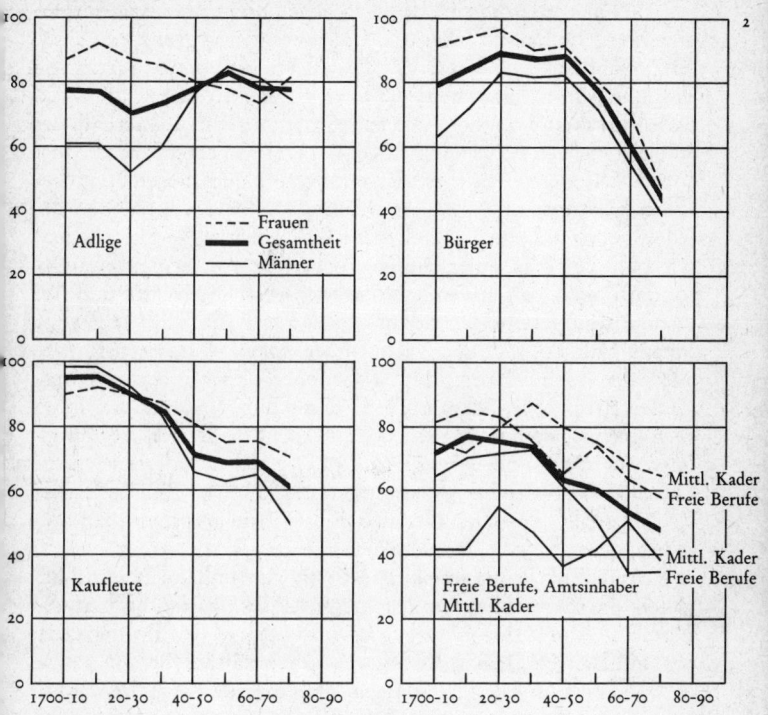

(»die Familie«) oder selbst der Waisen der *Charité* ist ein Beleg für die Klauseln, in denen Mildtätigkeit und Schaustellung ineinander übergehen, bildet aber nur einen Teil eines Totengeleits, in welchem der Klerus des Pfarrsprengels selten allein auftritt, da sich von Fall zu Fall die Klöster, die Direktoren und Vorsteher der Spitäler und der *luminaires* und, zu guter Letzt, ein oder zwei Bruderschaften von Büßern *(pénitents)* hinzugesellen. Diese bisweilen überdimensionierten Leichenzüge folgen einer impliziten, allerdings strengen Vorschrift, mittels derer die Gruppe der Notabeln sich in ihrer Homogenität ebenso wie in ihrer Exklusivität bestätigt.

Es gab also eine »Elite«, die in den Strukturen der Ständegesellschaft erstarrt war und gleichzeitig deren obsolet gewordene Differenzierungen durch geschlossenes Verhalten der Führungsgruppen ersetzte, die sich deutlich gegen die unabhängigen Produzenten, die Handwerker und Ladenbesitzer abgrenzten. Allerdings kann man in dieser virtuellen Elite eine ganze Reihe von Trennungslinien erkennen, die in den kollektiven Einstellungen zum Vorschein kommen. Die wichtigsten verlaufen innerhalb des Adels, zwischen Blutadel und Schwertadel (Galeerenoffiziere und andere Offiziere). Auch ist der relativ geringe Anteil männlicher Urheber (knapp mehr als die Hälfte) an den Meßgesuchen des Adels hervorzuheben. Durch seine Kaltschnäuzigkeit unterscheidet sich der Marseiller Adlige nicht nur von seiner Ehefrau, sondern auch von anderen Notabeln. Keine Kaufleute und nur wenige Bourgeois oder *robins* nehmen sich ähnliche Freiheiten heraus wie der Adlige. Man findet solche Verhaltensformen allenfalls noch in bestimmten Gruppen der »unteren Kader« (Galeerenaufseher, Schriftsteller). Diese Übereinstimmung lohnt vermerkt zu werden. Haben wir hier nicht die letzten Abkömmlinge der *roués* und der *libertins*[6] des 17. Jahrhunderts vor uns? Die individualistische Ablehnung des kollektiven Religionseifers ist jedenfalls ein charakteristisches Einstellungsmerkmal des Adels, genauer: der männlichen Angehörigen des Adels.

Weitere Forschungsergebnisse bestätigen und nuancieren zugleich die Feststellung dieser ersten Zäsur in der Einheit der Notabeln: das Kriterium der Zugehörigkeit zu den Bruderschaften und Dritten Orden, die ein wesentliches Indiz für Integration oder Ausschluß darstellt, dessen Wert seit den Arbeiten Agulhons unbestritten ist. Vergleicht man die Tabellen, die den Prozentsatz der Mitgliedschaft nach sozialen Gruppen aufschlüsseln, so werden im Rahmen der »Elite« klare Unterschiede sichtbar: Offenbar verschmäht der Individualismus des Adels ganz entschieden – das gilt für die Frauen nicht weniger als für die Männer – die Formen der Integration sowohl in den Dritten Orden als auch in den Büßerorden. Doch stehen die Adligen mit diesem Individualismus durchaus nicht allein – die Prozentsätze für die Kaufleute liegen ebenso niedrig wie die ihren, übrigens auch die für die *robins*, Notare und Rechtsanwälte, zumindest bei den Männern. Im Gegensatz dazu stellen die selbsternannten Bourgeois, solide Repräsentanten des Konservativismus und einer in die Gruppenaktivitäten des Gemeinwesens eingebundenen Lebensweise, mit die höchsten Prozentsätze. Sie organisieren sich in einem anderen gesellschaftlichen Beziehungsnetz, das sie in die Nachbarschaft der Kleinhändler und der Handwerker in den Werkstätten und Läden rückt und das sich nach unten einer »Elite« der (männlichen) Bauernschaft und sogar der weiblichen Lohnempfänger (die alte Magd, die in die Rosenkranz-Bruderschaft Aufnahme findet) öffnet. Hier zeichnet sich eine spezifische Struktur sozialer Bindungen ab, die von derjenigen der »Notabeln« deutlich verschieden ist.

Diese signifikanten Trennungen oder Übereinstimmungen werden sich im Verlauf des Jahrhunderts spürbar verstärken. Es kommt zu einer Neuverteilung der Rollen. Wann? Das Datum schwankt je nach den Gruppen, was nicht ohne Bedeutung ist. Geht man den Meßgesuchen als dem häufigsten und daher vielleicht sichersten Indiz nach, so zeigt sich, daß die Kaufleute einerseits, die Rechtsanwälte und *robins* andererseits schon in den Jahren zwischen 1720 und 1730, als der Jansenismusstreit in Marseille wie in der Provence und anderswo voll entbrannt ist, auszuscheren beginnen. Ihre Mobilität ist um so aufschlußreicher, als sie isoliert bleibt: Damals (auf dem Höhepunkt der seelsorgerischen Aktivität in der »Ära Belsunce«) konsolidieren sich die Prozentsätze in fast allen anderen Gruppen oder nehmen sogar zu, ganz besonders jedoch in dem Bereich, den wir bequemerweise als Mittelklasse bezeichnen: gutgestellte Bauernschaft, Kleinhandel und Handwerk. Der Wandel geht hier von den Frauen aus, denen die Männer jedoch nicht lange nachstehen. In der Gruppe der Notabeln besteht keine Homogenität. Während ihre offene Randgruppe – Großhandel und Schriftsteller – an Bedeutung verliert, befestigt sich das Verhalten der Bourgeois und nimmt Züge von Einmütigkeit an. Dies geschieht in mimetischer Anpassung an den Adel, bei dessen männlichen Mitgliedern die dreißiger Jahre des 18. Jahrhunderts eine nachdrückliche Rückkehr zu den Andachtsübungen, die ihre Frauen beständig beachtet hatten, signalisieren: Die Praktiken der *roués* vom Beginn des Jahrhunderts sind seit den fünfziger Jahren im Zerfall begriffen.

Dieser Prozeß ist so tiefgreifend, daß sich das um die Mitte des Jahrhunderts zu beobachtende Beziehungsgefüge der kollektiven Verhaltensweisen erheblich von dem zu Beginn der Periode unterscheidet: Die alte Welt der Notabeln scheint nur noch durch die Adligen und die Bürger repräsentiert. Doch auch die Mittelklasse, deren religiöser Eifer wächst, bekundet religiöse Einstellungen, die denen der Kaufleute oder der Rechtsanwälte überaus ähnlich sind und sie manchmal sogar übertreffen, während allein die Lohnempfänger und die Seeleute hinter dem nahezu allgemeinen Konsensus der regelmäßigen Religionsausübung zurückbleiben. Hat sich ein neues Beziehungsgefüge: Handel, Werkstatt und Laden, zu etablieren begonnen? Wir müssen über den Test hinausgehen, der uns bis hierher geführt hat, und andere Erwägungen ins Spiel bringen. Die Allianz von Kaufleuten und *robins* einerseits, Handwerkern und Einzelhändlern andererseits wird von ihnen freilich nicht bestätigt. Es ist die Zeit der Entwertung der barmherzigen Geste, die Schenkungen an die Hospitäler kommen fast nur noch aus dem Zirkel der Reichen (die einfache Schenkung von 30 Livres für das Totengeleit ist im Verschwinden begriffen), während sich in den Bruderschaften und Vereinigungen die Abwendung von den traditionellen religiösen Bräuchen – nach dem seit den Arbeiten Agulhons mittlerweile klassischen Schema[7] – vor allem bei den wohlhabenden Gruppen durchsetzt: *robins* und Bourgeois. Die *pénitents* schließen sich im Gefolge ihrer relativen Demokratisierung, die mit ihrem Niedergang korreliert, um die Mittelklasse der Handwerker und Ladenbesitzer zusammen. Das Beziehungsgefüge im Wandel, das unsere Grafik wiedergibt, signalisiert den Zusammenstoß der fortgeschrittenen Ernüchterung der einen mit dem letzten Aufflackern des Engagements der anderen.

Am Ende des Jahrhunderts bestehen solche Ambivalenzen nicht mehr. Die Umgruppierung der Einstellungen hat sich im Rahmen einer nahezu allgemeinen Katastrophe vollzogen. Die Interaktion bei niedrigeren Raten als zu Beginn des Jahrhunderts konstituiert eine Art von nichtadeligem Beziehungsgefüge, das vom Kaufmann bis zum Handwerker reicht. Hier zeichnet sich ohne Zweifel eine Hierarchie ab, in der die Begüterten besser abschneiden: Kaufleute und *robins* sind zwar »gläubiger« als die kleinen Leute, aber auch bei ihnen schwindet die Frömmigkeit, wie die 95% Meßgesuche der »Handelsoligarchie« am Ausgangspunkt verglichen mit den 60% am Endpunkt beweisen. Die Marseiller Bürger, Männer und Frauen, haben die dünkelhafte Ausformung der adligen Andachtspraxis verworfen – ein ungewöhnliches Zeugnis rapider Distanzierung. Augenscheinlich funktioniert die Mimesis der Einstellungen, die, wie man meinen möchte, ebensosehr sozialen Druck wie ideologische Ansteckung anzeigt, nicht mehr in derselben Richtung noch unter denselben Bedingungen. Wenn ich hier von »Ansteckung« spreche, so muß präzisiert werden, daß die Mittelklasse dem Beispiel gefolgt ist, vielleicht in einem Prozeß der absteigenden Imitation, wie ihn Agulhon für die *pénitents* vermutet hat. Kleinhändler, Bauern und vor allem Handwerker – die Männer häufig schneller und radikaler als die Frauen – haben ein Verhalten abgestreift, das sie vierzig Jahre früher in Scharen übernommen hatten. Sie hatten sich, verglichen mit den Kaufleuten und *robins*, mit einer Verspätung von etwa zwanzig Jahren davon gelöst. Doch erhärtet nicht gerade dies die These von der Übertragung des Verhaltens? Auch unter den Lohnempfängern sind die Raten schließlich nie zuvor so niedrig gewesen.

Diese scheinbar allgemeine Entwicklung kennt nur eine Ausnahme: Die Marseiller Adligen schließen sich selbstzufrieden in dem Ritual einer unveränderten Andachtspraxis ein. Ihr Anteil an den Meßgesuchen pendelt sich bei 80% ein, nachdem um die Mitte des Jahrhunderts die Ungläubigen unter ihnen in den Schoß der Kirche heimgekehrt waren.

Dieses Bild, das den gängigen Vorstellungen von der »Leichtfertigkeit« des Adels am Vorabend der Revolution widerspricht, verdient eine genauere Prüfung. Kann man aus unseren Untersuchungen auf eine authentische Frömmigkeit oder auf einen Gruppenzusammenhalt schließen, dessen äußeres Zeichen unter anderem die religiöse Konvention war?

Wenn wir versuchen, von der evolutiven Betrachtung, die uns bis jetzt geleitet hat, zu einer das Jahrhundert umfassenden Übersicht zu gelangen, erscheint es sinnvoll, die Haltung der Kaufleute, der Handelsoligarchie, Punkt für Punkt mit der des Adels zu vergleichen. Beiden ist zweifellos ein Bündel von Verhaltensmustern gemeinsam, so zum Beispiel die frühe Individualisierung ihrer Einstellungen, für die die niedrige Quote der Zugehörigkeit zu den frommen Vereinigungen (zumal der Frauen) einen ziemlich eindeutigen Beleg darstellt, und auch, ohne daß darin ein ernsthafter Widerspruch läge, ein ausgeprägtes Repräsentationsbedürfnis, das sie bis in die Jahrhundertmitte an den Schaustellungen der barocken Beerdigungszeremonie und des Leichenzugs festhalten läßt. In Meßgesuchen ausgedrückt, ist ihre Beteiligung an der Andachtsübung bei den Männern wie bei den Frauen mit der höchste von allen gesellschaftlichen Gruppen gewesen. Die Differenz besteht – besonders eindeutig bei den Männern – vor allem darin, daß die Handelsoligarchie im Laufe des Jahrhunderts den meisten überlieferten Andachtspraktiken absagt.

Welches der beiden so definierten Modelle hat nun eine größere Anziehungskraft auf das Marseiller Bürgertum ausgeübt? Das nach dem Vorbild des Adels lebende Bürgertum – der Scheinadel – zögerte sichtlich. Doch haben sich nicht in diesem Milieu seit dem Ende des 17. Jahrhunderts die frommen Zirkel gebildet? Der relativ hohe Anteil der Männer und Frauen dieser Gruppe an den religiösen Vereinigungen ist ein Beweis dafür. Dann ist da das Festhalten an den Zeremonien, an den guten Werken, den Meßgesuchen. Und diese Gesellschaftsschicht ist das Hauptrekrutierungsreservoir für Nonnen, Laienkleriker und Oratorianer. Bei ihr ist wahrscheinlich die Teilnahme an den religiösen Kämpfen am lebhaftesten gewesen. Der Umschlag ist deshalb um so deutlicher: In der zweiten Jahrhunderthälfte hat der Marseiller Bourgeois sich weit mehr an den Distanzierungsmustern der Kaufleute als an der Gläubigkeit des Adels orientiert.

Gebraucht man den Begriff im modernen Sinne, so zeichnet sich in den Verhaltensweisen eine geschlossene »Bourgeoisie« ab, was durch die Einstellung der Kader bürgerlicher Abstammung bestätigt wird. In dieser unvermeidlich heterogenen Schicht, die den Notar und den Rechtsanwalt ebenso wie den Schriftsteller einschließt, müssen freilich Unterschiede gemacht werden: Mittlere und untere Kader, Vorfahren der Bürokratie des nächsten Jahrhunderts, Sekretäre oder Galeerenaufseher haben sich schon sehr früh von der Andachtspraxis und den religiösen Vereinigungen distanziert, im Gegensatz zu den Frauen dieser Schicht.

Bei den alteingesessenen Würdenträgern oder den Ärzten, Chirurgen, *procureurs* etc. ist eine ganz deutliche Entwicklung festzustellen: Bei den Männern zeigt die Kurve, die im großen und ganzen der Kurve der Bourgeois und der Kaufleute vergleichbar ist, nach 1730 den Übergang von einem starken Konformismus zu einer eklatanten Abwendung. Der Umschwung ist hier um so auffälliger, als diese Notabeln, wie die Bourgeois, einen beträchtlichen Teil der männlichen Mitgliedschaft der religiösen Vereinigungen gebildet und zu Beginn des Jahrhunderts die größten

Eiferer unter den Frommen in ihren Reihen versammelt haben.

Inwieweit hat das Kleinbürgertum, dessen Kern das Handwerk und der Ladenbesitz darstellten, diese Mentalität geteilt, diese Impulse aufgenommen? Ein ganzes Ensemble von Gesten, das die christliche Elite zu Beginn des Jahrhunderts kennzeichnete, haben die Kleinbürger sich nicht zu eigen gemacht. Das gilt im Hinblick auf die guten Werke ebenso wie hinsichtlich der »geistlichen Berufung«. Hier ist der Unterschied zwischen den Notabeln und den Kleinbürgern offenkundig, obschon auch das Kleinbürgertum von dem Bekehrungseifer der missionarischen Elite erfaßt worden ist. Und über die frommen Vereinigungen vom Typ des Dritten Ordens waren sie mehr noch als durch die *pénitents* weitgehend in das System der lokalen Religionsausübung integriert. Es ist daher nicht erstaunlich, daß gerade bei ihnen, Frauen und Männern gleichermaßen, der bis in die fünfziger Jahre andauernde Triumph des Katholizismus bemerkenswerte Spuren hinterlassen hat.

Anders als die bürgerliche Elite hat das Kleinbürgertum (vorab die Ladenbesitzer) den Bruch mit den überlieferten religiösen und kirchlichen Praktiken erst spät und nur langsam vollzogen. Erst in der Jahrhundertmitte kommt es hier, wiederum bei den Männern, zu einem einschneidenden Hinüberwechseln auf die Positionen der führenden nicht-adligen Gruppen. Von Anfang an hat es im städtischen Kleinbürgertum religiös indifferente Gruppen gegeben: die Seeleute einerseits, die mittleren und unteren Kader andererseits. Der sehr ausgeprägte Kontrast innerhalb dieser beiden Gruppen zwischen dem Verhalten der Männer und den Andachtsformen der Frauen (»kleinbürgerlich« in ihrer Stabilität) ist hier besonders aufschlußreich.

Ein vielleicht nicht einmaliger, jedoch hervorstechender Zug der Marseiller Sozialphysiognomie ist die deutliche Einbindung der Bauernschaft in die städtischen Verhaltensformen. Ihr hoher Anteil an den Meßgesuchen sowie die Tatsache, daß sie nicht aus den frommen Vereinigungen ausgeschlossen waren, zeigen an, daß die Bauern in ihren Einstellungen und in ihrer Entwicklung im großen und ganzen dem Vorbild des kleinbürgerlichen Verhaltenskodex gefolgt sind.

Die Gruppe der Lohnempfänger schließlich spaltet sich sehr früh auf: Die weibliche Hausangestelltenschaft ist schon zu Anfang des Jahrhunderts nicht nur ein Hort der Frömmigkeit, sondern auch des Glaubenseifers. Auf den Triumph der Kirche reagiert sie nicht minder positiv wie das Kleinbürgertum. Die Männer hingegen haben sich seit den zwanziger Jahren von den Andachtsübungen gelöst. Es steht zu vermuten, daß dies nicht aus den gleichen Gründen wie bei den Notabeln – *robins*, Kaufleuten oder Bourgeois – geschehen ist, sondern daß in diesem Fall die sozio-ökonomischen Determinanten gegenüber den sozioideologischen Motivationen den Ausschlag gegeben haben.

Wo ist also die Elite? Dürfen wir unseren Statistiken Glauben schenken, die eindeutig eine Rollenumverteilung suggerieren? Oder sollen wir dem Mann auf der Straße glauben, unter dem Vorbehalt selbstverständlich, daß er einer gehobenen Schicht angehört, wie dies, alles in allem, Denis Richet getan hat? Dieser Mann auf der Straße (oder vielmehr der Mann im Kontor) könnte z. B. der spanische Konsul in Marseille gewesen sein, der damals schrieb, daß »alle reichen und vornehmen Menschen an die natürliche Religion glauben«. Diese Bemerkung könnte durch andere Belege gestützt werden: durch Äußerungen des Bischofs Belsunce, der 1750 in einem Hirtenbrief erklärte, daß nur noch »das Volk« und die Geistlichen regelmäßig »die Religion ausübten«, ebenso wie durch Aufzeichnungen des Schweizer Reisenden Fisch, eines Zeitgenossen des Konsuls, der zur selben Zeit die abergläubischen Andachtsübungen des »Pöbels« beschrieben hat.

Die Aussagen der Zeitgenossen über die Abkehr von der Religion können in ihrer simplen Gegenüberstellung – zum »Pöbel« gewordenes Volk einerseits, »reiche und vornehme« Leute andererseits – kaum bestritten werden. Sie sind freilich bloß »Aussagen über etwas«. Die Einschätzung, die sich aus der Beobachtung – Spurensicherung – der Andachtsübungen oder Andachtshandlungen ergibt, kann ebensowenig in Frage gestellt werden. Sie ist jedoch nicht mehr als eine Spurenkenntnis, die an der Oberfläche der Verhaltensweisen haften bleibt. Soll man sich also für oder gegen die eine oder andere Methode entscheiden? Wir schlagen vor, die eine und die andere gelten zu lassen, ohne sie zu überfordern. Die eine vermittelt die Illusion von einer Elite, ja, mehr als die Illusion; die andere Methode führt zu der Feststellung, daß die Adligen den religiösen Gesten treu bleiben und daß diese Treue keineswegs nachläßt, sondern daß sie sich verstärkt.

Gegen Ende des Jahrhunderts ist unzweifelhaft Geschlossenheit im Verhalten von einander benachbarten Sozialgruppen zu verzeichnen. Doch dieses Beziehungsgefüge bestimmt nicht die Konturen einer Elite im Aufklärungszeitalter. Infolge des ausgeprägten Gegensatzes zwischen Aristokratie und Bourgeoisie scheinen diejenigen Gruppen, die alsbald die bürgerliche Revolution tragen sollten, am deutlichsten eine Einstellungsänderung vollzogen zu haben, die Züge einer kollektiven Entscheidung aufweist.

Unser Thema wirft zahlreiche Probleme auf. Wir wollen sie nicht verschweigen. Marseille ist nicht Frankreich, ja, nicht einmal die Provence. Legt der Adel, den wir hier in der Defensive beobachtet haben – eine Schicht, die in der Stadtbevölkerung nur schwach vertreten ist und dort keinesfalls den Ton angibt –, Zeugnis ab für den Adel in anderen Gegenden? Die Untersuchungen, die wir in der Provence außerhalb von Marseille angestellt haben, liefern in diesem Punkt eine eindeutige Bestätigung: Die Anzahl der Meßgesuche der Adligen, die sich bei den Frauen bei 90% eingependelt hat und bei den Männern (Rückgang von 80 auf 70%) nur einen geringen Rückgang zeigt, bildet hier ebenfalls einen starken Kontrast zu der Quote der Meßgesuche der Kaufleute, die vom Beginn bis zum Ende des Jahrhunderts von 85 auf 42% geschrumpft ist. Als exemplarischer Fall zeugt Marseille für seine ganze Region.

Wenn also offensichtlich ein kollektiver Einstellungswechsel stattgefunden hat, in der Weise einer Rollenumverteilung, dann fragt man sich natürlich, welche Mittel und Formen der Beeinflussung sowie der Übertragung von Leitideen zumal in den unteren Volksschichten bestanden haben. Es sind dies beachtliche Probleme. Hinter ihnen verbirgt sich die Frage nach dem individuellen Weg, der diese Menschen des Aufklärungszeitalters von einer bejahenden zu einer ablehnenden Haltung gegenüber der Religion geführt hat. So schwierig es auch erscheint, in das Geheimnis des Bewußtseins einzudringen, der Versuch lohnt sich vielleicht doch.

II. Von der Unmöglichkeit, Zugang zur Elite zu finden. Ein mißlungener Aufstieg: Joseph Sec, Bürger von Aix

Wir sind zufällig auf Joseph Sec (1715-1792), Bürger von Aix-en-Provence im Jahrhundert der Aufklärung, aufmerksam geworden. Er ist uns aufgefallen durch sein merkwürdiges Grabmal, das ein überaus seltenes Beispiel revolutionärer und zugleich freimaurerischer Kunst darstellt.[8] Joseph Sec ist für uns kein Vorwand, um den Siegeszug des Bourgeois im 18. Jahrhundert zu illustrieren. Diese Extrapolation wäre ebenso unzulässig wie jene andere, welche die Einstellungen einer »Elite« aus der Religionspraxis der Marseiller oder der Provençalen abzuleiten suchte.

Die Besonderheit unserer Begegnung mit einem ungewöhnlichen Monument, dessen Symbolik es erst zu enträtseln galt, hat uns immerhin zu einem Konzept bewogen, das zwar den bewährten Methoden der Biographie folgt, aber zugleich auf weniger traditionelle Verfahren zurückgreift. Wir haben uns bemüht, über eine »mentale Bestandsaufnahme« anhand von Spuren – seien sie ikonographischer, notarieller oder urkundlicher Natur – eine außergewöhnliche Laufbahn nachzuzeichnen. Kurz, wir haben versucht, den Begriff der »verinnerlichten« Elite genauer zu fassen. Dieses Vorhaben ist um so interessanter, als die zahlreichen Quellen, vom Hauptbuch zur Korrespondenz und zu den Memoiren oder gar zu den Zeugnissen politischer Aktivität, zur Erforschung der eingesessenen Elite (Aristokraten und Kaufleute) weit nützlicher sind als zur Bestimmung einer im Entstehen begriffene Elite. Die einzigen Autographen, die wir von Joseph Sec besitzen, sind seine Unterschriften (schnörkellos und scharf gestochen).

Wir wissen nicht, was er gelesen hat (hatte er überhaupt eine Bibliothek?). Zwischen der eingesessenen Kulturelite und der Lebenswirklichkeit derer, die Pierre Goubert als Analphabeten bezeichnet hat, erstreckt sich eine wichtige Zone: die Welt derer, die Verträge unterzeichnen, gewiß lesen und ebenso gewiß nachdenken, die jedoch nicht das Collège besucht haben (eine kulturelle Scheidelinie, die nicht minder bedeutsam als die Alphabetisierung ist) und die nicht mühelos in das kulturelle Universum der Elite Eintritt finden. Die Existenz von Eliten hängt nun freilich gerade von ihrer relativen Durchlässigkeit, von ihrer Fähigkeit ab, Neues aufzunehmen und zu verarbeiten, Neuankömmlinge in den Konsens einer gemeinsamen Wirklichkeitsdeutung zu integrieren. Joseph Sec? Sein Status und sein gesellschaftliches Schicksal sind auf den ersten Blick ein gutes Beispiel für den einem Neuankömmling bereiteten Empfang.

In der Tat handelt es sich um einen authentischen bürgerlichen Aufstieg. Joseph Sec wurde 1715 in Cadenet, einem Marktflecken

an der Durance, geboren, wo sein Vater *ménager* (Bauer) war,
d. h. zu der Gruppe der mittleren Bauern mit 10 bis 15 Hektar
Landbesitz gehörte, das in eigener oder gemischter Bewirtschaftung bebaut wurde. Die Familie zählte zu den Notabeln der
Region. Einer der Söhne, der den väterlichen Hof übernahm,
wurde Gemeindevorstand. Eine der Töchter wurde Nonne, ein
weiteres Kennzeichen relativer Notabilität. Und weiter? Zwei der
Söhne suchten ihr Glück in der Stadt zu machen, das heißt in Aix.
Eine Tochter heiratete einen Stuhlmacher. Ein Sohn, Joseph Sec,
wurde mit 17 Jahren zu einem Tischlermeister in die Lehre
gegeben. Zufällig war der Meister nicht irgendein beliebiger
Tischler, sondern – halb Künstler, halb Handwerker – einer von
denen, die damals die Schule der provencalischen Altarbauer
berühmt machten, was vielleicht unserem aufgestiegenen Bauern

*Die Sozialkontakte von Joseph Sec, Bürger von Aix-en-Provence,
im 18. Jahrhundert*

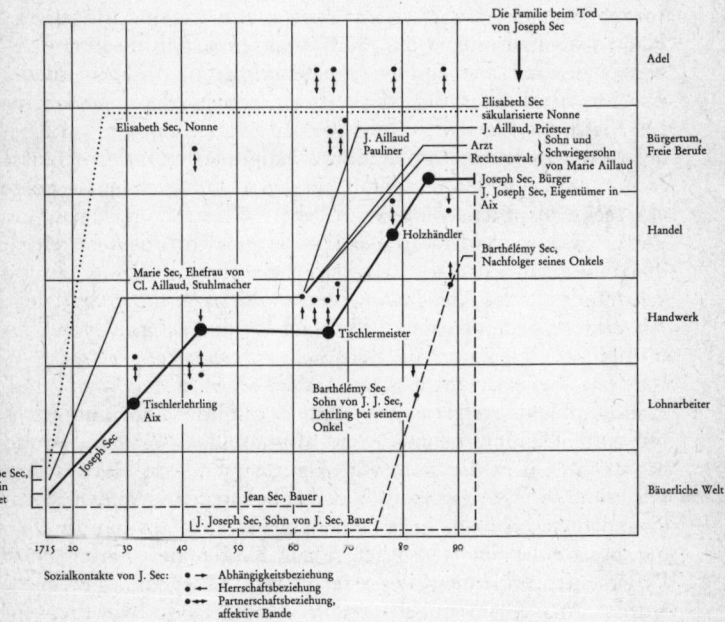

Sozialkontakte von J. Sec: •–→ Abhängigkeitsbeziehung
                           •← Herrschaftsbeziehung
                           •←→ Partnerschaftsbeziehung,
                               affektive Bande

dazu verholfen hat, »feine Sitten« anzunehmen. Daß der Lehrling, zum Gesellen geworden, durch Frankreich gezogen ist, legt das späte Datum seines Meistertitels nahe, ohne daß es dafür Beweise gäbe.

Bis dahin, ja bis etwa zum fünfundvierzigsten Lebensjahr dieses eingefleischten Junggesellen weist nichts darauf hin, daß er zu mehr als zu einem guten Tischler bestimmt gewesen wäre, der 1744 Meister wurde. Er übte seinen Beruf mit zwei oder drei Gesellen sowie mit einem Lehrling aus (mehrmals einem seiner Neffen), die in seinen Akten immer wieder auftauchen. Er wurde Eigentümer eines Hauses und einer Werkstatt, beteiligte sich eifrig an seiner Bruderschaft und bekleidete dort wiederholt Ämter und Würden (Schatzmeister etc.). Dieser Mann, der sich nie Bourgeois und nur selten Kaufmann nannte, verstand sich bis zum Ende seines Lebens als »Tischlermeister«.

Er war gleichwohl etwas anderes geworden. Immer wieder beklagen und beschreiben die Register der Bruderschaft, zu deren Würdenträgern er immerhin gehörte, ziemlich genau, wie sich Joseph Sec, einer von vielen Zeugen für das Eindringen des Handelskapitalismus in die Zunft, von seinen Mitbrüdern unabhängig gemacht hat und Holzgroßkaufmann geworden ist, der das Monopol über die Märkte von Aix innehatte und seine Geschäfte bis Marseille ausdehnte. Zusammen mit einigen Partnern (wahrhaft eine Lokallobby) tätigte er seine Abschlüsse direkt in den Bergen und kaufte in den »Durancehäfen« – heute ein recht anspruchsvolles Wort, aber wie stand es damals um Pertuis, Cadenet oder Mirabeau? – die aus den Alpen eintreffenden Flöße auf. Zu einer Zeit, da, in der zweiten Hälfte des 18. Jahrhunderts, der Aufschwung der Städte sogar das verschlafene Aix erfaßte, bedeutete dies, daß er sich für die Lieferung von Bau- und Nutzholz eine privilegierte Stellung eroberte.

Er hat aber noch mehr getan. Indem er selbst den Wert seines Handelsobjekts steigerte, avancierte er mit ungefähr fünfzig Jahren zum »Bauunternehmer« und »Immobilienspekulanten« und erwarb an einem der Tore von Aix (dem Tor von Notre-Dame am Ende des Viertels Saint-Sauveur) beharrlich Grundstück um Grundstück, bis er ein zusammenhängendes Areal von über 6000 qm besaß, das im wesentlichen auf Kosten der Gärten eines Parlamentspräsidenten, des Herrn von Gueydan, gewonnen wurde. Aus einem unbebauten Vorstadtgelände, wo 1750 ein

Schankwirt neben einigen Gärtnern gewohnt hatte, machte er in zwanzig Jahren, von 1755 bis 1777, ein wohlstrukturiertes Viertel, in dem er sowohl stattliche Gebäude (eine Herberge, einen Salzspeicher, seine neuen Werkstätten) als auch bescheidene, einstöckige Häuser mit Hof und Garten, feste Wohnsitze für bürgerliche Familien und schließlich Gartenhäuser, umgeben von Lustgärten, zur Erholung für Parlamentsangehörige oder Kanoniker errichtete – eine verkleinerte Ausgabe der großen Aixer Parks des klassischen Zeitalters im Stil des 18. Jahrhunderts.

Wir müßten uns fragen, wie er die insgesamt 17 Häuser finanziert hat, wenn uns nicht Gerichtsverfahren über diesen Punkt Aufschluß gäben: Indem Joseph Sec seine Parzellen mit der Auflage der Bebauung für neun Jahre verpachtete, gelang es ihm manchmal, sofern er die Pacht nicht verlängerte und sein Eigentum zurücknahm, dem wütenden Pächter, der die Stätte verlassen mußte, die er für seinen Eigentümer bebaut hatte, auch noch eine ansehnliche Bauholzrechnung vorzulegen. Mit solchen Mitteln ist Joseph Sec zu den Notabeln aufgestiegen. Er, der mit nichts angefangen hatte und seine Käufe stets durch Kredite finanzieren mußte, wurde gegen Ende seiner Karriere seinerseits zum Gläubiger und Finanzier: Als sein Vermögen bei seinem Tode im Jahre 1792 geschätzt wurde, betrug es rund 120 000 (alte) Livres. Er hatte demnach die Schwelle der 100 000 Livres überschritten, mit der Carrière die Hierarchie der Marseiller Kaufleute beginnen läßt. Zählte Joseph Sec deshalb schon zur »Elite« der Provinzhauptstadt? Ein den äußeren Insignien zufolge unbestreitbarer gesellschaftlicher Aufstieg besiegelte den Erfolg dieses Angehörigen der Notabeln – über die ihm in der Bruderschaft zuteil gewordenen Würden und Ämter hinaus hat Joseph Sec einen besonderen Weg in der Hierarchie der lokalen Auszeichnungen genommen. Wir haben ihn als Mitglied der grauen *pénitents* oder »bourras« angetroffen, was in einer Stadt, in der diese lange Zeit von den Notabeln hochgeschätzt wurden, nicht eben ein Indiz für volkstümliches Engagement war.

Wenngleich ihn das von 1758 bis 1892 fortlaufend geführte Rechnungsbuch, das der Gemeinschaft jährlich vorgelegt wurde, als einen der Notabeln der Bruderschaft erscheinen läßt, gilt es doch zu ermessen, was sein Engagement bei den »bourras« bedeutet haben mochte. Die Wahl dieser Bruderschaft ist immerhin aufschlußreich. Von den fünf Büßergemeinschaften, die es damals in Aix gab – zwei »weiße«, eine »schwarze«, eine »blaue« sowie die »Grauen« oder »bourras« –, in einer Stadt, wo die *pénitents*, im Gegensatz zu Marseille und anderen Orten, im 18. Jahrhundert ihre Anziehungskraft und Aktivität bewahrt hatten, waren die »Grauen« und die »Blauen« die jüngsten und die dynamischsten: die »Blauen« waren dafür bekannt, daß sie die Hingerichteten beerdigten, die »Grauen« hatten die doppelte Aufgabe, Almosen für die Armen zu spenden und für deren Bestattung zu sorgen. 1760 zu den »grauen Büßern« von Aix zu gehören, signalisierte eine ziemlich eindeutige Entscheidung. Joseph Sec, der den Giebel seines Monuments mit dem Motiv des Tobias, der die Toten begräbt, schmücken sollte, war ein Zeuge für den Übergang von der traditionellen Barmherzigkeit zur Philanthropie und zum Wohltätigkeitsideal der Aufklärung. Auf den jährlichen Rechnungslegungen ist in vierunddreißig Jahren seine Unterschrift vierzehn Mal zu finden: erstmals 1762, zum letzten Mal 1792. Er übte das Amt des Schatzmeisters für die Armengelder, später das des Rechnungsbevollmächtigten aus. Man muß freilich zugeben, daß dieser Eifer, obschon er wohl authentisch war, von ihm nicht durchgehalten wurde. Joseph Sec war vor allem zwischen 1762 und 1772 aktiv. Seine Unterschrift erscheint in acht von elf Jahren. In den achtziger Jahren findet man sie kaum noch. Hatte sich Joseph Sec still und ohne Aufsehen von einer Organisationsstruktur gelöst, die nicht länger seinen religiösen Bedürfnissen entsprach?

Sein Denkmal beweist jedenfalls, daß er Freimaurer geworden ist, obwohl sein Name in keinem der Logenverzeichnisse von Aix, soweit sie uns zugänglich sind, auftaucht. Wir werden darauf noch zurückkommen. Bleiben wir vorläufig bei dem klassischen Karriereschema eines Angehörigen der provencalischen Notabeln im Sinne von Agulhon, das die Doppelzugehörigkeit zu den Bußbrüdern und den Freimaurern keineswegs ausgeschlossen und Sec von einem gesellschaftlichen Beziehungsgeflecht zu einem anderen geführt hat. Der Aufstieg zum Reichtum ist mit einer sozialen Wanderung einhergegangen. Vergegenwärtigt man sich das Beziehungsgefüge der Kontakte dieses Neureichen in den einzelnen Etappen, so zeigt sich eine Veränderung. Bis 1745 zeichnet sich eine erste bipolare Struktur ab: auf der einen Seite die Welt der Bauern, der Joseph Sec entstammt, auf der anderen Seite seine Integration in die städtische Sphäre der Werkstatt, zu der sein Schwager, der Stuhlmacher, und dessen Gesellen gehören. Die Meister oder Vermieter eröffnen ihm den Zugang zu einem anderen System sozialer Beziehungen, zu dem einer tätigen Bourgeoisie, die innerhalb der städtischen Mittelschichten einen geachteten Platz einnimmt. Doch für Sec überwiegen der Zahl und der Bedeutung nach die Kontakte zu den unteren Volksschichten.

Eine weitere Periode zeichnet sich zwischen 1745 und 1770 ab. Die Bande zur Familie – in der Stadt oder auf dem Land –, zu deren Beschützer er wird, haben sich nicht gelockert, jedoch gewandelt. Berufliche Aktivitäten haben ihn in die Untergruppe der Ständegesellschaft, welche die Zunft darstellte, eingefügt und ihn zugleich von ihr abgehoben. Obwohl er die Versammlungen der Tischler besuchte, ging er seine eigenen Wege und machte gemeinsame Sache mit seinen Geschäftspartnern. Soweit derartige Geschäfte in Bodenerwerb mündeten, brachten sie ihm mit der Aristokratie (Gueydan u. a.), typischen Vertretern des Amtsadels, in Berührung. Die Gläubiger des Joseph Sec – Uhrmacher und Koch – blieben, wiewohl zu Reichtum gelangt, in dieser Zeit dem Beziehungsgefüge der Werkstatt und des Ladens verhaftet.

Zweideutigkeit ist ein Merkmal der letzten Phase, das heißt der letzten fünfzehn Jahren im Leben von Sec. Sein beruflicher Erfolg erhöhte sein Ansehen bei seinen ehemaligen Klassengenossen, seine Geschäftsverbindungen führten ihn in die Welt der örtlichen Elite ein, die von dem Oratorianer Garidel bis zu jenen Adligen – Parlamentariern oder Kanonikern – reichte, die unterschiedslos seine Schuldner oder Gläubiger geworden waren, angefangen bei einem Kanoniker, der ihm 4000 Livres schuldete, bis hin zu den vielen, die bei ihm ein Gartenhaus für ihre Lustbarkeiten mieteten. Durch seine zurückhaltende und zugleich zur Schau gestellte Wohltätigkeit wuchs sein Prestige in der öffentlichen Meinung, die ihn als einen der Notabeln akzeptieren mußte.

Dies alles sind, so wird man einwenden, materielle Kontakte: Dienstleistungen, gegenseitige Abhängigkeitsverhältnisse. Es wäre sicher wichtiger, einen anderen Typus von Beziehungen zu erfassen, nämlich den intellektuellen oder freundschaftlichen, der gewiß besser geeignet wäre, uns die kulturelle Welt des Joseph Sec zu erschließen. Festzuhalten sind seine regelmäßigen und verstärkten Kontakte mit den Vertretern der örtlichen intellektuellen Elite, mit den Meistern und Vermietern, Holzschnitzern und Bildhauern (wie Chastel). Durch seinen Gevatter Garidel trat er mit einer weiteren gelehrten lokalen Dynastie in Verbindung. Er lernte Lieutaud kennen, einen Abkömmling des berühmten Botanikers aus Aix, eines Freundes und Kollegen von Tournefort. Diesem Lieutaud, dem er einen seiner Gärten vermietete, stand eine glanzvolle medizinische Laufbahn bevor, die ihn nachmals zum Leibarzt Ludwigs XVI. befördern sollte. Er übte sich im benachbarten Hospital Saint-Jacques-d'Aix, am Ende des Cours Notre-Dame, im Sezieren und behauptete, er habe tausendzweihundert Leichen geöffnet, vor bisweilen illustrem Publikum, so zum Beispiel vor dem von seinen Reisen heimgekehrten Marquis d'Argence.

Diese sozialen Kontakte sind Ausdruck einer tatsächlichen Zweideutigkeit, die von der empfundenen oder erlebten Gleichheit bis zur Unterwerfung oder Eroberung reicht. Ist dieser bäuerliche Parvenü im Laufe seines Aufstiegs nicht ein Anhänger der Aufklärungsideologie geworden, die sowohl die Elite von Aix als auch die Elite Frankreichs prägte?

Ikonographische Bestandteile des Denkmals von Joseph Sec

A. Die Ausstattung des Denkmals

1) Die Statue des Gesetzes: momentan stark beschädigt, vor allem ohne Kopf. Nach den alten Zeichnungen wie nach den Beschreibungen vom Anfang dieses Jahrhunderts war sie »behelmt«. Sie entspricht dem Bild, das man auf den Siegeln und in der ganzen revolutionären Ikonographie ab 1791 findet. Die Allegorie ist hier besonders überlastet. Zwar trägt die Statue weder Libelle noch phrygische Mütze, aber sie trägt die Waage, das Liktorenbündel und die heilige Pike.

2) Vier Feuertöpfe flankieren an den vier Ecken die Statue. Ihre Nachbarschaft zur symbolischen Darstellung der anderen drei Elemente (siehe Punkte 42, 43, 44 dieser Liste) läßt ihre rein dekorative Funktion fraglich erscheinen.

3) Flachrelief mit Portrait. Die Memoirenschreiber erzählen, es habe sich zunächst um das Bildnis des Königs, dann nach 1793 um dasjenige von Joseph Sec selbst gehandelt (so E. Aude). Diese Annahme wird von der Ikonographie des Denkmals bestätigt. Vgl. die Punkte 22, 31, 30.

4) und 6) Flachreliefs mit den Profilen von Sankt Peter und Sankt Paul, wobei der eine am Schlüssel, der andere am Schwert erkennbar ist.

5) Inschrift: »Naht Bewohner der Erde / Nationen, hört das Gesetz.«

7) Standbild eines Negers in antiker Kleidung, der seine Arme dem im

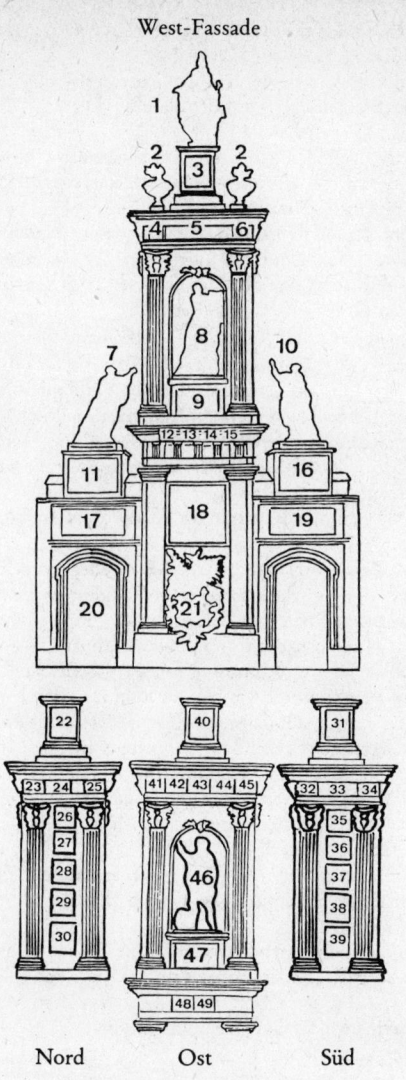

West-Fassade

Nord   Ost   Süd

Das freimaurerische Grabmal von Joseph Sec
Die Ausstattung des Denkmals

Zentrum stehenden Moses (Punkt 9) entgegenstreckt, in der Tradition das Symbol von »Afrika oder der Sklaverei«.

8) Standbild von Moses, der mit einer theatralischen Geste die Gesetzestafeln emporhält (Inschrift auf den Tafeln: »Du sollst Gott und Deinen Nächsten lieben . . .«).

9) Relief, das nach den Chronisten die Geburt Christi darstellt, das aber ganz offensichtlich den jungen Moses zeigt, der am Ufer des Nil von der Pharaonentochter gefunden wird.

10) Standbild von »Europa oder der Freiheit«, Pendant zu 7.

11) Darstellung der Kindheit Christi in der Werkstatt des heiligen Joseph. Es ist eindeutig, daß Sec hier über seinen Schutzpatron die eigene Laufbahn andeutet.

12) Kleines allegorisches Relief eines geflügelten Genius (eher als eines Engels) mit nacktem Oberkörper wie in der Antike. Über seinem Kopf befindet sich eine Lilie. In der einen Hand hält er Papiere, mit der anderen schiebt er eine große Glocke in den Ofen, offensichtlich zum Einschmelzen. Es scheint sich um eine allegorische Darstellung des Schmelzens der Glocken, die dann der Nation zur Verfügung gestellt wurden, zu handeln. Vgl. die drei folgenden Punkte.

13) und 14) Faksimile-Reproduktion von zwei Assignaten (1000 und 2000 Livres).

15) Eine weitere, auf den ersten Blick eher dunkle Allegorie mit Anspielung auf die Revolution: In einem modernen Interieur reckt eine fette Person in zeitgenössischer Aufmachung (mit Perücke) einer allegorischen Figur die Hand entgegen, wie um ein Almosen zu erbitten. In dieser Figur läßt sich in Übereinstimmung mit der klassischen Darstellung des Cäsar Ripa am Spiegel unschwer die »Prudentia« erkennen, allerdings mit Spielkarten aus der Revolutionszeit. Der Bettler trägt eine Mönchskutte und eine Art Bettelsack, aus dem in weitem Bogen Münzen zur Erde fallen. Diese Szene, die vom Reichtum und von der Heuchelei des Klerus zu handeln scheint, evoziert die zeitgenössische Ikonographie über die ersten Verkäufe von Nationalgütern (vgl. Massin, *Almanach de la Révolution française*, S. 56 und S. 8).

16) Tobias, der die Toten begräbt (nach E. Aude, dem wir in diesem Punkte folgen). In Beziehung zu setzen mit der darunter liegenden Inschrift (Punkt 19).

17) Eine heute ausgelöschte Inschrift, die jedoch noch zu Beginn des Jahrhunderts zu entziffern war. Sie kommentiert das Bild mit der Kindheit Christi:
»Aus grausamer Knechtschaft stieg ich empor,
Fortan mein eigener Gebieter.
Meine Freiheit aber nutze ich nur,
Um dem Gesetz zu gehorchen.«

18) Eine heute ausgelöschte Inschrift, die aber noch zu Beginn dieses

Jahrhunderts intakt war. Es handelt sich um die Widmung des Denkmals durch den Bürger Sec: »1792, Jahr IV der Freiheit. Joseph Sec widmet dieses Denkmal der Stadtverwaltung als der Hüterin des Gesetzes.«

19) Heute verwischte Inschrift, jedoch zu Beginn des Jahrhunderts noch erkennbar. Sie kommentiert die Szene von Tobias, der die Toten begräbt:
»Diese so wunderbaren Gesetze, getreu halt' ich sie ein.
Ein Gott in seiner Gnade hat sie uns gegeben,
Jeden Tag werden sie mir teurer,
Ich stürbe lieber, als sie zu mißachten.«

20) Eine falsche Tür, auf der noch die Umrisse eines Türklopfers als optische Täuschung erkennbar sind.

21) Verzierung: Eine Garbe vereinigt Korn, Weinrebe und Ölzweig.

22) Heute an dieser Stelle befindliches Bild: wahrscheinlich das Portrait von Jean-Jacques Rousseau.

23) 24) 25) Profile der beiden Evangelisten, Markus und Lukas, mit den ihnen entsprechenden (Tier-)Attributen.

26) Bildnis des Propheten Elias mit erhobenen Armen, wie er vor der Sonne gen Himmel fährt (vgl. L. Réau, Bd. 2, S. 356).

27) Bildnis von Gott-Vater, der im Himmel thront. In Begleitung von Christus mit Kreuz.

28) Relief mit jungem Mann, dem ein bärtiger Greis den Himmel zeigt: ziemlich sicher das Opfer Abrahams, erkennbar an Einzelheiten (wie Altarsockel und Opferstrauch).

29) Relief: der Klumpen Erde aus dem gelobten Land, den Josua und Kaleb zurückbrachten.

30) Relief: der Tod Moses, welcher an den zwei Hörnern des Propheten erkennbar ist. Er wird von drei Engeln oder Gefährten beerdigt.

31) Relief: Heute in Verfall, aber noch erkennbar. Es zeigt einen römischen Kaiser: Trajan? Mit dem ihm symmetrischen Jean-Jacques Rousseau in Beziehung zu setzen.

32) 33) 34) Die Evangelisten Matthäus und Johannes (Profile und figürliche Symbole).

35) Gott – oder der Große Baumeister – in den Wolken, zwischen den beiden Himmelskörpern. Zu seiner Rechten die Sonne, zu seiner Linken der Mond.

36) Gott erschuf Adam im Paradies.

37) Die Versuchung von Adam und Eva.

38) Die Vertreibung von Adam und Eva aus dem Paradies.

39) Kain erschlägt Abel.

40) Büste einer nicht identifizierten Persönlichkeit aus dem 18. Jahrhundert.

41) Ein Pokal (symmetrisch zu 45).

42) 43) 44) Die drei Elemente: Erde (Ähre, Korn oder Mais), Luft

(Rebhühner oder Wachteln), Wasser (Frösche); es fehlt das letzte Stadium der Initiation: das Feuer.

45) Ein Pokal.

46) Statue von Johannes dem Täufer.

47) Taufe Christi in den Wassern des Jordan.

48) 49) Faksimile von Assignaten oder Inschriften. Man erkennt noch das Wort ›Erbgut‹.

B. Die Statuen im Garten hinter dem Denkmal

Sie stammen aus der Kapelle der Jesuiten: der Hohepriester Aaron; die Prophetin Deborah; König Saul; David, der Goliath besiegte; Maria, die Schwester von Aaron; Noah, der Weinreben schwenkt (fehlt: befindet sich heute in der Rue Thiers Nr. 17, in Aix); Jahel, der sich anschickt, mit einem Hammer die schlafende Sisara festzunageln.

Da uns beredtere Dokumente als die beiden von ihm hinterlassenen Testamente fehlen, bleiben uns nicht mehr als zwei Zeugnisse, die über sein Denken Aufschluß geben. Das eine – intentional, wiewohl einmalig in seiner Ausdrucksform – ist sein freimaurerisches Grabmal, das andere – unfreiwillig, aber ebenso explizit – besteht in seinem Auftreten, seinem Verhalten und seinen realisierten Träumen. Wir haben an anderer Stelle detailliert sein Grabmal, das wohl nur noch für einige Zeit in Aix zu besichtigen ist (falls sein Verfall nicht aufgehalten wird), beschrieben. Deshalb beschränken wir uns hier nur auf das, was unseren Gegenstand betrifft.

Die »Botschaft« der rund sechzig Statuen, Flachreliefs, Zierelemente und Inschriften ist einigen großen Themenkreisen zuzuordnen. Es ist eine aufklärerische Botschaft: Joseph Sec glaubt an den Fortschritt, wie er an die Heraufkunft einer neuen, auf der Freiheit gegründeten Welt glaubt.

»Aus grausamer Knechtschaft stieg ich empor,
Fortan mein eigener Gebieter.
Meine Freiheit aber nütze ich nur,
Um dem Gesetz zu gehorchen . . .«

Diese neue Welt öffnet er allen, ohne Ausnahme: »Naht, Bewohner der Erde . . .« verkündet Moses, der Träger der Gebote, während zwei symbolische Statuen: Europa (oder die Freiheit), Afrika (oder die Sklaverei), begierig die Nachricht entgegennehmen. Eine neue Welt, wiewohl nicht ohne Grenzen. Das Gesetz verhält sich komplementär zur Freiheit:

»Meine Freiheit nutze ich nur,
Um dem Gesetz zu gehorchen . . .«

Die schriftliche Erklärung wird durch die Symbolik der Zierstatuen (Moses oder das alte Gesetz, der Täufer oder das neue Gesetz) und vor allem durch die symbolische Statue, die das Denkmal krönt, unterstrichen: eine behelmte Justitia, die mit einem Liktorenbündel ausgestattet ist, aus dem eine Pike herausragt. Die Gestalt der Themis, die in den achtziger Jahren die Entwürfe der Bildhauer in Aix und anderswo für die Ausschmückung des neuen, von Ledoux entworfenen Justizpalastes angeregt hat, prangt majestätisch auf dem Giebel von Secs Denkmal.

In dieser in ihrer Thematik klassischen Interpretation – Freiheit, Universalität, Fortschritt, Gesetz – gibt es nichts, was nicht von der Elite der Aufklärung hätte unterschrieben werden können. Derselbe Zusammenhang zeigt sich in der Philosophie, die sich in diesen Leitideen ausdrückt, Joseph Sec entlehnt dem Alten und dem Neuen Testament die Symbolik seines Denkmals. Doch wir sind hier weit entfernt von dem grauen *pénitent*, weit entfernt auch von den beiden letztwilligen Verfügungen – in der ersten wünschte er, daß Messen für ihn gelesen werden sollten, in der zweiten ist nichts dergleichen mehr zu entdecken.

Die Symbolik des Denkmals verdankt dem Neuen Testament wenig, sie entnimmt ihm nur die Themen einer »frohen Botschaft« (Johannes der Täufer und die vier Evangelisten in den Medaillons), verzichtet aber auf die Jungfrau und, von einer Anspielung abgesehen, auf Christus, während sie sich explizit auf ein höchstes Wesen oder auf einen Großen Baumeister bezieht, der den Plan des menschlichen Geschicks in seinen Händen hält:

»Diese so wunderbaren Gesetze, getreu halt' ich sie ein,
Ein Gott in seiner Gnade hat sie uns gegeben,
Jeden Tag werden sie mir teurer,
Ich stürbe eher, als sie zu mißachten.«

Das Grabmal von Sec ist ohne Zweifel ein religiöses Monument, jedoch nicht im Sinne einer anerkannten Orthodoxie. Der Synkretismus der Motive bezeugt eine abgeschlossene spirituelle Entwicklung im Sinne einer Ablösung vom katholischen Glauben. Die freimaurerische Symbolik erlaubt es Joseph Sec, seine Weltanschauung darzulegen. Selbst die Struktur des Denkmals, das einem ungedeckten Tempel gleicht, belegt das. Auch ist der Wunsch ganz deutlich, die Lesekundigen anzusprechen: zur Straße hin erscheint die zur Verbreitung bestimmte Version des Gesetzes Mose, zum Hof oder Garten hin die zweite, esoterische Botschaft, deren Träger Johannes der Täufer ist. Für den Betrachter, der nicht sofort das Geheimnis entschlüsseln können sollte, ziert die Symbolik der vier Elemente – sie gehorcht der Symbolik der Stufen der freimaurerischen Initiation – die Metopen der Innenfassade des Denkmals.

Auf den Seitenflächen des Monuments erzählen zehn kleine Flachreliefs, fünf auf jeder Seite, das Schicksal der Menschheit, so wie es sich dem Initiierten Joseph Sec darstellt: zunächst die Schöpfung der Welt durch den Großen Baumeister zwischen den beiden Himmelskörpern Sonne und Mond, dann die Schöpfung des Menschen, der Sündenfall Adams und Evas, die Ermordung Abels oder das Böse; auf der anderen Seite, in aufsteigender Linie, die Entdeckung des Gelobten Landes (die Traube von Kanaa) und die Himmelfahrt, die wiederum den Großen Baumeister zusammen mit Christus zeigt. Das letzte Medaillon evoziert den Propheten Elias, wie er in flammendem Sonnenlicht in den Himmel auffährt.

Deistischer Synkretismus, gekrönt von den Erleuchtung des Initiierten. Die freimaurerische Deutung des menschlichen Schicksals zeugt von der Zustimmung dieses reichgewordenen Handwerkers zur Kultur der Aufklärung. Die Botschaft ist also nur scheinbar, beim ersten Lesen, esoterisch. Joseph Sec gehörte voll und ganz der Elite des aufgeklärten Jahrhunderts an. Doch haben seine Einstellungen, über seine offizielle »Selbstdarstellung« hinaus, nicht den gleichen Sinn? Der reich gewordene Bürger hat schließlich mimetisch die meisten Verhaltensmuster der eingesessenen Elite nachgeahmt. Es liegt auf der Hand, daß Sec in seiner beruflichen und auch ökonomischen Tätigkeit die Vorbilder gefunden hat, denen er sich anzupassen versucht hat: sein bürgerlicher Vorstadturbanismus plagiiert den Traum der Parlamentarier von Aix, die das gräfliche Schloß niederrissen, um das Projekt von Ledoux an dessen Stelle zu setzen. Die Gesetzesstatue, mit der er sein Monument krönt, signalisiert zugleich Erbschaft und Verneinung der der von Chardigny für den neuen

Justizpalast entworfenen Themis. Joseph Sec ist abhängig gewesen von dem System der kollektiven Vorstellungen derer, die er nachgeahmt hat. So hat er, nachdem er in die Reihen der Notabeln aufgestiegen war, eine bisweilen diskrete, bisweilen ostentative Wohltätigkeit, in Anknüpfung an aristokratische Philanthropie, entfaltet: Als Vorsteher des Hospitals Saint-Jacques 1791 sowie als Pate der Kinder der Charité bedachte er den die Toten begrabenden Tobias auf seinem Monument mit einem Medaillon: Moralismus, Pflichtgefühl gegenüber den Toten. Er hat freilich noch mehr getan, was zwar heute im Stadtbild von Aix nicht mehr nachzuweisen ist, aber aus den in der Bibliothek Méjanes aufbewahrten Aquarellen der Stadtansichten und Monumente der napoleonischen Zeit hervorgeht. Auf ihnen ist, mit einer handschriftlichen Erläuterung versehen, die neue Anlage der Porte Notre-Dame zu erkennen, die, wie die Chronisten behaupten, im 18. Jahrhundert auf Wunsch eines Schöffen, der sich dort bei einem Sturz vom Pferd das Bein gebrochen hatte, zerstört worden war und 1786, dank einem großherzigen Stifter, der anonym bleiben wollte, wiederaufgebaut wurde. Doch in der Provinz gibt es keine Anonymität, und dieselben Chronisten enthüllen, daß der Stifter, von dem hier die Rede ist, kein anderer als Joseph Sec war. Die Investition geschah um des Ruhmes willen oder, wenn man gerecht sein will, aus Philanthropie. Joseph Sec war auch ein Mäzen; die örtliche Überlieferung hat es festgehalten. So heißt es in der Chronik von Aix, er sei einer der Auftraggeber des Bildhauers Chastel, eines achtbaren Vertreters der provencalischen Bildhauerei gewesen. Einige behaupten, Chastel habe am Monument seines Freundes mitgewirkt. Die Daten machen diese Annahme unwahrscheinlich. Chastel hat jedoch zweifellos für Joseph Sec gearbeitet, denn in einem seiner Häuser stand bis zum Ende des vergangenen Jahrhunderts jene polychrome Statue des »Ermordeten«, die von Chastel stammt und von der im *Musée Arbaud* in Aix nur eine Kopie erhalten ist. So gut wie sicher gehörte sie zum Mobiliar eines freimaurerischen Meditationsraumes. Sollte das Monument Secs nicht von Chastel stammen, so könnte es ein Werk von Chardigny sein, einem anderen Bildhauer, der gegen Ende des Ancien Régime und zur Zeit der Revolution in Aix und in Marseille tätig war. (Wir haben diese Hypothese in einem Aufsatz untersucht.) Jedenfalls ist Joseph Sec nicht der Briefträger Cheval[9], sein Monument ist das Werk von professionellen Künstlern. Auch der Stil der Porte Notre-Dame, eine neoklassizistische Version der Pariser Porte St. Denis in den Dimensionen von Aix, zeigt, daß Sec, der einstige Geselle eines Altarbauers, den Geschmack der Elite seiner Zeit geteilt hat.

Können wir nunmehr positiv von dem erörterten Fall auf die Interaktion innerhalb einer Elite und vielleicht sogar vom mimetischen Verhalten Secs auf die Absorptionsfähigkeit einer stark ausgeprägten Elite – hier der Parlamentsaristokratie – schließen? Tatsächlich hat unser Held für seinen Teil jeden »Kompromiß« zurückgewiesen: Soweit wir sie verfolgt haben, steht seine Karriere während der Revolution im Einklang mit der Botschaft seines Monuments, das zum Ruhme der neuen Gesellschaft gedacht ist. Joseph Sec stand von Anfang an positiv zur Revolution: Als »erstes« Mitglied seiner Tischlerzunft präsidierte er bei der Verteilung der Kokarden. Später, am 27. November 1791, wurde er als einer der Notabeln in den Generalrat der Gemeinde Aix gewählt, und in dieser Funktion unterzeichnete er das Protokoll über die Einstellung der städtischen Beamten. Im Monat darauf, am 20. Dezember 1791, wurde er vom Wohltätigkeitsbeirat des Hospitals Saint-Jacques zu dessen stellvertretendem Vorsteher gewählt, was als eine Belohnung für den Philanthropen und den Nachbarn gelten darf. Und Secs Engagement erlosch in den folgenden Monaten keineswegs: Am 26. Dezember 1792 unterbreitete er der Stadtverwaltung eine Petition, in der er vorschlug, den früheren Namen der Sektion abzuschaffen und durch *Sektion der Piken* zu ersetzen. Der Vorschlag wurde in einem unmißverständlichen Text dargelegt; »Es geht darum, einen Namen zu finden, der den Ereignissen unserer erhabenen Revolution entspricht«, und »da die Piken ihren Zweck, die Tyrannen in Schrekken zu versetzen, trefflich erfüllt haben«, schien dieser Name durchaus passend zu sein. Als einer der Notabeln der Munizipalrevolution gehörte Joseph Sec nicht zu jenen, die der 10. August erschreckt hatte. Sein ununterbrochenes Engagement spricht für die Festigkeit seiner jakobinischen Überzeugung.

Und später? Zwei Formen des Engagements wären zu erwarten gewesen: die Teilnahme an den Volksgesellschaften von Aix und der Kauf von Nationalgütern, das heißt der Beweis eines ideologischen Einverständnisses sowie dessen materielle Bestätigung. Tatsächlich hat Joseph Sec keine Nationalgüter gekauft, was nicht besagt, daß er das Prinzip ablehnte, wie sein Monument beweist. Seine Nichte Marie Monique Rolland deckte übrigens im Jahre II mit ihrem Namen den Kauf von Wiesen aus dem Grundbesitz des Emigranten Beauval, eines der Mieter des Großonkels, durch ihren Gatten Charles Trophime Ferrand. Fühlte sich Joseph Sec im Alter von 76 Jahren vielleicht schon zu alt, um neuen Grundbesitz zu kaufen, und zog er es vor, sein Jakobinertum über Mittelsmänner zu bekunden?

Man neigt zu dieser Annahme, wenn man in den Listen der *Antipolitiques* und anderer Klubs von Aix nach ihm sucht. Er hat sich in den Volksgesellschaften nicht blicken lassen, doch sein Großneffe und Nachfolger, Barthélemy Sec, erscheint unter den im Germinal des Jahres II bestätigten Mitgliedern der Gesellschaft der *Antipolitiques*: ein Beleg für unerschütterten Jakobinismus. Ein anderer Großneffe, der bereits erwähnte Bürger Ferrand, war bis zum Jahre II einer der beliebtesten Redner des Klubs. Andere Mitglieder der Familie gingen entschieden weiter – die Schwester von Joseph Sec, Elisabeth, vor der Revolution Nonne, kehrte in den Laienstand zurück. Einer seiner Neffen, ehemaliger Mönch des Ordens der Mindesten Brüder, verzichtete im Germinal des Jahres II auf sein Priesteramt, zusammen mit 66 anderen Priestern aus Aix. Man scheint also zumindest im Umkreis von Joseph Sec bis in die jakobinische Phase hinein aktiv an der Revolution teilgenommen zu haben. Ist dieser Sachverhalt sensationell? Stellt ein solches Verhalten, ebenso wie das Mausoleum, eine Kuriosität dar, oder sollte man es vielleicht nach Art der alten Autoren des letzten Jahrhunderts mit Undankbarkeit erklären? Oder war der kulturelle Konsens der Elite am Ausgang des Ancien Régime vielleicht doch nur ein Trugbild?

Das Beispiel veranlaßt zu eingehender Reflexion. Wenn man sich nämlich die Tests, die sich uns angeboten haben, noch einmal vornimmt, so gibt es keinen absolut eindeutigen. Die soziale Integration unseres Mannes? Sie erfolgte nicht im Rahmen der eingesessenen Elite, sondern gegen sie. Joseph Sec hat sich an den »abgelegten Kleidern« des Marquis Gueydan bereichert, eines Präsidenten des Rechnungshofes. Er hat ein Wohnviertel auf Kosten des Gartens jenes Gaspard von Gueydan errichtet, des letzten provencalischen Parlamentariers, dem es gelungen war, seine Ländereien zum Marquisat erheben zu lassen, und der als ein weiterer Mäzen des Bildhauers Chastel diesen in der Kirche von Reillanne (Alpes de Haute Provence) ein »Troubadourgrab« für einen seiner Vorfahren bauen ließ, der angeblich auf den Kreuzzügen umgekommen war, obgleich ganz Aix wußte, daß der lästige Vorfahr in Wirklichkeit Viehhändler gewesen war.

Wenn man beide Selbstdarstellungen, das Grab von Joseph Sec (der sich selbst vergißt, um seine Botschaft zu verbreiten) und das Grab von Gueydan, vergleicht, stehen sie sich gegenüber wie zwei verschiedene Vorstellungen vom Leben und vom Tode. Auch in den Einstellungen zum Geld unterscheiden sich die beiden Familien: Die durch die Aufwendungen für die Errichtung des Marquisats verarmten Gueydans haben ihre Ländereien in Form von Erbzinspacht gegen eine geringe symbolische Rente an Joseph Sec verkauft. Sec dagegen verpachtete seine Parzellen von Anfang an mit Neunjahresverträgen zu einem hohen Satz. Wie wir gesehen haben, beherrschte er durchaus die Kunstgriffe, den Wert seiner Parzellen zu steigern, indem er sie zu geringen Kosten bebauen ließ – ein zu 2000 Livres gekauftes Grundstück wurde zehn Jahre später, bebaut, für 5000 Livres verkauft. Der Bourgeois Sec lebte zum Teil von seinen Renten. Er war jedoch ein aufstrebender Bourgeois, für den die Rente nicht ein Mittel zur Reproduktion darstellte, worin man eines der Merkmale der Ökonomie des Ancien Régime erblickt hat, sondern für den sie im Gegenteil Rentabilität, Machtzuwachs und sogar Spekulation bedeutete.

Hätten wir noch einmal unseren inzwischen überholten Essay *Bourgeois, Rentiers, Propriétaires*[10] zu schreiben, so würden wir gewiß den Einstellungswandel des Grundrentners in der Provinz berücksichtigen, der sich verkappt im Wandel der sozialen Terminologie äußert. Joseph Sec ist mit der Elite in Kontakt getreten – jedoch um sie zu schröpfen. Seine Beziehungen zum Marquis Gueydan entsprachen ganz den anderen Typen von Geschäftsabschlüssen, die er als Eigentümer und Verpächter tätigte und die zu bisweilen grotesken Konflikten mit den in seinem Viertel untergebrachten Notabeln führten.

Es ist schließlich auch nicht verwunderlich, daß Joseph Sec am Ende Revolutionär war und seine Schwiegersöhne die Besitzungen jenes emigrierten Parlamentspräsidenten (Beauvalle) gekauft haben, dessen Vorfahr sie schon besessen hatte. In Wirklichkeit hat sich Joseph Sec niemals in dieser Gesellschaft, die ihn nicht akzeptiert hat, zuhause gefühlt. Als er, alt geworden und zu den

Notabeln zählend, seine Werkstatt und sein Geschäft seinem Lieblingsneffen Barthélemy Sec zu vermachen beschloß, verheiratete er ihn 1781. Der Schwiegervater war *ménager* in Cadenet wie die Vorfahren Joseph Secs, die Mitgift der Braut bestand in Landparzellen von zwei Hektar. Barthélemy Sec, der wie sein Onkel zu den Notabeln gehörte, wird später eingeschriebenes Mitglied der im Jahre II erneuerten Gesellschaft der *Antipolitiques*.

Fazit: Man kann den Zutritt zur Elite nicht erzwingen. In aller Regel bleibt es bei gegenseitiger Ablehnung: Die Elite reagiert auf neue Verhaltensattitüden vorzüglich mit Abwehr, die neue gesellschaftliche Schicht erwidert mit militantem Trotz. Gleichwohl kommt es, wie wir im Falle Joseph Sec gezeigt haben, zu einer merkwürdigen Beziehung zwischen beiden. Der Aufsteiger übernimmt von der Elite Muster der Selbstdarstellung und die leitenden Ideen. Sein Sozialverhalten ist im Grunde mimetisch. Ist da nur ein Mißverständnis am Werk? Die soziale Integration ist Joseph Sec nicht gelungen, wohl aber, wenigstens ein Stück weit, die kulturelle Assimilierung. Er war Freimaurer, doch man findet seinen Namen nicht in den Registern der Loge *L'Amitié*, eines sehr exklusiven Zirkels von Parlamentariern und Finanzräten. Diese Loge hat ihren elitären Charakter niemals verhehlt, und sie hat bei den mit ihr konkurrierenden Logen die Mitgliedschaft von Handwerkern wiederholt angeprangert. Tatsächlich taucht Secs Name nicht einmal in den Listen der anderen Logen auf, die dem *Grand Orient* angehörten. Man darf also annehmen, daß er in einer der schottischen Logen von Aix Aufnahme gefunden hat, von denen wir keine Verzeichnisse besitzen. Aus Untersuchungen (D. Ligou) wissen wir, wie penibel die soziale Differenzierung im Innern der Freimaurerei gewesen ist. Das Beispiel Joseph Sec ist nur eines von vielen.

Und die Elemente der Selbstdarstellung? Joseph Sec hat an den Fortschritt geglaubt, freilich an einen Fortschritt, der Bruch und nicht stetige Entwicklung meint:
»Aus grausamer Knechtschaft stieg ich empor
Fortan mein eigener Gebieter . . .«

Hat er an das Gesetz geglaubt? Ja, aber an das neue Gesetz, dessen revolutionärer Impetus in der Gegenüberstellung von Moses und Johannes dem Täufer hervortritt. Doch gibt es auf dem Grabmal auch einige »Glossen« in Form kleiner Flachreliefs, die das Glaubensbekenntnis erläutern. Das Kleingeld des neuen Gesetzes sind die originaltreu eingemeißelten Assignaten, mit denen der Auftraggeber sein Mausoleum geschmückt hat. Er hat dem zwei symbolische Szenen hinzugefügt, die, wenn man ihren Sinn versteht, seine Überzeugung enthüllen: Hier schiebt ein geflügelter Genius (ein »Fortitudo« der klassischen Ikonologie) die Klosterglocken in den Schmelzofen, dort empfängt eine Spiegelträgerin (die »Prudentia« der antiken Symbolik) argwöhnisch einen fetten Bettler in Mönchskutte, der die Hand nach einem Almosen ausstreckt, während gleichzeitig die Geldstücke aus seinem Bettelsack quellen – eine Figur, die unmittelbar aus der volkstümlichen Revolutionsgraphik stammt.

Trotz einer scheinbar geglückten Akkulturation hat Joseph Sec auf das System, in dem er lebte, mit einer authentischen und begründeten Verweigerung geantwortet. Nur scheinbar hat er das Wertsystem und die Aufklärungsphilosophie mit jenen geteilt, die seine Gegner geblieben sind – Aristokraten und Abgeordnete –, obwohl er durch eine ganze Reihe dialektischer Beziehungen, die ihn von der Mimesis zur Ablehnung führten, mit ihnen verbunden war.

Ist Joseph Sec ein exemplarischer oder ein pathologischer Fall? Wir lehnen die zweite These ab. Er hat von dem Monument, das seine Botschaft verkörpert, lange Zeit geträumt, aber er ist nicht mit dem Briefträger Cheval zu verwechseln. Als ein Jean-Jacques Rousseau der Armen steht er mit seinen Schwächen wie mit seiner bürgerlichen Lebensweisheit für viele andere.

Wir haben angenommen, am Beispiel der Religionsausübung der Marseiller Gesellschaft Geschlossenheit in den Verhaltensweisen der Elite nachweisen zu können. Es hat diese Geschlossenheit nicht gegeben. Im Gegenteil, das 18. Jahrhundert belegt einen wachsenden Abstand zwischen dem Verhalten der Adligen und dem der Bourgeoisie. Es findet wohl eine Rollenumverteilung statt, jedoch nicht in dem erwarteten Sinne. Indem wir der spirituellen Entwicklung und dem sozialen Aufstieg eines Bürgers von Aix nachgingen, wollten wir zugleich die Elastizität und Öffnungsbereitschaft der Elite prüfen. Wie lautet das Ergebnis?

Das entscheidende Ergebnis ist die Einsicht in die Ambivalenz von Selbstdarstellungs- oder von Verkehrsformen, die die radikale Oppositionsstruktur der ihnen zugrunde liegenden Einstellungen und Interessen nicht zu verdecken vermögen. In beiden von uns erörterten Fällen sind wir von der Realität der kollektiv oder individuell gelebten Einstellungen ausgegangen. In beiden Fällen trägt, wie sich gezeigt hat, eine Position, deren Klassencharakter oder gesellschaftliche Bedingtheit unverkennbar und unbestreitbar ist, am Ende den Sieg über das Trugbild einer gemeinsamen Selbstdarstellung davon. Ist das verwunderlich? Zur Ergänzung der Forschungen zum Sozialverhalten und zu den kollektiven Einstellungen, von denen in diesem Aufsatz andeutungsweise die Rede war, sollte man die Selbstdarstellung der Aufklärung untersuchen, um auch darin die Ambivalenzen aufzudecken. Die gegenwärtig betriebenen Studien, zumal die von Régine Robin und von der Forschungsgruppe der Universität Lille III (Centre d'Analyse du Discours), versprechen in diesem Punkt gewichtige Aufschlüsse.[11] Ob sie sich nun mit den Beschwerden der Parlamente in einer Krisenperiode, mit dem Edikt Turgots von 1776 oder mit der Selbstdarstellung der Freimaurerlogen befassen, sie werden belegen, daß hinter der scheinbaren Einheitlichkeit einer gemeinsamen Selbstdarstellung mehrere Selbstdarstellungen miteinander in Konflikt treten und daß z. B. die »Freiheit«, welche die aristokratischen Parlamentarier gegen Turgot verteidigt haben, durchaus nicht die des *laissez-faire, laissez-passer* ist, die dieser ihnen vorgeschlagen hat.

Was wird also über kurz oder lang, wenn die Forschungen einmal hinreichend gediehen sein werden, von der Theorie der Elite im Aufklärungszeitalter, die in den sechziger Jahren allenthalben Zustimmung gefunden hat, übrigbleiben? Fraglos die Erinnerung an eine Belebung der Diskussion, die in eine verfeinerten Wahrnehmung der Dialektik zwischen Ideologie und Kultur hätte einmünden können. Der Anspruch, das Konzept der Klassenpositionen durch ein Konzept der soziokulturellen Realität abzulösen, das flexibler und zugleich durchlässiger für Problematisierungsprozesse wäre, scheint uns, offen gesagt, bislang jedenfalls nicht viel mehr als ein Programm zu sein. Was nützt es, die bekannten hermeneutischen Hypothesen als »vorfabrizierte Schemata« zu verwerfen, wenn man sie dann gegen etwas eintauscht, das seinerseits nichts anderes als ein Artefakt ist? Denn eben darum handelt es sich. Die Erkundung der geschichtlichen Tatsachen erweist die Theorie der Elite als einen Gemeinplatz und ein Klischee oder als die sophistische Illusion einer Epoche.

1 Vor allem Richet, in: *Autor des origines idéologiques lointaines de la Révolution française: Elite et despotisme*, in: *Annales* E. S. C., Jan. 1969.

2 *Sur la Révolution française*, Paris 1970.

3 *Piété baroque et déchristianisation. Les attitudes devant la mort en Provence au XVIIIe siècle*, Paris 1973.

4 Zur bäuerlichen Gesellschaft der Provence vgl. Vovelle, *Structures agraires en Provence à la fin de l'Ancien Régime*, in: Fabre, D., und Lacroix, J., *Communautés du Sud*, Paris 1975, Bd. 1, S. 237-286. Der *ménager* ist ein Bauer, der ganz oder teilweise Besitzer seines Betriebes ist (5-15 ha), der *Landarbeiter* ein Parzellenbesitzer, der sein Einkommen durch Lohnarbeit ergänzt. *(Anm. d. Hrsg.)*

5 In der Übersetzung ist der französische Terminus *cadre*, der in der deutschen Terminologie als Angestellter wiedergegeben wird, belassen, weil die von Vovelle bezeichneten Vertreter der Mittelschichten meist keine Angestellten sind. *(Anm. d. Hrsg.)*

6 »roués« und »libertins«: bezeichnet die moralische Libertinage, die für den Adel zur Zeit der Regentschaft von Philippe d'Orléans charakteristisch war. *(Anm. d. Hrsg.)*

7 Agulhon, M., *Pénitents et franc maçons de l'ancienne Provence*, Paris 1968.

8 Das Thema hat der Autor ursprünglich als Vortrag vor der *Société des Études Robespierristes* (Juni 1972) behandelt und dann als Broschüre unter dem Titel *L'irrésistible ascension de Joseph Sec, bourgeois d'Aix*, Editions de l'épi 1974, publiziert.

9 Der Briefträger Cheval hat sich in jahrelanger Arbeit ein kitschiges Monument seiner Träume gebaut. *(Anm. d. Hrsg.)*

10 Gemeinsam mit Daniel Roche verfaßt. In: *Actes du Congrès des Sociétés savantes*, Dijon 1959.

11 Robin, R., *La Société française en 1789: Semur-en-Auxois*, Paris 1970. Siehe auch die *Bulletins* des Centre d'Analyse du Discours de l'université de Lille III (bisher zwei Nummern, 1974 und 1975). *(Anm. d. Hrsg.)*

Bibliographische Notiz

Maurice Dommanget, *La division des fermes selon Babeuf. Sa place dans sa tactique communiste*, in: ders., *Sur Babeuf et la conjuration des égaux*, © Éditions F. Maspero, Paris 1970, S. 69-106.

Ernest Labrousse, *1848, 1830, 1789. Comment naissent les révolutions*, in: *Actes du congrès historique du centenaire de la Révolution de 1848*, © Presses Universitaires de France, Paris 1948, S. 1-29.

Ernest Labrousse, *Le socialisme et la Révolution française*, in: Jean Jaurès, *Histoire socialiste de la Révolution française*, hrsg. von A. Soboul, © Éditions Sociales, Paris 1968, Bd. 1, S. 9-34.

Ernest Labrousse, *Georges Lefebvre dans l'évolution de l'historiographie française*, in: © *Annales historiques de la Révolution française*, 41, 1969, S. 549-556.

Georges Lefebvre, *La Grande Peur de 1789*, © Librairie Armand Colin, Paris 1970³ (1. Aufl. 1932), S. 161-201, S. 236-247 (Auszüge).

Georges Lefebvre, *La Révolution française et les paysans*, in: ders., *Etudes sur la Révolution française*, © Presses Universitaires de France, Paris 1963, S. 338-367 (zuerst in: *AHRF*, X, 1933, S. 91-128).

Albert Soboul, *Transition du féodalisme au capitalisme – Contribution à propos de la Révolution française*, in: © *La Pensée*, 65, 1956, S. 26-32.

Albert Soboul, *Sur le mouvement paysan*, in: ders., *Problèmes paysans de la Révolution*, © Éditions F. Maspero, Paris 1976, S. 117-134 (zuerst in: *AHRF*, 45, 1973, S. 85-101).

Michel Vovelle, L'Elite ou le mensonge des mots, *in:* © *Annales E. S. C.*, 29, 1974, S. 49-72.

Bibliothek Suhrkamp

Alphabetisches Verzeichnis der edition suhrkamp